고고학을 위한 통계학

First published in English under the title
Statistics for Archaeologists: A Common Sense Approach by Robert D. Drennan, edition: 2
Copyright © Springer-Verlag US, 2009 *
This edition has been translated and published under licence from
Springer Science+Business Media, LLC, part of Springer Nature.
Springer Science+Business Media, LLC, part of Springer Nature takes no responsibility and shall not be made liable for the accuracy of the translation.

All rights reserved.
This Korean edition was published by Zininzin Co., Ltd in 2019 by arrangement with Springer Science+Business Media, LLC through KCC(Korea Copyright Center Inc.), Seoul.
이 책은 (주)한국저작권센터(KCC)를 통한 저작권자와의 독점계약으로 진인진에서 출간되었습니다.
저작권법에 의해 한국 내에서 보호를 받는 저작물이므로 무단전재와 복제를 금합니다.

고고학을 위한 통계학

로버트 드레넌 지음

김범철 옮김

진인진

발간사

우리 전라문화유산연구원은 문화유산 조사의 임무를 수행하고자 2009년 3월에 설립되었습니다. 신생기관으로서 길고 힘겨운 시간을 지나 2019년 올해, 창립 10주년을 맞이합니다.

오늘날 우리 사회는 발굴조사기관에게 유적을 발굴하고 보고서를 발간하는 것 외에도 문화유산의 활용이라는 의무와 역할을 기대하고 있습니다. 이에 부응하여 발굴조사기관들은 앞 다투어 학술총서를 발간해왔습니다. 학술총서의 발간을 통해 연구의 기회를 제공함은 물론, 그 성과를 일반대중과도 나누려 하고 있습니다.

우리 연구원도 그러한 뜻에 공감하며, 여러 방안을 모색해왔습니다. 그 중 하나가 고고학자라면 한 권쯤은 가지고 다니는 필독서가 된 『고고학을 위한 기초 통계학』(사회평론, 2009)의 개정증보판을 출간하는 일이었습니다. 원서의 개정판이 출간되고 초판의 번역자인 김범철 교수도 개정판을 번역했으면 한다는 소식을 듣게 되었습니다. 초판 번역서의 일부를 수정하고 가필하는 정도가 아니라, 일관되게 처음부터 끝까지 거의 다시 번역하여 가독성을 높이고자 한다는 포부도 듣게 되었습니다. 그러한 취지에 공감하며, 개정증보판의 출판을 결정하게 되었습니다.

이 책의 출간을 맞이하면서 갖는 바람은 두 가지입니다. 하나는 마우스를 손에 쥐고 있지만 컴퓨터용 통계프로그램에 익숙하지 못한 고고학도, 그리고 관심 있는 누구에게나 고고학 자료 분석을 위한 입문서로서 손쉽게 다가갈 수 있는 책이 되고, 필요할 때마다 찾아보는 손때 묻은 책이 되는 것입니다. 다른 하나는 이 책의 출간을 계기로 우리 연구원이 더 크게 성장하고 사회의 요구에 더 진지하게 부응해 가는 것입니다.

학술총서의 발간 외에도 우리 연구원은 다양한 방식으로 사회와 소통하고 발굴조사기관으로서의 정체성을 지켜가며, 연구원의 자질을 다변화시키고, 그런 과정에서 생산되는 성과들을 사회에 환원할 수 있는 여러 방안을 모색하고 있습니다. 어느 쪽도 모자라지 않고 넘치지도 않는 연구원으로서 사회와의 상생을 꿈꾸어 봅니다.

재단법인 전라문화유산연구원장
천선행

서문(개정증보판)

이 책은 고고학도를 위한 기초적인 통계학 원리와 기법의 입문서로 기획되었다. 여러 해에 걸쳐 고고학을 전공하고자 하는 학부생 및 대학원생에게 계량분석 과목을 강의한 경험에서 이 책이 나오게 되었다. 책의 내용을 고고학 정황에 맞추려고 한 것은 다루는 문제들이 고고학에 한정되어서가 아니라, 독자인 고고학도들이 친숙한—이미 자료의 본질과 새로운 기법의 효용성을 이해하는— 맥락에서 계량분석을 훨씬 더 쉽게 이해하게하기 위해서이다. 그러한 계량분석의 원리와 기법은 보편적으로 적용되는 것들이다. 체질인류학, 문화인류학, 사회학, 심리학, 정치학을 비롯한 여러 분야에서도 동일한 원리와 기법이 사용된다. 주제들의 재구성, 각 주제에 대한 강조의 편차, 특정 접근법의 채택은 특별히 고고학자료 분석에서 유용한 것이 어떤 것인지에 대한 필자의 관점을 반영한 것이다.

    고고학정보의 많은 측면은 숫자와 관련되어 있는바, 고고학의 분석은 불가피하게 계량적인 요소를 가지게 된다. 표준적인 통계적 접근이 보통은 직접적으로, 어떤 때에는 이례적이고 독창적인 방식으로 고고학의 문제에 적용되어 왔으며, 고고학 분석의 특수한 상황에 대처하기 위해 새로운 접근법들이 고안되기도 하였다. 고고학에서의 계량분석을 다룬 저작은 지난 25~30년 동안 괄목할 만큼 증가하였다. 그 일부는 매우 양호한 반면, 다른 일부는 기본적인 통계원리를 초보적으로 이해한 사람조차도 고고학에서의 통계학에 대해 저술할 수 있다는 가능성을 보인 정도에 불과하다. 어떤 저작이 그 둘 중 어디에 속하는지를 지적하려는 논문들이 제법 한 장르를 이룰 정도로 부각되기도 하였다. 이 책이 그런 식의 평가나 비판을 시도하지는 않지만, 어쨌든 고고학도의 훈련을 책임진 이들은 그러한 절반만의 성공이 시대에 뒤떨어졌음을 주장해야 한다고 느끼고 있다는 것이다. 따라서 이 책은 한편으로 고고학에서 계량적 자료 분석이 어떻게 이루어지고 있는지에 대해, 다른 한편으로는 고고학에서 계량적 자료 분석이 어떻게 이루어질 수 있는가에 대해 논의한다. 몇몇 기본적인 원리와 함께 그것들이 가장 유용하게 고고학에 적용될 수 있는 방편에 초점을 맞추고 있다. 필자는 그러한 원리들이 고고학자료 분석에 적용되는 과정에서 나타나는 수많은 변이에 대해 논의하고, 고고학자에 의해 실제로 그것들이 활용된 사례를 제시하고 싶은 충동을 느낀다. 그러나 기초 원리에 집중하면서 그에 대한 간략하고 분명한 설명을 제시하기 위해 그러한 충동은 자제하기로 한다. 본문에 활용된 예제나 각 장의 끝 부분에 제시된 연습문제를 실제 고고학 자료에서 선택하기보다 임의로 가공한 것은 간단명료함을 유지하기 위해서다. 추측건대, 이 책의 독자들은 고고학에 대해 이미 많은 것을 알고 있어 주공이나 주거지 평면, 긁개, 토기편 등에 대한 설명이나 도면 자료를 필요로 하지는 않을 것이다―또한 광역적 지표조사를 수행했다거나 53개 유적의 면적을 측정하였다고 말하는 것이 무슨 의미인지를 알고 있을 것이다.

이 책에 제시된 기법 대부분은, 1920년에서 1950년 사이에 발달했던 "고전적" 통계학이나 상대적으로 최근에 발달한 "탐색적 자료분석"에서 표준이 되는 것들이다. 아마도 더 중요하리라 여겨지건대, 접근법 즉, 이 책의 전반적인 입장은 EDA(exploratory data analysis)라고 줄여서 부르는 탐색적 자료분석의 선각자인 튜키John W. Tukey와 그의 동료나 제자들의 작업에서 연원한 것이다. 일반적인 통계학 책들이 그러하듯, 본문 중에 참고문헌 형태의 인용을 포함시키지는 않았지만, 말미에 추천문헌 목록을 제시하였다. 이 책은 EDA의 용어를 주로 사용하지만 그에 상응하는 전통적 용어에 대해서도 언급하고 있다. 특정 설명이 고고학의 맥락에서 좀 더 쉽게 이해될 수 있는 경우, 비표준적인 용어도 사용하였다.

고고학자(와 여타 학문 분야의 연구자)들은 종종 통계학에 대해, 엄한 선생님이 담당하는 반의 어린 학생들이 느끼는 것과 같은 두려움에 사로잡히기도 한다. 통계학은 까다로울뿐더러 조금만 위반하여도 손등을 자로 맞을 것 같은 규칙과 이론이 가득 찬 곳으로 여겨진다. 통계학의 신성한 규칙을 깨려 했던 고고학의 작업들에 가해진 비판들은 그러한 태도를 더욱 심화시켰다. 통계학의 여러 규칙들에 대해서 상충적 해석들이 있다는 것을 알고 있는 사람들에게는 그러한 상황이 의아하게 느껴질 것이다. 다른 학문 분야의 연구자들처럼 통계학자도 어떤 것이 생산적인 접근법이며, 어떻게 적용을 정당화하는지에 대해서 이견을 표출한다. 통계 도구의 활용에는 주관적인 판단이 포함되어 있다. 그러한 판단에 견고한 기초를 제공하려는 노력의 일환으로, 입문서들은 분명한 규칙으로 주관성을 배제해 버림으로써 무엇이 진정한 근본적 원리이며, 무엇이 단지 어려운 주관적 결정에 대한 지침 정도인지에 대해 혼란을 초래한다.

간략히 말하자면, 통계학의 규칙들이 모세의 십계명 석판에 씌어져 있는 것은 아니다. 이 책은 일부 교과서들에서 발견되기도 하는 규칙들을 (강제가 아닌 이성과 상식에 따라) 폐기할 것을 주장하기도 한다. 이 책이 통계 원리에 대한 입문서로 기획된바, 대안적 접근에 대해 장황한 논박을 하는 것은 적절하지 않다. 그러나 한 가지 문제는 매우 중요한바, 반드시 언급되어야 할 것 같다. 유의성검정의 작업에서 이 책이 취하고 있는 접근법은 "귀무가설歸無假說"을 기각하거나 기각하지 못함을 엄정하게 단언하지 않는다. 귀무가설이 얼마나 그럴듯한가를 표시하는 것이 고고학에서 훨씬 유용하다. 귀무가설에 대한 엄정한 공식에 전적으로 관심을 기울이기보다는 다른 곳에 좀 더 신경을 쓰기로 한다. 유의성검정이나 표집과 관련된 몇 가지 문제에 대해, 이 책은 코우길 George Cowgill의 선도적 연구(이 책 말미의 추천문헌목록 참조)를 따르고 있다. 그러나 민감한 제안 모두를 수용한 것은 아니다. (그의 제안 중 일부를 수용하는 데 있어서 한 가지 장애는 출력결과에 필요한 정보를 모두 제공하는 컴퓨터용 통계꾸러미가 거의 없다는 것이다.) 유의성검정이 귀무가설의 기각 혹은 기각 실패에 기초하고 있다고 배운 사람은 코우길의 논지에 귀 기울여보기를 권한다.

이 책이 유의성검정과 관련하여 채택한 접근법에서는 모집단, 표본, 표집 과정 등에 관한 고려가 중요하다는 것을 분명히 하고 있다. 사실 많은 맥락에서 그러한 생각은 표본을 이용하여 모집단에 대해 진술하는 작업을 유의성검정보다도 더 호소력 있는 접근이 되게 한다. 그런 이유로 이 책은 일반적인 통계학 입문서들보다 표본과 표집에 대해 더 많은 지면을 할애하고 있다. 이 책의 제Ⅰ부는 특정 방식으로 숫자군을 탐색하는 작업에 관한 것인데, 그런 방식은 그 자체가 혹은 과정이 흥미롭고 유용하지만 한편으로는 숫자군이 큰 모집단으로부터 추출된 표본으로 간주될 때 그 타당성을 가지게 된다. 제Ⅱ부는 표본으로서의 숫자군에 대한 인식을 발전시키고 표본과 모집단을 연관 짓는 주요 원리들을 직접 다룬다. 제Ⅲ부는 두 변수 간 관계의 강도와 유의성에 대한 일련의 매우 표준적인 검정방법과 함께 표본 추정으로부터 직접 차용한 대안적 접근도 제시한다. 제Ⅳ부는 표집과 관련된 일련의 개별 논점—고고학에서는 더더욱 중요한 논점—들을 다시 다룬다. 제Ⅳ부의 개별 장들은 제Ⅱ부의 여러 장과 직접적으로 연관되어 있지만 제Ⅱ부와 Ⅲ부를 연결하는 생각들의 점진적인 발전을 방해하지 않기 위하여, 책의 맨 뒷부분에 배치하였다.

여타 분야에서와 마찬가지로, 고고학에서 계량의 개념들은 어떤 사람에게는 쉽고 자연스럽게, 어떤 사람에게는 큰 희생의 대가로 다가온다. 수리적 논증에 대한 자연스런 선호가 부족한 것은 수학에 대한 무지를 공공연히 천명하는 사회적 분위기—수학은 심오하고 전문적인 분야여서 대다수 일반인에게는 별 필요가 없다는 생각에 의해 숙성된 사회적 분위기—에 의해서 심화되기도 한다. 고학력의 사람들도 어휘력이 형편없어 만화를 제외하고는 일간 신문의 내용조차 이해하지 못한다고 인정하는 모욕을 겪기는 싫어하지만, 숫자에 관한 한 더하기와 빼기를 넘어서 어떤 것도 이해할 능력이 전혀 없음은 어렵지 않게 고백하기도 한다.

작문이나 축구, 혹은 여타의 활동에서와 마찬가지로 수학에도 태생적인 능력의 차이가 있다. 수학은 단지 초등교육의 필요악일 뿐이라는 관점은 계량적 논증이 어렵다고 느끼는 사람에게 그 중요성을 축소하게 하거나 그 활용능력의 개발에 등한하게 함으로써 문제를 악화시킨다. 따라서 많은 학생들—필자가 대학 신입생 첫 학기에 수학과목에 등록하고자 했을 때, 수학을 경시하며 전공과 상관없으니 수강신청에서 제외하라고 하면서 지도교수가 해 주었던 것과 같은 종류의, 잘못된 충고의 희생양—이 고교과정의 대수학을 가지고 고고학 대학원과정의 공부를 시작한다.

이 책은 계량적 논증에 유능한 사람뿐만 아니라, 수학이 어렵고 더 나아가서는 두렵다고 느끼는 사람에게도 고고학의 계량 분석에 유용한 도구를 활용할 수 있게 하려는 바람에서 집필되었다. 본래 수학적 사고에 익숙한 사람에게 통계학을 소개하는 것은 단지 주의를 환기시키는 작업 정도만이 필요할 뿐, 도전적으로 추구할 만한 것은 아니다. 그런데 이 책의 부단한 도전은 수학적 사고능력이 배어 있지 않은 사람들에게 계량 분석을 효과적으로 소개하는 것이다. 이 책이 취하는 접근법은 이 후자 부류의 사람들에 대한 특별한 배려의 일환으로 선택된 것이다. 나중에 그 중요성이 분명해질지언정, 우선은 기초 쌓기를 위한 일련의 예비적 장들 없이 곧바로 이 책이 다루려는 도구들에 대한 설명에 돌입하는 것 또한 그런 접근법의 일부이다. 그러한 "기초"는 관련이 있을 때 되도록 간략하게만 논의될 것이다.

다행스럽게도 기초적인 통계 도구에 대해 보편의 언어를 바탕으로 상식적인 접근이 가능해짐으로써, 통계 도구를 사용하는 기교뿐만 아니라, 그러한 도구가 작동하는 방식에 대해서도 심도 있는 이해를 전달할 수 있게 되었다. 상식과 최종적으로 추구하는 바—궁극적인 연구목적—에 따라, 고고학에서 통계 도구의 생산적 활용은 이론 수학적 지식에서보다 원리에 대한 충실한 직관적 이해에 더 많은 것을 의존할 것이다. 이 책은 도구—숫자들에 나타난 양상을 인지하기 위한 도구, 자료에서 인지된 양상이 얼마나 정확하며 믿을 만하게 결론이 주목하는 더 넓은 세계의 양상을 반영하는가를 평가하기 위한 도구―에 관한 것이다. 목공 연장을 사용할 때와 마찬가지로, 통계 도구를 세련되게 사용하기 위해 반드시 그 도구가 어떻게 만들어졌는지 완전히 알아야 하는 것은 아니다. 그러므로 이 책은 (통계와 관련된 일부 책들에서 하는 바와는 달리) 통계적 수식들이 어떤 가정 하에서, 어떤 수학적 논리를 거쳐 도출되었는지 보여주려고 하지는 않겠다. 이론 수학의 언어들처럼 강력하고 명쾌할수록, 많은 고고학자들은 그것을 전혀 이해하지 못하게 된다. 필자는 이론 수학의 용어를 피하는 것이 훨씬 유용하다고 생각한다. 수학적 사고에 이미 질려 있는 사람들에게는 더더욱 그러할 것이다.

테이블 톱을 만들 수 있어야 그 사용법을 배울 수 있는 것은 아니지만, 그것을 세련되게 사용하기 위해서는 그것이 작동하는 원리를 알아야 한다. 그러한 기초적 원리를 이해하지 못한다면, 목재의 재단이 잘못되거나 평평하지 않게 되는 것은 물론 손가락을 다치는 위험한 상황이 발생할 수도 있다. 같은 원리로, 통계 도구를 세련되게 사용하기 위해서는 저변에 흐르는 원리를 충실히 이해하여야 한다. 그러한 이해가 없이는 매우 정교한 도구를 사용하더라도 조악한 결과가 나올 뿐이며, (비록 일반적인 의학적 처치가 필요한 것이 아닐지라도) 부상이 유발될 수도 있다.

그러한 이유로, 이 책은 응용통계학에 관한 책들에서 흔히 보이는 요리책과 같은 접근방식 또한 피하고자 한다. 통계 분석에 대한 쉬운 조리법은, 수학을 두려워하는 사람들에게 특히 호소력이 있다. 진정한 정신노동이 요구되는 것도 아니고, 어떤 어려운 개념도 습득할 필요가 없으며, 설명서만 잘 따르면 된다. 포맷대로 일정한 자료가 규칙적으로 생성되는 분야에서는 이런 식의 접근이 힘을 발휘할 수도 있다. 판에 박힌 자료 분석 작업만이 이러한 방식으로 수행될 수 있을 것인데, 고고학자료는 전혀 판에 박힌 듯 일률적이지 않다. 고고학 기록의 특성과 그로부터 자료를 추출하는 방식은 본질적으로, 다른 학문 분야의 연구자들은 적절한 연구계획을 통해 피하라고 배우는, 특이사항을 산출하게 된다. 그러한 까다로운 자료를 다루기 위해서는 저변의 원리에 대해 요리책식의 접근방식이 제공할 수 있는 것보다 나은 이해가 필요하다.

이 책은 중도적 입장을 추구한다. 단순히 통계 도구 사용에 대한 설명서를 제공하는 것 이상을 추구하지만 그 도구들에 대한 수학적 증명의 전체과정을 제시하지는 않는다. 이 책의 목표는 독자들에게 고고학자료 분석에서 통계 도구를 세련되게 사용하기 충분하도록 그 저변의 원리를 이해시키는 것이다. 집필과정에서 염두에 두었던 독자층은 고고학자료 분석 과목을 처음 수강하는 대학원생이나 학부생이다. 이 책 또한 대부분의 교과서가 그러하듯, 그 저자는 항상 그러기를 바랐지만 정작 자신의 강좌에서는 찾을 수 없었던 그런 책이다. 과정 등록의 여부에 관계없이, 통계 도구 사용기술을 발전시키고 강화하고자 하는 고고학자 누구에게나 유용한 것이 되기를 바란다.

이 책에서 논의된 통계 도구들은 고고학자에게 필요한 완전한 일식一式을 이루지는 못한다. 다루고 있는 것들은 기초적인 일반용 도구들일 뿐인데, 이들 외에도 다양한 특수용 도구들이 존재한다. 이 책에서 소개된 도구 중 일부는 워낙 간단하고 쉽게 적용할 수 있어서, 연필과 종이 혹은 일반적인 계산기만 갖추면 된다. 그 외의 것들은 다소 복잡하고 매우 성가신 계산을 포함하고 있기도 한다. 심각한 고고학 자료의 분석은 컴퓨터를 이용하여야 실행될 수 있는 것이 당연하다. 통계꾸러미 사용법을 습득하는 것은 통계 도구에 대해 배우는 과정에 잘 편입될 수 있다. 따라서 복잡한 통계를 수기로 계산하는 방법에 대한 소모적이고 복잡한 설명은 피한다. 어떤 경우에는 수기로 계산하면서 이해를 촉진할 수 있지만 그렇게 하다보면, 이내 계산에 몰두하여 저변의 원리에 집중되어야 할 관심이 분산된다.

이 책에 제시된 계산 결과와 예제의 많은 수는 SYSTAT®에 의해 산출되었는데, 비슷한 기능을 가진 여타 프로그램은 너무 많아 거명하지 않기로 한다. 가능한 방법이 너무 다양하기(계속 변화하기) 때문에 이 책에 통계꾸러미의 사용설명서를 부가하는 것은 무의미할 것 같다. 그러나 특정 통계꾸러미나 매뉴얼과 연계하여 이 책을 활용할 수도 있을 것이라고 생각하면서 그러한 "통계꾸러미"의 사용과 관련된 일반적인 논평을 포함하였다.

거의 모든 통계꾸러미는 이 책에서 언급되지 않은 선택기능option들을 제시한다. 어떤 매뉴얼들은 그러한 통계조항들이 무엇인지에 대한 충분한 설명과 더 상세한 정보를 얻을 수 있는 문헌목록을 제공하기도 하지만 어떤 매뉴얼들은 그렇지 못하다. (이것이 통계꾸러미를 선택하는 데 가중치를 두어야 할 사항이다.) 통계꾸러미의 선택기능을 잘 이용하면 계량 분석의 전문 지식을 확장해가는 데 도움이 된다. 한편, 통계꾸러미들은 당면 작업으로부터 분석자의 관심을 분산시켜, 시도해 볼 수는 있지만 당장은 별로 필요하지 않은 작업에 신경을 쏠리게 할 수도 있다. 직업적 목수는 처음부터 멋진 도구를 고르기보다는 적합한 도구를 찾아간다. 그와 같이, 능숙한 자료 분석가는 먼저 어떤 분석을 수행할 것인가를 결정하고 당면한 작업을 수행하기에 적합한 도구로 연필, 종이, 계산기 혹은 컴퓨터를 (그중 적당한 것을) 채택한다. 복잡한 계산을 위한 장치나 컴퓨터 프로그램들은 수행해야 할 작업과 관련된 원리에 집중되어야 할 관심을 분산시킨다. 통계 분석도 몇몇 운동 종목에서 상투적으로 일컬어지는 바와 같이, 공에서 눈을 떼지 않도록 자신을 항상 일깨우는 것이 그리 쉽지는 않다.

감사의 글

이 책에 반영된 것과 같은 통계학에 대한 입장을 "전염시킨"(필자가 아니라 본인의 말임) 책임이 있는 사람은 세일러Lee Sailer이다. 알덴더퍼Mark Aldenderfer와 프라이스Doug Price는 초고에 대해 매우 유용한 충고를 해주었다. 그러나 필자는 세 사람의 세심한 충고 중 일부를 고집스럽게 거부한바, 어떤 잘못에 대해서도 그들의 책임은 없다. 아내(Jeanne Ferrary Drennan)는 마음에 들지 않았던 교재로 고고학자료 분석 과목을 가르치면서 필자가 내뱉은 많은 악담을 참아주고, 이 책의 초고가 1월 초의 개학에 맞춰 활용될 수 있는 형태를 갖추도록 돕느라 12월 휴가를 헌납하였다. 그러나 나의 가장 특별한 감사는 수업에 사용할 수 있을 정도로 고고학자료 분석에 대한 이 책의 접근이 충분한 일관성을 갖게 하고자 힘쓸(어떤 때에는 그와 배치되는 교재를 사용하기도 했고, 어떤 때에는 교재를 전혀 사용하지 않기도 했으나 마침내 이 책의 초고를 사용하기에 이르게 된) 때,

어려움을 헤치고 따라와 준 대학원생과 학부생(및 수업조교)에게 돌아가야 할 것 같다. 여기서 얼마나 분명하게 설명할 수 있을지 알 수는 없으나 그들은 그들이 생각하는 것보다 훨씬 많은 기여를 했다.

펜실베니아Pennsylvania州 피츠버그Pittsburgh에서

로버트 드레넌Robert D. Drennan

차례

발간사 5

서문(개정증보판) 7

제 I 부 수치 탐색

1장   숫자군   25
줄기-잎도표 26 | 등 맞댄 줄기-잎도표 33
히스토그램 33 | 다중 군집 혹은 다중 봉우리 37
연습문제 39

2장   숫자군의 수준 혹은 중심   41
평균 41 | 중앙값 44 | 이상점과 저항성 45
이상점 제거하기 46 | 절사평균 47
적절한 지표의 선택 49 | 두 개의 중심을 가진 숫자군 50
연습문제 53

3장   숫자군의 분포 혹은 산포   55
범위 55 | 중앙산포 혹은 사분위범위 57
분산과 표준편차 58 | 절사표준편차 63
적절한 지표의 선택 65 | 연습문제 66

4장 숫자군 비교하기 69

상자-점도표 69 | 수준 제거하기 75 | 산포 제거하기 77

특이성 80 | 평균과 표준편차에 의거한 표준화 82

연습문제 83

5장 숫자군의 형상 혹은 분포 85

대칭성 85 | 변환 88 | 비대칭성 보정하기 92

정규분포 97 | 연습문제 99

6장 범주 101

행과 열의 비율 106 | 비율과 밀도 110 | 막대도표 112

범주와 하위숫자군 116 | 연습문제 116

제Ⅱ부 표본조사

7장 표본과 모집단 121

표집이란 무엇인가? 122 | 왜 표본조사를 하는가? 123

어떻게 표본을 추출할 것인가? 125 | 대표성 129

몇 가지 표집방법과 편향성 130 | 비임의표본의 활용 134

예: 닥치는 대로 수집된 지표수집품 136

예: 의도적인 흑요석기 표본 139

편향에 관한 몇 가지 결론 140 | 목표모집단 142

연습문제 146

8장 한 모집단으로부터 추출되는 여러 표본들 149

특정 크기의 모든 표본 149 | 더 큰 크기의 모든 표본 153

"특별숫자군" 158 | 표준오차 160

9장 신뢰도와 모평균 163
임의표본으로 시작하기 164
표본은 어떤 모집단으로부터 추출되었나? 166
신뢰도 대 정확도 173
확률에 대한 정밀한 점을 정하기-Student의 t 177
특정 신뢰수준에서의 오차범위 181 | 유한모집단 184
완전한 사례 185 | 얼마나 큰 표본이 필요한가? 187
가정과 로버스트방법 191 | 연습문제 194

10장 중앙값과 재표집 197
부트스트랩 200 | 연습문제 204

11장 범주와 모비율 205
얼마나 큰 표본이 필요한가? 210 | 연습문제 212

제Ⅲ부 두 변수의 관계

12장 두 표본의 평균 비교하기 215
신뢰도, 유의성, 강도 221 | t검정으로 비교하기 223
단일표본 t검정 227 | 귀무가설 229
통계 결과와 해석 233 | 가정과 로버스트방법 234
연습문제 236

13장 셋 이상의 표본평균 비교하기 239

추정평균과 오차범위로 비교하기 241

분산분석에 의한 비교 243 | 편차의 강도 251

모집단 간의 차이 대 변수들의 관계 252

가정과 로버스트방법 255 | 연습문제 256

14장 서로 다른 표본의 비율 비교하기 259

추정비율과 오차범위에 의한 비교 259

χ^2을 이용한 비교 261 | 강도의 측정 266

표본크기의 영향 269 | 모집단 간 편차 대 변수 간 관계 271

가정과 로버스트방법 272

후기: 이론적 기댓값과 비율 비교하기 274 | 연습문제 278

15장 두 계측형변수의 관련성 보기 281

큰 그림 보기 282 | 선형관계 284 | 최적직선 287

예측 291 | 최적은 얼마나 잘 맞나? 293

유의성과 신뢰도 296 | 잔차분석 300

가정과 로버스트방법 304 | 연습문제 309

16장 등급 간 관련성 보기 311

Spearman의 순위상관 계산하기 312 | 유의성 315

가정과 로버스트방법 318 | 연습문제 318

제Ⅳ부 표집 특론

17장 세부집단별로 모집단에서 표집하기 323

합동추정치 324 | 층화표집의 장점 328

18장 공간단위를 이용한 유적이나 지역의 표집 329
   공간표집단위: 점, 횡단대, 그리고 방형구 330
   모비율 추정하기 334 | 모평균 추정하기 339 | 밀도 341

19장 아무것도 발견하지 못한 표집 345

20장 표집과 실제 351

제Ⅴ부 다변량분석

21장 다변량 접근법과 변수 363
   예제 데이터세트 365
   변수의 종류, 결측자료, 통계꾸러미 368

22장 개체 간 유사성 373
   유클리드거리 374
   표준화된 변수에 의거한 유클리드거리 377
   유클리드거리의 사용 380
   존/부변수: 단순대응계수와 Jaccard의 계수 381
   변수들이 혼합된 세트: Gower의 계수와 Anderberg의 계수 384
   이쉬카퀴쉬트라 가구단위 간의 유사성 386

23장 다차원척도법 391
   다양한 차원에서의 배치 393 | 배치 해석하기 395

24장 주성분분석 409

상관관계와 변수들   411 | 주성분 추출하기   413

분석하기   415

25장   군집분석   421

단일연결(법) 군집화   422 | 완전연결(법) 군집화   425

평균연결(법) 군집화   427 | 연결(법) 선택하기   430

군집 개수 정하기   431 | 변수로 군집화하기   431

이쉬카쿼쉬트라 가구자료에 대한 군집화   433

추천문헌   437

찾아보기   445

역자후기(초판 번역본)   453

역자후기   457

참고표 차례

표 7.1   난수표   128

표 9.1   Student의 t분포   179

표 14.4 χ^2분포   264

표 16.2   10미만 표본에 대한 Spearman의 순위상관(r_s) 확률값   317

표 19.1   표본에서의 부재가 낮은 모비율을 의미한다는 추론에 관련된 신뢰
수준   349

고고학을 위한 통계학

I 수치 탐색
Numerical Exploration

숫자군 | 숫자군의 수준 혹은 중심 | 숫자군의 분포 혹은 산포
숫자군 비교하기 | 숫자군의 형상 혹은 분포 | 범주

01
숫자군
Batches of Numbers

숫자군batch은 서로 연관된 숫자들의 묶음이라 할 수 있는데, 그 숫자들이란 동일한 종류이되 서로 다른 개별사례에 관한 것이다. 같은 종류지만 각기 다른 사물들을 측정한 값의 무리가 숫자군의 가장 간단한 예가 될 것이다. 예를 들어, 한 부류의 긁개 길이, 한 부류의 주공 지름, 한 부류 유적의 면적은 세 가지 숫자군이 되는 것이다. 이 경우들에서 길이, 지름, 면적 등은 변수variables가 되며, 개별 긁개, 주공, 유적 등은 개체case가 된다.

긁개의 길이, 주공의 지름, 유적의 면적 등은 서로 전혀 연관되어 있지 않기 때문에, 이들을 합쳐 하나의 숫자군을 만들 수는 없다. 긁개의 길이, 너비, 두께, 무게 또한 합쳐 하나의 숫자군을 형성할 수도 없다. 왜냐하면, 그것들은 동일 물체의 다른 측면이기 때문이다. 긁개 20점의 길이, 너비, 두께, 무게는 하나가 아니라, 네 개의 숫자군이 된다. 이 네 숫자군은 동일한 20개체들을 대상으로 측정된 네 가지 변수들인바, 서로 관련될 수 있다. 한 유적에서 확인된 18개 주공 지름의 측정치들과 다른 유적에서 확인된 23개 주공 지름의 측정치들은 합쳐서 하나의(개개 주공이 어느 유적에 속해 있는지를 완전히 무시하면, 지름이라는 하나의 변수에 속하는 41개체 측정치로 이루어진) 숫자군으로 간주할 수도 있다. 이들은 역시 서로 연관된 두 숫자군(한 유적의 18개체와 다른 유적의 23개체를 대상으로 측정된 변수인 지름)으로 간주될 수도 있다. 마지막으로, 이들은 앞의 예와는 다른 방식으로 연관된 두 숫자군(41개체에 대해 측정된 변수인 지름과 동일한 41개체를 대상으로 분류된 변수인 유적)으로도 간주될 수 있다. 그런데 이 마지막 방식은 우리를 다른 종류의 숫자군 혹은 변수로 인도하므로, 여기서는 잠정적으로 측정치로 이루어진 숫자군에 주목해 보는 것이 좋을 듯하다.

줄기-잎도표

일련의 측정치 자체만으로 흥미로운 관찰 결과를 보여주기가 쉽지 않기 때문에, 숫자군 탐구의 첫 단계는 그 측정치들을 정리하는 일이다. 숫자군이 일련의 측정치로 이루어졌다면, 줄기-잎도표stem-and-leaf plot는 기본적인 정리 방법이 될 것이다. 표 1.1에 제시된 숫자군에 대해 생각해 보자. 표 자체를 언뜻 살펴보아서는 이 측정치들에 대해 많은 것을 언급하기가 어렵다. 일정한 잣대에 따라 이들을 순서대로 배열하는 작업은 간혹 패턴을 파악하는 데에 도움이 되기도 한다. 그림 1.1은 표 1.1에 제시된 숫자들을 그러한 방식으로 정리한 줄기-잎도표의 작성방법을 보여주고 있다. 우선, 숫자들은 줄기 부분과 잎 부분으로 나뉜다. 예를 들어, 첫 번째 개체인 9.7은 줄기인 9와 잎인 7이 된다. 각 숫자의 잎은 그 숫자의 줄기 옆에 위치하게 된다. 그림 1.1의 선들은 줄기-잎도표에 최종적으로 자리매김한 특정 숫자들을 해당 잎들과 연결시켜주고 있다. (혼잡을 피하기 위해 모든 연결을 그리지는 않았다.)

줄기-잎도표에서는 이 숫자군의 몇몇 특징이 즉각 분명하게 드러난다. 우선, 숫자들은 대략 9cm부터 12cm 사이에서 무리를 이룬다. 대부분이 이 범위에 속한다. 두 숫자(14.2cm와 7.6cm)는 이 범위의 약간 바깥쪽에 속하며, 한 숫자(44.6cm)는 나머지들로부터 매우 멀리 떨어져 있다. 이와 같이 숫자들이 무리

표 1.1. 블랙유적에서 발견된 13개 주공의 지름(cm)

9.7	9.1	11.1	10.8
9.2	44.6	7.6	
12.9	10.5	11.8	
11.4	11.7	14.2	

를 이루는 것은 숫자군에서 흔히 나타나는 현상이다. 대다수의 숫자가 무리를 이루는 지점으로부터 한두 숫자가 멀리 떨어져 있는 현상 또한 제법 자주 나타난다. 무리로부터 멀리 떨어진 이러한 숫자들은 이상점outliers(혹은 특이점, 바깥점)으로 불리는데, 이에 대해서는 나중에 좀 더 자세히 다루어보기로 하자. 여기서는 종종 의구심을 가지고 이러한 이상점을 검토해 보아야 한다는 사실을 인식하는 것으로도 충분하다. 이 숫자군에서 지름이 44.6cm인 주공은 분명히 매우 이상한 것임을 알 수 있으며, 단순히 누군가 오기했을 것으로 의심할 수도 있다. 그러한 것이 실수인지를 결정하는 일은 현장에서 그린 그림

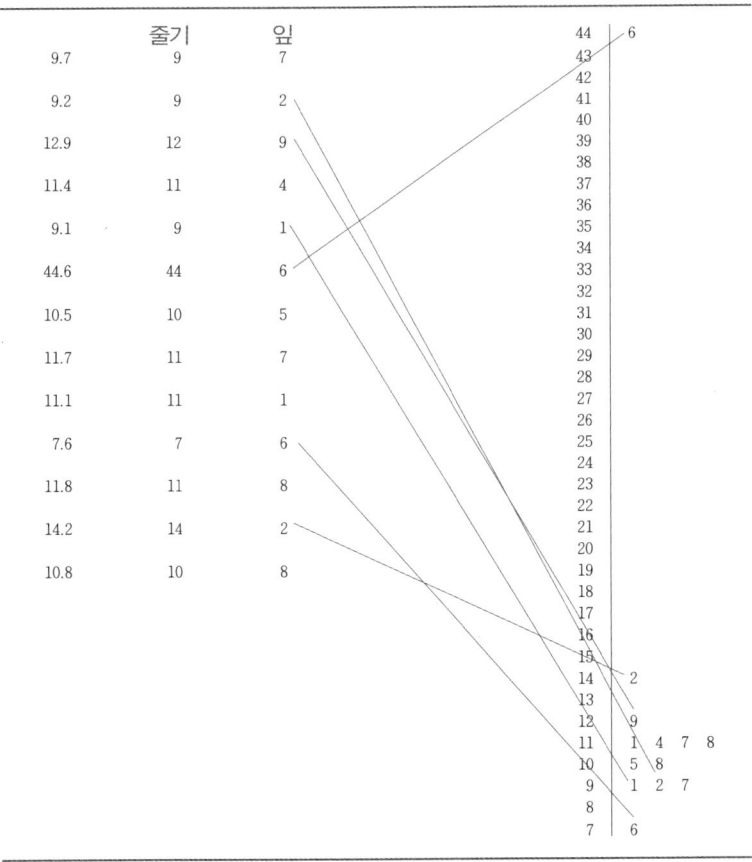

그림 1.1. 표 1.1에 제시된 숫자의 줄기-잎도표

이나 사진을 검토하여 만약 실수라면, 바로잡는 것 정도로 충분하다. 실제로 이 측정치가 정확하다면, 이 숫자군에서 가장 특이한 양상 중 하나는 바로 이 주공이 나머지와 잘 맞지 않다는 사실일 것이다.

줄기-잎도표는 다양한 척도로 (즉, 줄기 부분에 다양한 급간을 이용함으로써) 작성할 수 있는데, 적합한 척도를 선택하는 것이 유용한 줄기-잎도표를 작성하는 데 핵심이 된다. 표 1.2는 다른 숫자군을 앞의 표 1.1에서와 같은 척도의 줄기-잎도표로 작성한 예를 보여주고 있다. 그런데 여기에 제시된 숫자들은 다소 넓게 벌어져 있어서 숫자군의 특성을 명확히 제시하지 못하고 있다. 표 1.4에서는 동일한 숫자들임에도 불구하고 줄기 부분을 달리 구성하자 조밀한 줄기-잎도표가 생성된다. 우선, 숫자들은 앞의 것과는 다른 방식으로—소수점에서가 아니라 1자리와 10자리 사이에서—줄기 부분과 잎 부분으로 분해된다. 각 잎은 두 자리 수를 갖게 되므로, 쉼표는 각 잎들이 분리되는 것을 표시하기 위해 사용되었다. 지나치게 조밀해지는 현상을 피하기 위해, 개별 줄기는 두 부분이 되도록 하여, (줄기-잎도표의 오른쪽에 표기된 것과 같이) 아랫부분은 그 줄기(급간)의 절반보다 낮은 숫자들과 윗부분은 절반보다 높은 숫자들과 일치하게 한다. 숫자군의 특성이 이 도표에서 좀 더 분명해졌다. 숫자들은 약 130에서 160 사이에 무리를 이루고 있다. 또한 비정상적으로 가벼운 긁개 하나가 이상점인 것으로 보인다. 이러한 양상은 표 1.2에서도 물론 (뒤늦게야) 찾을 수 있지만 표 1.3에서 훨씬 분명하다.

표 1.4는 동일한 숫자들을 대상으로 하면서도 좀 더 조밀한 줄기-잎도표를 보여준다. 표 1.3에서는 각 줄기 및 잎 부분들이 두 칸 떨어져 있었으나 여기서는 한 칸만이 할애되었다. 이러한 척도에서도 숫자들의 군집현상은 여전히 확연한 반면, 표 1.3에서 이상점으로 나타났던 것이 군집에 가까워지게 됨에 따라, 더 이상 심하게 벗어나 보이지는 않게 되었다. 이 숫자군의 특성이 이 줄기-잎도표에서는 그다지 명확하게 나타나지 않는데, 숫자들을 너무 가까이에 밀집시켜 놓았기 때문이다.

표 1.5는 여전히 동일한 숫자들을 대상으로 한 또 다른 줄기-잎도표이다.

표 1.2. 블랙유적 출토 17개 긁개의 무게에 대한 매우 성근 줄기-잎도표

무게(g)	줄기	잎		줄기	잎
				169	5
				168	
				167	
148.7	148	7		166	
				165	
154.5	154	5		164	7
				163	
169.5	169	5		162	
				161	2
145.1	145	1		160	
				159	
157.9	157	9		158	
				157	9
137.8	137	8		156	
				155	
151.9	151	9		154	5
				153	
146.2	146	2		152	0
				151	9
164.7	164	7		150	
				149	3
149.3	149	3		148	7
				147	
141.3	141	3		146	29
				145	1
161.2	161	2		144	
				143	0
146.9	146	9		142	
				141	3
152.0	152	0		140	
				139	
143.0	143	0		138	
				137	8
132.6	132	6		136	
				135	
115.3	115	3		134	
				133	
				132	6
				131	
				130	
				129	
				128	
				127	
				126	
				125	
				124	
				123	
				122	
				121	
				120	
				119	
				118	
				117	
				116	
				115	3

표 1.3. 블랙유적 출토 17개 긁개의 무게에 대한 적절한 척도의 줄기-잎도표

무게(g)	줄기	잎				
148.7	14	87				
154.5	15	45				
169.5	16	95	17			(175.0 − 179.9)
145.1	14	51	17			(170.0 − 174.9)
157.9	15	79	16	95		(165.0 − 169.9)
137.8	13	78	16	12, 47		(160.0 − 164.9)
151.9	15	19	15	79		(155.0 − 159.9)
146.2	14	62	15	19, 20, 45		(150.0 − 154.9)
164.7	16	47	14	51, 62, 69, 87, 93		(145.0 − 149.9)
149.3	14	93	14	13, 30		(140.0 − 144.9)
141.3	14	13	13	78		(135.0 − 139.9)
161.2	16	12	13	26		(130.0 − 134.9)
146.9	14	69	12			(125.0 − 129.9)
152.0	15	20	12			(120.0 − 124.9)
143.0	14	30	11	53		(115.0 − 119.9)
132.6	13	26				
115.3	11	53				

표 1.4. 블랙유적 출토 17개 긁개의 무게에 대한 조밀한 줄기-잎도표

무게(g)	줄기	잎		
148.7	14	87		
154.5	15	45		
169.5	16	95		
145.1	14	51	17	
157.9	15	79	16	12. 47, 95
137.8	13	78	15	19, 20, 45, 79
151.9	15	19	14	13, 30, 51, 62, 69, 87, 93
146.2	14	62	13	26, 78
164.7	16	47	12	
149.3	14	93	11	53
141.3	14	13		
161.2	16	12		
146.9	14	69		
152.0	15	20		
143.0	14	30		
132.6	13	26		
115.3	11	53		

이 예는 더 심하게 조밀하다. 양상을 충분히 보여줄 수 있도록 잎들이 벌어질 충분한 공간이 줄기 위에 없다. 표 1.3의 이상점은 더 이상 확연하지 않다(비록 실재한다고 하더라도 부적절한 척도로 인해 불분명하게 되었다). 숫자들이 군집을 이루는 정도를 판단하기조차 어렵다. 줄기-잎도표가 더욱 조밀해지게끔 다음 단계의 것을 작성할 수 있을 것이다. 그렇게 한다면 모든 잎들이 한 줄로 붙는 하나의 줄기를 얻게 될 것이다.

적절한 척도의 줄기-잎도표는 표 1.2과 표 1.5에 제시된 두 극단적인 경우는 피해야 한다. 잎들은 하나 혹은 그 이상의 군집을 이루어야 한다. 표 1.2에서처럼 줄기를 따라 너무 길게 벌어져 있으면, 그러한 현상이 나타나지 않을 것이다. 동시에 이들이 충분히 벌어져서 이상점들이 인지될 수 있어야 하고, 둘 이상의 군집이 있다면 이들은 서로 구분될 수 있어야 한다. 후자의 현상은, 표 1.5에서처럼 잎들이 너무 밀집하면 나타날 수 없다. 표 1.3과 표 1.4는 그런 현상을 훨씬 분명하게 보여주는데, 특히 표 1.3이 표 1.4보다 더 확연하게 파

표 1.5. 블랙유적에서 출토된 17개 긁개의 무게에 대한 지나치게 조밀한 줄기-잎도표

무게(g)	줄기	잎		
148.7	1	487		
154.5	1	545		
169.5	1	695		
145.1	1	451		
157.9	1	579		
137.8	1	378		
151.9	1	519		
146.2	1	462	1	519, 520, 545, 579, 612, 647, 695
164.7	1	647	1	153, 326, 378, 413, 430, 451, 462, 469, 487, 493
149.3	1	493		
141.3	1	413		
161.2	1	612		
146.9	1	469		
152.0	1	520		
143.0	1	430		
132.6	1	326		
115.3	1	153		

턴을 보여준다.

통계학자에 따라 약간씩 다른 방식으로 줄기-잎도표를 작성하기도 한다. 척도를 확장하거나 축약하는 데에는 여러 가지 접근방식이 있다. 서식을 정확히 따랐느냐보다는 숫자군 내에서 관찰될 패턴을 가능한 한 명확하게 보여주어야 한다는 원칙이 더 중요하다. 두 가지 핵심적인 원리가 관련된다. 첫째는 숫자들 간 거리가 시각적으로 도표의 수직축을 따라 나타나는 공간적 거리로 표현되는 것이다. 그리고 둘째는, 일련의 동일 급간 각각에 속하는 숫자들의 개수가 시각적으로 숫자들의 수평 행을 따라 나타나는 공간적 거리로 표현되는 것이다. 줄기 부분을 분할할 수는 있지만, 각 줄기의 위치는 나머지와 동일한 간격으로 지정하여야 한다. 예를 들어, 줄기를 3.0~3.3, 3.4~3.6, 3.7~3.9의 간격과 일치하도록 작성하는 것은 매우 좋지 않은 생각인데, 급간이 동일하지 않기 때문이다. 즉, 나머지 둘에 비해 3.0~3.3의 급간이 넓기 때문이다. 넓은 급간을 설정할수록 잎의 행이 길어지는데, 단순히 줄기-잎도표가 제대로 작동하도록 하는 수평적 이격의 원리에 넓은 급간이 영향을 주기 때문이다.

이 책의 줄기-잎도표는 아래쪽으로 갈수록 낮은 숫자를, 위쪽으로 갈수록 높은 숫자를 배치한다. 낮은 숫자는 도표상의 아래쪽에, 높은 숫자는 도표상의 위쪽에 둠으로써, 숫자와 줄기-잎도표를 동일한 용어로 표현하기 편하게 해 준다. 낮은 숫자를 위쪽에, 높은 숫자를 아래쪽에 두는 것이 좀 더 일반적이기는 하다. 미미하기도 하고 거의 불필요하기도 한 혼동을 야기할 만한 요소가 더해지는바, 다행스런 일은 아니지만 둘 중 어떤 방식이든 줄기-잎도표는 동일한 패턴을 보여준다는 점은 분명하다.

마지막으로, 본 장의 표들에 제시된 줄기-잎도표들의 잎들은 각 행에 크기 (역)순대로 정렬되어 있다. 그렇게 하는 것은 여태까지 우리가 인지했던 패턴을 관찰하는 것에 특별한 영향을 미치지는 않지만 2장·3장에서 줄기-잎도표로 수행할 작업들 중 일부를 용이하게 해 줄 수는 있다. 숫자들을 크기 순서대로 정렬하는 것은 줄기-잎도표를 작성함에 있어 시간 소모를 더욱 늘릴 수도 있지만 앞으로 보게 될 것처럼, 그럴 만한 가치가 있는 일이다.

등 맞댄 줄기-잎도표

줄기-잎도표는 하나의 숫자군을 탐색하는 것뿐만 아니라, 복수의 숫자군을 비교하는 데 있어서도 기본적인 도구이다. 표 1.6의 숫자군은 스미스Smith유적에서 발견된 주공의 지름들로 이루어져 있는데, 블랙Black유적에서 발견된 주공의 지름(표 1.1)들로 이루어진 숫자군과 비교하고자 한다. 이 숫자들은 같은 변수(주공의 지름)에 대한 측정치이기 때문에, 비록 다른 두 세트의 주공들이기는 하지만 이 두 숫자군은 연관지을 수 있다. 표 1.7은 등 맞댄 줄기-잎도표 back-to-back stem-and-leaf plot로 각 숫자군의 잎들은 동일한 줄기의 맞은편에 자리 잡고 있다.

표 1.6. 스미스유적에서 발견된 15개 주공의 지름(cm)

20.5	18.3	19.4	18.9
17.2	17.9	16.4	16.8
15.3	18.6	18.8	8.4
15.9	14.3	15.7	

그림 1.1에서 본 것과 같이, 블랙유적에서는 지름 9cm부터 12cm까지의 주공들이 이룬 군집은 물론이고, 이상점인 지름 44.6cm의 초대형 주공도 보인다. 스미스유적에서도 숫자의 군집을 볼 수 있지만, 이는 블랙유적의 숫자 군집보다는 좀 더 위쪽에 위치한다. 즉각 스미스유적의 주공들이 블랙유적의 주공들보다 대체로 크다는 것을 관찰할 수 있다. 비록 블랙유적에서 발견된 44.6cm 지름의 주공이 두 유적 모두에서 가장 크기는 하지만, 대략적인 패턴이 그러하다는 것은 줄기-잎도표에서 명백하게 관찰된다. 스미스유적의 주공 중에도 역시 이상점―이 예에서는 주된 군집보다 현저하게 작은 아래쪽 이상점―이 있다. 만약 이 이상점이 스미스유적 대신 블랙유적에 있었다면, 그다지 이상하지 않을 수도 있지만 스미스유적에서는 분명히 어색하다.

히스토그램

줄기-잎도표는 탐색적 자료분석의 혁신이다. 고고학 문헌들에도 확실히 등장

표 1.7. 블랙 및 스미스유적 주공지름(cm)의 등 맞댄 줄기-잎도표(표 1.1과 표 1.6)

블랙유적		스미스유적
6	44	
	43	
	42	
	41	
	40	
	39	
	38	
	37	
	36	
	35	
	34	
	33	
	32	
	31	
	30	
	29	
	28	
	27	
	26	
	25	
	24	
	23	
	22	
	21	
	20	5
	19	4
	18	3689
	17	29
	16	48
	15	379
2	14	3
	13	
9	12	
8741	11	
85	10	
721	9	
	8	4
6	7	

표 1.8. 키스키미네타스강 유역에 분포하는 29개 유적의 면적

유적 면적(ha)	줄기-잎도표	
12.8	15	3
11.5	14	0
14.0	13	49
1.3	12	388
10.3	11	0257
9.8	10	367
2.3	9	089
15.3	8	27
11.2	7	4
3.4	6	
12.8	5	
13.9	4	5
9.0	3	48
10.6	2	0239
9.9	1	37
13.4		
8.7		
3.8		
11.7		
1.7		
12.3		
11.0		
2.9		
10.7		
7.4		
8.2		
2.0		
2.2		
4.5		

하는 것처럼 유사한 정보를 전달하기 위해 도표를 작성하는 데에는, 고고학자들에게 좀 더 친숙한 전통적인 방법이 있다. 히스토그램이 바로 그것인데, 이는 줄기-잎도표와 정확히 일치하는 것이다. 히스토그램은 너무도 친숙한바, 여기서 더 상세한 설명을 할 필요는 없어 보인다. 표 1.8은 키스키미네타스 Kiskiminetas강 유역의 29개소 유적의 면적에 대한 줄기-잎도표를 제시하고 있

다. 그림 1.2는 그 숫자군의 히스토그램이 결국, 줄기-잎도표에 상자를 씌우고 그 옆에 나타난 것처럼, 잎 부분의 숫자를 제거한 것임을 보여주고 있다. 지금까지 줄기-잎도표를 통해 인지해 온 것과 대부분 동일한 패턴이 히스토그램에서도 관찰된다. 히스토그램을 작성함에 있어서, 줄기-잎도표와 관련하여 논의하였던 척도 혹은 급간 선택의 문제에 직면하게 되는데, 전적으로 동일한

통계꾸러미

줄기-잎도표는 숫자군에 속한 숫자들을 나열할 수 있는 매우 단순한 방법이기 때문에 수기로도 빠르고 쉽게 작성할 수 있다. 수기로 작업할 때에는 숫자들을 수직으로 줄지움으로써 패턴이 정확하게 반영되도록 하여야 한다. 줄기-잎도표를 작성하기 위하여 타자기를 이용하거나, 더 좋게는, 워드프로세서를 이용하면 용이할 수도 있다. 수기로 작업할 때처럼, 숫자들을 수직으로 줄짓는 것이 중요하다. 타자기를 이용하거나, 화면에 각 숫자가 같은 너비로 나타나거나 인쇄되는 것을 전제로 워드프로세서를 이용하면 그러한 작업은 자동으로 이루어진다. 모든 숫자가 같은 너비를 가지지 않는 (즉, 예를 들어 1이 2보다 좁은) 글꼴은 줄기-잎도표에 적당하지 않은데, 숫자들이 정렬상태를 벗어나기 때문이다. 가장 쉽게 줄기-잎을 작성하는 방법은 당연히 컴퓨터용 통계꾸러미(약칭하여 statpack)로 하는 것이다. 일부 통계용 프로그램은 줄기 위의 적절한 척도 혹은 급간을 선택해 주는 기능을 포함하는 등 전 과정을 자동으로 수행해 주기도 한다. 대부분의 프로그램이 그렇지만, 일부 통계 프로그램은 줄기-잎도표와 같은 탐색적 자료분석(exploratory data analysis, 약칭 EDA) 도구를 포함하고 있지 않기도 하다.

히스토그램은 줄기-잎도표보다 좀 더 시간 소모가 많은 작업이지만, 이런저런 통계꾸러미로 매우 보기 좋게 작성할 수 있다. 진정한 통계꾸러미는 이 작업에 적합한데, 그 프로그램을 만들 때 본 장에서 논의했던 목적을 십분 고려했기 때문이다. 막대도표를 작성해주는 수많은 프로그램은 언뜻 보기에 그러한 목표를 달성할 수 있는 또 다른 방법처럼 느껴질 수도 있지만 막대도표는 겉모양으로는 히스토그램과 유사할 수는 있겠으나 제6장에서 좀 더 심도 있게 살펴볼 바와 같이, 실질적으로는 다른 도구이다.

고려사항들을 적용하면 된다. 한편으로, 히스토그램은 고고학자들에게 친숙하기도 하지만 (줄기-잎도표보다는) 더 우아하고, 미학적으로 낫다는 장점이 있다. 다른 한편으로 줄기-잎도표는 실제 숫자들의 전모를 제시함으로써 다음 장들에서 보게 될 바와 같이, 히스토그램으로는 할 수 없는 방식으로 그 숫자들을 이용할 수 있게 해 준다. 그러나 일반적으로 줄기-잎도표와 히스토그램은 근본적으로 동일한 목적을 가지고 있다.

다중 군집 혹은 다중 봉우리

표 1.8에 제시된 숫자군은 줄기-잎도표나 히스토그램을 이용할 때 확연해지는 숫자군의 또 다른 특성을 보여주고 있다. 줄기-잎도표에서 보통의 숫자 군집을 확인한다. 그러나 앞 예제의 경우에는 구분되는 별도의 두 군집, 즉 하나는 $1ha$에서 $5ha$ 사이에, 다른 하나는 $7ha$에서 $16ha$ 사이에 위치하는 군집이 있다. 동일한 군집현상이 히스토그램에서도 분명히 보이는데(그림 1.2), 각각의 군집은 마치 언덕이나 봉우리peaks처럼 보인다. 이러한 다중 군집 혹은 다중 봉우리는 구분 가능한 종류의 개체들이 존재함—이 경우 구별되는 두 종류의 유적들—을 시사한다. 이들을 각각 대규모 유적과 소규모 유적으로 부를 수도

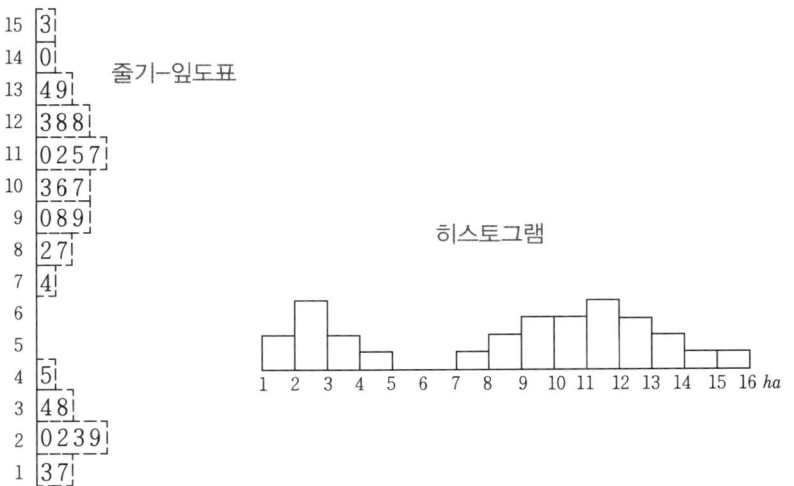

그림 1.2. 키스키미네타스강 유역에 분포하는 29개 유적 면적의 히스토그램

있는데, 줄기-잎도표나 히스토그램에서 보이는 패턴은 어쨌든 양자가 명확히 구분된다는 것이다. 즉 이들을 대·소규모 유적으로 다룸에 있어서, 자의적으로 대소로 나누지 않고 오히려 숫자군 자체가 가지고 있는 본연의 특성을 관찰하기만 하면 되는 것이다. 대번에, 대규모 유적이 많지만 소규모 유적도 분명하게 별도의 봉우리를 이룰 수 있는 충분한 수가 됨을 알 수 있다. 이 예는 이상점과 관련된 것은 아니며, 대신에 각각이 나름의 봉우리를 형성하기에 충분한 두 세트의 유적들에 관련된 것이다.

숫자군 내 다중 봉우리의 존재는 항상 둘 이상의 본질적으로 다른 종류의 사물이 하나처럼 측정되었다는 것을 시사한다. 약간 이상하게 들릴지도 모를 예를 하나 들어, 만찬용 접시와 맨홀 뚜껑의 지름을 잰다고 하자. 만약 이들이 둥근 물체의 계측치로 이루어진, 단일한 일람표로 제시되더라도, 줄기-잎도표를 통해 즉각 두 개의 별도 봉우리가 있다는 것을 알게 될 것이다. 지름 외에 다른 사항은 알 수 없더라도, 본질적으로 다른 두 가지 사물이 계측되었다고 추측할 수 있을 것이다. 줄기-잎도표에서 관찰한 패턴 외에 다른 증거를 대지 않더라도, 이 숫자군을 둘로 세분하는 것은 올바른 일이다. 그런데, 우선 해야 할 것 중의 하나는, 두 부류의 차이를 명확히 할 수 있는 특질에 대한 더욱 심도 있는 정보를 찾아보는 작업이 될 것이다. 계측된 사물에 만찬용 접시와 맨홀 뚜껑이 포함되었다는 것을 알게 되었을 때, 반응은 아마도 "그래, 그러면 그렇지, 이제 알겠다!"일 것이다. 이는 완벽하게 적절한 반응이며, 순수하게 형식적 근거에 입각하여 (즉, 줄기-잎도표에서 관찰된 패턴에 의거하여) 이루어진 세분의 본질이 되는 것이다.

반복하자면, 여러 봉우리를 가진 숫자군은 더 이상 분석될 수 없다. 이 문제에 대한 유일한 해결책은 별도의 숫자군으로 세분하여 별도의 분석을 하는 것이다. 세분의 과정에서 도움이 될 만한 대상물의 여타 특성을 인지할 수 있다면 다행일 것이다. 그렇지 못하다면, 그 작업을 단지 줄기-잎도표나 히스토그램에 의거해 수행해야만 하는데, 봉우리를 분리하는 계곡의 가장 낮은 지점에 해당하는 숫자에 세분하는 선을 그으면 된다. 그림 1.2에 제시된 숫자들에서는 이러한 작업이 무척 쉬울 것이다. 여기서 최저점은 6ha 근처에 있다. 그러한 크기의 유적은 전혀 없는바, 소규모 유적은 1ha에서 5ha에 속하는 것들이며, 대규모 유적은 7ha에서 16ha에 속하는 것들이 된다. 만약 이 예에서와 달리, 계곡의 최저점에 실질적인 간극이 없으면, 딱히 어디에 세분하는 선을 그어야 할지가 불명확해지기는 하지만 다음 분석을 하기에 앞서 세분화작업이 수행되어야 한다.

연습문제

표 1.9와 1.10은 두 숫자군—두 유적에서 출토된 긁개 길이의 측정치—이다. 이 긁개들은 플린트와 처트로 만들어졌다. 이 숫자들은 (어떤 석재로 제작되었는지, 어떤 유적에서 출토되었는지를 무시하면 긁개의 길이들은) 단일한 숫자군으로 여길 수도 있다. 한편, 이 숫자들은 각기 다른 방식으로 두 숫자군을 형성하기도 한다. 이 단일한 숫자군을 유적에 따라 두 숫자군으로 나눌 수 있다. (이는 위 표들에 제시된 방식이다.) 혹은 이 단일한 숫자군을 (어느 유적에서 출토되었는지를 무시하고) 석재에 따라 두 숫자군으로 나눌 수도 있다.

1. 긁개 전부를 하나의 숫자군으로 가정하고 긁개 길이에 대한 줄기-잎도표를 작성해 보자. 어떠한 급간이 가장 유용한 도표를 그릴 수 있게 하는

표 1.9. 파인 릿지 케이브유적에서 출토된 긁개

석재	길이(mm)	석재	길이(mm)
처트	25.8	처트	25.9
처트	6.3	처트	23.8
플린트	44.6	처트	22.0
처트	21.3	처트	10.6
플린트	25.7	플린트	33.2
처트	20.6	처트	16.8
처트	22.2	처트	21.8
처트	10.5	플린트	48.3
처트	18.9		

지 줄기를 달리해 보자. 도표에서 어떠한 패턴을 확인할 수 있는가?

2. 윌로우 플랫Willow Flats유적에서 출토된 긁개의 길이를 하나의 숫자군으로, 파인 릿지 케이브Pine Ridge Cave유적의 것들을 다른 하나의 숫자군으로 삼아 등 맞댄 줄기-잎도표를 작성해 보자. (석재에 따른 구분은 잠시 논외로 하자.) 두 숫자군을 어떻게 비교해 볼 수 있겠는가? 모든 긁개를 단일한 숫자군으로 다루었던 줄기-잎도표를 해석하는 데 도움이 되는 패턴을 찾을 수 있는가?

3. 플린트로 만들어진 긁개의 길이들은 하나의 숫자군으로, 처트로 만들어진 것들을 다른 하나의 숫자군으로 삼아 등 맞댄 줄기-잎도표를 작성해 보자. (이번에는 유적별 구분은 잠시 논외로 하자.) 두 숫자군을 어떻게 비교해 볼 수 있겠는가? 모든 긁개를 단일한 숫자군으로 다루었던 줄기-잎도표를 해석하는 데 도움이 되는 패턴을 찾을 수 있는가?

표 1.10. 윌로우 플랫유적에서 출토된 긁개

석재	길이(mm)	석재	길이(mm)
처트	15.8	플린트	49.1
플린트	39.4	플린트	41.7
플린트	43.5	처트	15.2
플린트	39.8	처트	21.2
처트	16.3	플린트	30.2
플린트	40.5	플린트	40.0
플린트	91.7	처트	20.2
처트	21.7	플린트	31.9
처트	17.9	플린트	42.3
플린트	29.3	플린트	47.2
플린트	39.1	플린트	50.5
플린트	42.5	처트	10.6
플린트	49.6	처트	23.1
처트	13.7	플린트	44.1
처트	19.1	플린트	45.8
플린트	40.6		

02
숫자군의 수준 혹은 중심
The Level or Center of a Batch

1장에서 살펴본 것처럼, 숫자군 내에 있는 몇 숫자들은 군집을 이루기도 한다. 관련된 두 숫자군을 비교한다면, 한 숫자군 내의 중심적인 군집이 다른 숫자군의 중심 군집보다 대체로 높은 값들로 이루어질 수도 있다. 이 경우, 두 숫자군은 서로 다른 수준levels 혹은 중심centers을 가지고 있다고 한다. 이러한 비교를 위해 수준에 관한 수치지표를 사용하면 편리하다. 몇 가지 통용되는 지표들은 전통적으로 중심성향에 대한 측정measures of central tendency으로 일컬어지기도 한다.

평균
특정 숫자군의 중심을 표현하는 가장 친숙한 지표는 평균mean으로, 일반에서는 다른 이름, 즉 average로 더 자주 불린다. 평균의 계산은 우리가 초등학교에서 배운 것과 같다. 즉, 숫자군에 속한 모든 숫자의 합을 숫자의 개수로 나눈 것이다. 계산법이 이렇듯 친숙하기 때문에, 통계학에서 매우 유용하게 사용되는 수학적 기호를 소개하는 좋은 기회를 제공한다. 평균의 계산을 표현하는 수식은

$$\bar{X} = \frac{\sum x}{n}$$

인데, x는 숫자군에 속한 개별 숫자를, n은 x의 개수를, ("엑스바"로 발음되는) $\bar{X}$는 평균을 의미한다.

그리스문자 Σ(대문자 시그마sigma)는 "(총)합"을 의미하는데(Σx경우, 단순히 x들의 총합을 의미하는데), 통계학에서는 자주 사용되는 기호이다. Σ를 포함하는 수식은 다소 어색하게 느껴질 수도 있겠으나, 방금 본 것처럼, 상대적으로 단순하고 친숙한 계산식의 속기호速記號인 것이다. 사실상 Σ야말로, 이 책에서 사용되는 거의 유일한 수학적 기호로, 기초적인 대수학에서 자주 사용되지는 않는 것이다.

표 2.1은 한 유적에서 발견된 2기의 주머니형 저장수혈에서 출토된 박편석기들의 무게에 관한 자료를 정리한 것이다. 등 맞댄 줄기-잎도표는 1호 저장수혈에서 나온 박편석기들이 이상점인(집중적인 관심을 두지 않고자 하는) 28.6g짜리를 제외하고는 9g에서 12g 사이에 뭉쳐 있음을 보여주고 있다. 2호 저장수혈의 박편석기들 또한 군집을 이루고 있기는 하지만 봉우리가 상대적으로 퍼져 있기도 하고 두 개로 나눠지는 경향도 있다. 2호 저장수혈의 석기들로 이루어진 숫자군의 중심은 1호 저장수혈에 비해 대체로 약간 높을 것이다. 1호 저장수혈에서 출토된 석기들은(전체 12개체의 무게를 모두 더하여 12로 나눈) 평균이 12.33g이다. 2호 저장수혈에서 출토된 석기들은 (전체 13개체의 무게를 모두 더하여 13으로 나눈) 평균이 11.42g이다. 두 평균의 위치는 등 맞댄 줄기-잎도표의 줄기에 표시되어 있다.

2호 저장수혈의 출토품에 관한 한, 평균이 중심에 대한 지표로 만족스러울 수 있다. 하지만 줄기-잎도표에서 보듯이, 그것이 숫자군 내 주된 군집의 중앙부를 가리키지는 않는다. 그런데 1호 저장수혈을 보면 관심을 유발하는 것이 있다. 평균이 숫자군 내 주된 군집의 중앙부보다 확연히 위쪽에 있다는 것이다. 전체 무게의 합산에 큰 영향을 미치는 28.6g이라는 높은 수치의 이상점에 의해 평균이 "끌어올려졌다". 1호 저장수혈 숫자군의 수준이 2호 저장수혈 숫자군보다 낮다는 점이 관찰되는바, 1호 저장수혈의 평균이 2호 저장수혈의 평

표 2.1. 두 주머니형 저장수혈에서 수습된 박편석기의 무게

박편석기 무게(g)		등 맞댄 줄기-잎도표		
1호 저장수혈	2호 저장수혈	1호 저장수혈		2호 저장수혈
9.2	11.3	6	28	
12.9	9.8		27	
11.4	14.1		26	
9.1	13.5		25	
28.6	9.7		24	
10.5	12.0		23	
11.7	7.8		22	
10.1	10.6		21	
7.6	11.5		20	
11.8	14.3		19	
14.2	13.6		18	
10.8	9.3		17	
	10.9		16	
			15	
$\overline{X}$　12.33	11.42	2	14	13
Md　11.10	11.30		13	56
		9	12	0　　$\overline{X}$
		$\overline{X}$ ── 874	11	35 ──── Md
		Md ── 851	10	69
		21	9	378
			8	
		6	7	8

균보다 크다는 사실은 다소 우려된다. 양 숫자군의 평균을 비교하면, 1호 저장수혈 출토의 박편석기들이 2호 저장수혈 출토 박편석기들에 비해 무거운 경향이 있다는 점을 시사한다. 하지만 이러한 결론은 줄기-잎도표에서 관찰한 것과는 정확히 반대된다. 이 경우, 평균은 그다지 만족스럽게 작동하지 않는다. 즉, 2호 저장수혈 숫자군과의 비교를 목적으로 한다면, 평균은 1호 저장수혈 숫자군의 중심에 관한 유용한 지표가 되지 못한다. 어떤 상황에서 평균이 중심에 대한 지표로 이용되기에 충분히 잘 작동하는지를 정하는 명확한 법칙은 없다. 결국, 줄기-잎도표로 숫자군을 세심하게 탐색하는 작업, 중심에 대한 지

표로 수행하는 작업에 대한 심도 있는 이해, 그리고 관행에 의거한 주관적 판단에 관련된 문제인 셈이다.

중앙값

숫자군의 형상 탓에 평균이 제대로 작동하지 않는다면, 중앙값median이 간혹 숫자군 중심에 관한 보다 나은 지표가 될 수 있다. 중앙값은 단순히 (숫자군을 구성하는 숫자의 개수가 홀수인 경우) 숫자군의 중간에 해당하는 숫자이거나 (숫자군을 구성하는 숫자의 개수가 짝수인 경우) 중간에 해당하는 두 숫자를 평균한 값이다. 줄기-잎도표는 위에서 혹은 아래에서부터 숫자를 세면서 중간에 해당하는 숫자를 찾을 수 있기 때문에, 중앙값을 찾는 데 유용하다. 실수 없이 중앙값을 찾기 위해서는 줄기-잎도표에서 수치상의 순서대로 '잎'을 배치하는 것이 중요하다. 히스토그램은 줄기-잎도표의 대체물일 수는 있지만 실제 숫자를 표시하지는 않기 때문에 중앙값을 찾는 데 사용하기는 어렵다.

1호 저장수혈 출토 박편석기의 무게들 중에서 중앙값을 찾기 위해 우선 박편석기의 수를 센다. (짝수인) 12개의 숫자가 있으므로, 중앙값은 중간에 해당하는 두 숫자를 평균한 값이 된다. 중간의 두 숫자는 최고치 혹은 최소치로부터 세어서 6번째와 7번째 숫자가 된다. 예를 들어, 1호 저장수혈의 줄기-잎도표에서 아래로부터, 즉 최소치로부터 잎을 세면, 먼저 다섯 개의 숫자, 즉 7.6, 9.1, 9.2, 10.1, 10.5를 발견하게 되며, 이어서 6번째와 7번째에 해당하는 10.8과 11.4의 숫자를 얻게 된다. 반대로 위에서부터, 즉 최고치로부터 잎을 세면 먼저 다섯 개의 숫자, 즉 28.6, 14.2, 12.9, 11.8, 11.7을 발견하게 되며, 위와 똑같이 6번째와 7번째에 해당하는 10.8과 11.4의 숫자를 얻게 된다. 10.8과 11.4의 평균은 11.1이다. 따라서 1호 저장수혈 출토 박편석기의 무게에서 중앙값은 $11.10g(Md=11.10g)$이다.

2호 저장수혈에서는 13점의 박편석기가 출토되었기 때문에, 즉 숫자군의 중간에 해당하는 최고·최소치로부터 7번째 숫자가 중앙값이 된다. 위로부터 잎을 세면, 먼저 14.3, 14.1, 13.6, 13.5, 12.0, 11.5 등 여섯 개의 숫자를 얻게 되며, 이어서 7번째 숫자인 11.3을 얻게 된다. 아래로부터 잎을 세면, 먼저 7.8, 9.3, 9.7, 9.8, 10.6, 10.9 등 여섯 개의 숫자를 얻게 되며, 앞서와 똑같이 7번째 숫자, 11.3을 얻게 된다. 따라서 2호 저장수혈 출토 박편석기의 무게에서 중앙값은 11.30g(Md=11.30g)이다.

두 숫자군의 중앙값들은 줄기-잎도표에 표시되며, 시각적으로 좀 더 만족스럽게 두 숫자군의 중심을 지칭하는 점들을 가리킨다. 중앙값에 따라 두 숫자군의 수준을 비교하는 것이 평균을 이용했을 때보다 좀 더 합리적으로 보인다. 2호 저장수혈 출토 박편석기 무게의 중앙값은 근소하게 1호 저장수혈의 그것보다 높다. 이것은 줄기-잎도표의 일반적인 양상을 관찰하여 얻게 되는 결론과 유사하다.

이상점과 저항성

위의 예에서처럼 평균과 중앙값이 매우 다르게 작동하는 것은 다소 의아스러울 수도 있다. 어쨌든, 둘 모두 숫자군의 중심을 표현하기 위해 보편적으로 사용되는 지표들이다. 그럼에도 불구하고 평균과 중앙값으로 두 숫자군을 비교한 결과, 어느 숫자군이 더 높은 중심을 가지고 있느냐에 관해 상반되는 결론을 도출하였다. 분명히, 1호 저장수혈에서 출토된 박편의 평균이 조금 수상하게 느껴진다. 평균이 이상하게 높은 것은 전적으로 위쪽 이상점(28.6g에 달하는 박편)이 계산에 미치는 영향 때문이다. 그 이상점이 평균을 상당히 끌어올리기는 하지만 대조적으로 중앙값에는 전혀 영향을 미치지 못한다. 만약 그 박편이 28.6g이 아니라, 12.5g이더라도, 1호 저장수혈의 중앙값은 전혀 변하지 않는다. 숫자군의 중앙에 도달하기 위해 세어갈 때, 가장 무거운 박편은 단지 첫 번째 숫자일 뿐이며, 그 값이 얼마나 높은지에 상관없이 중앙은 동일한 위치에 있게 된다. 사실 중앙값은 숫자군 아래 혹은 위 절반의 숫자들의 실제 값이 얼마인지에 전혀 영향을 받지 않는다. 위쪽 절반에 속하는 특정 숫자를 아래쪽으로 혹은 그 반대로 옮기지 않는 이상, 중앙값은 정확히 그 자리에 있게 된다.

이는 일반원리와 관련된 일례이다. 숫자군의 평균은 항상 이상점의 영향을 강하게 받는다. 반면, 중앙값은 전혀 그 영향을 받지 않는다. 통계 용어로, 중앙값은 매우 저항적resistant이라고 한다. 평균은 전혀 저항적이지 못하다.

이상점 제거하기

분명 평균은 숫자군의 중심에 대한 지표로 삼을 만한 특별한 속성을 가지고 있지만 이상점은 평균이 매우 부정확한 지표가 될 심각한 문제의 소지를 제공하기도 한다. 할 수 있다면, 이상점을 제거하는 것도 좋은 방법인데 종종 그렇게 하기도 한다. 이상점은 항상 각별한 주의를 요한다. 간혹 이상점은 자료 수집이나 기록에서 발생하는 오류를 암시하기도 한다. 그림 2.1의 예에서 비정상적으로 큰 주공은 계측이나 기록상 오류의 결과일 수도 있음을 제기하면서, 그러한 가능성에 대해서는 이미 1장에서 운을 뗀 적이 있다. 그러한 오류는 발굴사진이나 그림을 통해 정정함으로써, 그 이상점을 제거할 수 있다.

비록 이상점이 실제로 정확한 값임이 드러나더라도, 그것을 제거하고 싶을 것이다. 이러한 상황에 대한 고전적인 예로 피Pea 코트로 유명한 미국의 통신판매 의류회사 엘엘 피L.L. Pea를 주목해 봄직하다. 엘엘 피는 10명의 발송담당 직원을 채용하는데, 그중 9명에게는 각각 시간당 8.00달러가 지급되지만 나머지 한 명에게는 시간당 52.00달러가 지불된다. 엘엘 피 발송부서의 임금의 중앙값은 시간당 8.00달러이지만 평균임금은 시간당 12.40달러이다. 다시 한 번, 평균이 이상점으로 인해 상당히 올라갔다. 월급명세서를 꼼꼼히 관찰해 보아도, 9명의 발송담당 직원은 시간당 8.00달러를 받는 반면, 한 직원은 시간당 52.00달러를 받는다. 그러나 세밀한 관찰의 결과, 고임금을 받는 직원은 이 회사의 설립자인 엘엘 피의 조카인 에델버트 피Edelbert Pea인데, 그는 대부분의 '근무시간'을 구내식당에서 보내는 것으로 드러났다. 우리의 관심사가 발송담당 직원들의 급료라면, 에델버트라는 젊은이를 자료에 포함시킬 아무런 이유가 없다. 우리가 연구하거나 다루고자 하는 사례로 정당하지도 않거니와 나머지 9명의 발송담당 직원들에 관한 자료가 적당하니 만큼, 간단하게 그를 빼는 것이 훨씬 낫다.

종종 이러한 방식으로 이상점을 제거하는 것이 현명하기도 하다. 데이터 내에서 (에델버트 피의 예에서처럼) 단지 비정상적인 숫자라는 것 외에 정당한 이유가 있다면, 이상점을 제거하는 것이 편안하게 느껴질 수 있다. 1호 저장수혈과 관련하여 표 2.1에 예시된 숫자군에서 비정상적으로 무거운 박편이 나머지 것들과는 사뭇 다른 형태를 띠거나, 다른 원석으로 제작된 것이라고 알아챌 수도 있었을 것이다. 그러한 경우, 하나의 무거운 처트제 박편을 제외할 목적으로 그 숫자군을 전체 박편이 아니라 흑요석제 박편으로 한정할 수도 있다. 비록 이 작업을 정당화하기 위하여 그러한 외부적인 요인을 발견할 수 없을지라도, 멀리 떨어진 이상점은 그 계측치를 근거로 간단하게 제거할 수 있다. 그러나 마음에 들지 않는 개체들을 제외해 버림으로써 자료를 조작하는 것처럼 보이지 않고도 이상점을 다룰 방법이 있다.

절사평균

절사평균trimmed mean은 체계적으로 과도한 수치를 숫자군의 상·하단 양쪽으로부터 균형감 있게 제거하는 방편이다. 숫자군의 수준을 고려함에 있어, 주로 문제가 되는 것은 숫자들의 주된 군집이다. 가장 높은 혹은 가장 낮은 숫자들이 비정상적으로 그러한 군집으로부터 따로 떨어져 있는 일은 드문 일이 아닌바, 그 몇 안 되는 숫자의 일탈성에 휘둘리지 않는 것이 중요하다. 절사평균은 숫자군에 있는 가장 높은 숫자와 낮은 숫자들을 특정 비율만큼 고려대상에서 제외함으로써, 효과적으로 그러한 혼란을 피하게 해 준다.

예를 들어, 표 2.1에서 1호 저장수혈 출토 박편의 무게에 대한 5% 절사평균을 계산한다고 하자. 5% 절사평균을 구하기 위해, 숫자군의 상위 5%와 하위 5%를 제거하게 된다. 그 숫자군에는 12개의 숫자가 있는바, 12의 5%를 각각 위·아래에서 제거하게 된다. $0.05 \times 12 = 0.6$이고 0.6을 올림하면 1이 되는 바, 위에서 하나, 아래에서 하나의 숫자를 제거하면 된다. 즉, 가장 높은 숫자(28.6)와 가장 낮은 숫자(7.6)를 숫자군에서 제거한다. (제거될 숫자의 개수를 정하는 데 있어서는 항상 올림을 한다.) 최고·최저의 숫자를 제거하면, 10개의 숫자로 구성된 절사숫자군($n_T=10$)이 생긴다. 절사평균이란 단순히 최고·최저의 숫자를 제거하고 남은 10개 숫자들의 평균이다. 1호 저장수혈의 5% 절사평균, $\bar{X}_T$는 남은 숫자들의 총합을 n_T(즉, 10)로 나눈 값, 11.17g이다. 2호 저장수혈의 5% 절사평균 역시 숫자군의 양단으로부터 숫자 하나씩을 제거하는 작업이 필요하다(0.05×13=0.65이고 올림하면 1). 남은 숫자들의 총합을 n_T(즉, 11)로 나누면, $\bar{X}_T=11.48g$이 된다.

보통 평균과는 달리, 절사평균은 이상점의 영향력에 대해 저항적임을 알 수 있다. 위 예에서 5% 절사평균은 중앙값과 매우 비슷하다. 그 두 지표는, 줄기-잎도표에 대한 관찰을 통해 얻어진 결론과 동일하게 2호 저장수혈의 박편이 1호 저장수혈의 것들보다 약간 무겁다는 결론을 내리게 한다.

위에서 산출된 5% 절사평균에서 5%는 절사율trimming fraction이다. 절사율은 상황에 따라 조정될 수 있다. 관행적으로, 절사율은 5%의 배수(5%, 10%, 15% 등)이다. 가장 많이 사용되는 절사율은 대체로 5%와 25%이다. 25% 절사평균은 간혹 중앙평균midmean으로 불리는데, 전체 숫자의 절반만의 평균이기 때문이다(전체 숫자의 1/4이 숫자군의 위쪽과 아래쪽으로부터 제거된다).

마지막 예로, 1호 저장수혈에서 출토된 박편 무게의 25% 절사평균을 산출하기 위해서는 가장 큰 숫자 세 개와 가장 작은 숫자 세 개(0.25×12=3)를 제거해야 한다. 남은 여섯 개 숫자의 평균은 11.05g이다. 2호 저장수혈에서 출토된 박편에 대해, 25% 절사평균을 산출하기 위해서는 가장 큰 숫자 네 개와 가장 작은 숫자 네 개(0.25×13=3.25, 올림하여 4)를 제거해야 한다. 남은 다섯 개 숫자의 평균은 11.26g이다. 5% 절사평균과 마찬가지로, 이상점의 달갑지 않은 영향을 전적으로 피하게 되는데, 절사평균 간의 비교를 통해 2호 저장수혈의 박편이 대체로 1호 저장수혈의 박편보다 약간 무겁다는 것이 드러나게 된다.

중앙값을 최종적인 절사평균인 50% 절사평균이라고 생각할 수도 있다는 점은 지적해 봄 직하다. 숫자군의 상위 절반의 숫자와 하위 절반의 숫자를 제거하고 나면, 중앙점 혹은 중앙값 외에 아무것도 남지 않게 된다.

> **통계꾸러미**
>
> 어떤 통계꾸러미도 숫자군의 평균과 중앙값은 정해 줄 것이다. 그러나 몇 안 되는 프로그램만이 제한적 선택사항으로 절사평균을 지원한다. 보유하고 있는 프로그램이 절사평균을 계산할 수 있게 하기 위해서 해야 할 작업은 우리 스스로 절사를 하는 것이다. 아예 자료 입력과정에서 절사되어야 할 숫자를 생략할 수도 있고, 나중에 삭제할 수도 있다(혹은 보유하고 있는 통계 프로그램이 결측자료 missing data를 다루기 위해 마련한 대비책에 따라, 그 숫자들을 결측자료로 코딩해도 된다). 그렇게 하고 나면, 보유하고 있는 통계 프로그램이 쉽게 남은 숫자들에 대한 평균을 구할 수 있게 된다.

적절한 지표의 선택

중앙값, 평균 그리고 절사평균은 모두 중심에 관한 수치지표이다. 그렇다면 "어떤 것을 이용할 것인가?"라는 의문을 갖게 된다. 간단히 답하기 어려운 문제다. 때로는 평균을, 때로는 중앙값을, 때로는 절사평균을 이용하는 것이 낫다. 숫자군의 특성과 그 수치지표로 어떤 일을 할 것이냐에 달려 있다. 평균은 가장 친숙하여 숫자군의 평균이 얼마인가에 대해 언급했을 때, 틀림없이 누구든지 쉽게 납득할 것이기 때문에 이점은 충분히 고려할 만하다. 그 숫자군에 평균을 의심스런 값으로 만들어버리는 이상점만 없다면, 최상의 선택이 될 것이다. 중앙값은 약간 덜 친숙하지만 저항성이 뛰어나므로 이상점을 가진 숫자군에는 제법 자주 이용된다. 절사평균은 대부분의 고고학 전공자들에게 상당히 덜 친숙하기는 하지만, 어떤 측면에서는 평균과 중앙값, 둘 모두의 장점을 조합하고 있다.

다음 장들에서 살펴볼 바와 같이, 평균은 통계학에서 매우 유용하게 활용될 몇몇 특별한 속성을 가지고 있다. 따라서 그에 영향을 미칠 이상점이 숫자군에 포함되어 있을 때조차도 종종 이용하게 된다. 절사평균은, 이상점의 간섭을 배제하면서도 평균과 동일한 방식 중 적어도 몇몇 방식으로는 이용될 수 있다. 이러한 상황이니, 비록 평균이나 중앙값에 비해 계산이 복잡하고 덜 알려져 있더라도, 절사평균에 대해서는 더 논의해 볼 만하다. 불행하게도 중앙값은 전혀 그와 같은 특별한 방식으로 이용될 수 없다. 그러므로 비록 숫자군을 비교하기에 매우 직접적이고 유용하기는 하지만, 중앙값은 이 책의 나머지 부분들에서는 평균이나 절사평균보다 더 중요하게 다루어지지는 않을 것이다.

두 개의 중심을 가진 숫자군

1장에서 논의하였던 바와 같이, 줄기-잎도표를 살피다 보면 간혹 하나의 숫자군에 둘 이상의 별도 군집이 있는 것을 확인하기도 한다. 이러한 숫자군을 이중으로 혹은 다중으로 봉우리가 형성되었다two-peaked 혹은 multipeaked고 한다. (봉우리라는 비유는, 숫자들의 군집이 언덕이나 산봉우리를 닮게 표현되는 히스토그램으로부터 왔는데, 그러한 측면에서라면 줄기-잎도표를 떠올리는 것이 그다지 어려운 일은 아닐 것이다.)

표 2.2는 블랙유적과 스미스유적에서 발굴된 유구의 면적(m^2)을 제시하고 있다. 줄기-잎도표는, 면적에 관한 한, 이 유구들이 별도의 두 부류를 형성하는 것을 보여준다. 약 $15\,m^2$에서 $21\,m^2$에 이르는 대형유구와 $3\,m^2$에서 $7\,m^2$에 이르는 소형유구가 있다. 이 숫자군의 중심에 대해 언급하는 것은 그다지 합당하지 않을 것이다. 만약 그런 것을 시도한다면, 그 결과는 넌센스가 될 것이다. 예를 들어, 표 2.2에 제시된 숫자군의 평균은 $12.95\,m^2$이다. 이 수치는 별도의 두 군집 사이에 위치하므로 어떠한 유구도 설명하지 못한다. $15.15\,m^2$의 중앙값 역시 중심을 의미 있게 설명하는 작업에는 실패하고 있다. 따라서 이 두 가지 수치를 계산조차 하지 않을 수도 있다.

두 개의 봉우리를 가진 숫자군을 인지하였을 때 가장 먼저 해야 할 작업은 ―중심에 관한 어떤 지표를 계산하기에 앞서― 그것을 두 개의 숫자군으로 분리하는 것이다. 이는 반드시 기억해야 할 신비로운 규칙은 아니다. 단지 중심에 관한 수치지표들이 어떤 상황에서 어떻게 작동하는지를 충분히 고려하는 분석자들이 일반적으로 수용하는 유일한 관행이다. 앞서와 같은 예에서,

기본적으로 다른 두 종류의 유구, 아마도 주거지와 곡물저장소가 있었을 것으로 생각해야만 한다. 이 유구들에 관한 여타 정보들이, 앞의 추정과 관련된 증거로 검토될 수도 있다. 어떠한 경우라도, 보다 심도 있는 계량적 분석을 위해서 이 숫자군은 둘로 분리되어야 하며, 대형유구와 소형유구는 별도로 다루어져야 한다. 줄기-잎도표에서 보이는 넓은 간극의 중간쯤인 $10m^2$나 $11m^2$ 정도에서 분리해야 할 것이다. $10m^2$ 미만의 소형유구 16기는 $5.67m^2$의 평균(과 더불어 그와 거의 유사한 $5.70m^2$의 중앙값)을 가진다. 대형유구 20기는 $18.77m^2$의 평균(과 더불어 그와 거의 유사한 $18.75m^2$의 중앙값)을 가진다. 대·소형유구 양자 모두에 대해, 평균과 중앙값 둘 다 중심에 관한 의미 있고 유용한 지표를 제공한다. (평균과 중앙값을 줄기-잎도표 위에 표시하면, 이들이 세분된 숫자군의 주된 군집 중앙부에 자리 잡고 있음을 알게 될 것이다.) 두 개의 봉우리를 가진 숫자군을 둘로 분리하는 작업은 두 숫자군의 중심에 대한 합리적인 수치지표의 계산을 가능하게 해 준다.

표 2.2에 제시된 것과 같은 숫자군들은 종종 느슨하게 양봉적兩峰的bimodal이라고 불리는데, 줄기-잎도표나 히스토그램에서 가장 보편적인 단일 범주를 일컫는 최빈값mode이라는 용어를 따른 것이다. 간혹 최빈값은 숫자군의 중심에 관한 지표로 쓰이기도 한다. 표 2.2에서 최빈값은, 소형유구의 중심이 자리 잡고 있는 $5m^2$ 근처가 될 것이다. 이는 분명히 소형유구의 중심은 될 수 있을지 모르겠으나, 전체 숫자군의 중심에 관한 수치지표가 될 수는 없다. 다섯 개의 숫자가 속해 있는, $18m^2$ 부근에는 제2의 최빈값이 있다. 이는 대형유구의 중심과 유사하다. 만약 $5m^2$와 $18m^2$에 똑같은 개수의 숫자가 속하게 되었다면 이 숫자군은 실제로 두 개의 최빈값을 갖게 되는 것이다. 엄밀하게 말하자면, 앞의 숫자군은 두 개의 최빈값이 아니라, 하나의 최빈값과 하나의 제2다빈값을 갖게 되는 것이다. 그렇기는 하지만, 종종 그러한 다봉성多峰性 숫자군은 양봉적이라고 일컬어진다.

표 2.2. 블랙-스미스유적에서 발견된 유구의 면적

면적(m^2)	줄기-잎도표	
18.3	26	8
18.8	25	
16.7	24	
6.1	23	4
5.2	22	
21.2	21	2
19.8	20	07
4.2	19	128
18.3	18	33789
3.6	17	59
20.0	16	27
7.5	15	03
15.3	14	
26.8	13	6
5.4	12	
18.7	11	
6.2	10	
7.0	9	
20.7	8	
18.9	7	05
19.2	6	1277
6.7	5	244689
19.1	4	259
23.4	3	6
4.5		
16.2		
5.6		
17.5		
5.9		
6.7		
4.9		
17.9		
15.0		
13.6		
5.4		
5.8		

연습문제

1. 표 1.9과 표 1.10에 제시된 긁개 길이에 관한 자료를 다시 한 번 보자. 이미 줄기-잎도표로 비교해본 파인 릿지 케이브유적과 윌로우 플랫유적 출토 긁개 길이에 대해 좀 더 정확하게 표현하기에 적절한 중심에 관한 지표를 계산해보자. 평균, 중앙값, (각자가 적당하다고 생각되는 절사율을 적용한) 절사평균 등을 시도해 보자. 이 두 유적의 긁개 길이를 비교하기에 어떤 중심에 대한 지표가 가장 적당하다고 생각하는가? 왜 그런가? (두 유적에서 출토된 긁개의 길이에 주목하여 양자를 비교하는 것이 목적이라면 한 유적의 평균과 다른 유적의 중앙값을 비교할 수는 없다는 점은 명심하기 바란다.) 두 유적의 긁개 길이를 비교하여 요약해 보자. 두 유적에서 출토된 긁개의 길이에 관해 어떠한 것들을 언급할 수 있을까?

2. 표 1.9과 표 1.10에 제시된 긁개 길이에 관한 데이터를 다시 한 번 이용하여, 어떤 유적에서 출토된 것이냐를 무시하고 처트제 긁개와 플린트제 긁개의 중심에 관한 지표를 계산해 보자. 평균, 중앙값, 절사평균 등을 계산해 보자. 과연 어떠한 지표가 상이한 석재로 제작된 긁개들의 길이를 비교하기에 가장 적당한가? 왜 그런가? 처트제 긁개 대 플린트제 긁개, 그리고 윌로우 플랫유적과 파인 릿지 케이브유적을 비교한다면 어떻게 요약할 수 있을까?

03
숫자군의 분포 혹은 산포
The Spread or Dispersion of a Batch

어떤 숫자군들은 매우 조밀하게 뭉쳐 있기도 하고, 어떤 숫자군들은 다소 퍼져 있기도 하다. 이러한 속성은 탐색적 자료분석에서 흔히 "분포spread (보다 전통적인 통계용어로는 산포dispersion)"로 불리는데, 이는 종종 특정 숫자군을 다룰 때 관심을 가져야만 하는 유용한 특성이기도 하다. 특정 숫자군의 수준이나 중심을 표현하는 수치지표를 갖는 것이 편리한 만큼, 분포 혹은 산포를 표현할 수치지표를 갖는 것도 그러하다. 상이한 특성을 갖기 때문에 각각의 상황에서 유용하게 작용하는 몇 가지 상이한 수치지표들이 존재하는 것 또한 그러하다.

범위

숫자군의 분포에 관한 가장 단순한 지표는 범위range이다. 통계에서 '범위'라고 하는 것은 최소치와 최대치의 차이로서 일상의 대화에 등장하는 그것과 정확히 동일하다. 표 3.1은 앞 장에서 다루었던 바로 그 숫자들이다. 1호 저장수혈에서 출토된 박편석기 무게의 범위는 28.6g과 7.6g의 차이, 즉 21.0g이다(28.6g - 7.6g=21.0g). 2호 저장수혈에서 출토된 박편석기 무게의 범위는 14.3g과 7.8g의 차이, 즉 6.5g이다(14.3g - 7.8g=6.5g).

즉각 알 수 있듯이 범위는 평균이 배태했던 문제점, 즉 항상 저항성이 약하

표 3.1. 두 주머니형 저장수혈에서 수습된 박편의 무게

	박편석기 무게(g)		등 맞댄 줄기-잎도표		
	1호 저장수혈	2호 저장수혈	1호 저장수혈		2호 저장수혈
	9.2	11.3	6	28	
	12.9	9.8		27	
	11.4	14.1		26	
	9.1	13.5		25	
	28.6	9.7		24	
	10.5	12.0		23	
	11.7	7.8		22	
	10.1	10.6		21	
	7.6	11.5		20	
	11.8	14.3		19	
	14.2	13.6		18	
	10.8	9.3		17	
		10.9		16	
				15	
$\overline{X}$	12.33	11.42	2	14	13
Md	11.10	11.30		13	56
			9	12	0
범위	21.0	6.5	874	11	35
중앙산포	3.7	3.7	851	10	69
			21	9	378
				8	
			6	7	8

다는 점과 동일한 문제점을 가지고 있다. 사실, 범위는 평균보다도 오히려 저항성이 더 약하다. 이상점에 의해 크게 영향을 받을 뿐만 아니라, 전적으로 이상점에 의존할 가능성이 다분하다는 것이다. 줄기-잎도표를 검토해 보면 이 경우, 범위가 어떤 오해를 불러일으키는지 알 수 있다. 두 숫자군은 유사한 분포상을 보인다. 그런데 중심군을 이루는 숫자들(숫자군에서는 항상 가장 중요한 부분)이 줄기를 따라 보다 넓게 흩어져 있기 때문에, 우리는 2호 저장수혈 출토 박편석기의 무게가 1호 저장수혈의 그것들보다 좀 더 넓게 퍼져 있다고 할 수도 있을 것이다. 그러나 매우 큰 값을 가지는 고작 하나의 이상점 때문에 1호 저장수혈의 범위가 훨씬 크다. '범위'는 계산하기도 쉽고 그 개념을 이해하기

도 쉽지만, 모든 이상점들을 제외하지 않으면 오해를 초래할 가능성이 있다. 분포에 관한 지표로 그다지 자주 사용되지는 않는다.

중앙산포 혹은 사분위범위

중앙산포midspread는 특정 숫자군의 중앙 절반의 범위를 지칭한다. 상위 25%에 해당하는 숫자와 하위 25%에 속하는 숫자들은 폐기된다. 이는 2장에서 논의된 절사평균을 다시 생각해 보면, 일종의 절사범위로 여겨질 수도 있다.

실제에 있어서는 사분위수四分位數quartiles의 위치를 정하고 큰 사분위수 값에서 작은 사분위수 값을 빼면 중앙산포가 찾아진다. 사분위수들의 위치를 정하는 규칙은 중앙값을 정하는 규칙과는 약간 다르지만, 상사분위수upper quartile는 숫자군의 윗부분 절반의 중앙값에, 하사분위수lower quartile는 숫자군의 아랫부분 절반의 중앙값에 해당하는 것으로 보아도 될 것 같다. (탐색적 자료분석에서 사분위수는 사북hinges으로 불리기도 한다.) 사분위수를 찾기 위해서는 우선 숫자들의 개수를 4로 나누어야 한다. 만약 결과가 소수점을 포함하면 올림을 하여 정수로 만든다. 그런 다음에 숫자군에서 높은 숫자로부터 혹은 가장 낮은 숫자로부터 그 개수만큼 세어 상사분위와 하사분위에 이르게 된다.

예를 들어, 1호 저장수혈에서 출토된 12개 박편석기의 무게가 표 3.1과 같다고 하자. 12를 4로 나누면 3이다. 상사분위수는 줄기-잎도표의 위로부터 세 번째 숫자, 즉 12.9g이다. 하사분위수는 줄기-잎도표의 아래로부터 세 번째 숫자, 즉 9.2g이다. 따라서 중앙산포는 12.9g - 9.2g = 3.7g이다. 2호 저장수혈의 경우, 숫자군은 13개 박편석기의 무게로 이루어진바, 이를 4로 나누면 (13/4)=3.25를 얻을 수 있고 이를 올림하면 4가 된다. 상사분위수는 줄기-잎도표의 위로부터 네 번째 숫자, 즉 13.5g이다. 하사분위수는 줄기-잎도표의 아래로부터 네 번째 숫자, 즉 9.8g이다. 따라서 중앙산포는 13.5g - 9.8g = 3.7g이다.

이 경우, 중앙산포는 두 숫자군이 동일한 정도(즉 3.7g)로 퍼져 있음을 보여줌으로써 범위에 비해 좀 더 나은 결과를 제시한다. 이는 적어도 1호 저장수혈의 숫자군이 2호 저장수혈의 숫자군에 비해 더 퍼져 있다고 제시한 수치지표보다는 진실에 가깝다고 할 수 있다.

중앙산포를 찾는 과정은 간혹 중앙산포가 사분위범위interquartile range로도 불리는 이유를 알 수 있게 한다(적어도 두 음절어는 사용하지 않되 대신 다섯 음절어를 사용하려는 사람들에 있어서는 그러할 것이다). 중앙산포는 결국 두 사분위수 간의 범위를 지칭하는 것으로 전통적으로 사분위범위라는 용어로 불려왔다. 중앙산포는 전통적인 통계학에서보다 탐색적 자료분석에서 더 자주 사용되며, 특히 중앙값과 함께 사용할 경우, 숫자군의 수준과 분포를 표시하는 일목요연한 지표로 유용하다.

분산과 표준편차

분산variance과 표준편차standard deviation는 평균에 기초한다. 이 둘을 계산하기란 범위나 중앙산포에 비해 훨씬 더 복잡할 뿐만 아니라, 이 둘은 범위나 중앙산포가 가지는 즉각적인 통찰력을 가지고 있지도 못하다. 하지만 분산과 표준편차는 매우 유용한 기술적인 속성을 가지고 있는바, 다음 장들에서도 매우 중요하게 다루어질 것이다.

분산이 전제하고 있는 기본개념은 평균으로부터의 차이이다. 한 숫자군에서 대부분의 숫자는 그 평균과 다르다. 단순히 특정 숫자로부터 평균을 뺌으로써 그 숫자가 평균과 얼마나 차이가 나는지를 알 수 있다. 표 3.2의 첫 두 열은 표 3.1에 제시된 2호 저장수혈 출토 박편석기 무게의 숫자군을 구성하는 모든 요소들로부터 평균을 빼는 과정을 보여준다. 논리적으로 평균보다 큰 숫자들은 (평균보다 위쪽에 있는바,) 평균으로부터 양의 편차를 보이지만 작은 숫자들은 (평균보다 아래쪽에 있는바,) 음의 편차를 보인다. 숫자군의 양단에 있는 숫자들은 당연히 매우 심하게 평균으로부터 양 혹은 음의 편차를 보인다. 숫자군이 더 넓게 퍼져 있을수록 평균으로부터는 더욱 심한 편차를 보이게 된다.

이러한 편차들을 수치적으로 요약하고자 한다면, 편차들의 평균을 택할 수도 있을 것이다. 그러나 그럴 수는 없다. 왜냐하면 그 편차들의 합은 언제나 0

이 될 것이고 따라서 평균도 0이 될 것이기 때문이다. 사실 평균의 개념을 달리 표현하자면, 모든 편차를 합하여 0이 되게 하는 "균형점"으로 볼 수 있다. (표 3.2의 두 번째 열에서 볼 때 합은 0이 아니라, -0.06임을 알 수 있을 것이다. 이는 [반] 올림의 과정에서 종종 발생하는 오차일 뿐이다. 모든 편차들은 소수점 둘째 자리로 반올림 되었는데 이 경우, 순전히 버림된 숫자가 올림된 숫자보다 약간 많기 때문이다.)

숫자군의 분포와 관련하여 여기서 주목하는 것은 음양의 기호와 상관없는 편차들의 조합이다. 물론 간단히 음양의 기호를 떼어버리고 편차의 절대치를 합할 수도 있지만, 편차들을 제곱함으로써 기호를 없애는 것이 더 좋을 것 같다. (평균으로부터 편차의 제곱들은 물론 모두 양수이다.) 이 계산은 표 3.2의 셋째 열에 제시되었다. 이 셋째 열을 합하였다. 이 합은 종종 평균으로부터 편차 제곱의 합, 간단히는 제곱합sum of squares으로 불린다.

이 제곱합은 다른 조건이 같다면, 규모가 큰 숫자군일수록 크고, 규모가 작은 숫자군일수록 작다. 왜냐하면, 큰 숫자군일수록 합산할 편차가 많기 때문이다. 숫자군의 규모에 영향을 받지 않고 단지 분포의 영향만을 받는 지표를 구하기 위해서 필요한 것은 평균으로부터 편차들의 평균과 같은 것일 것이다. 제곱합을 숫자들의 개수로 나누는 대신, 숫자의 개수보다 하나 작은 수로 나눈다. 그렇게 하는 것은 순전히 기술적인 이유 때문인데, 이러한 기술적인 장치는, 큰 모집단으로부터 추출된 표본으로서의 숫자군을 다룰 다음 장들에서 그 결과를 보다 유용하게 해 준다. 분산을 구하는 공식은,

$$s^2 = \frac{\Sigma(x-\overline{X})^2}{n-1}$$

인데, s^2은 x의 분산, $\overline{X}$는 x의 평균, 그리고 n은 x로 이루어진 숫자군 내 숫자의 개수이다.

표 3.2는 이러한 수식에 의해 계산된 예를 보여주고 있다. 분산은 범위나 중앙산포에 비해 다소 작위적인 요소를 내포하고 있다. 분산 값은 범위나 중앙산포의 경우와는 달리 직관적으로 숫자군의 수치들과 연결시키기가 그다지 용

이하지 않다. 분산의 제곱근을 취함으로써 적어도 편차를 제곱하는 데서 오는 혼동을 제거할 수 있겠다. 결과는 s, 즉 표준편차이다.

$$s=\sqrt{s^2}=\sqrt{\frac{\Sigma(x-\overline{X})^2}{n-1}}$$

표준편차는 분산과는 달리, 적어도 원래 숫자군과 같은 단위로 표현된다. 따라서 2호 저장수혈 출토 박편석기 무게의 표준편차는 2.02가 아니라, 2.02g으로 보는 것이 적합하다는 것이다. 표 3.1의 줄기-잎도표에 표준편차를 연관 짓는다면, 표준편차가 대부분의 박편 무게가 속하는 줄기 부분을 가르게 된다는 점을 알게 된다. 즉, 대부분의 무게는 평균인 11.42g에서 위아래로 2.02g 사이, 말하자면 9.40g(11.42g - 2.02g=9.40g)과 13.44g(11.42g+2.02g=13.44g)의 사이에 위치한다. 이 두 숫자(9.40g과 13.44g)는 숫자들이 이루는 주된 군집의 양단을 대략적으로 알려주고 있다. 이는 대부분의 박편석기 무게가 평균의 한 표준편차 내에 위치한다는 것을 의미하는 것이다. 단지 몇몇만이 평균의 한 표준편차, 즉 평균으로부터 2.02g보다 멀리 떨어져 있다. 다음 장들에서 표준편차를 그렇게 사용하는 방식에 대해 상술할 것이다. 단, 여기서는 표준편차가 숫자군의 산포에 대해 그런 식으로 지표를 제공한다는 것을 언급하는 정도로 충분하다.

1호 저장수혈에서 출토된 박편의 무게에 대해서는 표준편차가 그다지 만족스럽게 작동하지 않는다. 표 3.3은 그 숫자군에 대한 표준편차의 계산 결과를 제시하고 있다. 표 2.1에 제시된 줄기-잎도표에 근거하여 두 숫자군(1호 및 2호 저장수혈에서 출토된 박편의 무게)을 비교해 보니, (위쪽 이상점을 제외하고는) 1호 저장수혈에서 출토된 박편의 무게가 2호 저장수혈 출토품보다 더 조밀하게 군집을 이루는 것을 알 수 있었다. 그럼에도 불구하고 1호 저장수혈 출토 박편의 무게에 대한 분산과 표준편차가 2호 저장수혈에 비해 훨씬 크므로—줄기-잎도표가 명확하게 제시하는 결론과는 정반대되게—1호 저장수혈 출토 박편의 산포가 훨씬 큰 것으로 나타났다.

표 3.2. 2호 저장수혈 출토 박편 무게(표 3.1)의 표준편차 계산하기

x	평균으로부터의 편차 $x-\bar{X}$	제곱된 평균으로부터의 편차 $(x-\bar{X})^2$
14.3	2.88	8.29
14.1	2.68	7.18
13.6	2.18	4.75
13.5	2.08	4.33
12.0	0.58	0.34
11.5	0.08	0.01
11.3	−0.12	0.01
10.9	−0.52	0.27
10.6	−0.82	0.67
9.8	−1.62	2.62
9.7	−1.72	2.96
9.3	−2.12	4.49
7.8	−3.62	13.10

$$\bar{X}=11.42 \qquad \Sigma(x-\bar{X})=-0.06 \qquad \Sigma(x-\bar{X})^2=49.02$$
(제곱합)

$$s^2=\frac{\Sigma(x-\bar{X})^2}{n-1}=\frac{49.02}{12}=4.09$$

$$s=\sqrt{s^2}=\sqrt{4.09}=2.02$$

표 3.3은 1호 저장수혈에 대한 분산과 표준편차가 왜 그렇게 큰지를 분명하게 보여주고 있다. 즉, 가장 무거운 박편에 해당하는 값이 평균으로부터 매우 심하게 벗어나 있다. 그 박편 하나가 그처럼 큰 제곱합, 결과적으로 그처럼 높은 분산과 표준편차의 원인이 된다. 분명히 분산과 표준편차는, 평균처럼 이상점의 영향력에 대해 전혀 저항적이지 못하다. 이상점들이 있는 경우, 숫자군의 산포에 대한 수치지표로 분산과 표준편차를 사용하는 것은 전혀 좋은 생각이 아니다.

표 3.3. 1호 저장수혈 출토 박편 무게(표 3.1)의 표준편차 계산하기

x	평균으로부터의 편차 $x - \overline{X}$	제곱된 평균으로부터의 편차 $(x - \overline{X})^2$
28.6	16.27	264.71
14.2	1.87	3.50
12.9	0.57	0.32
11.8	−0.53	0.28
11.7	−0.63	0.40
11.4	−0.93	0.86
10.8	−1.53	2.34
10.5	−1.83	3.35
10.1	−2.23	4.97
9.2	−3.13	9.80
9.1	−3.23	10.43
7.6	−4.73	22.37

$\overline{X} = 12.33 \qquad \Sigma(x - \overline{X}) = -0.06 \qquad \Sigma(x - \overline{X})^2 = 323.33$
(제곱합)

$$s^2 = \frac{\Sigma(x - \overline{X})^2}{n - 1} = \frac{323.33}{11} = 29.39$$

$$s = \sqrt{s^2} = \sqrt{29.39} = 5.42$$

표 3.3은 2장에서 관찰한 바를 더 극명하게 해 주면서 평균이 저항성이 약한 이유를 간편하게 설명해 주고 있다. 평균을 시소의 균형점이라고 생각해보자. 높은 쪽 이상점은 시소의 맨 끝에 앉아 있는 사람이다. 시소의 균형을 맞추기 위해서는 평균은 그 끝 쪽으로 옮겨져야 하는바, 대부분의 숫자는 반대편에 놓이게 된다. 이는 2장에서 문제 삼았던, 별로 달갑지 않은 영향이다.

절사표준편차

절사표준편차trimmed standard deviation의 기본적인 착상은 절사평균과 같다. 즉, 이상점이 표본에서 절사되는바, 그들이 끼칠 부적절한 효과를 배제할 수 있다. 그러나 절사표준편차의 계산은 다소 번거롭다. 상·하단의 숫자들을 제외함으로써, 단순히 숫자군의 크기를 줄이는 것이 아니라, 제외된 숫자들을 순서상 그다음에 있던 숫자들로 대체해야만 한다. 표 3.4는 1호 저장수혈 출토 박편석기들의 무게로 이루어진 숫자군에 대한 5% 절사표준편차를 계산하는 과정을 보여준다. 2장에서 동일한 숫자군에 대한 5% 절사평균을 계산했을 때, 가장 큰 수와 가장 작은 수를 숫자군에서 제외하였다. 이번에는 가장 높은 숫자를 그다음 높은 숫자(절사 후 숫자군에 남은 가장 큰 수)로 대체한다. 그리하여 28.6g은 14.2g이 된다. 유사한 방식으로 가장 낮은 숫자는 그다음 낮은 숫자(절사 후 숫자군에 남은 가장 낮은 수)로 대체한다. 그리하여 7.6g은 9.1g이 된다.

결과로 남은 이 새로운 숫자군은 윈저화된 숫자군Winsorized batch이다. 윈저화된 분산은 윈저화된 숫자군의 일반적인 분산으로 간단히 계산된다. 윈저화된 분산의 계산에 관련된 평균은 (절사평균과 달리) 윈저화된 숫자군의 평균이며, 절사표준편차는 단순히 윈저화된 숫자군 분산의 제곱근은 아니다. 절사표준편차는 윈저화된 분산으로 다음 수식을 통해 도출된다.

$$s_T = \sqrt{\frac{(n-1)s_W^2}{n_T - 1}}$$

여기서, s_T는 절사표준편차, n은 원래숫자군의 숫자 개수, s_W^2는 윈저화된 숫자군의 분산, 그리고 n_T는 절사된 숫자군의 숫자 개수이다.

표 3.4는 역시 1호 저장수혈 출토 박편석기 무게에 대한 절사표준편차의 계산과정을 보여주고 있다. 표 3.3과 표 3.4에 제시된 계산 열을 비교해 보면 어떻게 절사표준편차가 이상점의 불가항력적인 영향을 피할 수 있는지 알게 된다. 절사평균이 다양한 절사비율에 따라 계산될 수 있는 것처럼, 절사표준편차

표 3.4. 1호 저장수혈 출토 박편석기 무게(표 3.1)에 대한 5% 절사표준편차 계산하기

원래 숫자군 x	윈저화된 숫자군 x_W	평균으로부터의 편차 $x_W - \overline{X}_W$	평균으로부터의 편차 제곱 $(x_W - \overline{X}_W)^2$
28.6	14.2	2.95	8.70
14.2	14.2	2.95	8.70
12.9	12.9	1.65	2.72
11.8	11.8	0.55	0.30
11.7	11.7	0.45	0.20
11.4	11.4	0.15	0.02
10.8	10.8	−0.45	0.20
10.5	10.5	−0.75	0.56
10.1	10.1	−1.15	1.32
9.2	9.2	−2.05	4.20
9.1	9.1	−2.15	4.62
7.6	9.1	−2.15	4.62

$\overline{X}_W = 11.25\text{g}$ $\sum(x_W - \overline{X}_W) = 0.00$ $\sum(x_W - \overline{X}_W)^2 = 36.16$
(제곱합)

$$s_W^2 = \frac{\sum(x_W - \overline{X}_W)^2}{n-1} = \frac{36.16}{11} = 3.29$$

$$s_T = \sqrt{\frac{(n-1)s_W^2}{n_T - 1}} = \sqrt{\frac{(12-1)3.29}{(10-1)}} = 2.01$$

역시 그러하다. 2장에서 1호 저장수혈 출토 박편의 25% 절사평균을 구하면서 숫자군으로부터 상위 세 숫자, 하위 세 숫자를 제거하였다. 25% 절사표준편차의 계산은 상위 세 숫자를 상위 네 번째 숫자로, 하위 세 숫자를 하위 네 번째 숫자로 대체하여 결국 12개 숫자로 이루어진, 윈저화된 숫자군을 생성하는 것에서 시작한다. 거기서부터 윈저화된 숫자군의 분산 및 절사표준편차의 계산은 바로 위에서 5% 절사표준편차를 계산하기 위해 밟았던 절차를 그대로 따른다. 절사평균과 절사표준편차를 이용하고자 한다면, 절사율이 반드시 제시되어야 한다.

> ### 통계꾸러미
>
> 중앙산포와 표준편차는 통계 프로그램에서 매우 보편적인 항목이고, 표준편차를 (자동으로 계산하는 특별기능이 없는) 전자계산기로 계산하는 작업은 매우 소모적이기 때문에 통계꾸러미를 이용하는 것이 매우 유용하다. 그러나 절사표준편차를 계산하는 기능은 통계꾸러미에서 거의 제공되지 않는다. 절사평균을 통계꾸러미로 계산하기에 앞서 아마도 직접 숫자군을 조정하였을 것이다. 이번 경우에는 극단적 수치들을 결측자료가 아니라, 그에 근접한, 실제로 자료 속에 있는, 정상적 수치로 대체하여야 한다. 일단 이러한 변형작업이 완료되면 숫자군이 윈저화되는 것이고, 이 숫자들을 대상으로 통계꾸러미가 계산한 분산은 윈저화된 분산이 되는데, 이를 전자계산기를 이용하여 표 3.4에 설명된 바와 같이 절사표준편차로 전환할 수 있다. 마지막 단계를 잊지 말도록 하자.

적절한 지표의 선택

범위, 중앙산포, 표준편차 및 절사표준편차는 모두 숫자군의 산포에 관한 수치지표이다. 특정 숫자군의 중심을 설명할 때 어떤 지표를 사용해야 하는지에 대해 의문을 가졌던 것처럼, 어떤 경우에 어떤 산포에 관한 지표를 사용해야 하는지에 대해서도 의문을 가져야 한다. 해답은 2장에서 설명된 것과 궤를 같이 한다. 범위는 매우 보편적으로 이해할 수 있지만 이상점의 영향을 심하게 받기 때문에 그다지 많이 사용되지는 않는다. 중앙산포는 탐색적 자료분석에서 강조되어 왔다. 당연히 그랬어야 하는 것만큼 고고학자에게 친숙하지 않지만, 기본적인 기술을 목표로 했을 때는 매우 광범위한 효용이 있음을 쉽게 발견할 수 있다. 특히 이상점에 대한 강한 저항성은 중앙산포를 매력적으로 느껴지게 한다. 표준편차는 (고고학자들이 진실로 그 기본개념에 대해서 익숙한지는 모르겠으나 적어도 그 단어 자체에 대해서는) 매우 친숙하다. 표준편차의 통계적 속성은 평균의 그것처럼, 이 책의 나머지 부분들에서 유용하게 쓰일 것이다. 그런 중요성 때문에 이상점의 영향력에 대한 표준편차의 열악한 저항성을 극복하는 기법에 대해 몇 가지 노력을 할 것이다. 그러한 노력의 일부는 절사표준편차에 근거하고 있다. 중심과 산포에 대한 지표는 중앙값과 중앙산포, 평균과 표준편차, (동일한 절사율을 적용한) 절사평균과 절사표준편차처럼 쌍을 이뤄 작동하게 된다. 예를 들어, 중앙값과 함께 표준편차를 이용하는 것은―한쪽에는 흰색을, 다른 쪽에는 갈색 양말을 신는 것과 같다―좋지 않게 될 뿐이다.

연습문제

각자 난슝Nanxiong 북부의 조그마한 계곡에서 지표조사를 수행하면서 청동기시대 유적의 존재를 알려주는 유물산포지의 면적을 측정하였다고 하자. (헥타르 단위로 표시된) 면적은 표 3.5에 제시되어 있다.

1. 먼저 등 맞댄 줄기-잎도표로 두 숫자군을 살펴보자.

2. 계속해서 각 숫자군의 중앙값, 평균, 10% 절사평균 및 이들 수준에 관한 지표들에 대응하는 산포에 관한 지표들을 계산해 보자. 어떤 쌍의 지표가 가장 개연적인가? 이유는?

3. 줄기-잎도표와 수준 및 산포에 대한 지표들에 근거하여 볼 때, 난슝 일원에서 청동기시대 전기로부터 후기로 옮아가면서 나타나는 유적 면적의 변화에 관해 어떠한 것을 관찰할 수 있나?

표 3.5. 난슝 인근 청동기시대 유적의 면적

유적 면적(ha)	
청동기시대 전기	청동기시대 후기
1.8	10.4
1.0	5.9
1.9	12.8
0.6	4.6
2.3	7.8
1.2	4.1
0.8	2.6
4.2	8.4
1.5	5.2
2.6	4.5
2.1	4.1
1.7	4.0
2.3	11.2
2.4	6.7
0.6	5.8
2.9	3.9
2.0	9.2
2.2	5.6
1.9	5.4
1.1	4.8
2.6	4.2
2.2	3.0
1.7	6.1
1.1	5.1
	6.3
	12.3
	3.9

04
숫자군 비교하기
Comparing Batches

이미 앞 장에서 등 맞댄 줄기-잎도표로 숫자군을 비교해 보았는데, 도해적으로는 그보다 더 신속하고 효과적인 방법도 있다. 앞의 두 장에서 논의했던, 숫자군의 중심과 산포에 관한 수치지표는 그러한 방법에 기초를 제공한다. 탐색적 자료분석에서 그러한 몇 지표들을 도상화하는 표준적인 방법은 흔히 상자-점도표box-and-dot plot(혹은 상자-수염도표box-and-whisker plot)로 불린다. 이론적으로 상자-점도표는 중심과 산포를 표시하는 어떠한 지표들에도 기초할 수 있지만, 실제로는 중앙값과 중앙산포가 주로 쓰인다. 이는 표준화된 관행과 같아서 자동적으로 상자-점도표가 중앙값과 중앙산포를 반영하는 것으로 여겨지는바, 위배하지 않아야 한다.

상자-점도표

상자-점도표의 작성은 줄기-잎도표를 작성하는 것과 동일한 방식으로, 즉 숫자군을 구성하는 숫자들이 놓일 척도를 수립하는 작업으로 시작한다. 그림 4.1은 (표 1.7과 1.8에 제시된) 스미스유적의 주공 지름에 대한 줄기-잎도표를 제시하고 있다. 줄기 부분은 오른쪽의 상자-점도표를 작성하기에 적합한 척도로 변환되었다. 이 척도에서 17.2cm 바로 옆에는 수평선이 위치하는데, 이는 중앙값을 반영한다. 18.8cm와 15.7cm에 위치한 두 선은 각각 상사분위수와 하사분

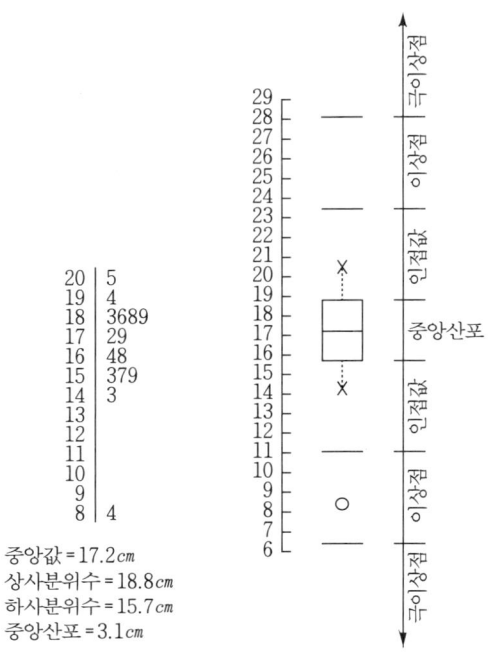

그림 4.1. 스미스유적의 주공 지름(cm)에 대한 상자-점도표

위수를 반영한다. 이 세 선은 한 쌍의 수직선으로 막음되어, 중앙부를 가로지르는 선을 가지는 상자를 형성하게 된다. 이 상자는 도해적으로 중앙산포, 즉 숫자들의 가운데 절반—양 사분위수 사이에 포함되는 숫자들—을 표시한다. 상자는, 숫자들의 가장 중요한 군집을 가장 분명하고 깔끔하게 나타내는 그림, 즉 줄기-잎도표보다 더 빨리 인지할 수 있는 그림이다.

상자-점도표는 보다 자세한 내용을 포함할 수 있을 뿐만 아니라, 동시에 숫자군의 여타 주요 특징들을 좀 더 정확히 규정할 수 있도록 해 준다. 예를 들어보자. 이상점, 즉 중심 군집으로부터 멀리 떨어져 있어서 중심과 산포에 관련된 몇 가지 유용한 수치지표들에 방해가 되는 숫자에 대해 논의하였었다. 간단히 이상점을 제외하는 것이 매우 유용하기는 하지만 종종 경계에 놓인 개체들—중심 군집에서는 벗어났으나 그다지 심하게 벗어나지 않아 그 숫자군에 속하지 않는다고 확신하기가 어려운 숫자들—을 처리하는 문제에 맞닥뜨

경험법칙

실용적인 통계학은, 면밀하게 정돈된 원리와 매우 혼잡스런 현실 사이의 간극을 메우려는 노력의 결과로 나타난 경험법칙들rules of thumb로 채워져 있다. 이상점은 그러한 간극을 유발한다. 에델버트 피(엘엘 피 사장의 조카)를 이상점의 일례로 들었던 적이 있다. 다른 발송부 직원이 시간당 8.00달러를 받는 반면, 그는 시간당 52.00달러를 받기 때문에, 그를 이상점으로 파악하는 것은 쉬웠다. 그런데, 에델버트가 시간당 8.50달러를 받았다면 어땠을까? 그리고 시간당 8.00달러를 받는 다른 엘엘 피 발송부 직원들이 6개월 미만의 근무경력을 가진 반면, 그가 3년간 발송부 직원으로 근무했다면 어땠을까? 그는 더 이상 그렇게 확연한 이상점으로 보이지 않을 것이다. 사실, 그는 발송부 직원들의 급료에 관한 연구에 포함시키면 괜찮을 일종의 변이로서 좋은 예처럼 느껴지기 시작한다. 그렇다면 어디쯤에서 구분하면 좋을까? 에델버트가 시간당 12.00달러를 받았다면 이상점이 될까? 20.00달러는 어떤가? 에델버트가 받는 급료가 그를 이상점으로 만드는 수준을 찾으려 한다면, 근본적으로 불가능한 작업을 하는 것이다. 그가 시간당 14.73달러를 받는다면 이상점이 되지 않고, 대신 14.74달러를 받는다면 이상점이 된다고 말할 수 있는 듯이 여기는 것은 그다지 합당하지 않다. 판단은 그보다 더 모호하다. 즉, 발송부 직원의 급료를 분석하려한다면, 그를 포함시키거나 아니면 제외하여야만 한다. 단순한 중립적 입장은 있을 수 없다. "아마도"라는 말로는 우리가 취할 행동의 방향을 정할 수 없다. 정확히 이런 상황에서—"아마도"가 최선의 답변이지만 단지 "예" 혹은 "아니오"만이 유용할 경우에 대해 체계적인 지침을 제공하도록—통계학자들은 경험법칙을 만들게 된다.

  어떤 숫자가 해당 숫자군의 양 사분위수로부터 중앙산포의 1.5배 거리만큼 바깥에 있을 때, 그 숫자를 이상점이라고 말하는 것은 경험법칙에 의거한 것이다. 이는 분명한 법칙에 의거해, 숫자군에서 이상점을 파악하는 체계적인 길을 모색해준다. 1.4나 1.6이 아니라, 정확히 1.5 중앙산포를 선택하는 것은 어느 정도는 작위적이기 때문에, 그것을 온전히 정당화하기는 어려울 것이다. 사실, 이상점을 파악하는 경험법칙에 있어, 통계교과서(혹은 컴퓨터 프로그램)마다, 약간의 차이가 있기도 하다. 이 책을 계속 보아가면서 논의하게 될 여타 경험법칙들에 있어서도 그러한 상황은 마찬가지이다.

리게 된다.

상자-점도표는 중심 군집을 이루는 숫자와 이상점을 구별하는 경험법칙을 제시함으로써, 이상점을 일관되게 찾고 그 존재에 대해 주의를 환기시키는 작업에 도해적인 접근을 가능하게 해 준다. 그러한 경험법칙에 따르면, 이상점은 상자의 양단으로부터 위 혹은 아래, 어느 쪽으로든 상자 길이의 1.5배 이상을 벗어나 놓여 있는 숫자이다. 지면에 그려져 있다면, 상자-점도표에서 쉽게 상자의 길이를 잴 수 있다. 상자가 1인치라면, 상자의 상단에서 위쪽으로나 상자의 하단에서 아래쪽으로 1.5인치보다 더 멀리 떨어진 숫자는 이상점이라고 지칭할 수 있다. 더 나아가, 상자의 양단에서 그 두 배가 넘게 떨어져 있는 숫자를 극이상점far outlier이라고 할 수 있다. 각각의 거리는 그림 4.1에 횡선들로 표시되어 있다.

수학적으로도 동일한 결과를 얻을 수 있다. 상자의 길이가 중앙산포인바, 이상점을 규정하는 거리는 중앙산포의 1.5배(그림 4.1의 예에서는 $1.5 \times 3.1 = 4.65\,cm$)이다. 상자의 상단이 상사분위수를 반영하는바, 눈금 상에서 위쪽 이상점을 구분하는 선의 위치는 상사분위수에 중앙산포의 1.5배를 더한 값이다(그림 4.1의 예에서는 $18.8 + 4.65 = 23.45\,cm$). 상자의 하단은 하사분위수를 반영하는바, 눈금 상에서 아래쪽 이상점을 구분하는 선의 위치는 하사분위수에서 중앙산포의 1.5배를 뺀 값이다(그림 4.1의 예에서는 $15.7 - 4.65 = 11.05\,cm$).

같은 방식으로, 극이상점을 규정하는 선의 위치도 수학적으로 정할 수 있다. 위쪽 극이상점을 구분하는 선은 상사분위수 위쪽으로 이상점을 정한 선보다 두 배 멀리 있다. 즉, 극이상점을 구분하는 선은 상사분위수에서 중앙산포의 1.5배가 아니라, 3배 떨어진다(그림 4.1의 예에서는 $18.8 + 9.3 = 28.1\,cm$과 $15.7 - 9.3 = 6.4\,cm$).

따라서 상자-점도표에서 상자의 위·아래 공간은 각각 세 구간으로 나누어진다. 상자에서 가장 가까운 구간에 위치하는 숫자들은 인접값adjacent values으로 불린다. 이 숫자들은 숫자군의 가운데 절반의 바깥에 있지만 여전히 중심 군집의 일부로 여겨진다. 중앙값으로부터 바깥쪽으로 그다음에 위치하는 구간에는 이상점이, 가장 먼 구간에는 극이상점이 위치한다. 보통 이러한 구간들은 그림 4.1에서와는 달리 구분선으로 표시하지는 않는다. 대신, 각 구간에 속하는 숫자들은 서로 다른 기호를 써서 구분한다. 그림 4.1에 제시된 바와 같이, 가장 큰 인접값과 가장 작은 인접값은 '×'로 표시한다. 따라서 이 '×'들은 (이상점을 제외한) 숫자들이 이루는 중심 군집의 양끝을 의미한다. 도표에서 이상점은 속이 빈 원점으로, 극이상점은 속이 찬 원점으로 표시한다. 그림 4.1에 제시된 숫자군은 극이상점 없이, 단 한 개의 이상점(8.4cm)만을 포함하고 있기 때문에, 한 개의 속이 빈 원점 외에 속이 찬 원점은 없다. ×, 속이 빈 원점, 속이 찬 원점 등과 같은 약속은 그림 4.1의 우측에 있는 명칭이나 구분선들을 반영하고 있는바, 일반적으로 상자-점도표를 작성할 때 그런 명칭이나 구분선을 표시하지는 않는다. 여기서 제시된 사례는 경험법칙이기 때문에, 상자-점도표에서 이상점과 극이상점을 표시하는 구체적인 범례는 책마다 혹은 프로그램마다 다를 수 있다.

　상자-점도표는 여러 개의 숫자군을 비교하는 작업을 용이하게 해 준다. 1장에서는 등 맞댄 줄기-잎도표를 이용하여 그림 4.1에서 다시 예제로 사용된 숫자군을 다른 주공 지름들로 이루어진 숫자군과 비교하였다(표 1.7). 그림 4.2는 등 맞댄 줄기-잎도표 대신에 두 개의 상자-점도표를 이용하여 동일한 두 숫자군을 비교하고 있다. 스미스유적 출토 주공의 지름에 대한 상자-점도표는 (보다 길어진 척도 위에 배치되었다는 점을 제외하고는) 그림 4.1의 것과 정확히 일치한다. 블랙유적의 주공 지름에 대한 상자-점도표는 표 1.7에 기입된 숫자를 사용하고 있기는 하지만 역시 동일한 방식으로 작성된 것이다. 지나치게 큰 하나의 주공은 상자의 상단으로부터 상자 길이의 3배가 넘는 곳에 있는바, 극이상점으로 판명되었다.

　그림 4.2에 제시된 상자-점도표를 보면, 표 1.7에서 동일한 숫자들로 작성하였던 등 맞댄 줄기-잎도표를 관찰했을 때와 동일한 결론에 이르게 된다. 두 유적 모두에는 나머지 주공들이 반영하는 것과 같은 현상을 반영할 것으로 생각되지 않는 주공—블랙유적에서 발견된 비정상적으로 큰 주공, 스미스유적

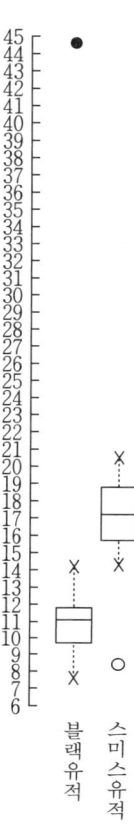

그림 4.2. 블랙·스미스유적의 주공 지름(cm)을 비교하는 상자-점도표

에서 발견된 비정상적으로 작은 주공—이 한 개씩 있다. 전반적으로 스미스유적의 주공들은 블랙유적의 주공보다 5~6cm 정도 크다. 상자-점도표는 개별 숫자군의 기본적인 특징을 보다 단순하고 빠르게 인지할 수 있는 방식이기 때문에, 등 맞댄 줄기-잎도표보다 그러한 양상을 좀 더 선명하게 보여준다. 공통된 척도에 상자와 점만을 첨가하면 되기 때문에, 상자-점도표에서는 훨씬 더 많은 수의 개별 숫자군을 쉽게 비교할 수 있다. 등 맞댄 줄기-잎도표는 셋 이상의 숫자군을 비교하는 데까지 확대 적용하기는 어렵다.

수준 제거하기

그림 4.2에서처럼 둘 이상의 숫자군을 비교할 때, 아마도 각 숫자군의 가장 주목받는 특징은 그 '수준' 혹은 '중심'일 것이다. 만약 그 외의 특성을 비교하고자 한다면, 수준의 상이함이 미치는 현저한 영향을 제거하는 것이 편리할 것이다. 두 숫자군의 수준을 '0'까지 낮춤으로써 그렇게 할 수 있다.

그림 4.3은 이를 도해적으로 보여주고 있다. 단순히 두 상자-점도표 모두를 척도를 따라 아래쪽으로 미끄러뜨려 각각의 중심(즉, 중앙값)을 척도상의 '0'인 지점에 정렬시킨다. 동일한 결과가 수학적으로도 달성될 수 있는데, 각 숫자군의 개별 숫자들에서 각각의 중앙값을 빼면 된다. 예를 들어보자. 표 1.6에 제시된 스미스유적의 주공 지름값들에서 표 4.1에 나타난 것처럼 중앙값(17.2 cm)을 뺀다. 결과는 원래의 각 숫자가 중앙값보다 얼마나 큰지 혹은 작은지를 반영하는 새로운 한 세트의 숫자가 되었다. 중앙값보다 큰 값을 갖는 주공은 양의 숫자로 표시되고 중앙값보다 작은 값을 갖는 주공은 음의 숫자로 표시된다. 이러한 새로운 숫자군에 대한 상자-점도표를 작성함으로써, (그림 4.3에서와 같이) 스미스유적에 대한 수준이 제거된 상자-점도표를 얻게 된다. 이러한 결과는 그림에서 원래의 상자-점도표를 중앙값이 0에 이를 때까지 척도를 따라 아래쪽으로 미끄러뜨린 것과 정확히 일치하는 것이다. (그렇게 된 이유를 즉각 모르겠거든, 직접 해 보는 것이 좋을 듯하다.)

두 숫자군의 수준을 제거한 이상, 양자의 수준을 비교하는 일은 가능하지 않게 되었다. 수준을 제거하는 작업은 조작적으로 양 숫자군의 수준을 '0'에 맞춘 것이다. 수준의 차이가 제거되자 나타난 현저한 효과는 두 숫자군이 산포의 측면에서 상이함을 한눈에 알 수 있게 되었다는 것이다. 이상점이나 극이상점을 무시하면, 두 숫자군 모두에서 인접값들이 척도상에 엇비슷하게 산포해 있다는 사실을 알게 된다. 그런데, 숫자들의 가장 중심적인 군집(상자로 표현되는 중앙 절반)은, 스미스유적의 경우가 블랙유적의 경우보다 좀 더 넓게 퍼져 있다. 이 차이는 분명 이전의 상자-점도표(그림 4.2)에서도 가시화되었지만, 수준을 제거하여 두 숫자군의 중앙부를 한 줄에 세우고 나니, 더욱 현저해졌다.

그림 4.3. 수준 제거 후 블랙유적과 스미스유적의 주공 지름(cm)에 대한 상자-점도표

표 4.1. 중앙값(17.2cm) 빼기를 통해 스미스유적 주공의 지름에서 수준 제거하기

20.5[a]	−	17.2	=	3.3	19.4	−	17.2	=	2.2
17.2	−	17.2	=	0.0	16.4	−	17.2	=	−0.8
15.3	−	17.2	=	−1.9	18.8	−	17.2	=	1.6
15.9	−	17.2	=	−1.3	15.7	−	17.2	=	−1.5
18.3	−	17.2	=	1.1	18.9	−	17.2	=	1.7
17.9	−	17.2	=	0.7	16.8	−	17.2	=	−0.4
18.6	−	17.2	=	1.4	8.4	−	17.2	=	−8.8
14.3	−	17.2	=	−2.9					

[a] 모든 수치는 *cm*단위임.

산포 제거하기

각 숫자군의 수준을 '0'까지 낮춤으로써 그 수준을 제거했던 것처럼, 각각의 산포를 1로 낮춤으로써 그 산포를 제거할 수 있다. 이는 수학적으로만 수행될 수 있는데, 척도를 따라 상자를 미끄러뜨려 내려서 수준을 제거하는 것과 같은 도해적인 방식으로는 달성하기 어렵다. 일단 중앙값을 빼는 수학적인 방식으로 수준을 제거한 후, 중앙산포값으로 나눔으로써 산포를 제거하게 된다. 표 4.2는 스미스유적의 주공 지름에 대한 표 4.1의 계산결과를 이어간다. 예를 들어, 표 4.1의 숫자군에서 첫 번째 숫자는 지름 20.5cm 주공에 해당한다. 이 숫자로부터 수준이 제거되면, 이 주공의 지름은 중앙값보다 3.3cm가 크다는 것을 알게 된다. 표 4.2에서 계산을 이어가면 이 3.3cm가 3.1cm(중앙산포)로 나뉘어져 1.06이 됨을 알 수 있다. 1.06이라는 결과는 대상이 되었던 주공의 지름이, 1 중앙산포가 약간 더 되는 만큼 중앙값보다 크다는 것을 의미한다. (그림 4.1의) 상자-점도표에서 이 주공은 대략 중앙산포 정도의 길이만큼 중앙값 위쪽에 (즉, 상자의 중심선보다 위쪽에) 놓이게 된다. 이 주공은 가장 큰 인접값을 의미하는바, 실제로 이 값은 그림 4.1에서 상자 위쪽의 '×'로 자리 잡게 되며, '×'의 중심은 대략 상자의 길이만큼 상자의 중앙선보다 위쪽에 놓인다.

숫자군—블랙유적과 스미스유적의 주공 지름—으로부터 수준과 산포를 제거하고, 그 결과를 보여주는 또 하나의 상자-점도표는 그림 4.4에 나타나

표 4.2. 수준 제거 후, 중앙산포(3.1cm) 나누기를 통해 스미스유적 출토 주공 지름의 산포 제거하기(표 4.1과 비교)

3.3[a]	/	3.1	=	1.06	2.2	/	3.1	=	0.71
0.0	/	3.1	=	0.00	−0.8	/	3.1	=	−0.26
−1.9	/	3.1	=	−0.61	1.6	/	3.1	=	0.52
−1.3	/	3.1	=	−0.42	−1.5	/	3.1	=	−0.48
1.1	/	3.1	=	0.35	1.7	/	3.1	=	0.55
0.7	/	3.1	=	0.23	−0.4	/	3.1	=	−0.13
1.4	/	3.1	=	0.45	−8.8	/	3.1	=	−2.84
−2.9	/	3.1	=	−0.94					

[a] 모든 수치는 cm단위임.

있다. 두 숫자군의 중심은 '0'에 있고, 각 숫자군의 중앙 절반을 표시하는 상자는 같은 길이가 되었다. 항상 중앙산포를 표시하는 상자의 길이는 결국 '1'이 되었고, 그리하여 수준과 산포를 제거하는 작업은 중심을 '0'에 놓고, 산포를 '1'에 맞추는 효과를 내게 되었다. 따라서 그림 4.4는 두 숫자군을, 수준과 산포의 측면에서는 비교할 수 없게 되었다. 이제 가장 현저하게 된 특징은 형상, 특히 대칭성이다. 분명히, 블랙유적 출토 주공의 지름은 중앙값으로부터 위쪽보다는 아래쪽으로 늘어져 있는 경향을 보인다. 숫자군에 속한 숫자들 중 1/4은 중앙값과 상자의 상단 사이에, 1/4은 중앙값과 상자의 하단 사이에 놓여 있

통계꾸러미

줄기-잎도표의 경우처럼, 상자-점도표를 작성할 수 있는 통계꾸러미는 많다. 이상점을 파악하는 그들의 규칙은 이 책과 다를 수도 있지만, 이상점이 무엇인지만 안다면 문제될 것은 없다. 어떤 프로그램들은 간혹 이 책에서와 마찬가지로 상자-점도표를 수직방향으로 그리기도 하지만, 본 장의 그림들과는 반대로 낮은 숫자를 화면의 위쪽에, 높은 숫자를 화면의 아래쪽에 제시하기도 한다. 어떤 프로그램은 상자-점도표를 수평으로 그리기도 한다. 어떤 경우라도 도표를 해석하는데 있어서 차이는 없다. 보통 그런 프로그램들은 자동으로 도표의 척도를 선택함으로써, 사용자로 하여금 보다 중요한 작업에 시간과 정력을 쏟을 수 있게 한다. 만약 보유하고 있는 프로그램이 여러 숫자군을 동일한 척도로 비교할 상자-점도표를 자동으로 작성해주지 않는다면, 매뉴얼에서 사용할 척도를 결정하는 활성제어방식이 어떻게 작동하는지 찾아보아야 할 것이다. 분명히, 각 숫자군의 상자-점도표가 동일한 축적으로 작성되지 않았다면 서로 비교될 수 없다.

수준이 혹은 수준과 산포가 제거된 상자-점도표를 작성하는 가장 쉬운 방법은 컴퓨터용 통계꾸러미를 이용하는 것이다. 일반적으로 밟아야 하는 수순은 원래 숫자군의 각 숫자들에서 중앙값을 뺀 (뒤, 수준과 산포를 다 제거하기를 원한다면, 중앙산포로 다시 나누어서) 새로운 숫자군(혹은 변수variable)을 만드는 변환 transform과정을 거치는 것이다. 거의 모든 프로그램에서 이러한 작업은 용이할 것이다. 그런 다음 새로운 숫자군의 상자-점도표를 만들 수 있게 된다.

음을 기억하자. 블랙유적의 경우, 중앙값보다 아래쪽에 있는 1/4의 숫자들은, 분명히 중앙값 근처에 밀집해 있는 위쪽 1/4의 숫자들에 비해 넓게 펼쳐져 있다. 반면, 스미스유적 출토 주공의 지름들은, 중앙 절반이 약간 아래쪽보다는 위쪽으로 펼쳐져 있는 것을 부정할 수는 없지만, 블랙유적보다는 훨씬 대칭적인 분포를 보인다. 형상이나 대칭성에 대해서는 다음 장에서 좀 더 자세히 다루기로 하자.

수준과 산포를 제거한 상자-점도표를 작성하는 좀 더 쉬운 방법이 있음을 알리는 것은 나름의 의미가 있다. 숫자군의 모든 숫자에서 중앙값을 빼고, 이

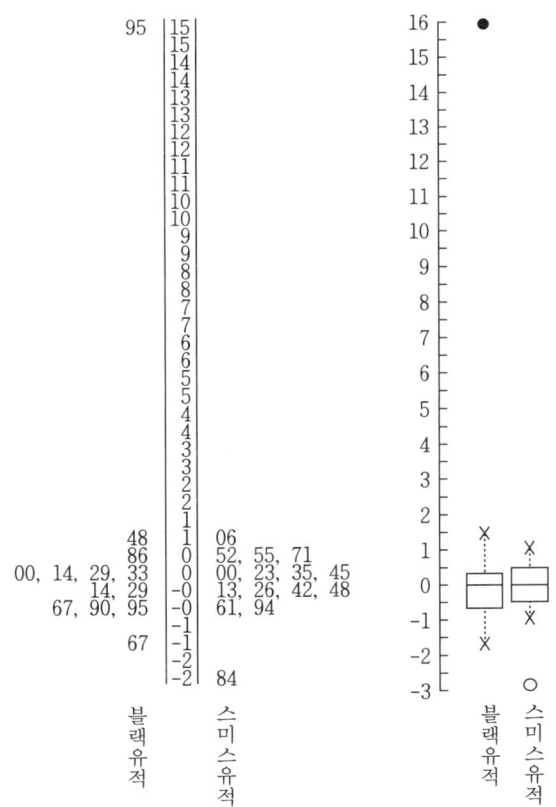

그림 4.4. 수준 및 산포 제거 후 블랙-스미스유적 주공 지름(cm)의 줄기-잎도표와 상자-점도표

를 다시 중앙산포로 나누어 새로운 숫자군을 얻었다. 이 숫자군에서 중앙값, 상·하사분위수, 이상점 등을 발견할 수 있고 그에 따라 새로운 상자-점도표를 처음부터 그리게 된다. 이러한 처리과정을 간단히 상자-점도표의 필수적인 다섯 가지 숫자(즉, 중앙값, 상사분위수, 하사분위수, 위쪽 인접값, 아래쪽 인접값)에만 적용할 수도 있었을 것이다. 이 다섯 숫자의 수준과 산포를 제거한 상태에서 만들어지는 상자-점도표와 모든 숫자로부터 수준과 산포를 제거하여 생성되는 완전히 새로운 숫자군 내에서 정해지는 이 다섯 숫자에 의거하여 만드는 상자-점도표는 동일하다. 상자-점도표를 마무리하기 위해서는 단지 각 이상점으로부터 중앙값을 빼고 중앙산포로 나누어서 새로이 규정된 척도에 위치시키면 된다.

특이성

그러한 새로운 척도는 매우 흥미롭다. 이는 더 이상 이전의 눈금자와 같은 cm 단위의 것이 아니고, 실제로는 특이성과 관련된 잣대이다. 이 잣대는 각 숫자를 숫자군 내에서 얼마나 중심 쪽에 있는지, 얼마나 바깥쪽에 있는지에 따라 자리매김한다. 특이성은 사물의 선천적인 속성이 아니라, 그것이 속한 집단과 어떠한 관계를 맺고 있느냐에 대한 진술이다. 만약 어떤 사물이 그 집단의 중심적인 군집에 속해 있다면, 그다지 특이하지 않다. 그러나 만약 어떤 사물이 그 집단의 중심적 군집에 비해 상대적으로 변두리에 속한다면, 훨씬 특이한 것이 된다. (미국) 프로농구의 올스타팀에서 $198cm(6'6")$의 신장을 가진 선수는 그다지 특이하지 않다. 반면, 대학교수집단에서 $198cm$의 교수는 매우 특이하다. 숫자군에서 수준과 산포를 제거하는 작업은, 표준적이고 체계적인 방식으로 특이성을 표현할 수 있는 척도를 제공한다. 그러한 이유로 전통적인 통계학에서는 이 과정을 표준화standardizing라고 한다.

그림 4.4의 눈금자는 각 숫자군 내에서 개별 숫자들이 그 숫자군의 중앙값으로부터, 중앙산포로 환산했을 때, 어느 정도 떨어져 있는지를 표현하고 있다. 예를 들어보자. 표 4.1의 첫 번째 숫자는 $20.5cm$로, 스미스유적의 중앙값

지름보다 3.3cm가 더 큰 주공을 의미한다. 이 주공의 측정치는 표준화된 숫자군(표 4.2)에서는 1.06이 되는데, 이는 그 지름이 1 중앙산포보다 약간 더 많이 중앙값 위쪽에 위치함을 의미한다. 표 4.1의 두 번째 측정치는 17.2cm로, 중앙값이다. 그러므로 중앙값과는 0.0cm 혹은 0.00 중앙산포만큼 차이가 난다. 세 번째 측정치, 15.3cm는 중앙값보다 1.9cm 아래에 있고 표준화된 숫자군에서는 −0.61이 된다. 이는 결국, 0.61 중앙산포만큼 중앙값 아래쪽에 위치하는 것이다. 따라서 첫 번째 주공(지름 20.5cm)이 세 번째 주공보다 더 특이한데, 이는 숫자군의 변두리로 더 멀리 떨어져 있기 때문이다.

이러한 표준화된 척도는 숫자군 간의 비교도 가능하게 해 준다. 예를 들어 9.7cm의 지름을 가진 표 4.3의 첫 번째 주공은 블랙유적의 중앙값에 해당하는 지름보다 1.4cm가 작다. 스미스유적에서 15.7cm 지름의 주공(표 4.1 및 표 4.2에서 아래로부터 네 번째 것)은 해당 숫자군의 중앙값보다 1.5cm 작다. 후자의 주공이 해당 숫자군의 중심으로부터 더 멀리 떨어진바, 좀 더 특이하게 보일 수도 있다. 그런데 그 주공은 전반적으로 넓게 산포하는 숫자군에 속해 있다. 블랙유적에서 중앙값보다 1.4cm 작은 주공은 중앙값으로부터 0.67 중앙산포만큼 떨어져 있다. 스미스유적에서 중앙값보다 1.5cm 작은 주공은 중앙값으로부터 단지 0.48 중앙산포만큼 떨어져 있다. 그러므로 블랙유적에서 9.7cm의 지름을 가진 주공이 스미스유적에서 15.7cm의 지름을 가진 주공보다 더 특이하다.

표 4.3. 중앙값(11.1cm) 빼기와 중앙산포(2.1cm) 나누기를 통해 블랙유적 주공 지름의 수준과 산포 제거하기

(9.7[a] − 11.1)	/	2.1	=	−0.67	(11.7 − 11.1)	/	2.1	=	0.29
(9.2 − 11.1)	/	2.1	=	−0.90	(11.1 − 11.1)	/	2.1	=	0.00
(12.9 − 11.1)	/	2.1	=	0.86	(7.6 − 11.1)	/	2.1	=	−1.67
(11.4 − 11.1)	/	2.1	=	0.14	(11.8 − 11.1)	/	2.1	=	0.33
(9.1 − 11.1)	/	2.1	=	−0.95	(14.2 − 11.1)	/	2.1	=	1.48
(44.6 − 11.1)	/	2.1	=	15.95	(10.8 − 11.1)	/	2.1	=	−0.14
(10.5 − 11.1)	/	2.1	=	−0.29					

[a] 모든 수치는 cm단위임.

이러한 특이성 척도와 가장 빈번하게 마주치는 정황은 표준화된 성적평가일 것이다. 초등학교 성적평가 결과는 종종 특정 점수가 해당 학년의 평균보다 얼마나 웃도느냐 혹은 밑도느냐로 표현되기도 한다. 흔히 대학입학시험에서 사용되는 백분위수percentiles 역시 그러한 종류의 정보를 제공한다. 백분위에서 75번째를 기록한 학생은 같이 시험을 친 학생의 약 75%가 본인보다 낮은 점수를 받았고, 반면 25%는 본인보다 높은 점수를 받았다는 것을 알게 된다. 대상이 된 숫자군이 대칭적이라면, 백분위 75번째는 앞서 논의한 특이성 척도에서 0.5 가량의 점수에 해당한다. 한 숫자군이 중앙값 빼기와 중앙산포 나누기를 통해 표준화되었을 때, 0.5라는 점수는 중앙값보다 중앙산포의 절반만큼 위에 있음을 의미하는 것이다. 중앙값보다 중앙산포의 절반만큼 위에 있는 숫자는 (적어도 대칭적인 숫자군에서는) 당연히 상사분위수이다. 해당 숫자군에 속하는 숫자들의 25%는 상사분위수보다 위에 있다.

평균과 표준편차에 의거한 표준화

특정 숫자의 특이성을 해당 숫자군 내에서의 중심성centrality 혹은 주변성peripheralness에 입각하여 표현하는 것은 통계학에서 매우 중요한 개념이다. 이 책의 상당부분은 이 '특이성' 개념에 기반하고 있다. 본 장에서 여태까지는 수준과 산포에 관한 수치지표의 일종인 중앙값과 중앙산포를 이용하여 수준 및 산포를 제거하는 작업에 초점을 맞추어왔다. 중앙값과 중앙산포에 근거한 상자-점도표가 그러한 과정과 함의에 대해 쉬운 도해적 설명을 제공하고 있는바, 더 이상 논의할 필요가 없을 듯하다. 그러나 평균과 표준편차가 좀 더 매력적인 수학적 속성을 가지고 있는바, 이 수치지표들을 이용하는 것이 보다 일반적이고 유용하다. 기본적인 원리나 계산절차는 지금까지 논의한 것과 매우 유사하다. 평균과 표준편차를 이용하여 숫자군을 표준화하기 위해서는 해당 숫자군의 평균을 각 숫자에서 빼고 다시 표준편차로 나누면 된다. 새로이 생성된 숫자군은 종종 표준점수standard scores 혹은 Z점수Z scores의 숫자군으로 불린다. Z점수는, 원래 숫자군의 각 숫자들이 (양의 z점수에 있어서는) 몇 표준편차만큼 평균보다 높고, (음의 Z점수에 있어서는) 몇 표준편차만큼 평균보다 낮은지를 알려준다.

연습문제

1. 청동기시대 전·후기 유적 면적의 상자-점도표를 작성해 가며, 표 3.5에 제시된 난승 인근 유적들의 면적에 대한 분석을 계속해 보자. 두 숫자군의 수준을 비교하면 어떠한가?

2. 이제 수준이 제거된 상자-점도표를 작성하여 청동기시대 전·후기 유적 면적을 비교해 보자. 두 숫자군의 산포를 비교하면 어떠한가?

3. 다음으로 수준과 산포가 모두 제거된 상자-점도표를 작성하여 청동기시대 전·후기 유적 면적을 비교해 보자. 두 숫자군의 대칭성을 비교하면 어떠한가?

4. 청동기시대 전기의 최대 유적은 $4.2ha$이고 후기의 최대 유적은 $12.8ha$이다. 각각 소속된 숫자군에서 어느 유적의 값이 더 특이한가? 왜 그런가? 각 숫자군의 중앙값과 중앙산포를 이용하여, 두 유적 각각의 특이성에 관한 지수를 제시해 보자. 각 숫자군의 평균값과 표준편차를 이용하여 같은 작업을 해 보자. 이 수치지표들은 어느 유적이 소속된 숫자군에서 더 특이한지에 관한 각자의 판단을 뒷받침해 주는가?

05
숫자군의 형상 혹은 분포
The Shape or Distribution of a Batch

숫자군의 형상shape이란 수준이나 산포는 논외로 한 채, 척도를 따라 개개 숫자들이 분포하는 양상을 일컫는다. 전통적인 통계학 용어로는 흔히 분포라고도 한다. 숫자군의 형상에는 봉우리의 개수number of peaks와 대칭성symmetry이라는 두 가지 중요한 측면이 있다. 이미 복수의 봉우리를 갖는 숫자군은 분석 전에 개별 봉우리들로 나누어져야 한다는 점에 대해서는 논의하였기 때문에 바로 두 번째 측면에 대해 살펴보기로 한다.

대칭성
단일 봉우리의 숫자군이라면, 우선 수준과 산포를 알려주는 지표들을 이용하게 된다. 수준과 산포를 제거하는 과정에서 이러한 지표들을 이용함으로써 대칭성을 좀 더 세심하게 살펴보게 된다. 숫자군은 봉우리를 중심으로 대칭적으로 분포할 것이다. 대칭적인 한 숫자군 내에서 대략 절반가량의 숫자들은 봉우리의 위쪽에, 나머지 절반가량은 아래쪽에 분포할 것이며, 봉우리의 아래·위쪽의 숫자들은 비슷한 정도로 봉우리로부터 퍼져나갈 것이다. 즉, 봉우리의 한편에 위치하는 숫자들이 다른 편의 숫자들에 비해 그다지 봉우리 근처에 더 모여 있지는 않다는 것이다.

표 5.1은 주머니형 저장수혈들의 체적에 대한 측정치로 이루어진 숫자군

을 나타낸 것인데, 줄기-잎도표를 통해 그 숫자군의 대칭성을 보여주고 있다. 실제로 줄기-잎도표는 완벽한 대칭성을 보여준다. 봉우리 위쪽 숫자들의 분포상은 아래쪽 숫자 분포상의 완벽한 경상鏡像이다. 이 숫자군의 중앙값은 $1.35\,m^3$이고, 평균은 $1.34\,m^3$이다. 이렇게 양자가 거의 일치하는 현상은 대칭적 분포의 특징인데, 숫자군의 수준을 나타내는 두 지표가 줄기-잎도표의 봉우리 중심에 위치하고 있다. 간단히 말하자면, 대칭성이 있는 단일 봉우리의 숫자군에서는 두 지표가 모두 잘 작동한다고 할 수 있겠다. 이들은 줄기-잎도표에서 명확해진 양상에 잘 부합하는 중심의 지표를 제공한다고 할 수 있다.

실제 숫자군에서, 특히 이 정도로 소규모인 숫자군에서, 표 5.1에 나타난 것과 같은 완벽한 대칭을 찾기란 쉽지 않다. 비록 표 5.1에 나타난 것보다 훨씬 덜 완벽하기는 하지만 이처럼 작은 숫자군에 대해서는 대칭성을 인정할 수도 있을 것이다. 대칭성에 대한 판단은 주관적인데, 아래에서는 대칭성을 띠

표 5.1. 뷔에나 비스타Buena Vista유적 주머니형 저장수혈의 체적

체적(m^3)	줄기-잎도표	
1.23	16	5
1.48	15	15
1.55	14	0568
1.38	13	24589
1.10	12	1349
1.02	11	02
1.29	10	2
1.32		
1.35		
1.65		
1.39		
1.40		
1.12		
1.46		
1.24		
1.34		
1.21		
1.45		
1.51		

게 만드는 과정을 좀 더 본격적으로 논의하기로 한다.

표 5.2는 다른 유적에서 발견된 주머니형 저장수혈들의 체적을 측정한 값들로 이루어진 숫자군을 예시하고 있다. 그런데 줄기-잎도표가 보여주는 바와 같이, 이 숫자군은 그다지 대칭적이지 않다. 대부분의 숫자가 봉우리의 정점 위쪽에 분포할 뿐만 아니라, 정점으로부터 멀리 느슨하게 흩어져 있다. 반대로 아래쪽의 숫자들은 봉우리의 정점에 매우 근접하게 분포하고 있다. 이는 비대칭적인asymmetrical 혹은 왜곡된skewed 분포이다. 숫자군은 이 예와 같이 위쪽으로 왜곡(상향 왜곡)될 수도 있고, 값들이 낮은 숫자 쪽으로 느슨하게 뻗어나간다면, 아래쪽으로 왜곡(하향 왜곡)될 수도 있다. 대칭성에 관한 논의를 위해, 줄기-잎도표를 그리는데—이 책에서와 같이—낮은 숫자일수록 바닥 방향으로, 가장 높은 숫자는 맨 꼭대기에 두는 것이 보다 편리하다. 그리하여 위쪽으로 왜곡된 형태일 경우, 숫자들이 위쪽으로 느슨하게 퍼져 있도록 하는 것이 좋다. 만약 통계꾸러미가 이와는 다른 방식으로 도표를 작성한다면, 상향 왜곡에 대한 언급은 분포형태가 큰 숫자 쪽으로 느슨하게 퍼져나가는 것을 의미하면 될 뿐, 반드시 줄기-잎도표의 위쪽으로 가야 할 필요는 없다는 사실을 기억하기 바란다.

비대칭적 분포의 경우, 중심에 관한 수치지표들이 그리 잘 부합하지는 않는다. 이 숫자군의 중앙값은 $1.29\,m^3$이고 평균값은 $1.35\,m^3$이다. 이 두 지표는 표 5.1의 숫자군의 지표들보다 훨씬 큰 편차를 가진다. 더욱 중요한 것은 이 두 지표 모두 $1.1\,m^3$ 주변에 형성된 확연한 (단일)봉우리를 반영하기에는 너무 척도의 윗부분에 위치한다는 점이다. 왜곡된 분포가 수치지표에 미치는 영향은 2장에 논의한 바 있는 이상점의 영향력과 매우 유사하다. 사실, 우리가 이상점을 포함한 줄기-잎도표를 보고 있는지, 왜곡된 분포를 보여주는 줄기-잎도표를 보고 있는지는 확언하기 어려운 경우가 간혹 있다. 이상점 효과에 상당히 저항적인 중앙값조차도 왜곡된 분포의 영향은 받는다. 왜냐하면, 왜곡이라는 것 자체가 몇몇 이상한 측정치보다는 숫자군 형상의 전반적인 경향에 의해 만들어지기 때문이다.

표 5.2. 뷔에나 아이레스Buena Aires유적 주머니형 저장수혈의 체적

체적(m³)	줄기-잎도표	
1.22	20	3
1.64	19	
1.16	18	4
1.07	17	
1.50	16	4
1.84	15	0
1.37	14	03
1.15	13	27
1.29	12	269
1.32	11	1567
2.03	10	47
1.17		
1.04		
1.43		
1.11		
1.40		
1.26		

실질적인 통계분석을 시작하기 위해서는 대상이 되는 숫자군의 수준과 산포를 알려주는 수치지표가 필요한데, 그러한 비대칭적 형상은 심각한 지장을 초래하기도 한다. 간혹 절사평균과 절사표준편차를 사용하면 도움이 될 수도 있지만 사실상 이 지표들이 효과적으로 제거하는 것은 이상점 효과일 뿐이다. 심하게 비대칭적인 형상을 다루기 전에 보다 근본적인 개선책이 요구된다.

변환

몇몇 분석에서 좀 더 다루기 쉬운 새로운 숫자군을 생성하기 위하여 특정 숫자군을 이루는 모든 숫자들을 대수적으로 조정하는 작업을 수행할 수 있음을 알고 있다. 한 숫자군의 모든 수들로부터 중앙값이나 평균값을 빼서 수준이 제거된 새로운 숫자군을 생성했던 것을 일례로 들 수 있다. 이러한 작업은, 숫자군의 산포와 형상은 그대로인 반면, 중심을 표준치(0)에 맞추는 효과를 가졌

다. 그런 다음에, 수준이 0이 된 숫자군의 모든 숫자들을 중앙산포나 절사표준편차로 나누어서 산포를 제거하였다. 이러한 작업은, 숫자군의 형태는 그대로 둔 채, 산포를 1이라는 표준치로 맞추는 효과를 가졌다. 변환은 숫자군의 형상을 제거하거나 표준적인(단일봉우리의 대칭적인) 형상으로 맞추는 방법이다.

수준과 산포를 제거하는 작업은 먼저 수준을, 다음에는 산포를 제거함으로써 서로 연관되어 있다. 수준을 제거하지 않고는 숫자군으로부터 산포를 제거하지 않는다. 그런데 형상을 변환하는 작업은 수준과 산포 제거작업으로부터 독립되어 있다. 변환은 수준과 산포를 제거한 후 적용할 수도 있지만, 종종 수준과 산포를 제거하지 않고 실행되기도 한다. 그림 5.1은 보편적으로 이용되는 몇 가지 변환 방법들이 가지는 효과에 대해 설명하고 있다. 개별 숫자군은 수준과 산포가 제거된 줄기-잎도표와 상자-점도표가 함께 제시되었다. 상자-점도표는 원래 숫자군이나 각종 변환을 거친 숫자군들에서 나타나는 대칭성을 표시하는 가장 민감한 지표를 제공한다.

먼저 원래 숫자군(그림 5.1의 x)을 보자면, 줄기-잎도표는 (표 5.1에 나타난 바와 같이) 완벽한 대칭성을 보여준다. 상자-점도표는 그러한 인상을 확인시켜준다.

그림 5.1의 두 번째 열에 제시된 숫자군은 원래 숫자군에 속한 각 숫자들의 제곱근을 취하여 생성된 것이다(예를 들어, 첫 번째 숫자 경우, $\sqrt{1.230}=1.109$로 계산된 것이다). 이러한 과정은 보통 제곱근변환square root transformation으로 불린다. 제곱근변환된 숫자들의 줄기-잎도표와 상자-점도표는 이 새로운 숫자군이 알아볼 수 있을 정도로 중심 아래쪽으로 늘어지는 경향을 띤다는 사실을 밝혀준다. (상자-점도표에 있는 중앙산포와 비교해 보자.) 앞의 예와 같이, 제곱근변환의 효과는 새로운 숫자군을 항상 원래 숫자군보다 더 하향 왜곡되게 만든다.

그림 5.1의 세 번째 열에 제시된 숫자군은 원래 숫자군에 속한 개별 숫자들의 로그를 계산하여 생성된 것이다. 줄기-잎도표에 나타난 바와 같이 이 로그변환logarithm transformation (혹은 약칭으로 log transformation)을 거친 숫자군

> ## 로그
>
> 어떤 수의 로그는 그 밑수가 곱해져야 하는 만큼을 나타내는 거듭곱수이다. 예를 들자면, $10^3=1000$인바, 1000의 밑수-10 로그는 3이다. $10^2=100$인바, 100의 밑수-10 로그는 2이다. $10^1=10$인바, 10의 밑수-10 로그는 1이다. 일반적으로 기초 수학에서는 소수가 포함된 수로 거듭곱을 하는 경우가 많지 않지만, 할 수는 있다. $10^2=100$이고, $10^3=1000$인바, $10^{2.14}$는 100보다는 크고 1000보다는 작다. 실제로 $10^{2.14}=137.2$이므로, 137.2의 밑수-10 로그는 2.14이다. 개설적 통계학에서 성가신 작업 중의 하나는 항상 로그표를 이용해야 하는 것이었다. 다행스럽게도, 기술의 발달은 숫자군을 변환하는데 있어 로그표를 무색하게 만들어 버린바, 로그변환은 컴퓨터 혹은 계산기로조차 수행할 수 있다고 생각해도 무방하다.
>
> 그림 5.1의 세 번째 열 숫자들은 실제로 자연로그natural logarithms 혹은 밑수-e로그base-e logarithms이다. 상수 e는 대략 2.7182818의 값을 갖는다. 이론적 수학에서 그것이 갖는 유용함은 여기서 중요하게 다루어질 바는 아니지만 대다수의 통계꾸러미에서 사용되는 로그는 밑수-e로그라는 정도만 알면 될 듯하다. 따라서 세 번째 열의 숫자들은 원래 숫자군의 숫자들을 생성하기 위하여 e가 그 만큼 곱해져야만 하는 곱수들이 되는 셈이다. 예를 들어, 원 숫자군의 첫 번째 숫자는 1.230이다. $2.7182818^{0.207}=1.230$인바, 1.230의 자연로그는 0.207이고, 세 번째 열의 첫 번째에 0.207이 나타나게 된 것이다.

은 제곱근변환보다 더욱 확연히 하향 왜곡되어 있다. 로그변환은, 제곱근변환과 마찬가지로, 원래 숫자군보다 더한 하향 왜곡을 생성한다. 이런 측면에서 로그변환의 효과는 제곱근변환의 그것보다 훨씬 강하다고 할 수 있다.

그림 5.1의 네 번째 열에 제시된 숫자군은 음의 역변환negative reciprocal transformation으로 생성된 것이다($-1/x$). 원래 숫자군에서 첫 번째 숫자 (1.230)의 음의 역수는 $-1/1.230=-0.813$이다. 앞에서 논의한 다른 변환들처럼, 이 경우도 원래 숫자군보다 심한 하향 왜곡을 보이는 새로운 숫자군을 생성한다. 그림 5.1의 맨 아래 상자-점도표에서 보듯이, 그 효과는 오히려 앞

x	$\sqrt{x}$	$\log(x)$	$-\dfrac{1}{x}$	$-\dfrac{1}{x^2}$	x^2	x^3	x^4
1.230	1.109	0.207	−0.813	−0.661	1.513	1.861	2.289
1.480	1.217	0.392	−0.676	−0.457	2.190	3.242	4.798
1.550	1.245	0.438	−0.645	−0.416	2.403	3.724	5.772
1.380	1.175	0.322	−0.725	−0.525	1.904	2.628	3.627
1.100	1.049	0.095	−0.909	−0.826	1.210	1.331	1.464
1.020	1.010	0.020	−0.980	−0.961	1.040	1.061	1.082
1.290	1.136	0.255	−0.775	−0.601	1.664	2.147	2.769
1.320	1.149	0.278	−0.758	−0.574	1.742	2.300	3.036
1.350	1.162	0.300	−0.741	−0.549	1.823	2.460	3.322
1.650	1.285	0.501	−0.606	−0.367	2.723	4.492	7.412
1.390	1.179	0.329	−0.719	−0.518	1.932	2.686	3.733
1.400	1.183	0.336	−0.714	−0.510	1.960	2.744	3.842
1.120	1.058	0.113	−0.893	−0.797	1.254	1.405	1.574
1.460	1.208	0.378	−0.685	−0.469	2.132	3.112	4.544
1.240	1.114	0.215	−0.806	−0.650	1.538	1.907	2.364
1.340	1.158	0.293	−0.746	−0.557	1.796	2.406	3.224
1.210	1.100	0.191	−0.826	−0.683	1.464	1.772	2.144
1.450	1.204	0.372	−0.690	−0.476	2.103	3.049	4.421
1.510	1.229	0.412	−0.662	−0.439	2.280	3.443	5.199

줄기-잎도표

```
16 | 5         12 | 59       5 | 0          -6 | 1        -3 | 7         2 | 7        4 | 5        7 | 4
15 | 15        12 | 0123     4 | 14         -6 | 99865    -4 | 87642     2 | 4        3 | 7        6 |
14 | 0568      11 | 566888   3 | 0234789    -7 | 4321     -5 | 765321    2 | 23       3 | 0124     5 | 28
13 | 24589     11 | 0114     2 | 12689      -7 | 865      -6 | 8650      2 | 011      2 | 5677     4 | 458
12 | 1349      10 | 56       1 | 019        -8 | 311      -7 |           1 | 8899     2 | 134      3 | 023678
11 | 02        10 | 1        0 | 2          -8 | 9        -8 | 30        1 | 77       1 | 899      2 | 1348
10 | 2                                      -9 | 1        -9 | 6         1 | 555      1 | 134      1 | 156
                                            -9 | 8                       1 | 23
                                                                         1 | 0
```

수준과 산포가 제거된 상자-점도표

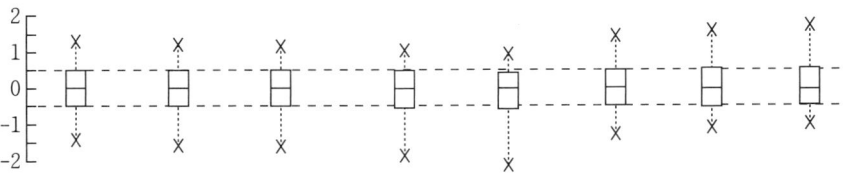

그림 5.1. 표 5.1의 측정치로 이루어진 숫자군의 형상에 나타난 각종 변환의 효과

의 다른 변환보다도 더욱 강하다.

그림 5.1의 다섯 번째 열은 앞의 것들과 같은 방향이되 더욱 강한 영향을 보여주고 있다. 이 변환($-1/x^2$)은 더욱더 강한 하향 왜곡을 생성한다. 다시 한번 첫 번째 숫자를 계산의 예로 이용하면, $(-1/1.230^2) = -0.661$이다. $-1/x^3$, $-1/x^4$ 등과 같은 더욱더 강한 하향 왜곡의 생성과정을 무한히 계속해 갈 수 있다.

여섯 번째 열에서부터, 그림 5.1은 앞서의 것들과는 정반대의 효과를 내는 변환방식들을 보여주고 있다. 제곱변환square transformation은 간단히 x^2이다. (숫자군의 첫 번째 숫자의 경우, $1.230^2=1.513$) 제곱변환을 적용한 후, 이 조그마한 숫자군의 숫자들이 위쪽으로 느슨하게 흩어지는 효과는 그다지 분명하게 인지되지는 않는다.

그런데 일곱 번째 열의 세제곱변환cube transformation은 제곱변환보다는 강하여 변환된 숫자들이 위쪽으로 퍼지는 것을 상자-점도표에서 쉽게 인지할 수 있다. 이 경우에, 계산은 간단히 제곱변환에서보다 다음 큰 승수만큼 원래 숫자를 거듭곱하면 된다. (첫 번째 숫자의 경우, $1.230^3=1.861$) 그림 5.1의 마지막 열에 제시된 네제곱변환x^4 transformation의 효과는 보다 더 강하며, 동일하게 양의 방향이다. 앞서 살핀, 하향 왜곡을 생성하는 일련의 변환들처럼, 더욱더 높은 승수로 이러한 진행을 무한히 계속할 수 있다.

비대칭성 보정하기

앞서 일련의 변환들이 한 숫자군의 형상을 어떻게 바꾸는지 보았다. 이 예에서는 이미 그 형상이 대칭적인 숫자군을 가지고 시작하여 처음에는 아래쪽으로, 다음에는 위쪽으로 점점 더 심하게 왜곡해 보았다. 일단 그러한 사항을 이해한다면, 분포가 비대칭적이어서 다루기 어려운 숫자군의 형상을 바꾸는 데 각종 변환의 효과를 유용하게 쓸 수 있을 것이다. 상향 왜곡을 유발하는 변환법이 하향 왜곡된 숫자군에 적용된다면, 그 결과물은 대칭적인 형상이 될 것이다.

정확히 말하자면, 우리가 앞서 논의한 변환은 비대칭적인 형상을 "보정"하

표 5.3. 비대칭성 보정을 위한 변환

x^4	더욱 강한 효과	
x^3	강한 효과	상향 왜곡을 유발함으로써 하향 왜곡을 바로잡음.
x^2	순한 효과	
x	영향 없음	
$\sqrt{x}$	약한 효과	
$\log(x)$	순한 효과	
$-\dfrac{1}{x}$	강한 효과	하향 왜곡을 유발함으로써 상향 왜곡을 바로잡음.
$-\dfrac{1}{x^2}$	더욱 강한 효과	

는 데 쓰인다. 앞의 예제에서 얻어진 경험을 바탕으로 널리 쓰이는 변환과 그 효과를 열거해 볼 수 있다. 표 5.3은 그림 5.1의 그래프에서 얻어진 경험을 요약하고 있다. 반대로, 그림 5.1의 그래프들은 표 5.3에서 열거된 변환들을 적용한 실제효과라고 할 수 있다. 표 5.3은 표 5.2에 제시된 것과 같이 비대칭적인 숫자군에 적합한 변환을 선택하는 데 이용될 수 있다. 이 숫자군은 매우 현저하게 위쪽으로 늘어지는 경향을 보이고 있어서, 표 5.3의 하반부에 속하는 변환들 중 한 방법이 필요하다. 이들 네 가지 변환의 효과는 그림 5.2에 예시되어 있다.

표 5.2의 줄기-잎도표에 나타난 숫자군의 형상이 상향 왜곡되어 있음은 쉽게 알 수 있을 것이다. 그런데 주된 군집으로부터 떨어진 몇몇 숫자들이 왜곡된 분포를 반영하는지, 아니면 원래 이상점인지를 결정하기는 쉽지 않다. 상자-점도표에서 이상점을 식별하는 경험법칙에 근거하여, 그림 5.2의 첫 번째 열에 제시된 숫자들 중 가장 높은 둘을 이상점으로 정한다. 그럼에도 불구하고, 4장에서 논의한 바와 같이, 이러한 경험법칙이라는 것은 이 벗어난 숫자들과 그들이 유의한 부분일 수도, 혹은 아닐 수도 있는 숫자군 사이의 복잡한 관계를 단순화시켜버리는 지극히 작위적인 방법이다. 또 다른 접근방식은 변환이 잠재적 이상점에 어떠한 영향을 미치는지 관찰하는 것이다.

x	$\sqrt{x}$	$\log(x)$	$-\dfrac{1}{x}$	$-\dfrac{1}{x^2}$
1.220	1.105	0.199	-0.820	-0.672
1.640	1.281	0.495	-0.610	-0.372
1.160	1.077	0.148	-0.862	-0.743
1.070	1.034	0.068	-0.935	-0.873
1.500	1.225	0.405	-0.667	-0.444
1.840	1.356	0.610	-0.543	-0.295
1.370	1.170	0.315	-0.730	-0.533
1.150	1.072	0.140	-0.870	-0.756
1.290	1.136	0.255	-0.775	-0.601
1.320	1.149	0.278	-0.758	-0.574
2.030	1.425	0.708	-0.493	-0.243
1.170	1.082	0.157	-0.855	-0.731
1.040	1.020	0.039	-0.962	-0.925
1.430	1.196	0.358	-0.699	-0.489
1.110	1.054	0.104	-0.901	-0.812
1.400	1.183	0.336	-0.714	-0.510
1.260	1.122	0.231	-0.794	-0.630
평균: 1.353	1.158	0.285	-0.764	-0.600
중앙값: 1.290	1.136	0.255	-0.775	-0.601

줄기-잎도표

```
20 | 3          14 | 3          7 | 1          -4 | 9          -2 | 4
19 |            13 | 6          6 | 1          -5 | 4          -3 | 70
18 | 4          13 |            5 | 0          -6 | 71         -4 | 94
17 |            12 | 8          4 | 1          -7 | 986310     -5 | 731
16 | 4          12 | 03         3 | 0368       -8 | 7662       -6 | 730
15 | 0          11 | 578        2 | 0456       -9 | 640        -7 | 643
14 | 30         11 | 124        1 | 456                       -8 | 71
13 | 27         10 | 5788       0 | 47                        -9 | 3
12 | 269        10 | 24
11 | 1567
10 | 47
```

수준과 산포가 제거된 상자-점도표

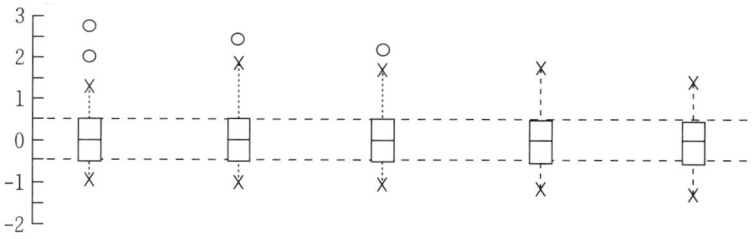

그림 5.2. 변환을 통해 표 5.2의 숫자군에서 보이는 상향 왜곡을 보정하기

그림 5.2에 예시된 바와 같이, 상향 왜곡을 보정하는 변환 중에 가장 미약한 것은 제곱근변환이다. 원래 숫자군의 두 이상점 중 중심군에 가까운 숫자는 변환된 숫자군에서는 더 이상 이상점이 아니며, 중앙산포를 반영하는 상자는 점차 중앙값 쪽으로 집중하게 된다. 여전히 남아 있는 하나의 이상점을 무시하더라도, 인접값들은 분명히 아래쪽보다는 위쪽으로 흩어져 있다. 제곱근변환이 다소 덜 비대칭적인 숫자군을 생성했다고는 하지만 여전히 더 강한 조치가 필요하다.

다음으로 강한 변환은 그림 5.2의 세 번째 열에 제시된 로그변환이다. 이 숫자군에서는 중앙값이 더욱 중앙산포의 중심에 근접하게 된다. 최고치는 여전히 이상점으로 남아 있는데, 이를 무시하더라도, 인접값들은 여전히 상당한 정도로 아래쪽보다는 위쪽으로 흩어져 있다. 줄기-잎도표는 이러한 상향 왜곡을 명확히 보여주고 있다. 더 강한 변환을 시도해 볼 만하다.

그림 5.2의 네 번째 열은 음의 역변환 효과를 예시하고 있다. 중앙산포 상자는 척도의 중앙보다 약간 아래쪽을 살짝 지나가고 있지만 인접값들은 여전히 아래보다는 위쪽으로 흩어져 있다. 가장 특기할 만한 것은 끝까지 남아 있던 이상점이 일반적인 경험법칙에 따르더라도 더 이상 그러하지 않게 되었다는 것이다. 분포의 대칭성을 개선해 주는 변환의 효과로 이상점이 일단 사라지면, 그 숫자를 이상점으로서 제거하지 않아도 되는 대신에 숫자군 내에서 분포하는 숫자로 다루어야 한다는 신호이다. 이런 경우들에서 적절한 변환의 적용은 비대칭성과 현저한 이상점을 동시에 보정할 수 있는 이상적인 조치이다. 여전히 인접값이 현저하게 위쪽으로 흩어져 있기 때문에 좀 더 강한 효과를 가지는 변환을 한번 더 시도해 볼 여지는 있어 보인다.

그림 5.2의 다섯 번째 열은 음의 역제곱변환 결과를 보여주고 있다. 중앙산포가 이제 앞의 변환들보다 중앙값 근처에 덜 집중되고는 있지만, 인접값들은 더 대칭적인 분포를 보이게 되었다. 줄기-잎도표는 실제로 이 정도 소규모 숫자군에서 기대해도 좋을 정도의 대칭을 보여주고 있다. 마지막 두 변환 중 하나를 결정하는 것은 어려울 것 같다. 양자 모두 이상점 제거에 성공했다. 인

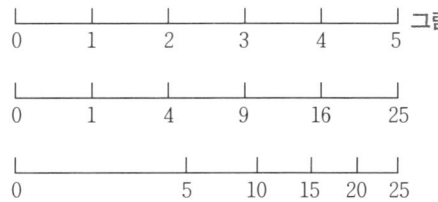

그림 5.3. 변환자: "보통" 자(위), 제곱변환된 값을 제시하는 자(중간), 전체길이를 1/5로 나누는 대신 5 단위마다 눈금을 준 제곱변환 값의 자(아래)

접값들은 음의 역제곱변환에서 보다 대칭적으로 보이는 반면, 중앙산포는 음의 역변환에서 더욱 대칭적으로 보인다. 이러한 무승부 상황을 깨고, 맨 마지막 열의 변환된 숫자군을 가장 대칭적인 것으로 여겨, 줄기-잎도표에서 좀 더 대칭적인 모습을 보이는 역제곱변환을 이용하는 것이 합리적일 수도 있지만, 양 숫자군 중 어느 것도 분석하기에는 충분할 정도로 대칭적이다. 말하자면, 둘 중 어느 것도 대칭적이어서 평균과 표준편차가 정확하고 유용한 중심과 산포의 지표가 되기에 충분하다.

변환은 가끔 정체를 알 수 없는 단순한 믿음 외에는 아무것도 아닌 이유 때문에 행해지는 신비한 통계학적 의례로 보일 수도 있다. 그러나 그 목적은 단순하게도 평균과 표준편차가 각각 중심과 산포에 관한 유용한 지표로 활용될 수 있는 형상을 갖춘 숫자군을 제공하는 것이다. 평균과 표준편차는 이 책에서 앞으로 다룰 여러 가지 기법들의 기초를 이루는바, 만약 이들이 특정 숫자군의 중심과 산포에 대하여 왜곡된 정보를 준다면, 그러한 기법들은 잘 작동하지 않을 것이다. 변환을 특별한 잣대로 측정하는 작업으로 생각할 수도 있다. 그림 5.3은 세 가지 잣대를 제시하고 있다. 맨 위에는 어떤 물체의 길이를 잴 때 사용할 수도 있는 "보통의" 자가 있다. 중간에는 "제곱변환"의 자가 있다. 이 자로 같은 물체를 잰다면, 결과는 "보통" 측정치의 제곱에 해당된다. 맨 아래 자는, 간격이 동일하지 않게 매 5의 배수마다 눈금이 매겨져 있다는 점을 제외하면, 중간의 것과 마찬가지로 제곱변환된 자이다. 이는 보통자보다 제곱변환된 자를 따라 측정단위가 다르게 분포하는 측면을 보여주고 있어서, 제곱변환이 숫자군의 형태를 변화시키기 위하여 어떻게 숫자들의 위치를 바꾸는지에 대해 좀 더 상식적인 차원에서 이해를 돕고 있다. 앞서 살핀 나머지 변환에서도 이러한 상황은 마찬가지이다. 각종 변환을 이용하는 것은 특수한 자를 이용하여 측정하는 것 이상의 의미를 가지지는 않는다. 언뜻 이상하게 보일지도 모르지만, 그림 5.3에 제시된 제곱변환된 자와 같은 잣대들을 사용하지 못할 이유는 없다. 비교의 대상이 되는 것들은 하나의 특수한 자로만 측정하여야 한다. 그러한 작업은 바로 어떤 숫자군을 변환할 때 수행—특수한 자로 측정하고, 비교대상이 될 모든 숫자군에는 한 종류의 특수한 자(혹은 변환)만을 적용—하는 것이다.

정규분포

본 장에서 각종 변환기법을 이용해 달성하고자 했던 단봉의 대칭적 형상은 그 유명한 (혹은 악명 높은) 정규분포normal distribution의 본질적 특징이다. 실질적으로 정규분포는 그 외에도 몇 가지 특별한 성질을 포함하지만, 현실적인 이유로 단봉의 대칭적 숫자군에 대해서는, 정규분포를 보이는 숫자군에만 적합한 통계적 기법을 적용하여도 큰 무리가 없을 정도로 충분하다고 간주할 수 있다.

특정 방식으로 분석될 숫자군의 분포에서 정규성을 판단하는 요건에는 그다지 불가사의한 것은 없다. 통계학의 석학만이 이해할 수 있는 비밀스럽고 신성한 원리를 고수하는 것은 논외로 하자. 정규분포의 중요성을 이해하는 작업은, 수준과 산포에 대한 수치지표가 비대칭적인 숫자군에서는 어떻게 작동하는지와 같은 간단하고 본질적으로 명료한 생각으로부터 시작한다. 숫자군이 단봉이 아니거나 대칭적이지 않은 경우, 그러한 수치지표들이 합리적인 결과를 생성하지 않는다는 것을 알고 있다. 이는 왜 몇몇 통계적인 기법들이 정규분포에만 적용되는지를 이해하는 출발점이 된다. 그러한 기법의 적용은 분석대상이 될 숫자군의 특성을 그 평균과 표준편차로 파악하는 작업으로부터 시작된다. 만약 이들 지표가 숫자군의 수준과 산포에 대해 정확하고 의미 있는 측정을 하지 못한다면, 그러한 작업을 출발점으로 하는 기법을 적용한다고 해도 정확하고 의미 있는 결과를 도출하지는 못할 것이다.

요약하자면, 단봉도 아니고 대칭도 아닌 숫자군을 분석하길 원한다면 종종 특별한 조치를 취해야만 한다. 그러한 조치에는 우선, 다봉의 숫자군을 분리하여 몇 개의 개별적인 단봉의 숫자군으로 나누는 작업이 포함된다. 두 번째로는, 변환을 이용하여 단봉이 된 숫자군의 형상을 좀 더 대칭으로 만들어주는 작업을 수행하게 된다. 이러한 자료준비의 기초 단계는 다양한 통계기법들의 성패를 좌우하는바, 간과해서는 안 된다. 숫자군 분석은 항상 줄기-잎도표를 이용하여 숫자군을 탐색하는 작업과 다중봉우리, 비대칭인 형상 및 이상점의 처리에 관련된 그 어떤 보정조치를 수행하는 작업으로 시작해야 한다.

비대칭성을 보정하기에 가장 적합한 변환을 선택하는 것은 주관적인 판단의 문제이다. 몇 가지 변환에 의해 생성된 분포상을 보고, 어떤 것이 가장 대칭적인지를 정하는 작업이 필요하다. 그 결정은 줄기-잎도표에서 한 숫자의 위치를 조정하는 것이 대칭성에 매우 심대한 영향을 줄 수 있는 소규모 숫자군을 대상으로 할 때 더욱 어렵다. 한두 숫자가 약간만 위치를 달리 해도 숫자군의 전체적인 외양이 심하게 동요하는 방법은 좋지 않다. 대신 다수의 숫자가 위치를 달리 해야만 변하는 전반적 경향에 좀 더 관심을 두는 것이 낫다.

가장 적합한 변환방법을 선택하는 것 역시 시행착오의 과정이다. 표 5.3이 어떠한 변환방법을 시도해 볼 만한지 추정할 수 있게 해 주기도 하지만, 어떤 것이 가장 대칭적인 형상을 생성하는지를 결정하기 위해서는 네다섯 가지 변환방법을 시도해 보고, (변환된 숫자군의 줄기-잎도표나 상자-점도표를 통해 검토해봄으로써) 그 결과를 관찰하는 것이 필요하다. 비교작업이 종종 필요한데, 대상이 되는 복수의 숫자군이 변환되어 분석될 경우는 특히 그러하다. 동일한 변환방법이 관련된 숫자군 각각을 모두 가장 대칭적인 형상으로 만들어주는 것은 아니지만, 변환 후 숫자군들을 비교하고자 한다면 모든 숫자군에는 동일한 방법이 적용되어야 한다.

변환을 통해서 비대칭성을 바로잡기 위한 또 다른 길은 평균이나 표준편차가 아니라, 이상점이나 비대칭성에 저항력이 높은—절사평균이나 절사표준편차와 같은—여타 수치지표를 이용하는 것이다. 그러한 접근에 대해서는 추후 관련된 장들에서 논의해 보도록 하자. 일반적으로, 이상점의 존재가 평균과 표준편차를 이용하는 데 문제를 야기한다면, 절사평균이나 절사표준편차를 사용하는 것이 적절한 해결책이 될 수도 있다. 그러나 전반적인 비대칭성이 문제라면, 적절한 변환기법을 적용하는 것이 더 바람직하다.

연습문제

1. 표 3.5에 제시된 난승 인근 전·후기 청동기시대 유적들의 면적으로 이루어진 숫자군의 형상을 세심하게 살펴보자. 3·4장의 연습문제들에서 이미 이 숫자군들의 줄기-잎도표와 상자-점도표를 작성해 보았다. 어떤 숫자군이 왜곡된 형상을 보이는가? 그렇다면, 상향 왜곡인가 혹은 하향 왜곡인가?

2. 전기 혹은 후기 청동기시대 유적들의 면적이 왜곡되었다면, 통계꾸러미를 이용하여 비대칭성을 보정하는 변환을 시도해 보라. 각 숫자군에 어떤 변환을 적용할 것인가? 이유는? 만약 변환된 숫자군을 비교하고자 한다면, 양자 모두에 어떤 변환을 적용할 것인가? 이유는?

06
범주
Categories

1장부터 5장에서 논의하였던 숫자군들은 주로 일종의 계측치로 이루어진 것들이었다. 제Ⅱ부로 넘어가기 전에 반드시 다루어야 할 것은 그들과는 근본적으로 다른 종류의 숫자군이다. 이 다른 종류의 숫자군은 정확히 계측하기는 어렵지만, 대신 몇 범주categories로 묶여질 수는 있는 특성을 관찰하면서 얻어진 것들이다. 고고학자들은 사물을 범주화하는 작업에 매우 익숙하다. 흔히 '형식분류'라는 이름으로 그러한 작업을 논의하는데, 유물의 형식체계(혹은 일련의 범주)를 규정하는 일은 유물 기술과 분석의 가장 일차적인 단계임을 주지하는 바이다. 특히 토기의 형식을 정하는 소위 "올바른" 방식에 대해서는 매우 많은 논의가 있었다. 여기서의 관심거리는 어떻게 범주를 규정하느냐가 아니라, 일단 범주를 정하고, 각 범주에 속한 개체가 몇이나 되는지를 셈한 결과를 가지고 무엇을 할 것인가이다. 어떤 유적으로부터 출토된 토기들을 피덴시오 조질Fidencio Coarse, 아토약 황면백문Atoyac Yellow-White, 소코로 정질회색Socoro Fine Gray 등으로 분류했다면, 이미 범주에 따라 다루고 있는 것이다. 어떤 유적에서 출토된 박편석기, 돌날, 양면석기, 부스러기 등의 수를 센다면, 우리는 이미 범주를 다루고 있는 것이다. 한 지역의 암음유적과 노천유적의 숫자를 합산한다면, 이 역시 범주를 다루고 있는 것이다. 특정지역의 유적을 대형유적, 중형유적, 소형유적 등으로 나눈다면, 이 또한 범주를 다루고 있는 것이다. 이러한 범주로 표현된 자료 역시 실제 (예를 들어 센티미터, 그램, 헥타르 등으로 표현된) 계측치처럼 숫자군을 형성할 수 있다.

표 6.1은 140개 토기편을 범주화한 정보의 예를 보여주고 있다. 관찰의 첫 번째 측면은 각 토기편이 어디에서 출토되었는지에 관한 것이다. 오크 그로브Oak Grove유적, 메이플 놀Maple Knoll유적, 사이프러스 스웜프Cypress Swamp 유적 등 세 범주를 상정할 수 있다. 두 번째 관찰의 측면은 침선문양의 존재 여부라는 두 범주에 초점을 맞추고 있다. 이렇게 하는 것은 그런 류의 정보를 제시하는 데 있어서 흔하지 않은 방식처럼 느껴질 수도 있는데 실제로도 그렇다. 이렇게 일일이 열거하는 것은 매우 성가신 일이며, 실질적인 (자료에 내재해 있는) 패턴에 대해서는 아무것도 언급하지 않고 있다. 이와 같은 경우에, 흔히 일람표tabulation로 그러한 종류의 정보를 전달하는 것은 간단한 방법의 한 예가 될 것이다. 표 6.1에 제시된 것과 같은 방식으로 범주형 정보를 관리하는 것은, 특히 컴퓨터를 이용할 경우 편리하다. 따라서 이후의 표들에서 좀 더 친숙한 형태로 접하게 될 것들과 동일한 종류의 정보를 정리하는 여러 가지 방법 중의 하나로서 표 6.1을 인식하는 것이 중요하다. 표 6.1은 이런 종류의 정보를 기록하는 방법 중 가장 온전하고 자세한 것인 동시에, 앞 장들에서 살핀 바와 같은 계측치로 이루어진 숫자군을 그대로 보여주는 방식과 가장 흡사한 것이다.

표 6.2는 토기편들이 어디(어떤 유적)에서 발견되었는지에 관한 정보를 보다 간결하고, 친숙하며, 의미 있는 방식으로 전달하고 있다. 이 간단한 빈도(혹은 총계)표tabulation of frequencies(혹은 counts)는 얼마만큼의 토기가 어디에서 출토되었는지에 관한 정보—표 6.1에서는 전혀 명확하지 않았던 것—를 즉각 알려준다. 오크 그로브유적에서 가장 많은 개수의 토기편이, 메이플 놀유적에서 가장 적은 수의 토기편이 출토되었다. 표 6.3에서는 그러한 140개 토기편의 문양에 관한 정보를 대상으로 앞서와 같은 작업이 수행되고 있다. 상대적으로 많은 토기편이 비침선문계이지만 침선문계와 비침선문계의 개수 차이는 크지 않다.

자료의 종류

일부 통계학 책들은 몇 가지 근본적으로 상이한 종류의 데이터들의 표준적인 세트를 인지하는 것이야말로 모든 통계학적 분석이 기초한 초석인 것처럼 설명하면서, 데이터의 종류를 구분하는 장부터 시작하기도 한다. 하지만 "근본적으로" 다른 종류라는 점에 대한 정의는 저자들마다 매우 상이할 뿐만 아니라, 대부분의 책들은 그다지 그러한 구분에 대해 많이 다루지 않는다. 저자 수만큼이나 많은 용어들이 제시되고 있을 뿐만 아니라, 동일한 용어도 저자에 따라서는 상반되게 사용하기도 한다. 여기서 요점은 숫자군의 특성은 매우 다양하다는 점이다. 어떤 특성들에 주목하여 특정 숫자군을 분석할 수도 있으나 그러한 특성이 결여된 숫자군은 다른 방식으로 분석되어야 한다. 이 책에서 가장 중요하게 여기는 구분은 계측치와 범주이다.

계측치measurements(혹은 계측형변수)는 길이, 너비, 면적, 무게 등 적절한 단위로 이루어진 척도에 따라 측정할 수 있는 정량적 수치(변수)이다. 실제 측정치는 정수뿐만 아니라, 실수(실제 사용하기는 어려운 $3-{}^{13}/_{16}$인치, 좀 더 편리한 9.68cm)로도 나타나며, 적어도 원리상으로는, 척도를 따라 존재하는 잠재적 무한수도 포함할 수 있다. 이 책에서도 사용되는바, 계측치는 각 지역의 거주자의 숫자, 각 유적의 유물의 숫자 등과 같이 '어떤 것'의 개수 또한 포함한다. 계측치는 다른 계측치로부터 산술적으로 얻어지기도 한다. 예를 들어, 발굴구획별 유물의 밀도는 개별 발굴구획에서 수습된 유물의 개수를 굴착된 퇴적토의 체적으로 나눔으로써 각 발굴구획의 단위 세제곱미터 당 유물의 개수를 산출하게 된다. 탐색적 자료분석에서, 계측치는 간혹 양amounts(척도를 이용한 계측치), 수counts(사물의 개수), (음수 혹은 양수 값을 갖는) 대차balances 등으로 부르기도 한다. 계측치는 간혹 비율척도 혹은 구간척도에 의해서도 생성된다. 비율척도ratio scale는 길이 혹은 무게 등에서와 같이 실질적인 의미가 있는 영점零點을 갖는다. 등간척도interval scale는 인위적인 영점을 가짐으로써 일종을 조작을 방지하고 있다. 인위적인 영점을 갖는 척도의 일례로는 온도가 있다. 0도가 인위적이라는 사실은 (설혹 절대영도부터 측정하였다고 하더라도, 섭씨와 화씨 어떤 경우든) 60도가 30도보다 두 배 뜨겁다고 말할 수 없음을 의미한다.

범주categories(혹은 범주형변수)는 근본적으로 개체들의 군집으로서,

> 각 군집에서의 개체수를 셈한다. 흔히 상호배타적이고 소모적인mutually exclusive and exhaustive범주들이 이룬 조합을 다룬다. 즉 고찰의 대상이 된 개체들의 집합은 동일·단일한 범주에 속해야한다. 고고학에서 토기형식은 흔히 등장하는 종류의 범주인데, 개별 형식들이 정해져서 하나의 토기편이 단일 형식에만 속해야 하는 것으로 인식되고 있다. 색은 범주의 또 다른 대표적인 예이다. 사물들을 빨간색, 파란색, 혹은 녹색 등으로 구분했다고 하자. 만약 청록색을 띤 사물들을 발견했다면 네 번째 범주를 범주 조합에 추가해야 할 것이다. 범주는 간혹 명목형데이터nominal data라고 불리기도 한다. 범주들이 논리적으로 특정 순서에 따라 정리될 수 있다면, 그것들은 서열형데이터ordinal data, 혹은 등급ranks이 되는 것이다. 토기 형식은 이러한 속성을 가지지 못한다. 소형-대형-극소형-중형으로 말하는 것은 순서를 지키지 않은 것임을 대번에 알 수 있듯이 대, 중, 소 및 극소 같은 범주는 그러한 속성을 갖는다. 만약 무수히 많은 범주들이 조합 내에 존재한다면, 결국 순위는 어떤 측면에서는 꼭 진짜 계측치처럼 작용한다.
>
> 생각을 정리하는 차원에서, 이 책에서 가장 중요하게 여기는 자료의 종류에 대한 구분은 흔히 말하는 계측치와 범주 사이에 관한 것이지만 등급에도 적용될 수 있는 특별한 처리방식―흔히 실제 계측치로 할 수 있는 작업과 연계하는 조치―에 대해서도 고려해야 한다.

실제로 표 6.1은 앞의 여러 장들에서 논의되었던 예들과 같이, 몇 부류의 연관된 숫자군을 포함하고 있다. 이 경우, 모든 토기편은 표 6.2에서와 마찬가지로, 오크 그로브유적 출토 토기편, 메이플 놀유적 출토 토기편 및 사이프러스 스윔프유적 출토 토기편 등 세 가지 연관된 숫자군으로 구분될 수 있다. 다른 한편으로, 그 경우와는 달리 표 6.3에서처럼 침선계 문양과 비침선계 문양의 두 가지 연관된 숫자군으로 나눌 수도 있다. 범주의 각 세트는 단순히 전체 토기편을 각기 다른 숫자군으로 나누는 하나의 방편일 뿐이다. 세 개의 연관된 숫자군(세 유적 각각으로부터 출토된 토기편들)을 다른 부류의 범주(침선문양의 존재 여부)로 비교하고자 할 수도 있다. 표 6.4는 그러한 비교의 목적을 달성하기 위하여 전체 토기편을 유적별로, 침선문의 존재 여부로 나누고 있는데, 이

표 6.1. 140개 토기편에 관한 정보

유적	시문기법	유적	시문기법	유적	시문기법
오크 그로브	비침선문계	메이플 놀	비침선문계	사이프러스 스웜프	침선문계
메이플 놀	침선문계	오크 그로브	침선문계	사이프러스 스웜프	비침선문계
사이프러스 스웜프	비침선문계	오크 그로브	비침선문계	사이프러스 스웜프	비침선문계
사이프러스 스웜프	침선문계	오크 그로브	비침선문계	오크 그로브	침선문계
사이프러스 스웜프	침선문계	메이플 놀	침선문계	오크 그로브	비침선문계
사이프러스 스웜프	비침선문계	사이프러스 스웜프	비침선문계	메이플 놀	침선문계
사이프러스 스웜프	침선문계	사이프러스 스웜프	비침선문계	메이플 놀	비침선문계
오크 그로브	침선문계	오크 그로브	침선문계	오크 그로브	침선문계
오크 그로브	비침선문계	오크 그로브	비침선문계	오크 그로브	비침선문계
메이플 놀	비침선문계	메이플 놀	비침선문계	메이플 놀	침선문계
오크 그로브	침선문계	사이프러스 스웜프	침선문계	사이프러스 스웜프	침선문계
오크 그로브	비침선문계	사이프러스 스웜프	침선문계	사이프러스 스웜프	비침선문계
메이플 놀	침선문계	오크 그로브	침선문계	오크 그로브	침선문계
메이플 놀	비침선문계	오크 그로브	비침선문계	오크 그로브	비침선문계
사이프러스 스웜프	비침선문계	메이플 놀	비침선문계	오크 그로브	비침선문계
사이프러스 스웜프	침선문계	사이프러스 스웜프	비침선문계	메이플 놀	침선문계
오크 그로브	비침선문계	사이프러스 스웜프	침선문계	사이프러스 스웜프	비침선문계
메이플 놀	침선문계	오크 그로브	침선문계	사이프러스 스웜프	침선문계
메이플 놀	비침선문계	오크 그로브	비침선문계	오크 그로브	침선문계
사이프러스 스웜프	침선문계	메이플 놀	비침선문계	오크 그로브	비침선문계
오크 그로브	침선문계	사이프러스 스웜프	비침선문계	메이플 놀	비침선문계
오크 그로브	비침선문계	사이프러스 스웜프	침선문계	메이플 놀	침선문계
메이플 놀	비침선문계	오크 그로브	비침선문계	오크 그로브	침선문계
사이프러스 스웜프	비침선문계	메이플 놀	침선문계	오크 그로브	비침선문계
오크 그로브	침선문계	사이프러스 스웜프	비침선문계	사이프러스 스웜프	침선문계
오크 그로브	비침선문계	오크 그로브	비침선문계	사이프러스 스웜프	비침선문계
메이플 놀	침선문계	메이플 놀	침선문계	사이프러스 스웜프	비침선문계
메이플 놀	비침선문계	사이프러스 스웜프	비침선문계	오크 그로브	침선문계
오크 그로브	침선문계	사이프러스 스웜프	침선문계	오크 그로브	비침선문계
오크 그로브	비침선문계	오크 그로브	침선문계	메이플 놀	비침선문계
메이플 놀	침선문계	오크 그로브	비침선문계	사이프러스 스웜프	침선문계
사이프러스 스웜프	침선문계	오크 그로브	비침선문계	오크 그로브	침선문계
사이프러스 스웜프	비침선문계	메이플 놀	침선문계	오크 그로브	비침선문계
오크 그로브	침선문계	사이프러스 스웜프	비침선문계	오크 그로브	비침선문계
오크 그로브	비침선문계	오크 그로브	침선문계	메이플 놀	침선문계
메이플 놀	침선문계	오크 그로브	비침선문계	사이프러스 스웜프	비침선문계
메이플 놀	비침선문계	오크 그로브	비침선문계	오크 그로브	침선문계
사이프러스 스웜프	비침선문계	메이플 놀	침선문계	오크 그로브	비침선문계
메이플 놀	침선문계	사이프러스 스웜프	비침선문계	메이플 놀	비침선문계

유적	시문기법	유적	시문기법	유적	시문기법
사이프러스 스웜프	비침선문계	오크 그로브	침선문계	사이프러스 스웜프	비침선문계
오크 그로브	침선문계	오크 그로브	비침선문계	사이프러스 스웜프	침선문계
오크 그로브	비침선문계	메이플 놀	침선문계	사이프러스 스웜프	비침선문계
메이플 놀	비침선문계	사이프러스 스웜프	침선문계	오크 그로브	침선문계
사이프러스 스웜프	비침선문계	사이프러스 스웜프	비침선문계	오크 그로브	비침선문계
메이플 놀	침선문계	오크 그로브	침선문계	메이플 놀	침선문계
오크 그로브	침선문계	오크 그로브	비침선문계	메이플 놀	비침선문계
오크 그로브	비침선문계	메이플 놀	침선문계		

표 6.2. 세 유적 출토 토기편

	오크 그로브	메이플 놀	사이프러스 스웜프	합계
빈도	59	37	44	140
비율	42.1%	26.4%	31.4%	99.9%

표 6.3. 시문기법

	침선문계	비침선문계	합계
빈도	64	76	140
비율	45.7%	54.3%	100.0%

는 결국 표 6.2와 표 6.3을 확장시켜 놓은 것이다. 이러한 일람표는 전체 토기편을 동시에 두 가지 방식으로 나누어 놓았기 때문에, 간혹 교차표cross tabulation 혹은 이원표two-way table로 불리기도 한다. 이러한 종류의 표를 통해 숫자군들을 비교함에 있어서, 비율을 두 가지 다른 방식으로 이용할 수 있다.

행과 열의 비율

이원표에서 빈도 아래에 열비율column proportions이 나타난다(표 6.4b). 열비율 각각은 해당유적에서 총 토기편 수에 대한 비율인바, 각 유적의 비율들을 더하면 (반올림 오차를 감안하여) 100%가 된다. 이 비율은 표 6.3에 나타난 것과 매우 흡사하기도 하지만 이들은 유적별로 각각 계산된 것이다. 표 6.4b의

표 6.4. 세 유적에서 출토된 침선문계와 비침선문계 토기

a. 빈도

	오크 그로브	메이플 놀	사이프러스 스웜프	합계
침선문계	25	21	18	64
비침선문계	34	16	26	76
합계	59	37	44	140

b. 열비율

	오크 그로브	메이플 놀	사이프러스 스웜프	평균
침선문계	42.40%	56.80%	40.90%	45.70%
비침선문계	57.60%	43.20%	59.10%	54.30%
합계	100.00%	100.00%	100.00%	100.00%

c. 행비율(본 예제에서는 유용하지 않음)

	오크 그로브	메이플 놀	사이프러스 스웜프	합계
침선문계	39.10%	32.80%	28.10%	100.00%
비침선문계	44.70%	21.10%	34.20%	100.00%
평균	42.10%	26.40%	31.40%	99.90%

백분율의 계산과 (반)올림 오차

(반)올림 오차rounding error에 관해서는 이미 알고 있겠지만 표 6.2와 6.3은 이 사소한 모호함을 완전히 해결할 기회를 제공한다. 140개 토기편은 100%이고 표 6.3의 백분율은 합하여 100%가 되지만 표 6.2의 세 범주의 백분율은 더해도 99.9% 밖에 되지 않는다. 양 표에서 백분율은 소수점 첫째 자리에서 반올림 된 것이다. 표 6.3에서 백분율을 온전하게 계산하면 64/140=0.4571428571428571428…과 76/140=0.5428571428571428571…이다.

이 두 수에서는 동일한 일련의 숫자(…142857…)가 영원히 반복된다. 이 나눗셈은 아무리 더 해보더라도 딱 맞아떨어지지 않게 되어 있다. 0.45714285 71428571428…과 0.54285714285714285 71…과 같은 일반적인 소수를 백분율로 바꾸려면 당연히 100을 곱해주면 된다: 45.7142857148571428…% 와 54.28571428571428571…%. (주제에서 벗어나면 안 되지만, 0.45와

45.0%는 동일한 숫자라는 점을 강조해볼 만하다. 0.45와 0.45% 사이에는 매우 큰 차이가 있다—0.45는 1.00 중에 0.45 혹은 100 중에 45 혹은 10,000 중에 4,500[혹은 거의 절반임]을 의미하지만, 0.45%는 100중에 0.45 혹은 10,000 중에 45[혹은 절반에 훨씬 못 미침]를 의미함—. 소수점과 % 기호에 대해서는 세심한 주의가 필요하다.) 분명히 여기서 다루는 백분율들은 반올림되어야 한다. 소수점 아래 한 자리까지의 백분율을 원한다면, 45.7142857148571428…%는 버림을 통해 45.7%가 되면서 우수리 0.0142857148571428…%를 잃게 되고, 54.28571428571428571…%는 끝수를 올려 54.3%가 된다. 이러한 반올림의 과정에서 원래 숫자에 실질적으로 0.01428571428571428…이 더해지게 되는데, 이는 앞선 숫자의 반올림과정에서 버려지는 것과 정확히 일치한다. 한 백분율이 다른 한 백분율이 낮아진 만큼 높아지는바, 그 숫자는 두 백분율을 더하면, 상쇄되어 합계는 100.0%이다. 그런데 표 6.2의 백분율은 셋 모두의 우수리가 버려진다.

- 59/140 = 0.42142857142857… 로, 반올림하여 0.421(혹은 42.1%)이 됨으로써 0.042857142857…%를 잃게 됨.
- 37/140 = 0.26428571428571… 로, 반올림하여 0.264(혹은 26.4%)가 됨으로써 0.028571428571…%를 잃게 됨.
- 44/140 = 0.31428571428571… 로, 반올림하여 0.314(혹은 31.4%)가 됨으로써 0.028571428571…%를 잃게 됨.

반올림하는 과정에서 누락된 값을 합쳐보면, 반올림 값들의 합계인 99.9%에서 없어진 0.1%를 거의 정확히 구할 수 있다.

(0.042857142857…% +0.028571428571…% +0.028571428571…% = 0.099999999999…%)

만약 올림되는 백분율이 버림되는 백분율보다 많으면, 방향은 반대이되 정확히 동일한 현상이 나타난다. 따라서 백분율의 합계는 100%를 약간 넘게 된다. 간혹, 소수점 이하의 숫자를 늘려 좀 더 정확히 백분율을 계산하면, 반올림 오차를 줄일 수도 있다. 하지만 앞서의 예에서처럼 나눈 몫이 무한정 계속된다면, 계산을 얼마나 더하고는 상관이 없어진다. 정확히 끝수가 떨어지

> 지는 않을 것이기 때문이다. 곧바로 반올림을 해야만 하고, 미세한 반올림 오
> 차는 수용하게 된다.

열비율은 각 열을 비교하는데 유용하다―이 예에서는 침선문계와 비침선문계 토기편의 상대적 비율이라는 측면에서, 각 유적을 비교하는 것―. 메이플 놀유적에서 출토된 56.8%의 토기편이 침선문계 인바, 침선문계 토기란 측면에서 보자면 이 유적의 토기편 조합이 두드러진다. 오크 그로브 및 사이프러스 스웜프유적에서는 각각 토기편의 42.4%와 40.9%가 침선문계 토기로 덜 흔하다.

표 6.4c는 행비율row proportions을 제시하고 있다. 이는 각 유적으로부터 출토된 토기편 전부에 대한 비율이 아니라, (침선문계와 비침선문계라는) 모든 토기편에 대한 문양별 비율이다. 이는 위의 예제에서 계산하고자 하는 방식은 아닐 것이다. 예를 들어, 표 6.4c에서 침선문계 토기편의 비율은 오크 그로브유적에서 가장 높게 나타나지만 기껏해야 별 관심거리가 못 되던지, 최악의 경우 갈피를 못 잡은 것이다. 이러한 높은 비율은 단순히 다른 유적에 비해 오크 그로브유적에서 더 많이(표 6.4a에서 보듯이 다른 유적들의 37개와 44개에 비해 59개의 토기편을) 수집했다는 사실을 반영하는 것일 뿐이다. 결과적으로 다른 두 유적에서보다 더 많은 수의 침선문계 및 비침선문계 토기편을 수집해서 돌아왔다는 뜻이다. (열비율에서 의미 있게 반영된 바대로) 메이플 놀유적의 토기조합에서 침선문계 문양이 우월하다는 사실이 행비율에서는 완전히 불분명해지는데, 이는 오크 그로브유적의 수집품이 더 많은 토기편으로 구성되어있다는, 전혀 의미 없는 상황 때문이다.

물론, 유적을 열에, 문양범주를 행에 대응시키는 대신 유적을 행에 문양범주를 열에 대응시키면서 이원표를 다른 방식으로 작성하는 작업을 우선적으로 할 수도 있었다. 만약 그렇게 했다면, 열비율이 아니라, 행비율에 주목하게 되었을 것이다. 특정 표에서 행비율을 택할지 아니면 열비율을 택할지는 적잖

은 사람들에게는 직관적으로 명확할지 모르겠으나 모두에게 그런 것은 아닐 수도 있다. 가끔 어떤 주장을 하느냐에 따라 행비율이나 열비율 중 어느 하나가 중요한 경우가 있다. 다양한 유물 범주의 비율을 계산하여 상이한 지역, 유적, 유구, 층 등으로부터 출토된 유물조합상을 비교하는 고고학의 전형적인 상황에서 우리가 원하는 것은 언제나 각 유물조합상별로 합산하여 100%가 되는 비율이지, 유물 범주별로 합산하여 100%가 되는 비율은 아니다.

비율과 밀도

비율은 다양한 상황에서 활용되지만 고고학에서는 특히 한 상황, 즉 상이한 맥락과 장소에서 획득된 유물 혹은 생태물의 조합 내 상이한 범주 간 비율을 비교하는 상황에서 반복적으로 부각된다. 어떤 장소에서 다른 장소보다 더 많은 유물을 획득할 수도 있는바, 그러한 비교작업은 직접적으로 유물범주의 빈도나 수량에 의거하지는 않는다. 예를 들자면, 한 층에서 매우 많은 수의 사슴뼈가 출토된다는 것이 동물상 내에서 사슴뼈의 풍부함을 의미하지는 않는다. 단지 특별히 많은 양의 뼈를 가진 지층을 의미할 수도 있다. 고고학자들은 종종 비교를 위해서는 그러한 조합상이 "표준적으로" 되어야 한다고 말해왔다. 비교하고자 하는 각 단위들로부터 얻어진 사물의 상이한 수량은 어떤 방식으로든지 평준화되어야 한다는 것을 의미한다. 이를 "표준화"라고 부르지 않는 것이 좋을 듯한데, 통계학에서 이 용어는 (4장에서 논의 되었듯) 다른 것을 의미하기 위해 사용되기 때문이다. 하지만 비교를 위해서는 어떤 곳에서는 많은 사물이, 다른 곳에서는 적은 사물이 획득된 상황에 기인한 효과는 배제되어야 한다.

특히 비교대상이 된 조합상들이 여러 발굴단위(층, 유구, 등)에서 얻어졌을 때, 고고학자들은 자주 사물의 수를 그것이 포함되었던 토사의 양으로 나눔으로써 여러 범주에 속하는 사물의 밀도densities를 계산해왔다. 유물이나 생태물의 총비율이 종종 유용하지만 여러 조합상의 구성을 서로 비교함에 있어 매우 합당한 근거를 늘 제공하지는 못한다. 표 6.5는 이러한 점을 보여줄 일례를 제공하고 있다. 한 유적 내 서로 다른 지점의 다섯 개 발굴단위로부터 얻어진 결과를 상세히 보여준다. 두 번째 열에서 보듯이, 단위 1, 2, 5의 항은 상대적으로 적은 굴토량을 보여주는데, 이들 지점에서는 단지 소규모 시굴만이 실시되었기 때문이다. 단위 3은 그보다는 약간 크다. 그런데 단위 4의 항에서는 굴토량이 훨씬 많은 것으로 나타났는데, 별 의아스러울 것 없이 단위 4에서는 다른 곳보다 훨씬 많은 토기편이 수습되었다(세 번째 열).

표 6.5의 네 번째 열에서 보듯이, 단위 5에 있어서는 지극히 높은 밀도로부터 단위 3에 있어서는 지극히 낮은 밀도까지, 굴토량에 대비한 유물의 밀도는 다양하다. 그런 탓에, 단위 3은 두 번째로 많은 굴토량을 보이지만 토기편은 가장 적게 포함되어 있다. 토기편이 얼마나 다양하든 간에 단위 5가 매우 밀도가 높다는 사실은 그 유적의 고대 주민에 의해 그 지점이 매우 집중적으로 활용되었음을 반영하는 것일 수 있다.

그런데 관심을 이 다섯 지점의 토기조합 구성의 비교로 돌리면, 일부 발굴단위는 매우 크고, 일부는 매우 작다는 사실은 장애로 작용할 수 있다. 어떤 단위에서는 토기편 밀도가 매우 높고, 어떤 단위에서는 매우 낮다는 사실 또한 그러할 것이다. 단위 4의 장식 토기편 좀 더 발견되었다고 해서 단위 4가 장식토기편이 우세하다고 주장하지는 않을 것이다. 거기에서 수습된 장식토기편의 수가 많다(37개)는 것이 발굴단위가 큰 탓에 기인한다는 점은 자명한 듯하다. 여섯 번째 열의 비율이 그 이상 의미하는 것은 없다. 수습된 토기편의

표 6.5. 비율과 밀도

발굴단위	굴토량	토기편 총수	토기편 총밀도	장식토기편			
				수	장식편 총백분율	밀도	조합상내 총백분율
1	2.3㎡	213	93/㎡	18	17%	7.8/㎡	9%
2	1.7㎡	193	114/㎡	16	15%	9.4/㎡	8%
3	5.1㎡	39	8/㎡	20	19%	3.9/㎡	51%
4	21.2㎡	1438	70/㎡	37	36%	1.7/㎡	3%
5	1.6㎡	433	271/㎡	13	13%	8.1/㎡	3%

36%가 단위 4에서 출토되었다는 것은 단위 4가 크게 발굴되었다는 것 이상을 의미하지는 못한다. 앞서 살핀 대로, 이 비율들이 의미 있지는 않다.

비슷한 맥락에서, 일곱 번째 열에 제시된 장식토기편의 비율이 바로 어느 단위에서 장식된 토기가 우세했었는지에 대한 관점을 잘못 유도하는 것이다. 단위 1, 2, 5 모두에서 장식토기편 밀도가 매우 높지만 이는 단지 이 단위들이 모든 종류의 토기편에서 높은 밀도를 보여주는 것일 뿐이다(네 번째 열을 보자).

어디에서 장식토기가 우세했는지에 대해 어떤 것이 언급되어야 함을 말해주는 것은 마지막 열이다. 각 발굴단위의 유물조합에서 토기편을 합쳐 100%가 되는 비율이 바로 그것이다. 단위 3에서 수습된 토기편의 반 이상이 장식되어있다는 사실이 가장 현저하다. 분명히 이 지점의 토기들이 다른 네 지점에 비해 훨씬 더 많은 수가 장식되었다. 이 비율들에 의거한 비교를 통해 상이한 굴토량과 상이한 토기편 밀도의 영향은 효과적으로 배제된다. 장식토기편 밀도를 계산하는 작업은 이러한 목표를 달성하지 못한다. 조합상을 범주별로 비교하기 위해서는 범주들을 소속 조합상 내에서의 비율에 따라 관찰해야 할 것이다.

막대도표

히스토그램의 사촌격인 막대도표는 비율을 도상적으로 표현하는 친숙한 방식을 제시한다. 그림 6.1에 제시된 두 막대도표는 방금 논의한 열비율을 보여준다. 양자는 막대가 모이는 방식이 다르다. 좌측 막대도표는 세 유적 각각에서의 침선문계 토기편 비율을 반영하는 세 개의 막대를 무리 짓고 있으며, 비침선문계 토기편에 대해서도 마찬가지다. 우측 막대도표는 유적별로 침선문계 및 비침선문계 토기편의 비율을 반영하는 두 개의 막대를 같이 모아놓고 있다. 고고학유적에서 상이한 범주의 유물 비율을 반영하는 막대도표를 작성할 때, 흔히 그렇듯 그림 6.1의 우측 막대도표에서처럼 특정 유적의 유물조합상에 해당하는 모든 막대 모두를 모아놓는 것이 합당하다. 그리하여 막대의 각 군집은 비율(계산하는 유물조합상 내의 상이한 범주의 백분율)을 반영하면서 단일 유물조합상의 구성을 현시적으로 나타낸다. 이는 보통 유물조합상 간 차이를 보여주는 가장 효과적인 방법이다. 막대들의 형상은 오크 그로브와 사이프러스 스웜프유적에서 수습된 유물조합상은 매우 유사하지만 메이플 놀유적의 조합상은 침선문계 토기편의 높은 비율로 인해 그들과는 다르다.

많은 컴퓨터 프로그램은 그림 6.1에 제시된 것들보다는 현시적으로 훨씬 두드러지는 막대도표를 작성하는 작업을 용이하게 한다. 네 유적(오크 그로브, 메이플 놀, 사이프러스 스웜프, 시더 릿지Cedar Ridge)에서 수습된 여덟 개 토기 형식(A-H)의 비율이라는 다소 복잡한 예를 고려해 볼 수 있다. 그 실제는 그림 6.1에서 일부 유적의 침선문계와 비침선문계 토기편의 비율을 제시했던 것과 동일한 방식으로 그림 6.2에 제시되어있다. 개별 조합상에서 각 형식의 대략적인 비율은 그림 6.2에서 상대적으로 쉽게 판독될 수 있다. 더 나아가, 오크 그

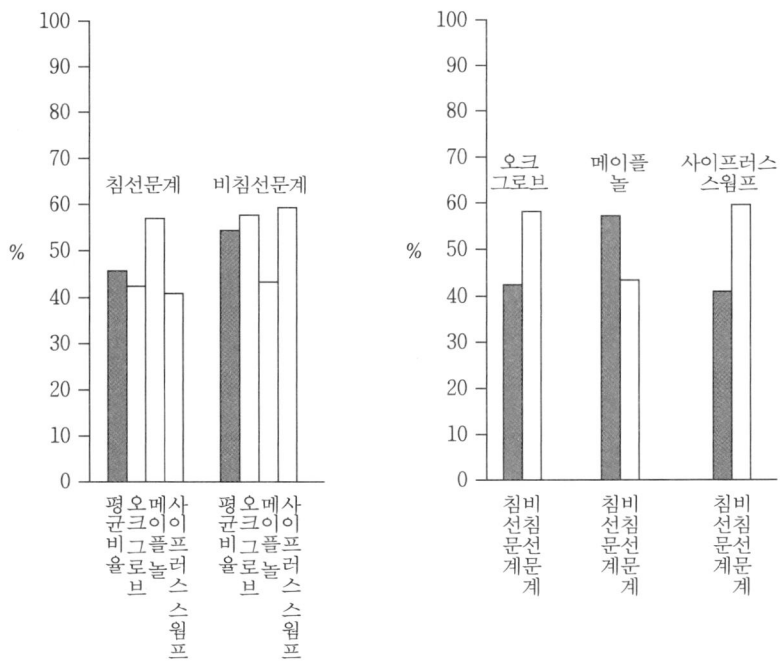

그림 6.1. 오크 그로브·메이플 놀·사이프러스 스웜프유적에서 출토된 침선문계 및 비침선문계 토기편의 비율에 대한 막대도표

로브와 사이프러스 스웜프유적은 조합상 구성에서 전반적으로 유사함이 분명한 반면, 메이플 놀과 시더 릿지의 토기조합상은 그러한 양상과도 다를 뿐만 아니라, 서로도 다르다. 그림 6.3에 제시된 의사擬似 3차원효과를 가진 막대도표는 시각적 혼란을 초래함으로써 좀 더 단순한 그림 6.2의 평면 막대도표보다 판독하기가 더 어렵게 한다. 그림 6.4의 누적막대도표는 부조화된 시각적 잡음을 초래하기도 하고 정보도 거의 전달하지 못하고 있다. 그림 6.5에서처럼 완전히 막대도표를 3차원화하면 설명하고자 했던 것들이 거의 전적으로 불분명해진다. 원도표는 흔히 각 범주의 비율을 전체적으로 제시하기 위하여 사용되지만 그림 6.6은 그림 6.2에서 매우 선명했던 양상을 인지하기가 얼마나 더 어렵게 되었는지를 보여줄 뿐이다. 간단할수록 좋다.

그림 6.2. 오크 그로브 · 메이플 놀 · 사이프러스 스웜프 · 시더 릿지유적의 조합상을 구성하는 8개 토기형식의 비율에 대한 막대도표

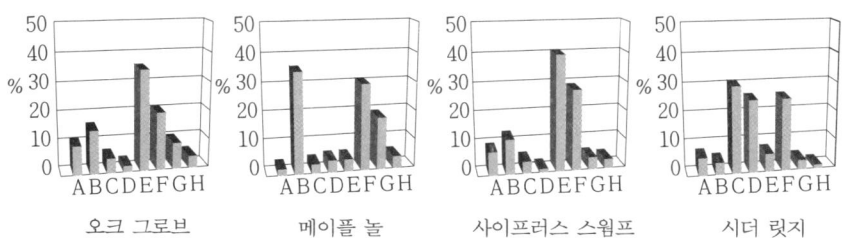

그림 6.3. 그림 6.2와 동일한 비율을 덜 선명하게 반영하는 의사(擬似) 3차원 막대도표

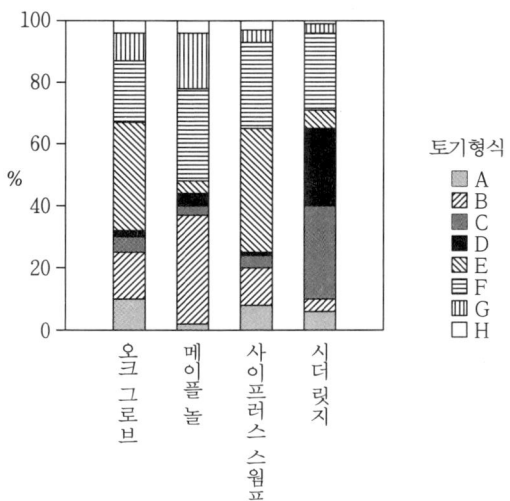

그림 6.4. 그림 6.2와 동일한 비율을 훨씬 덜 선명하게 반영하는 누적막대도표

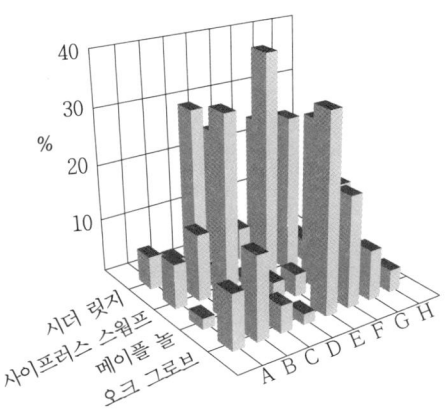

그림 6.5. 그림 6.2에서는 가시적인 양상을 파악할 수 없게 한 3차원 막대도표

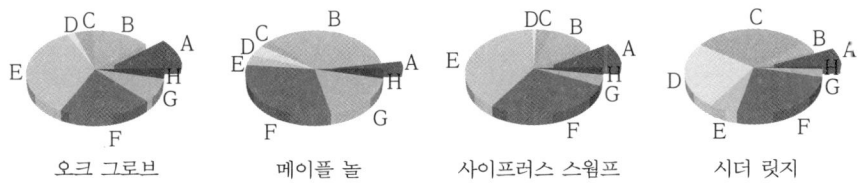

그림 6.6. 그림 6.2와 동일한 비율을 매우 열악하게 반영하는 원도표

6장_ 범주 115

범주와 하위숫자군

범주는 한 숫자군을 하위숫자군들로 나눌 수 있게 함으로써 그들 간 비교를 가능하게 한다. 그러한 비교는 본 장의 예제에서와 같이 또 다른 세트의 범주에 관련된 것일 수도 있고, 계측치에 관련된 것일 수도 있다. 예를 들어, 표 6.1에 제시된 각 토기편의 대략적인 원原 구경을 측정했다면, 토기편 숫자군을 유적별 하위숫자군으로 분리하여 세 유적의 용기 구경을 비교할 수 있을 것이다. 그러한 비교에 필요한 도구는 정확히 1장부터 4장에 걸쳐 논의했던 것들이다. 예를 들어, (각각이 각 유적을 반영하는 하위숫자군에 해당하는) 세 개의 상자-점도표를 동일한 축척으로 작성하여 세 유적에서의 용기 구경을 비교할 수 있다.

연습문제

1. 알-아마디야Al-Amadiyah 인근에서 취락분포를 분석하기 시작하면서, 조사대상지역의 지도에서 무작위로 400지점을 선택하고 매 지점을 답사하였다. 400지점 모두를 각각의 입지(곡간충적지, 암쇄설이 많은 산록, 급경사의 산사면)에 따라 분류하고, 그곳에 선사시대의 점유가 있었는지를 관찰한다. 결과는 다음과 같다.

- 41지점은 곡간충적지이다. 14지점에서는 선사시대 점유의 증거가 보이지만, 27지점에서는 그렇지 않다.
- 216지점은 암쇄설이 많은 산록이다. 64지점에서는 선사시대 점유의 증거가 보이지만, 152지점에서는 그렇지 않다.
- 143지점은 급경사의 산사면이다. 20지점에서는 선사시대 점유의 증거가 보이지만, 123지점에서는 그렇지 않다.
- 비율과 막대도표를 이용하여, 일차적인 현장조사를 통해서 발견한 선사시대 점유 밀도라는 측면에서 세 부류의 입지를 비교하라. 어떤 지리적 환경(입지)이 보다 집중적으로 점유되었다고 할 수 있을까? 그렇다면 어떤 환경(입지)이 그러한가?

2. 점유 흔적이 있는 98개소의 지점을 다시 답사하여 연구를 계속해 보는데, 이번엔 고고학적 유적을 의미하는 유물산포범위를 측정해 보자. 산출된 결과는 표 6.6에 제시되어 있다. 입지에 주목하여 98개 지점을 세 숫자군으로 나누어보고, 상자-점도표를 이용하여, 유적 면적이라는 측면에서 세 숫자군을 비교해 보자. 유적 면적이 입지별로 다르게 나타나는가? 어떻게 다른가?

표 6.6. 알-아마디야 인근 연구대상지역의 입지 환경별 유적면적

유적면적(ha)	입지환경	유적면적(ha)	입지환경	유적면적(ha)	입지환경
2.8	산록	8.5	산록	2.3	산록
7.2	산록	3.0	산록	1.5	산사면
3.9	산록	5.3	산록	9.3	충적지
1.3	산사면	10.5	충적지	2.9	산록
2.3	산록	2.3	산록	1.1	산록
6.7	산록	4.1	산록	0.8	산사면
3.0	산록	10.2	충적지	1.9	산록
2.3	산록	9.3	충적지	6.9	산록
4.2	산록	3.4	산록	0.9	산사면
0.4	산사면	7.7	충적지	9.8	산록
3.5	산록	8.8	산록	6.2	충적지
2.7	산록	7.9	산록	7.4	산록
19.0	충적지	4.9	충적지	3.6	산록
6.0	산록	3.7	산록	3.2	산록
4.5	산록	1.3	산사면	7.3	산록
2.9	산사면	3.2	산록	0.5	산사면
5.3	산록	2.5	산록	2.1	산록
4.0	산록	2.0	산록	0.7	산사면
3.3	산록	8.8	충적지	3.1	산록
0.8	산사면	20.3	충적지	4.5	산록
7.7	충적지	5.5	산록	2.0	산사면
2.6	산록	3.5	산록	17.7	충적지
1.5	산록	8.3	산록	5.7	산록
4.2	산록	6.4	산록	5.2	산록
15.8	충적지	4.1	산록	2.2	산록

유적면적(ha)	입지환경	유적면적(ha)	입지환경	유적면적(ha)	입지환경
4.7	산록	0.8	산사면	0.5	산사면
2.1	산록	0.7	산사면	2.4	산록
1.4	산사면	7.7	산록	2.0	산록
1.1	산사면	5.8	산록	2.5	산록
8.1	산록	2.9	산록	5.3	산록
4.2	산록	4.8	산록	0.3	산사면
1.2	산사면	4.9	산록	1.0	산사면
6.7	충적지	1.0	산사면		

고고학을 위한 통계학

II 표본조사
Sampling

표본과 모집단 | 한 모집단으로부터 추출되는 여러 표본들
신뢰도와 모평균 | 중앙값과 재표집 | 범주와 모비율

07
표본과 모집단
Samples and Populations

표집標集(혹은 표본추출)에 대한 인식은 이 책에서 논의하는 통계 원리들의 핵심을 이루는바, 제Ⅱ부를 시작하면서, 무엇이 표집인지를 논의하고 고고학에서 표집의 관행상 제기될 수 있는 문제점들을 고려해 보기 위해 잠시 멈추어 보는 것도 의미 있는 일이 될 것이다. 사실, 고고학자들은 유사 이래 이러저러한 방법으로 표본조사를 수행해 왔다. 하지만 그러한 사실에 대한 광범한 인식은 최근 20년 동안 이루어진 것이다. 1970년대 고고학계에서 표본조사에 관한 저작 전체는 소수의 몇 개 장 혹은 논문 정도였다. 오늘날에는 표집에 관해 문외한인 고고학도에게 그 기본 원리를 설명하는 저작을 포함하여 수백수천에 달하는 논문, 책의 개별 장 및 온전한 단행본이 있는 실정이다.

불행하게도 이들 중 많은 수는 저자 자신조차 가장 기초적인 표집의 원리를 이해하지 못한 채 쓰인 것처럼 보이기도 한다. 결과적으로 엄청난 혼란단을 초래하였다. (명망 있는 잡지나 책들 외의) 많은 출판물들에서, 아마도 각각은 매우 분명한 통계적 원리를 근거로 한 듯하지만, 고고학의 표본조사에 관한 충고가 가장 두드러지게 상반되고 있다는 사실을 발견하기는 그다지 어려운 일이 아니다. 하나의 극단적인 충고는 일반적으로 실제 분석에 있어서 5% 표본을 취하는 것이 적당하다고 하는 것이다. 한편 반대의 극단적 충고는, 표본으로부터는 아무런 관련 정보를 얻을 수 없기 때문에, 혹은 고고학자가 다루는 자료라는 것은 언제나 (모집단이 아닌) 불완전한 수집품이고 따라서 표본에서 표본을 추출할 수 없기 때문에 고고학 연구에서 표본조사는 무용하다는 것이다. (이 책의 마지막 부분 전까지 분명해질 여러 가지 이유로, 양자 모두는 틀리다.) 올바른 표본조사는 일련의 심원한 법칙이나 과정을 외우는 것이 아니라, 몇 안 되는 매우 간단한 원리를 이해하고 지극히 상식적인 수준에서 그것들을 사려 깊게 적용하는 것이다.

표집의 원리에 대해 세심하게 생각해 보기 위해 잠시 멈추어보는 것이 고고학도들에게 도움이 된다는 데에는 다른 이유도 있다. 규모가 너무 작거나 대표성이 의심스러운 표본에 대해 안타까움을 표현하는 것으로 결론을 삼는 경우는 고고학 보고서들에서 흔하게 찾아볼 수 있다. 통계전문가들은 어떻게 표본을 다룰 것인가에 대해 고심해 왔다. 그들이 고안한 몇몇 분석방법들은 과거 어느 때보다 고고학 연구에 유용하게 되었는데, 이 책에서는 그중 몇 가지를 소개하고자 한다. 더 근본적으로, 통계적 기법들이 근거하고 있는 표본을 대상으로 하는 작업의 논리는 적어도 (통계 이외의 수단을 통해) 표본으로부터 결론을 이끌어내는 방식과 대등하게 연관된다. 표본을 통계적으로 이용하는 것에 대한 명확한 생각은 그러한 표본으로 할 수 있는 다른 종류의 작업들을 더 잘 이해하도록 돕는다.

표집이란 무엇인가?

표집sampling은 큰 모집단population(간혹 universe) 전체에 관한 어떤 종류의 추론을 도출하기 위하여 모집단의 원소들로부터 표본을 구성할 원소들을 추출하는 작업이다. 표본을 포괄하는 모집단은 우리가 알고자 하는 사항들의 조합으로 이루어져 있다. 이러한 모집단은 한 지역 내의 모든 고고학 유적, 특정 시기의 주거지 평면, 특정 문화에 소속되는 모든 투사체들, 특정 폐기장의 퇴적층에서 발견되는 석재 부스러기 등으로 이루어질 수도 있다. 이를 네 가지 예에서 고찰대상이 되는 원소는 각각 개별 유적, 주거지 평면, 투사체, 석재 부스러기가 되는 것이다. 이 모집단들에 대해서 알기 위해서는 보다 소규모의 표본을 추출할 수도 있다. 여기서 핵심은 표본을 살펴봄으로써 전체 모집단에 관한 무언가를 알아내기를 바란다는 것이다.

왜 표본조사를 하는가?

원소들의 모집단에 관해 무언가를 알아내기 위한 가장 좋은 방법은 어쨌든 모집단 전체를 다루는 것이라고 할 수 있다. 표본에 의거하여 모집단에 대해 추론할 때는 어느 정도 오차의 위험이 상존한다. 사실, 그러한 점에 비춰 표본조사는 간혹 차선책으로 여겨진다—모집단 전체를 다룰 수 없을 때 표본조사를 한다. 고고학자는 거의 언제나 이러한 상황에 처한다. 한 지역의 모든 유적으로 구성된 모집단에 관심이 있다고 하더라도, 거의 반드시 일부 유적들은 후대의 인간 활동이나 자연현상에 의해 이미 완전히 혹은 복원이 불가능할 정도로 파괴되었다. 이러한 문제는 비단 지역적 차원의 일만은 아니다—. 어떤 유적도 이른 시기 층이 후대의 요인에 의해 파괴(손)되지 않은 경우는 거의 없다. 이러한 전형적인 고고학적 상황에서 연구하고자 하는 모집단이 온전하리라고 기대하기는 어렵다. 상대적으로 소규모의 표본에 의거하여 모집단을 추론하지 않을 수 없으며, 이런 상황을 무시하거나 달라지길 요구하는 것은 소용없는 일이다. 연구를 위해 모집단 전체를 활용할 수 없다는 사실은, 아래에서 살펴볼 바와 같이 다소 성가신 문제들을 야기한다.

　터무니없이 비용이 많이 소요되는 탓에, 시간이 너무 소요되는 탓에, 혹은 여타의 이유 때문에, 아마도 모집단의 이용이 가능하더라도 그 전체를 연구하기가 어려울 수도 있다. 여타의 이유 중 가장 흥미로운 것은 파손을 전제한 채 원소를 이용하는 일이다. 예를 들어, 선사시대 옥수수 속대를 포괄하는 모집단 전체를 방사성탄소연대측정을 위해 제출한다고 했을 때, 차후의 연구를 위해서는 어떤 시료도 없게 되는 상황을 가정해 보는 것은 흥미로울 것이다. 아마도 모집단의 연대에 관한 추론을 위해서 옥수수 속대의 표본을 선별하여 분석한 후, 대부분의 원소들은 다음 연구를 위해 보존해야 할 것이다.

　분석의 파괴성, 자원과 시간의 한정성, 가용성이 모집단 전체를 연구할 수 있는 역량을 제한하는 경우가 표본 이용이 강요되는 상황이라 할 수 있겠다. 정확히 동일한 상황이 간혹 실제로 발생하는바—모집단 전체를 연구할 수 있기를 바라면서도 마지못해 표본을 가지고 작업을 할 수밖에 없는— 고고학자는 아쉽지만 표본적 접근을 하게 된다. 아마도 이러한 결정이 가장 친숙할 수 있는 일반적인 상황은 토기나 석기의 제작과 관련된 원료의 산지추정일 것이다. 적어도 그러한 동정同精을 위한 일부 기법은 매우 잘 정비되어 있지만 시간 집약적이며, 비용이 많이 들고 간혹 파괴적이다. 그래서 유물 모집단 전체의 원료 산지를 알고 싶어도 모집단 중 일부인 표본에 관한 정보를 수용하게 된다.

종종 표본조사가 강요되는 상황이 아니더라도, 모집단 전체를 다루는 것보다 표본을 다룸으로써 모집단에 대한 더 많은 사항을 발견할 수 있기도 하다. 이러한 모순은 표본이 모집단 전체보다는 훨씬 더 세밀하고 정확하게 연구될 수 있다는 사실에 기인한다. 표본에 대한 이러한 세심한 연구로부터 얻을 수 있는 지식은 표본에 의거하여 모집단을 추론하는 경우 발생하는 오차의 위험을 상쇄하고도 남는다. 이러한 원리는 널리 알려져 있다. 적어도 부분적으로는 엄청난 수를 세다 보니 발생하게 되는 실질적인 오차는 인구조사에서 흔히 인지되는 바이다. 모집단이 수백만의 원소로 이루어졌을 때, 모집단의 개별 원소를 직접 연구한다면 규모가 작은 표본을 조사할 때만큼의 세심한 관심을 기울이는 것이 가능하지 않게 된다. 결과적으로 국세조사國勢調査는 일반적으로 모집단 전체에 대해서는 최소한의 정보를 수집하는 대신, 소규모 표본에 대해서는 보다 자세한 정보를 수집하고자 한다. 비록 입법자들이 (그 원리를 이해하지 못해서거나 혹은 반대파의 정치적인 이득을 가져다주기 때문에) 반대할 수는 있겠지만, 모집단 전체를 대상으로 수집된 최소한의 정보를 소규모의 표본에 대한 연구에 의거하여 보정하는 현상은 점차 보편화되어 가고 있는 실정이다.

고고학자들은 자주 이 같은 상황에 처하게 된다. 크지 않은 규모의 발굴에서 얻어진 일부 유물이나 생태물조차도 수천을 넘기가 일쑤이다. 예를 들어, 석기 박편들에 대한 세세한 기술은 매우 많은 시간을 소요케 하는 과정이 될 것이다. 제작과정에서 버려진 수천의 박편으로 이루어진 모집단 전체에 대한 피상적인 연구보다는 박편들의 소규모 표본에 대한 집중적인 연구가 훨씬 더 많은 것을 알게 할 것이다. 이러한 상황에서는 모집단 전체에 대한 연구의 개선책으로 효과적인 표본조사 기법을 받아들여야 마땅하다.

어떻게 표본을 추출할 것인가?

표집의 목적이 모집단의 원소들에서 선택된 소규모 표본에 의거하여 모집단에 대해 추론하기 위한 것이라면, 표본이 정확히 모집단을 반영할 수 있는 기회를 극대화하는 방식으로 표본을 추출하는 것은 매우 중요하다. 임의표집 random sampling은 그와 같은 정확성 확보의 기회를 극대화하는 매우 효과적인 방법이며, 가능하다면 언제나 무작위로 표본을 추출하여야 한다.

무작위로 표본을 추출하는 방법들에 대해서는 독자들 모두 친숙할 것이다. 제비뽑기, 모자 속에 들어 있는 이름 적힌 종이 뽑기, (로또 추첨과 같이) 공이 담긴 통을 돌려 당첨숫자를 뽑아내기 등은 모두 임의표집을 시도하는 것들이다. 이러한 물리적 방법들은 진정한 무작위성을 담보하지 않을 수도 있지만, 국영 복권의 확산은 (집에서 추첨 방송을 보는 시청자들이 추첨에 관련되는 방식과 같이) 거의 진정한 의미의 무작위 숫자 추출을 수행할 수 있는 다중의 장치 개발을 촉진하였다.

아마도 임의표본을 추출할 때 쓰이는 가장 보편적인 방법은 표본을 추출할 모집단의 모든 원소들에 (1부터 모집단의 모든 원소 개수까지) 번호를 부여하는 것이다. 그런 뒤, 임의수(혹은 난수亂數)의 목록에서 표본으로 추출될 원소의 번호를 확인하는 것이다. 임의수의 목록은 컴퓨터 프로그램이나 표 7.1과 같은 난수표에서 얻을 수 있다.

두 자리(즉, 00부터 99 사이) 임의수 10개로 이루어진 목록을 원한다고 가정하자. 눈을 감고 손가락으로 난수표의 숫자 하나를 찍어 그것을 선택하는 것으로 출발점을 삼아보자. 다섯 번째 행, 세 번째 열에 있는 51이라는 숫자에 손가락이 닿았다고 가정하자. 거기서부터 다섯 번째 행에 있는 10개의 숫자를 연속적으로 읽어갈 수도 있는데, 그러면 10개의 임의수는 63, 43, 65, 96, 06, 63, 89, 93, 36 그리고 02가 된다. 한편, 세 번째 열을 따라 34, 76, 59, 42, 82, 27, 23, 27, 38 그리고 95를 읽어 내려갈 수도 있다. 다섯 번째 행을 좌측방향으로 50과 51을 읽은 뒤, 여섯 번째로 내려가 다시 오른쪽으로 96, 65, 34, 00, 41, 60, 29 그리고 64를 계속해서 읽어갈 수 있다. 출발점으로 선택한 숫자로부터 열 혹은 행 중 어떤 방향을 따라서 숫자를 읽어갈 수 있다.

 난수표를 제대로 활용하는 데 있어 가장 중요한 원칙은 동일한 방법을 두 번 사용하지 않는다는 것이다. 다시 한 번 일련의 임의수가 필요하면, 눈을 감고 새로운 출발점을 하나 선택하든지, 이전의 출발점에서 앞서와 다른 방향으로 숫자를 읽어가던지, 아니면 양자를 병행하여 시도해 볼 수도 있겠다. 단지 이전과 같은 일련의 숫자들을 재차 반복해서 읽지 않기를 바라지 말고, 매번 새롭게 시작하면 된다. (그리고 난수생성기를 주의 깊게 살펴보라. 일부는 버튼을 누를 때마다 매번 같은 숫자들을 생성하기도 한다.)

 한 자리 숫자가 필요하면 각 열의 (두)자리들을 분리된 열로 처리하면 된다. 만약 네 자리 숫자가 필요하면 한 쌍의 열을 네 자리 숫자로 이루어진 단일한 열로 처리하면 된다. 한편, 세 자리 숫자가 필요하면 간단히 네 자리 숫자로 이루어진 열에서 맨 앞이나 맨 뒤의 숫자를 빼면 된다. 두 자리 숫자로 나누면서 생긴 열 간의 공간은 간단히 말해서 매우 작위적인 것으로 세 자리 숫자로 묶을 경우 그 공간은 더욱 넓어지게 된다. 유사한 이치로 다섯 행씩 구분한 공간은 단지 표를 읽기 편리하게 하기 위하여 포함된 것에 지나지 않는다.

 표본을 추출하려는 모집단이 001에서 536까지의 번호로 정해진 536개 원소를 포함하고 있다고 가정하자. 001부터 536 사이의 세 자리 임의수 목록이 필요하게 된다. 위에서 기술한 것과 동일한 방법으로 숫자들의 목록을 선택할 수 있다. 단, 001보다 작거나(즉, 000) 혹은 536보다 큰(즉, 537부터 999까지) 숫자를 선택한다는 가정을 제외하라. 그러한 부적합한 숫자들은 간단히 지나쳐 버리고, 필요한 만큼의 숫자를 얻을 때까지 유효한 범위 내에서 숫자 선택을 계속해 가면 된다.

간혹 임의수 목록에는 같은 숫자가 한 번 이상 등장할 수도 있다. 그런 경우에, 두 가지 방법 중 어떤 한쪽을 택하면 된다. 첫째는 여러 번 등장하는 동일한 수는 제외하고 반복 없이 필요한 만큼의 숫자를 얻을 때까지 난수표를 읽어가는 것이다. 이러한 방법은 비복원추출sampling without replacement이라 불린다. (번호가 적혀 있는 종이 띠를 모자 속에서 꺼내되 다음에 그 번호가 또 선택될 가능성을 우려하여 한번 꺼낸 종이 띠는 모자에 다시 넣지 않는 상황을 상상하면 그런 이름으로 불리는 이유에 공감할 수 있을 것이다.) 이 비복원추출은 많은 사람들이 직관적으로 공감할 수 있는 행동방침으로 인식되고 있는 듯하다.

　반면, 복원추출sampling with replacement은 산술적으로 다소 간단해 보이는데, 이 책에서 제시된 수식들은 이를 전제한 것이다. 복원추출의 경우, (은유적으로 표현하자면) 번호가 적힌 띠를 모자에서 뽑아낸 뒤 그 번호를 옮겨 적고 띠를 다시 모자 속에 넣음으로써 그것이 앞으로도 선택될 수 있게 한다. 난수표를 이용할 때도 표본 중에 반복되는 숫자들을 난수표를 통해 얻어지는 임의수 목록에 나타나는 대로 포함시키는 것과 유사한 과정이다. 동일한 원소에 대한 정보는 각 원소가 전혀 별개인 것으로 간주하여 표본에 포함시킨다.

　예를 들어, 모집단 굵개 길이의 평균을 추정하기 위하여 굵개로 이루어진 모집단으로부터 복원추출을 통해 표본을 만든다고 가정해 보자. 난수표로부터 선택된 임의수가 23, 42, 13, 23, 06이다. 06, 13, 23, 42에 해당하는 굵가들을 선택할 것이다. 그런데, 넷이 아닌 다섯 개체의 굵개 길이를 적어야 하므로 23에 해당하는 굵개 길이를 두 번 포함시켜야 한다. 그리하여 표본에 소속된 원소는 역시 넷이 아닌 다섯이 된다. 재차 강조하자면, 이 책에서 다루는 공식들은 복원추출과정에 적합한 것이다. 비록 거의 대부분의 실례에서 결과적으로는 매우 미미한 차이밖에 없을 것이지만 비복원추출을 위해서는 기술적으로 약간은 다른 수식이 필요하다. 그러나 표본에 속한 한 원소의 정보를 그 원소가 선택되는 횟수만큼 반복적으로 포함시키면 되기 때문에, 이 책에 제시된 공식들이 기초하고 있는 전제에 충실하는 것이 결코 어려운 일은 아니다.

표 7.1. 난수표

50 79 13	18 85 26	80 01 74	73 44 03	81 25 58	14 74 59	91 56 48	88 67 99	04 91 80
17 97 55	39 91 18	43 28 73	68 74 25	62 87 14	53 69 21	35 22 37	12 45 85	14 74 75
38 48 77	82 81 82	47 75 62	63 44 62	38 12 64	22 93 81	52 10 62	45 07 53	74 39 93
76 87 58	73 88 35	35 16 46	31 38 60	51 36 31	55 34 69	09 34 67	60 31 73	10 37 43
51 50 51	63 43 65	96 06 63	89 93 36	02 25 02	47 75 46	02 50 01	72 55 10	56 69 09
96 65 34	00 41 60	29 64 23	61 71 94	61 38 48	70 10 91	48 83 73	02 93 32	08 69 07
91 22 76	00 63 04	07 14 17	18 60 19	11 75 72	86 97 67	69 98 09	11 98 17	52 99 69
28 99 59	78 92 33	29 54 62	17 78 29	57 52 54	74 64 14	20 47 00	94 97 43	46 33 07
81 53 42	15 05 38	14 09 83	44 66 04	06 10 42	14 28 62	75 62 28	49 00 75	52 48 09
32 95 82	45 22 67	42 78 47	47 19 89	18 84 62	24 49 82	40 00 97	99 13 75	46 75 18
59 25 27	06 30 60	19 87 34	27 10 04	94 28 21	59 82 96	16 68 69	74 36 58	19 90 19
01 41 23	34 37 75	30 24 21	41 34 04	18 18 74	66 91 46	27 09 99	91 20 19	33 59 60
34 58 27	03 62 01	58 59 98	01 86 10	12 08 74	52 23 66	42 85 72	02 49 45	22 60 68
61 33 38	19 16 16	71 71 61	23 70 21	57 63 95	14 91 04	47 37 98	26 77 37	95 34 20
91 75 95	57 13 78	90 20 21	42 56 54	36 71 43	42 17 99	06 54 58	81 33 64	92 26 61
40 66 19	64 53 15	27 39 11	28 71 36	65 70 23	34 43 27	89 67 31	31 12 85	80 73 35
80 55 13	01 99 94	72 29 87	73 06 68	87 97 33	27 62 51	52 33 17	72 90 06	72 37 11
45 87 71	15 94 31	09 98 88	64 20 05	11 84 10	14 91 15	80 68 26	56 03 22	10 08 18
19 30 96	02 25 42	68 26 34	79 50 41	64 32 71	90 43 20	91 68 04	07 38 05	30 34 26
60 38 33	50 59 24	73 82 64	65 28 09	32 04 76	63 81 96	83 68 90	52 43 68	89 44 57
22 94 75	27 41 32	86 21 91	49 13 71	57 56 28	12 40 56	03 54 54	47 92 27	29 18 91
25 23 23	20 26 36	48 13 17	54 42 97	63 86 42	64 65 01	69 49 32	87 79 24	49 96 79
59 51 80	91 35 81	29 17 19	19 71 29	76 87 03	97 67 52	21 47 29	20 01 39	33 37 45
05 40 65	66 23 54	23 94 43	44 09 08	81 12 79	58 01 74	81 60 89	70 89 43	37 53 90
61 99 79	13 20 09	56 58 07	59 70 46	32 86 47	36 81 20	89 89 98	71 94 37	88 72 58
24 34 19	08 05 18	51 49 14	30 48 09	47 94 63	12 04 80	76 38 53	09 37 03	04 06 53
29 48 01	18 37 83	94 16 20	37 09 53	63 72 89	96 74 35	13 21 80	77 54 24	09 72 15
65 78 94	61 74 72	11 71 52	15 71 62	98 87 73	39 41 82	12 98 31	83 67 01	86 03 52
04 24 77	46 63 39	03 10 85	10 79 39	08 17 74	64 84 20	43 21 22	46 26 73	51 41 17
73 71 88	69 64 06	08 26 63	51 35 45	66 52 78	38 85 11	80 39 30	86 85 48	44 46 43
88 59 20	63 92 58	52 12 02	37 13 31	42 52 34	77 50 18	09 17 48	46 41 32	83 26 01
84 82 52	27 55 25	20 16 11	66 94 25	04 94 55	79 03 65	61 21 49	97 72 46	56 26 52
82 26 26	52 50 21	63 86 14	11 69 21	98 97 03	68 59 09	98 34 50	58 38 79	03 64 69
81 52 82	82 86 08	45 99 54	14 71 46	14 01 68	33 59 29	71 09 23	37 84 04	92 61 34
90 95 02	61 36 94	98 81 54	90 60 64	84 49 23	92 30 99	69 65 65	47 54 73	17 81 21
37 78 13	13 55 40	07 53 92	98 82 64	01 11 08	94 91 84	83 55 46	30 96 74	13 54 30
01 87 88	82 01 76	59 28 87	03 73 69	22 99 27	30 62 73	02 34 82	30 59 37	27 95 50
02 96 02	54 62 25	36 56 61	38 80 15	93 30 11	34 67 53	81 83 54	83 86 47	64 43 03
40 53 25	64 31 38	89 14 23	54 33 86	58 03 94	57 03 68	78 38 14	20 09 42	82 84 06
46 81 46	18 47 75	70 20 70	33 15 43	73 67 61	05 55 50	03 15 86	55 91 52	73 90 95
69 72 68	17 87 22	62 08 49	40 32 38	25 71 59	29 67 81	23 68 36	49 96 65	15 03 72
26 24 90	53 49 35	91 07 60	74 61 62	06 07 67	95 99 56	28 56 02	52 61 94	81 14 33

68 17 38	10 48 60	81 73 25	34 55 76	40 84 05	23 55 96	20 60 74	08 03 42	51 81 07	
06 51 06	07 44 30	86 12 69	99 16 51	10 05 54	16 07 18	16 24 26	09 97 30	57 50 11	
45 52 21	16 03 36	28 32 27	25 44 46	14 17 81	29 86 97	59 12 03	67 28 83	33 03 64	
54 72 12	20 91 87	53 87 29	39 84 26	59 80 66	44 84 84	63 77 81	31 48 92	45 99 33	
72 65 08	37 37 55	91 23 02	22 51 88	94 32 45	09 14 81	31 14 27	26 61 93	41 52 08	
47 20 65	40 51 39	78 88 88	71 45 86	03 88 99	61 16 56	47 08 54	89 79 29	24 91 42	
94 79 42	62 56 17	34 45 56	84 96 09	56 22 13	14 87 21	97 66 60	48 64 56	41 45 92	
40 03 28	30 16 77	79 10 05	94 90 35	08 03 11	91 56 83	42 23 20	08 44 82	13 47 72	

대표성

바로 앞에서 다룬 표본추출법은 단순임의표집simple random sampling으로 불린다. 난수들의 표를 이용하는 효과는 모집단을 이루는 개별 원소에게 동일한 선택의 기회를 주기 위한 것인데, 이야말로 단순임의표집의 핵심원리를 표현하는 가장 직설적인 방식이다. 모집단의 개별 원소들은 표본에 포함될 수 있는 기회를 동등하게 갖기 때문에 임의표집은 모집단을 정확히 반영하는 표본을 얻을 수 있는 최적의 기회를 제공한다.

대표성representativeness이라는 개념은 다소 미묘한 것이므로 좀 더 본격적으로 논의해 볼 가치가 있다. 본 장의 서두에 밝힌 바와 같이, 표집의 목표는 모집단으로부터 추출된 표본에 근거하여 모집단의 원소들을 추정하는 것이다. 모집단을 반영하는 표본을 추출하는바, 표본의 대표성은 매우 중요하다. 문제는 모집단 전체를 연구하지 않는 한, 표본이 모집단을 정확히 반영한다는 것을 절대적으로 확신할 수는 없다는 점이다. 물론, 모집단 전체를 다루고자 한다면, 표본의 대표성 여부를 걱정할 필요가 없을 것이다. 표본의 대표성 여부를 걱정해야만 하는 상황은 모집단 전체를 다루려 하지 않을 경우에만 해당하지만, 바로 그러한 상황이야말로 표본의 대표성에 대해 어떠한 보장도 할 수 없는 경우이다. 이 책의 나머지 부분은 바로 이러한 어려움에 관한 것이다. (각 통계교과서들은 그들이 인지하는 것보다는 더 많이 헬러Joseph Heller의 소설에 등장하는 진퇴유곡의 상황[Catch 22]과 공통성을 갖고 있다.)

일부 고고학자들은 표본이 무작위로 추출되었다면, 대표성은 담보되는 것이라는 인상을 가지고 있는 듯하다. 진실과는 매우 거리가 먼 얘기다. 무작위로 추출되지 않은 표본과 마찬가지로, 임의표본도 어떤 때는 그것이 추출된 모집단을 매우 정확히 대표하기도 하고, 어떤 때는 적당히 대표하기도 하며, 어떤 때는 매우 부정확하게 반영하기도 한다. 그럼에도 불구하고 임의표집이, 비록 절대적인 보장을 할 수는 없지만 대표성을 담보한 표본을 추출할 수 있는 최선의 기회를 제공하기는 한다. 무엇보다도 중요한 것은, 임의표집은 모집단에 대한 추론이 얼마나 틀릴 수 있는지를 가늠할 수 있는 기초를 제공하며, 그러한 추론을 얼마나 신뢰할 수 있는지를 언급해 준다는 점이다.

몇 가지 표집방법과 편향성

단순임의표집은 그 이름에서 풍기는 것처럼 임의표본을 추출하는 가장 간단하고 직선적인 방법이다. 이 책의 나머지 대부분에서 임의표본이라고 하면 단순임의표본을 일컫는다. 임의표집의 방법에는 보다 복잡한 이형異形들이 있다. 그것들은 단순임의표집을 보다 깊이 탐구하고 이해한 뒤에야 더 잘 다룰 수 있기 때문에 여기서는 이들에 대해 더 이상 자세히 논의하지는 않겠다. 그럼에도 불구하고, 이 시점에서 다음에 올 장들의 주된 논의대상이 될 단순임의표집에 적합한 방법들이 실제 적용에 있어서는 한계를 가진다는 점을 이해하기 위해서라도 그러한 이형의 존재를 숙지하는 것은 중요하다.

추론하고자 하는 모집단이 이미 몇 개의 아모집단亞母集團subpopulations으로 나누어져 있다면, 종종 각 아모집단별로 아표본亞標本subsamples을 추출하는 것이 유리하기도 하다. 어떤 아모집단이 다른 것들보다 더 집중적으로 표집될 수는 있다. 만약 그런 경우라면, 집중적으로 표집된 아모집단의 원소가 상대적으로 덜 집중적으로 표집된 아모집단의 원소에 비해 전체 표본에 포함될 기회를 더 많이 갖게 된다. 이러한 상황은 단순임의표집의 근본적인 원리를 위배한다. 각 아모집단들로부터 개별적으로 임의아표본을 추출하는 경우를 층화임의표집stratified random sampling이라고 한다. 층화임의표집을 적용할 수 있는 일례로, 발굴된 유적의 8개 가구들에서 각각 토기편을 골라 산지

추정을 하는 경우를 들 수 있겠다. 개별 가구는 개별 표집층sampling stratum이 되고, 독립된 표본들을 통해 개별 주거지에서 출토된 토기들이 어디서 만들어졌는지에 대해 추정할 수 있게 된다. 8개 표본은 나중에 취락 전체를 대상으로 하여, 출토 토기들이 어디서 제작되었는지를 추정할 목적으로 합쳐질 수도 있다. 층화임의표집은 16장에서 논의될 것이다.

추정하고자 하는 모집단의 요소들을 개별적으로 추출할 수 없는 경우, 공간적으로 구분된 추출단위에 근거하는 표집전략을 사용하기도 한다. 예를 들어, 관심의 대상이 되는 모집단이 특정유적의 석기로 이루어진 경우, 유적이 이미 발굴되고 유물들이 실험실이나 박물관에 보관되어 표본이 될 원소들을 개별적으로 선택할 수 있게 된다면 유물의 단순임의표본을 추출할 수 있을 것이다. 만약 발굴이 되지 않은 상태라면 석기의 임의표본을 얻기를 바랄 수 없을 것이다.

지점을 달리하여 여기저기에 소규모 시굴갱을 파고, 퇴적층에 포함되어 있는 일부 유물을 수습하는 작업을 통해 임의표본을 얻을 수 있을 것이다. 만약 (예를 들어, 유적 전체에 방격方格grid을 설치하고 무작위로 발굴할 단위 방격을 고르는 것처럼) 시굴갱의 위치가 무작위로 선택된다면, 수습된 유물은 여전히 유적에서 출토된 임의표본이 되는 것이다. 하지만 그것들은 단순임의표본은 되지 못한다. 왜냐하면, 표본의 개별 원소들(즉, 석기)이 개별적으로 선택된 것은 아니기 때문이다. 무작위로 개별 선택된 것은 단위 방격이므로 결국 방격에 대한 단순임의표집을 한 셈이 된다. 그런데 이 예에서 추정하고자 하는 것은 석기의 모집단이지, 방격의 모집단은 아니다. 석기들은 개별적으로는 아니지만 소규모 집단 혹은 군집별로 추출되었는데, 개별 군집은 발굴된 개별 방격의 퇴적층에 포함된 유물들로 이루진 것이다. 그렇다면 유물의 임의표본이 아니라, 유물의 군집임의표본cluster random sample을 얻게 된 셈이다. 군집표본—17장에서 다루어질 것임—은 층화표본처럼 통계 도구들의 범주에 들어 있다.

고고학 관련 저작들 여기저기서 표집의 비임의적인 방법에 관한 몇몇 다른 용어들—"닥치는 대로 표집하기haphazard sampling", "잡히는 대로 표집하기grab sampling", "주관적 판단에 따라 표집하기judgmental sampling", "의도적으로 표집하기purposive sampling" 등등—이 사용되어 왔다. 이들은 분명하게 정의되거나 정확한 통계적 함의를 가지고 잘 정립된 용어는 아니다. 이들은 다양한 비임의표집의 기준을 명확하게 혹은 불분명하게 적용하는 경우를 언급한 것들이다. 어떤 조건하에서는 이러한 표본들을 임의표본인 것처럼 처리하는 것이 정당할 수도 있지만 세심한 주의와 특정의 정당화 절차가 요구된다.

예를 들어, 고고학 유적에 대한 지표조사는 현장조사자들이 특정지역을 걸어 다니면서 눈에 띄는 다양한 종류의 유물을 닥치는 대로 집는다는 의미에서, 간혹 '닥치는 대로 식'이나 '잡히는 대로 식'의 표집으로 묘사되기도 한다. 결과적으로 얻어진 표본은 이러한 '닥치는 대로 수집된' 표본을 포괄하는 모집단, 즉 특정 유적에서 특정 시기를 반영하는 지표채집유물 전체에 대한 추론의 근거로 이용되기도 한다. 이러한 접근방식은 어떤 측면에서는 모집단을 조직적으로 대표하지 못할 가능성이 있다. 일례로, 그러한 닥치는 대로 식 지표수집품에는 발견이 용이한 큰 크기의 유물이 모집단보다 높은 비율로 포함될 가능성이 다분하다. 그 결과, 이 표본이 해당 유적의 지표유물 크기의 평균을 추정하는 데 이용된다면, 그 추정은 부정확한 것이 될 것이다. 유사하게, 이 표본이 지표상에 존재하는 각 부류의 유물의 비율을 추정하는 데 이용된다면, 크기가 큰 유물의 부류가 실제보다 더 높게 나올 가능성이 다분하다.

이러한 상태의 표본을 대상으로, 지표상에 놓인 유물들의 가시성에 영향을 미치는 색깔이나 여타 속성들에 대해서는 더욱 많은 것들이 언급될 수 있을 것이다. 보다 미묘하게 이와 같은 닥치는 대로 식의 지표수집품에는, 나머지 대부분 것들과 달라서 시각을 자극하는 물체를 수집하려는 잠재의식의 성향으로 인해 모집단보다 훨씬 높은 비율의 특이한 유물과 상대적으로 낮은 비율의 보통 유물이 포함될 가능성이 높다.

이 닥치는 대로 식의 표본은 편향된biased 것이다. 왜냐하면 표본을 이루는 원소들이 어떤 측면에서는 조직적으로 모집단과 다르게 선택되었기 때문이다. 일단 표본이 수집되고 난 뒤에는 이러한 편향성을 제거할 통계적 기법이 없다. 표본추출의 편향성을 피하는 적절한 방법은 임의표집인바, 표본을 추출할 때는 이 방법이 반드시 사용되어야 한다. 그런데 그러한 방법은 소급 적용될 수는 없다. '닥치는 대로'나 '집히는 대로' 표본은 단순히 임의표본만은 아니다.

'주관적', '의도적' 표본추출 역시 편향성을 띤다. 이러한 용어들은 모집군 내 원소들의 범위를 관찰해 특정 원소를 표본에 포함시키거나 제외하면서 표집하는 방법을 지칭한다. 명백히 선택과정에서 어떠한 기준이 적용되었건 얻어진 표본은 그러한 특성 때문에 편향성을 띠게 된다. 예를 들어, 고고학자가 주거지의 축대 덕에 지표상에서도 개별 가구의 위치를 알 수 있는 유적에서 주거 잔존물을 연구한다고 가정하자. 조사자는 지표상 유물의 밀도가 높은 축대들을 면밀하게 발굴하기로 결정할 것이며, 이론상 발굴 종료 시 더 많은 수의 유물을 얻게 될 것이다. 당연히 유물의 밀도가 유적 전체의 평균값보다 실질적으로 높은 주거지 축대의 표본을 얻는 결과를 초래한다. 이러한 표본은 유적 내 전체 주거지 축대에서 출토된 유물의 평균밀도를 추정하는 데 사용할 수 없다.

여전히 더 많은 여타 관련 요소들이 잠재해 있다. 특정 축대들을 발굴대상이 되도록 유도한 높은 유물밀도라는 현상은, 말하자면 부유한 가구의 산물이고, 결과적으로 그 주변에 파손된 물품이 집중적으로 폐기된 결과라고 할 수 있다. 따라서 이 표본은 유적 전체 가구들의 부의 정도를 조직적으로 왜곡할 수 있으며, 그러한 측면에서 보자면 편향된 것이다. 모집단 전체를 대상으로 하여 가구 간 빈부차와 관련된 각종의 인공·자연 유물의 비율에 대해 내리는 결론 또한 조직적인 오류를 내포할 수가 있다.

다시 한 번 강조하거니와, 표본에 포함될 원소들에 대한 임의표집만이 표본을 편향되지 않게 하는 유일한 방법이다. 임의추출의 방법은 특히 앞서 살핀 의식적 혹은 무의식적 편향성을 피할 수 있게 해 주는바, 임의표본이야말로 편향성을 극복할 유일한 방법이다. 편향성은 비대표성 표본을 생성하는 기준의 조직적인 적용을 의미하는바, 우리는 이미 편향된 표본이 어떤 측면에서는 대표성을 갖지 못한다는 사실을 알고 있다. 그런데 그 역은 성립하지 않는다. 즉 편향성이 없는 임의표본이 모두 모집단을 정확히 반영한다고는 할 수 없다. 어느 누구도 (모집단 전체를 연구하지 않는 한) 표본이 그것이 추출된 모집단을 정확히 반영한다고 전적으로 확신할 수는 없다. 어떤 임의표본은 매우 대표성을 가지기도 하지만 어떤 것들은 매우 심한 비대표성을 갖기도 한다. 편향된 표본은 어떤 측면에서는 비대표성을 갖는 것으로 알려져 있다. 특정 임의표본이 대표성을 지니지 못할 확률을 측정할 수 있을(그리고 다음 몇 장들에서 살펴볼) 것인데, 임의표본들을 대상으로 하지 않고는 이 또한 여의치 않다.

비임의표본의 활용

이 책에서 논의되는 대부분의 통계적 기법들은 임의표본으로 작업하는 것을 요구한다. 그러나 대부분의 고고학 자료들은 편향성을 유발하는 비임의표집 절차를 통해 생성되었다(그리고 계속해서 생성되고 있다). 표면적으로 이는 대부분의 고고학 자료에는 통계적 기법들을 적용할 수가 없다는 점을 의미할 것이다. 그리고 사실 이는 일부 고고학자들이 도달하는 결론이기도 하다. 그러나 상황은 그보다는 덜 혹은 더 심각할 수도 있다.

우선 안 좋은 소식이다. 어떤 측면에서 편향적임이 분명한 표본에 근거하여 모집단을 추론하는 어려움은 통계학적인 추론만이 유일한 것은 아니다. 상대적으로 큰 유물을 과도하게 반영하는 수집품을 대상으로 해서는 어떤 유적의 지표에 분포하는 유물 크기의 평균에 대하여 신뢰성 높게 추론할 수가 없다. 추론의 방식이 통계학적이거나, 아니면 순수하게 직관적이더라도 마찬가지이다. 간단히 말하자면, 이러한 표본에 의거해서는 모집단에 속한 유물의 평균크기에 관한 어떤 결론도 도출해 내지 못한다. 모든 종류의 추론이 정확히 동일한 방식으로 표집 편향의 영향을 받기 때문에, 통계적인 접근방식을 피하고 전적으로 주관적인 인상 혹은 그 외 유사한 종류의 추론에 의존하는 것이 전혀 해결책이 되지 못한다. 따라서 편향되지 않은 표본의 필요성은 통계적 추론의 심원한 법칙에 의해 부과된, 그런 요구사항이 아니다. 그것은 통계기법의 사용 여부에 상관없이 어떤 종류의 추론에든 기본적인 것으로, 위험을 감수지 않는 한 이를 무시하기는 어렵다.

이젠 좋은 소식이다. 이는 고고학적 자료에 대한 신뢰할 만한 해석을 내리는 것이 불가능하다는 허무주의적인 결론으로 끝나고 마는 교훈적 이야기의 또 다른 예는 아니다. 그러한 이야기는 이미 고고학 저작 여기저기에 이미 너무나도 많이 나왔다. 표본의 편향에 대해 철저하게 이해하고 상식을 세심하게 적용함으로써 그 표본이 추출된 모집단에 대한 추론이 가능하게 될 것이다. 더구나 통계기법을 적용해 보려는 노력의 과정에서 출발한 것이겠지만 이러한 문제에 관해 명확한 생각을 갖는 것은 다른 방식으로도 좀 더 신뢰할 만한 결론을 내릴 수 있는 상황을 연출함으로써, 비통계적인 추론의 영역으로 생산적인 전이를 이룰 수 있다.

편향된 표본임에도 불구하고 그것을 사용하게 되는 두 가지 구체적인 방식과의 특수한 관련성 속에서, 이미 알려진 혹은 잠재된 표집 편향의 영향이 평가될 수도 있다(혹은 평가되어야만 한다).

첫째, 한 측면에서 편향된 표본이 다른 측면에서는 그렇지 않을 수도 있는 바, 반드시 다른 혹은 모든 목적의 달성에 쓸모없을 이유는 없다. 표집과정상의 편향이 모집단의 여타 특질과는 관련이 없는 경우라면, 그 표본은 여타의 특질에 대한 추론을 하기에 적합할 수도 있다.

둘째, 동일한 방식으로 편향된 두 표본은 그 편향이 관계된 특질에 대해서는 유용하게 비교될 수 있다. 그러기 위해서는 어떤 편향이 두 표본의 추출과정에서 둘 모두에게 매우 유사한 영향을 주기에 충분하도록 작용해야만 한다. 그 두 표본은 양자를 비교하면서 얻어지는 결론을 신뢰하게 함에 있어, 정확히 동일한 측면에서 모집단에 대한 대표성을 갖기에는 부적당하게 된다. 이러한 경우 판단은 일반적인 법칙이나 원리보다는 특수한 경우에 대한 임시적인 논증에 의거할 가능성이 다분하며, 그 과정은 추상적인 논의보다는 구체적인 예증을 통해 명확해질 것이다.

셋째, 어떤 경우에는 주목하는 특질에 관련된 편향이 상이한 표본들도 유용하게 비교될 수 있다. 어떤 표본이 특정 특질을 부각하는 편향성을 담보한 채 한 모집단으로부터 추출된 한편 다른 모집단으로부터 한 표본이 그러한 특질에는 배치되는 편향성을 담보한 채 추출되었다면, 주목하는 특질은 전자의 표본에서 좀 더 풍부해야 할 것이다. 만약 두 표본을 비교하는 과정에서 전자의 표본에서 그러한 특질이 덜 나타난다면, 이는 오히려 그와는 반대의 효과를 야기해야 하는 표집편향의 결과일 수가 없다. 이러한 결과는 전자의 표본이 추출된 모집단이 후자의 표본이 추출된 모집단보다 현재 주목하고 있는 특질을 더 많이 가지고 있다는 추론을 뒷받침할 것이다. 이러한 측면에서 모집단 간의 차이가 표본 간에 관찰되는 차이보다 오히려 강력한 것이라고 주장될 수 있다. 이 경우에서와 같은 판단은 보편적인 법칙이나 원리를 적용한 것이라기보다는 제한적인 추론일 뿐인바, 그 과정은 개념적인 논의보다는 실례를 통해서 명확해진다.

예: 닥치는 대로 수집된 지표수집품

어떤 유적의 지표에서 닥치는 대로 유물을 수집하는 경우, 크기가 매우 작은 유물은, 단순히 잘 보이지 않는다는 이유로, 그보다 큰 유물들처럼 자주 수집되지 못하기 십상이다. (진실로 솔직해져 본다면, 발굴기간 동안 체질을 통해 수습된 대부분의 유물 표본들도 그와 유사한 상황에 처해 있다고 할 수 있겠다.)

그런데 지표조사의 경우, 유물 크기의 평균을 추정해 보는 작업에는 관심이 없을 수도 있다. 그러나 모집단 내 각 토기형식의 상대적 비율을 추론해 내는 데 지대한 관심을 가질 수도 있다. 토기편의 크기가 토기형식에 따라 달라지는 것이 아니라는 점을 입증할 수 있다면, 토기편의 크기라는 측면에서 편향된 표본일지라도 그러한 점에 대해서는 신뢰할 만한 추론을 할 수 있게 된다. 어떤 형식의 토기들은 다른 형식들에 비해 현저하게 작은 조각들로 쪼개지는 규칙적인 경향이 있어서 표본에 잘 반영되지 않는다면, 표본(의 물리적) 크기에 따른 표집상의 편향이 각 토기형식의 비율에 대한 추론에 영향을 끼치게 된다. 토기편의 크기와 토기형식 간의 상관성 여부는, 그러한 추론의 근거로 닥치는 대로 수집된 유물을 이용하기에 앞서, 경험적으로도 평가될 수 있다. 유사하게, 닥치는 대로의 표본 수집에 의해 유발될 가능성이 있는 여타의 편향들도 열거할 수 있을 뿐만 아니라, 특정 추론에 그것들이 끼치는 영향력에 대해서도 평가할 수 있다.

비록 이 예에서 표본의 편향성이 각 토기형식의 비율에 대한 추론을 의심스럽게 할지라도, 이 의심의 소지가 있는 추론조차도 동일한 편향을 담보한 채로 추출된 표본에 의거하여 다른 유적의 양상에 대하여 수행한 유사한 종류의 추론과 비교하는 작업에 있어서는 유용할 수 있다. 표집과정에서 발생할 수 있는 편향의 작용과 강도가 모든 표본들에 동일하다고 가정할 수 있다면, 그 부정확한 추론이 실제로는 비교할 수 있게 부정확한 것일 수도 있다. 특정 형식의 토기가 덜 나타나는 표본은 동일한 정도로 그 형식의 토기가 덜 나타나는 다른 표본과 유용하게 비교될 수 있다. 어쨌든, 그러한 비교는 형식 간 비율을 다루는 작업에서 매우 자주 최종목적이 되곤 한다. 한 특정 형식이 어떤 유적의 지표에서 수습된 토기의, 예를 들어 30%를 반영한다는 것이 절대적인 의미를 가지는 것은 아니다—단지 이 30%가 다른 유적에서 얻어진 15%라는 값보다는 크다는 정도일 것이다. 그러한 결론의 목적상, 30%와 15% 대신 각각 36%와 18%가 실제로 정확한 숫자라고 하더라도, 별다른 차이가 있는 것은 아니다. 비교의 목적상, 모든 표본에 대해 같은 방식과 같은 강도로 영향을 미친다면, 표집편향은 상쇄될 수도 있다.

표본에 따라 편향성이 서로 상이한 경우더라도, 일부 비교의 관점에서 결론은 도출이 가능할 수도 있다. 눈에 띄는 모든 유물을 줍겠다는 의도를 가진 고고학자에 의해 닥치는 대로 방식의 지표수집이 조심스럽게 이루어지고 수집된 유물 중 8%가 소형 토우土偶의 파편이라는 것이 드러났다고 하자. 그 고고학자가 얼마나 조심스러웠는지에 상관없이, 그 특이한 외형이 다른 유물에 비해 발견을 용이하게 하는 탓에, 이 일괄 수집품은 토우편을 선호하는 편향이 포함되어 있을 것이다. 이 유적의 지표상 유물 모집단에서 토우편의 비율은 8%보다는 어느 정도 낮을 것이다. 다른 한 유적에서 어떤 고고학자가 표집편향에 대한 관심이 덜하여 시선을 끄는 유물은 무엇이든 되는대로 대여섯 봉투만큼 수집했다고 하자. 이 후자의 일괄 수집품에 대해서는 토우편에 대한 상당히 더 강한 편향이 있었을 것으로 의심되지만 토우편의 비율이 3%로 드러났다. 이 두 번째 유적의 지표상 유물 모집단에서 토우편의 비율은 3%보다도 현저하게 낮을 수도 있다.

  이 결과로 볼 때, 첫 번째 유적이 두 번째 유적보다 더 높은 토우편 비율을 가질 가능성이 매우 높다. (지표수집의 작업이 실제로 지향하는 바인) 표집에 작용하는 편향은 동일하지 않았다. 만약 두 유적의 지표상에서 실제로 동일한 비율의 토우편이 있었다면, 분명 두 번째 표본에서 첫 번째에서보다 그 비율이 훨씬 높았을 것이다. 그러나 실제로는 두 번째 표본이 더 낮은 비율을 나타낸다—두 표본 간 차이는, 오히려 반대의 영향의 미쳤을 표집편향에 의해 생성된 것은 아니었을 것이다—. 첫 번째 표본에서 토우편 비율이 더 높게 나타난 것은 지표상 토우편 비율이라는 측면에 관련된 두 유적의 실제 차이에 기인한 것은 아니며, 그 차이는 8%와 3%의 차이보다도 분명히 더 컸을 것이다. 환언하자면, (앞서 언급한) 8%보다는 어느 정도 낮은 비율과 (앞서 언급한) 3%보다 제법 낮았을 비율은, 8%에서 3%를 뺀 5%보다 더 차이 났을 것이다.

  이 마지막 예제에서의 모집단에 관한 비교론적 추론은 실제 조사결과에 의해 가능해진 것이다. 만약 두 번째 표본이 15%의 토우편을 포함하고 있었다면, 결론적으로 언급할 것이 별로 없었을 것이다. 두 표본에서 보이는 차이는 전적으로 두 번째 표본에서 토우편을 선호하는 편향이 작동한 결과 이상 아무 것도 아닐 가능성이 있다. 이러한 상황에서 도출될 수도 있는 결론을 제시하는 시점에 이르기 위해서는 표집편향에 대한 우려는 (잠시) 접어둔 채, 비율을 비교하고, 그 결과에 비추어 다시 표집편향에 대해 고려해보아야만 한다. 어떤 경우에는 최종적인 고려에서 비교작업이 전혀 신뢰할 만한 사항을 알려주지 못한다는 결론에 이르게도 하고, 그렇지 않은 경우에는 상당한 확신을 가지고 결론을 도출하게도 해준다.

예: 의도적인 흑요석기 표본

많은 고고학자들이 원료의 산지추정을 위한 표본을 결정해야 하는 작업을 경험해 왔다. 예를 들어, 지구상의 여러 지역에서 출토된 흑요석기는 화학적인 동정작업을 통해 그 산지와 연결될 수 있다. 그런데 필수적인 분석과정에 매우 많은 비용이 소요되는바, 유적으로부터 수습된 극히 일부만이 동정되는 경우가 대부분이다. 이러한 상황에서 일부 고고학자들은 그 유적에서 출토된 모든 흑요석기들을 훑어보고는, 되도록이면 색조와 외양이 다른 개체를 의도적으로 포함시키면서 분석할 여유가 있는 개수만큼을 선택해 왔다. 상이한 산지로부터 온 물질은 화학적으로뿐만 아니라, 외견상으로도 다른바, 그렇게 하는 것이 많은 수의 상이한 산지로부터 온 물질을 포함할 수 있는 최대의 가능성을 제공하고 있다는 점으로 이러한 과정을 합리화해 왔다. 어떤 산지들은 든 모집단 내에서 단지 몇 안 되는 편에 의해 대표되는바, 그러한 산지들은 보통 크기의 임의표본에는 포함될 기회가 없을 가능성이 매우 높다—그러므로 흔치 않은 외양의 편을 분석을 위한 표본에 포함시키는 것은 부당한 권리인 셈이다.

따라서 이 표집과정은 편향되었으며, 흔치 않은 외양을 가진 유물을 표본에 고의적으로 과도하게 반영하고 있다. 만약 실제로 외양과 산지 사이에 일정한 관련이 있다면, 각 산지로부터 온 원료로 만들어진 유물의 비율이 어떠한가를 추정하는 데 있어, 이러한 편향으로 인해 그 표본은 회복할 수 없이 부적절한 것이 되고 만다. 이유를 알아보기 위해, 97개의 검정 구슬, 1개의 파란 구슬, 1개의 빨간 구슬, 1개의 초록 구슬이 들어 있는 항아리에서 구슬 네 개로 이루어진 표본을 추출한다고 상상해 보자. 분명히, 모집단에 속한 색깔의 전체 영역을 가장 잘 반영하기 위해서는 의도적으로 각 색깔로부터 한 개씩의 구슬을 선택해야 할 것이다. 그런데 그러한 표본은, 모집단에서 각 색채를 띠는 구슬의 비율을 추정하는 데 이용될 수 없다. 25%의 검은 구슬, 25%의 파란 구슬, 25%의 빨간 구슬, 25%의 초록 구슬 등으로 이루어진 표본은 곧바로 모집단에서의 각 색깔의 비율이 25%라는 추론을 유도하지만, 실제 비율은 97%

가 검정, 1%가 파랑, 1%가 빨강, 1%가 초록이 된다는 것을 이미 알고 있다. 표본에서의 비율이 모집단의 특성에 의해서가 아니라, 전적으로 편향된 표집과정에 의해 결정되었다.

산지추정을 위해, 그러한 방식으로 추출된 흑요석기의 표본은 그것이 아무리 다양한 산지에 관한 정보를 제공해 주더라도, 각 산지로부터 온 석재의 비율에 관해 추론하는 데에는 사용될 수 없다. 유사한 원리에 따라, 다른 유적으로부터 얻어진 표본과의 비교는 불가능한데, 관련된 편향의 방향성조차 추정하기 어렵기 때문이다. 표집에서의 편향이 여타의 추론과 별다른 관련성이 없다고 주장할 수 있는 한, 그 표본은 다른 추론에 이용될 수 있을 것이다. 예를 들어, 그러한 표본은 상이한 산지에서 온 원료가 상이한 방식으로 가공되었는지를 연구하는 데에는 이용될 수 있다. 표집상의 편향은, 적어도 표면적으로는 그 문제와는 별다른 관련이 없어 보인다.

편향에 관한 몇 가지 결론

표집상의 편향이 특정 추론에 영향을 미치지 않는다고 절대적으로 확신하기 위한 유일한 방법은 표집이 전적으로 편향으로부터 자유롭다는 점을 분명히 하는 것이다. 임의표집은 표집상의 편향을 피할 수 있는 적당한 기법으로서, 편향되지 않은 표본이 요구될 때는 언제나 (추론을 위해 통계적 수단이 고려되지 않을 때조차도) 적용되어야만 한다. 그러나 기존 표본을 추출하는 과정에서 나타난 편향이 특정 추론에 별다른 영향을 미치지 않는다고 주장할 수 있는 만큼, 그 추론이 신뢰할 만한 것으로 여겨질 수 있다. 그리고 그것은 문자 그대로, 그렇게 주장할 수 있는 만큼—더도 말고 덜도 말고 그만큼—을 의미하는 것이다. 일상의 여러 가지 다른 일들처럼, 표집편향은 단순히 흑백의 문제가 아니라, 명암을 달리하는 회색의 문제이다. 표집편향의 위험은 특정의 추론이 관련되어 있는 한, 당장 그 표본이 다른 측면에서는 터무니없이 편향되어 있다 하더라도 최소화된다. 만약 관심의 대상인 추론에 편향이 영향을 미칠 여러 가지 방향을 가정한 뒤 경험적으로 그것들을 제거할 수 있다면, 편향성을 무시하는 (또한 기존의 표본을 특정한 목적을 위해 임의표본으로 취급하는) 근거가 매우 확고해질 것이다. 만약 반대라면, 간단히 그러한 문제들의 잠재가능성을 무시하고 그 어떠한 추론도 의심의 눈초리로 바라보아야 한다.

그러한 것은 고고학 저작이나 그 외 어느 곳에서도 자주 표현되는 표집편향에 관한 관점은 아니며, 많은 통계교과서—특히 판에 박힌 류의 책—에 규정된 법칙들과도 어긋나는 것이다. 법칙 외우기를 강조하는 ("묻지 마" 식의 접근을 하는) 통계책은, 엄밀한 의미에서 (난수표를 이용하거나 편향을 배제하는 유사한 방식을 동원한다는 의미에서의) 무작위적으로 추출되지 않은 표본들에 대해, 이 책에서 논의되는 기법 대부분의 적용을 막으려 할 것이다. 이는 현존하는 고고학자료 거의 대부분에 그러한 기법이 적용될 수 없음을 의미하는 것이다. 더욱 심각한 것은, 앞서 살핀 바와 같이, 표집편향이란 통계적 추론에 대해서뿐만 아니라, 표본에 의거하여 이루어지는 모집단에 대한 그 어떤 추론에도 영향을 미치는바, 우리는 이 자료들에 대해서는 그 어떤 추론도 할 수 없는 입장에 놓여 있다는 것이다.

아마도 그러한 엄중한 입장을 수용한 사람은 고고학에 그다지 끌리지 않을 것이며, 이 책 또한 읽으려 하지 않을 것이다. 그런 방식으로 사물을 바라보는 고고학자들은 고고학적 정보로부터 흥미로운 결론을 거의 도출하지 못할 것이라는 점을 강조하는 경계의 글을 계속해서 써 갈 것이다. 나머지 사람은 현재 상태에서 최상의 선택을 하는 것이 필요함을 알게 될 것이다. (고고학은 경성과학hard sciences에는 속하지 않지만 연성과학soft/difficult sciences에 속한다는 점은 다른 곳에서 지적된 바 있다.) 첫째로 그리고 가장 중요하게, 표집편향에 맞설 적절한 기법을 최대한 이용할 수 있다는 것이다. (예를 들어, 이전에 추출된 표본으로부터 가능한 정보를 얻고자 할 때처럼) 그럴 수 없을 때는 기지를 발휘하여, 표집편향이 특정 추론에 미칠 충격이 얼마나 심각한지를 평가하고 그것을 최소화하도록 분석을 구성해야만 한다. 간혹 표집편향에 의한 타격이 제거될 수 없는 탓에 매우 조심스럽게 결론을 이끌어내야 할 수도 있다. 만약 이러한 추론이 흥미로운 것으로 판명된다면, 과연 그러한 것이 편향되지 않은 표본에서도 나타나는지를 알기 위한 추가적인 자료수집의 근거가 될 것이다.

목표모집단

앞의 논의에서는 엄격한 임의표집의 과정을 채택하면, 고고학연구에서 표본편향을 전적으로 피할 수 있게 됨으로써 그와 관련된 문제들이 해결될 것이라고 암시했었다. 표본편향성은 전체 모집단을 다룸으로써 표집 과정 자체를 전부 폐기하게 되면 가장 확실하게 피할 수 있다는 것이 고고학 저작들에서 간혹 피력되는 보다 강력한 관점이 되겠다. 그런데 양자 모두 고고학연구에서 해결책이 되지는 못한다. 왜냐하면, 추론의 대상이 되는 목표모집단target population은 그 전체를 탐구하거나 그로부터 표본을 추출하기에 충분하도록 이용가능하지 않은 경우가 많기 때문이다.

지역의 차원에서 볼 때, 적어도 지역 내의 몇몇 유적들은 현대의 도심 아래에 있거나 최근의 퇴적작용으로 덮였거나, 침식작용에 의해 쓸려 없어졌거나, 아니면 그 외의 어떤 작용에 의해 파괴되거나 접근이 불가능하게 된 탓에, 특정 연구에는 이용하기 곤란할 수도 있다. 대상지역의 지표 전체를 체계적으로 망라하는 작업을 마쳤다고 하더라도 연구대상이 되어야 할 전체 유적의 온전한 모집단에 접근하는 것은 아니다. 가장 엄정한 임의표집의 과정은 결국, 과거에 존재했던 모든 유적들의 표본이 아니라, 현재까지 잔존하여 표본추출이 가능한 유적들의 표본을 남긴다. 유사하게 지역보다 낮은 수준에서 볼 때, 절대다수의 고고학 유적들은 원래대로 완벽하게 보존된 것이 아니라 일부가 파괴되어 단편적이거나 분석 자체가 불가능하게 되어 있기도 하다. 따라서 고고학적 모집단 전체를 다루던지 혹은 그로부터 임의표본을 추출하던지 실제로 분석이나 표본추출에 활용될 모집단은 종국적으로 추론하고자 하는 모집단과 정확히 일치하지는 않는다.

임의표집은 표본이 추출된 모집단에 대해 추론할 수 있게 해 주고, 접근 가능한 모집단을 연구하게 되면 그 모집단에 대한 결론을 얻게 된다. 그런데 만약 그 접근 가능한 모집단이, 인근의 하천에 쓸려 내려가지 않은 어떤 중요한 유적의 일부일 뿐이라면, 어떻게 그 중요한 유적의 전체 양상을 특징지을 수 있겠는가 하는 난해한 문제에 접하게 된다. 편향된 표본으로부터의 추론이라는 문제에 대해, 간단하고 직접적인 해답은 어디에도 없다. 그러한 난해함에 대한 고고학자들의 일반적인 반응은 단순히 그것을 무시하는 것이다. 비록 많은 수의 고고학자들이 그러한 식으로 명성을 얻었다고 하더라도, 그 반응은 분명히 개념적으로 부적절한 것이다. 또 다른 일반적 반응은 그 유적의 유실된 부분이, 남아 있는 부분에서 발견되지 않았지만 발견하기 원하던 것들을 포함하고 있었던 것처럼 여기는 것이다. 이는 전혀 설득력이 없다.

진정으로 관심을 갖고 있는 모집단을 연구할 수 없거나 그로부터 표본을 추출할 수 없는 어려움은 근본적으로 표집편향성과 궤를 같이 한다. (어떠한 과정을 거쳐, 현재는 조사할 수 없는 부분이 훼손되고 접근 불가능하게 되었든지) 연구나 표집에 이용할 수 있는 모집단은 실제로는 그 자체가 목표모집단으로부터 나온 —매우 편향된 과정을 통해 추출되었을 수도 있는— 표본이다. 고고학자는 매우 자주 이러한 상황에 처하기 때문에 그럭저럭 표집을 해야만 하는 이유가 되기도 한다. 연구에 이용할 수 있는 전체 모집단은 이미 표본인 경우가 종종 있다. 따라서 어떻게 하든 간에, 표집의 복잡함이나 표집편향성의 문제를 피해 갈 수는 없다.

본인이 직접 표본을 추출하든, 남이 추출해 놓은 표본으로 작업하든 간에, 고고학을 하고자 한다면 최선을 다해 끝까지 표집편향성의 문제와 씨름해야 한다. 이는 이 책에 제시된 통계 도구를 활용하거나 비통계적 혹은 아마도 특정 상황에 있어서만 적용될 수 있는 상황논리를 사용하면서, 표집과 표집편향에 대한 이해를 통해 표본의 대표성에 대해 가능한 한 많이 언급해야 한다는 점을 의미한다.

현재 활용할 수 있는 모집단이 궁극적으로 추론하고자 하는 목표모집단과 잘 부합한 상태에서 임의표집의 과정을 적용할 때조차, 앞서 언급한 바와 같이 표집편향을 피했다는 것이 반드시 대표성을 가진 표본을 추출할 수 있음을 의미하는 것은 아니다. 표집편향을 피했다는 것은 단지 대표성이 있는 표본을 추출할 최상의 조건을 제공한다는 것과, 그 표본의 비대표성에 대한 확률을 측정할 수 있게 해 준다는 것뿐이다.

　이 중 어떠한 경우라도, 우리가 다루는 표본에 의거하여 전체 모집단을 추론한 것 중 일부는 정확할 수 있고, 일부는 그렇지 않을 수 있다. 어떤 추론이 정확하지 못하게 되는 이유는, 현재 표본을 추출할 수 있는 모집단이 우리가 알고자 하는 모집단을 정확하게 반영하지 못하기 때문이다. 어떤 추론이 정확하지 못하게 되는 이유는 분석하는 표본이 그것이 추출된 모집단을 제대로 반영하지 못하기 때문이다. 상호 관련되어 있기는 하지만 양자는 매우 상이한 오류의 두 원천이다. 첫 번째 것은 명료하고 상식적인 상황논리에 근거하여 처리되어야 한다. 다음의 몇 개장에서 다룰 임의표집과 통계 도구는, 두 번째의 이유로 인해 추론이 몇 퍼센트나 부정확할지를 알려줌으로써, 두 번째 문제를 다루는 데 도움이 된다. 그러나 어떤 추론이 부정확한지 분명하게 결정할 수는 없다. 그럼에도 불구하고, 그조차 없으면 할 수 있는 이야기는 더욱 줄어든다. 세심하고 공들인 추론의 대부분은 정확할 수 있겠지만 얼마나 표집편향(이나 여타의 부정확성)을 제거하는 데 세심하든지 간에, 모든 경우에 100% 정확한 추론을 기대하는 것은 비현실적이다. 결국, 궁극적인 결론의 신뢰도는 복수의 독립적 추론 대다수에서 일관적인 흐름을 발견하는 작업을 통해 제고될 수 있다. 그러한 일관적인 흐름이 인지되면, 표집편향(혹은 앞서 언급한 두 종류의 문제 중 어느 하나라도)의 잠재적 결과로 나타나는 비일관적인 추론은 제외시켜야 한다.

　앞에서 통계적 (혹은 여타의) 추론에 있어 임의표집의 중요성에 대해 필자가 지나치게 대담한 입장을 취했다고 생각하는 독자에게, 필자는 고고학자들이 실제로 접해야 하는 대부분의 상황에서 어떤 방향으로 연구를 진행해 가야 할지에 대해 제시할 다른 방도를 찾지 못했다고 말할 수 있을 뿐이다. 여기서 옹호하고 있는 방향은 표본이 편향될 수 있는 잠재적인 모든 상황을 제거하라는 것이다. 만약 표본이 편향되지 않았을 것 같으면, 표본편향성에 관한 너무도 당연한 우려는 적어도 잠시만이라도 제쳐놓고, 현재의 표본이 정작 관심의 대상이 된 모집단에 관해 어떠한 추론을 유도하는지에 대해 살펴보아도 좋을 듯하다. 만약 표본이 모집단에 대해 흥미로운 추론을 유도한다면, 표집편향에 대한 우려는 결론의 도출과정에서 감안해야 하는 금언 정도가 될 것이다. 만약 다루고 있는 표본이 편향되지 않았다는 점을 매우 확신할 수 있다면, 그 표본에 의거하여 도출된, 모집단에 대한 결론에 대해서도 매우 확신할 수 있을 것이다. 만약 다루고 있는 표본이 편향되었을 수도 있다고 생각한다면, 그 표본에 의거하여 도달한 모집단에 대한 어떤 결론에 대해서도 편향의 정도에 상응하는 만큼을 가감하여 받아들여야 할 것이다.

적잖은 다른 여타 학문분야 전공자들은 이러한 측면에 대해 고고학자만큼 곤란을 겪지는 않는데, 이유인즉, 그들은 고고학자가 접하는 모집단들보다는 훨씬 접근이 용이한 목표모집단을 연구하는 데 관심이 있기 때문이다. 그들은 종종 편향된 표본으로부터 도출된 결과를 무시하고 보다 주의 깊게 추출된 표본을 찾기 위하여 간단히 현장이나 실험실로 돌아가기만 하면 되는 여유가 있다. 그러나 고고학 표본에서 나타나는 표집편향의 많은 부분은 쉽게 피해 갈 수 없다. 따라서 (진정한 의미의 임의표집과 같은 방법 등으로) 할 수 있는 한 표본편향을 피하고, 꼭 그래야만 할 때에는 표집편향을 감안하여 생산적으로 연구할 수 있는 방법을 배워야만 한다. 진정한 의미의 목표모집단과 현재 실제로 표본을 추출할 수 있는 모집단 사이의 어긋남이 매우 크다면, 표본추출과정에 대해 지나치게 까다롭게 구는 것은 별 소용없는 짓이 되기 십상이다. 그러한 까다로움이 의미 있는 행위일 때와 주의를 다른 곳으로 돌리면 좋을 때를 결정할 경우에는 세심하고 사려 깊을 필요가 있다.

이러한 논의의 대부분은 8장부터 10장에 이르기까지 다루어질 통계적 기법을 예시하는 것인데 아직 감지하지 못한 독자들에게는 다소 이해되지 못하는 부분도 있을 것이다. 그런데 여기서 제기된 문제들은 이 책의 나머지 부분에 계속해서 다시 등장할 것이며, 본 장에서의 논의는 앞으로 그러한 논의를 왜 그러한 방식으로 접근하는지에 대한 이유를 펼쳐 놓은 것이다. 마지막 장에서도 이 문제를 다룰 것이다.

연습문제

1. 키니 노브Keeny Knob유적에서 정밀지표조사를 통해 유물을 수집했다고 가정해 보자. 그다음 토요일 밤에 우연히 스토니 포인트Stony Point에서 농장을 소유했던 적이 있는 아마추어 고고학자를 만났다고 하자. 그 후에 그는 지금은 이미 쇼핑센터가 지어져 모든 고고학 유적의 흔적이 완전히 없어져버린 자신의 옛 농장에서, 이전에 수집한 석기 유물들을 분석하도록 허락하였다. 유물들을 보는 순간 스토니 포인트의 석기들은 알-아마디야에서 수집된 것들과 정확히 동시기 유물임을 인지하고, 양 유적의 유물을 비교하고자 한다. 우선, 키니 노브유적과 스토니 포인트의 석기조합이 비슷한 혹은 상이한 비율의 투사체(석촉 혹은 석창)를 포함하고 있는지 알고자 한다. 키니 노브유적에서 지표채집된 유물 중 14%가 투사체이고, 스토니 포인트에서의 수집품 중 82%가 투사체이다. 두 번째로, 두 유적의 투사체를 만드는 데 사용된 석재에 관심이 있다. 키니 노브유적의 투사체 중에는 23%가 흑요석제, 77%가 처트제이고, 스토니 포인트의 투사체 중에는 6%가 흑요석제, 94%가 처트제이다. 그런데, 우리는 이러한 비교를 하는 데 있어서 표집편향의 가능성이 있음을 인지하고 있다. 그러한 문제점을 어떻게 평가할 수 있겠는가? 혹은 어떤 조치를 할 수 있는가? 이러한 비교 결과를 이용할 수 있겠는가? 양자 중 한쪽에 관한 결론을 다른 쪽의 결론보다 더 신뢰할 수 있는가? 왜 그런가?

2. 벨리카 모라바Velika Morava강 유역에 분포하는 일군의 신석기시대 유적들에서 닥치는 대로 지표채집된 유물에 관한 자료를 가지고 있다. 이 유물들은 이 지역이 저수지에 잠기기 이전인 1964년 현장조사 기간 중에 고고학 조사단에 의해 수집되었다. 곡물재배에 관한 우리의 가설이 타당하다면, 강으로부터 멀리 떨어져 입지하는 유적들보다 자연제방에 입지한 유적들에서 실질적으로 높은 비율의 석제 괭이가 출토되었을 것이다. 우리의 가설을 검증해 보기 위해 1964년 벨리카 모라바강 유역 지

표조사 자료를 이용할 경우 어떠한 표집편향이 우려되는가? 이러한 우려에 어떻게 대처하겠는가? 1964년 지표조사 자료에 근거하여, 입지를 달리 하는 유적들에서의 석제 괭이 출토비율에 관한 결론을 얼마나 확신할 수 있겠는가? 왜 그런가?

08
한 모집단으로부터 추출되는 여러 표본들
Different Samples from the Same Population

7장에서의 논의는, 임의표본은 때때로 모집단을 정확히 반영하기도 하지만 때로는 그렇지 못하다는 사실에 관한 것이었다. 임의표집이 반드시 대표성을 보장하는 것은 아니다. 그러나 임의표집은 특정 표본이 얼마나 대표성을 띠지 못하는지를 평가할 수 있는 강력한 수단이다. 임의표본에 대해서만 특정 정도의 비대표성이 평균적으로 얼마나 자주 발생하는지를 언급할 수 있기 때문이다.

특정 크기의 모든 표본

그러한 사실을 이해하기 위해서는 단일 모집단으로부터 추출할 수 있는 서로 다른 임의표본들을 고려해야만 한다. 표 8.1은 한 유적의 발굴에서 노출된 17개 주공의 지름에 대한 계측치(cm)를 제시하고 있다. 계측치는 다루기 쉽도록 오름차순으로 정리되어 있다. 이 17개의 계측치를 모집단으로 하여 이로부터 표본을 추출하고자 한다. 물론 이는 과도할 만큼 작은 규모의 예이다. 일반적인 경우라면, 표본 자체도 17개보다는 훨씬 많은 계측치로 구성될 것이고, 그러한 표본이 추출된 모집단은 그보다도 훨씬 더 클 것이다. 이러한 소규모 표본의 예는 보다 실제와 가까운 큰 규모의 예에서 관찰하기 불가능할 수도 있는 작동의 원리를 이해할 수 있게 해 준다.

이 모집단은 그 지름에 대한 계측이 완료된 17개의 주공으로 이루어졌다.

모집단의 원소 개수를 지칭하기 위해 대문자 N을 사용하게 되는데, 이 예에서는 $N=17$이 된다. 모집단에 속한 17개 주공의 지름의 평균은 $13.53cm$인데, 모평균(모집단의 평균)임을 표시하기 위하여 μ(그리스문자의 소문자 뮤)를 사용하기로 한다. 따라서 $\mu=13.53$이 된다. 모집단의 표준편차는 σ(그리스문자의 소문자 시그마)로 표시되는데, 이 예에서는 $\sigma=2.73$이 된다.

우선 가장 작은 규모의 표본, 즉 크기가 1인 표본에 대해 생각해 보자. 소문자 n은, 대문자 N이 모집단의 원소의 개수를 표시하는 것처럼, 표본에 속한 원소의 개수를 나타낸다. 17개 주공으로 이루어진 모집단($N=17$)으로부터 추출될 수 있는 크기가 1($n=1$)인 모든 표본에 대해 고려해 보기로 하자. 크기가 1인, 서로 다른 17개의 표본이 있다는 것을 쉽게 알 수 있다. 1호 주공, 혹은 2호 주공, 혹은 3호 주공, ……, 혹은 17호 주공을 무작위로 추출할 수 있을 것이다. 크기 1인 표본 중 어떤 것을 추출하더라도, 표본에 속한 주공의 지름 평균을 계산할 수 있고 이를 이용하여 모집단에 속한 모든 주공의 지름 평균을 추정할 수 있을 것이다. 모평균에 관한 가장 적절한 추측이 될 수 있는 것은 표본의 평균이다. 수식에서 이 두 가지 평균을 구별하기 위하여 표 8.1에 나타난 것처럼 모평균에 대해서는 μ를, 표본의 평균에 대해서는 $\bar{X}$를 사용한다. 따라서 μ에 대한 최선의 추정치는 $\bar{X}$이다.

표 8.1. 주공 지름의 계측치로 이루어진 소규모 모집단[a]

번호	지름(cm)	번호	지름(cm)
1	10.4	10	13.2
2	10.7	11	13.7
3	11.1	12	14.0
4	11.5	13	14.3
5	11.6	14	15.0
6	11.7	15	16.4
7	12.2	16	18.4
8	12.6	17	20.3
9	12.9		

[a] $N=17$; $\mu=13.53cm$; $\sigma=2.73$

표본이 1호 주공으로 이루어졌다면, 모집단에 속한 주공 지름의 평균은 10.4cm로 추정할 수 있는데, 이는 10.4cm의 단일 예로 이루어진 표본의 평균이 10.4cm이기 때문이다. 표본이 2호 주공으로 이루어졌다면, 모집단에 속한 주공 지름의 평균은 10.7cm로 추정할 수 있으며, 나머지도 마찬가지이다. 추출될 수 있는 크기 1인 서로 다른 17개의 표본으로부터 모평균에 관한 17개의 상이한 추정이 가능할 것이다. 이러한 추정의 일부는 (10호 주공이나 11호 주공으로 이루어진 표본처럼) 실제에 매우 근접하기도 한다. 그러나 (1호 주공이나 17호 주공으로 이루어진 표본처럼) 일부는 상당히 빗나가기도 한다. 이 예는 일부 표본이 모집단을 상대적으로 정확히 반영하기도 하지만 일부는 그렇지 못하다는 것을 분명하게 보여준다.

모평균을 추정하는 데 잠재된 가장 큰 오류는 크기 1인 표본이 17호 주공으로 이루어질 때 발생한다. 이 표본에 의거하면 모평균과 6.77cm의 오차를 가지는 20.3cm이었을 것으로 추정할 것이다. 이는 유감스러울 정도로 큰 오차이다. 더구나 그러한 최대 오차는 크기가 1인 표본을 추출할 때 가장 자주 발생한다. 이 모집단에서 추출할 수 있는 크기 1의 서로 다른 표본의 총 개수 중 1/17(5.9%)이, 모평균에 대해 그러한 그릇된 추측을 유발하였던 17호 주공으로 이루어진다. 따라서 이 모집단으로부터 크기 1인 표본을 반복적으로 추출한다면, 이 표본들의 5.9%는 17호 주공으로 구성될 것이다. 표본이 이렇게 추출된다면, 전체 중 5.9%에 있어 6.77cm만큼 큰 오류를 범할 것이다.

이 모집단에서 오차가 3cm를 넘지 않게 주공의 평균지름을 추정해야 했었다면, 얼마나 자주 성공했으며, 얼마나 자주 실패했는지를 계산해 낼 수 있다. 크기 1인 17개의 상정 가능한 표본들 중, 세 개 표본은 3.0cm보다 큰 오차로 모평균에 대한 추정치를 나타낼 것이고 14개 표본은 3.0cm보다 작은 오차로 모평균에 대한 추정치를 나타낼 것이다. (각각 1호 주공, 16호 주공, 17호 주공으로 이루어진 표본들은 이미 알고 있는 모평균보다 3.0cm 넘게 차이가 나는 평균을 가질 것이다.) 따라서 크기가 1인 표본 중 82.4%는 당초 요구했던 만큼 정확한 추정치를 제공하는 반면, 17.6%는 그렇지 못하다.

만약 크기 1인 표본을 계속해서 추출했다면, 전체의 82.4%에는 모평균에 대해 수용할 수 있을 만큼 정확한 추정치를 담보한 표본을 얻었겠고, 전체의 17.6%에는 수용할 수 없을 만큼 부정확한 추정치를 담보한 표본을 얻었을 것이다. (서로 다른 각 표본들이 진정한 의미에서 임의표집되었다면, 각각은 동등하게 발생하게 되므로 실제로 그러한 비율이 확보된다.) 이러한 비율은, 곧바로 하나의 표본을 추출하는 단일 경우에 대한 확률로 치환된다. 즉, 추출하게 될 크기 1인 표본들의 82.4%가, 모평균에 대해 수용할 수 있을 정도로 정확한 추정치를 담보한다면, 크기 1인 단일 표본을 뽑을 때, 수용할 수 있을 만큼 정확한 추정치에 도달할 확률은 82.4% 또는 0.824가 될 것이다.

이러한 방식으로 단일 사상事象의 발생확률을 진술하는 것은 단지, 반복적인 시도의 긴 과정에서 그 단일 사상이 발생할 비율을 진술하는 것 정도의 의미라 하겠다. 예를 들어, 동전을 던질 때 앞면이 나올 확률이 50%라고 할 때처럼, 우리는 이러한 진술에 익숙하다. 그렇게 말하는 것은 동전을 반복적으로 던질 때, 전체의 50%에는 그 결과가 앞면이라는 것을 의미한다. 한 번 던질 때, 그 결과는 앞면 혹은 뒷면이지 반은 앞면이고 반은 뒷면이지는 않을 것이다. 하지만 한 번 던질 때 앞면일 확률은 50%인데, 반복적으로 던질 경우, 전체 50%의 결과는 앞면이 될 것이고, 전체 50%의 결과는 뒷면이 될 것이기 때문이다. 확률에 대해 이렇게 말하는 것은 대체로 상식의 문제일 뿐만 아니라, 일반적인 화법에서도 잘 정립되어 있기는 하지만, 통계학에서 그것이 가지는 중요성이 큰 만큼 여기서 분명히 언급할 필요가 있다.

17개 주공으로 이루어진 모집단에서 크기가 1인 표본을 추출한 예제에서, 전체의 82.4%에서는 성공적인(다시 말해, 수용할 수 있을 만큼 정확한) 결과를 얻을 것이다. 전체의 17.6%에서는 요구되는 정확성을 얻을 수 없을 것이다. 만약 이 정도의 성공확률이 충분하지 않다고 생각한다면, 상식적으로 좀 더 큰 표본을 다루면 될 것이다.

더 큰 크기의 모든 표본

17개 주공의 모집단에서 두 개의 주공 표본을 선택했다고 가정하자. 그 결과의 범위는 훨씬 클 것이다. 크기가 2인 표본 중에는 1호 주공과 1호 주공으로 이루어진 것이 있을 것이다. (여기서는 7장에서 언급된 바 있는 복원추출을 한다.) 혹은 표본이 1호 주공과 2호 주공으로 이루어질 수도 있고, 1호 주공과 3호 주공으로, 2호 주공과 3호 주공 등등으로 이루어질 수도 있다. 17개의 주공으로 이루어진 모집단에서 (복원)추출될 수 있는, 주공 두 개로 이루어진 서로 다른 표본은 모두 합쳐서 153개가 된다. 그 표본들이 무작위로 추출되었다면, 크기가 2인 153개의 서로 다른 표본의 각각은 한 번 뽑을 때마다 동등하게 발생할 수 있다.

크기가 2인, 153개의 서로 다른 표본 중 일부는 요구되는 수준의 정확도 (3.0cm를 넘지 않는 오차)로 모평균 추정치를 제시하겠고, 일부는 그렇지 못할 것이다. 어떤 것들이 그러할지를 구별하는 것은 그다지 어렵지 않다. 1호 주공과 1호 주공으로 이루어진 표본은 분명히 오차가 3.0cm보다 큰, 10.4cm라는 평균 지름을 보인다. 그다음 작은 표본평균은 1호 주공과 2호 주공으로 이루어진 표본에서 얻을 수 있다. 이 표본에 대한 평균 지름은 10.55cm가 될 것이다. 이는 실제 모평균보다 2.98cm 작으므로, 오차는 수용할 수 있을 만큼 작다. 크기 2인 표본 중 모평균을 3.0cm 이상 작게 추정하는 것은 하나뿐이다.

반대쪽 끝에서는 다음에 제시된 크기 2의 표본들에 의해서만 모평균보다 3.0cm 이상 큰 표본평균이 생성된다.

17호 주공과 17호 주공 ($\bar{X}=20.30cm$)
17호 주공과 16호 주공 ($\bar{X}=19.35cm$)
17호 주공과 15호 주공 ($\bar{X}=18.35cm$)
17호 주공과 14호 주공 ($\bar{X}=17.65cm$)
17호 주공과 13호 주공 ($\bar{X}=17.30cm$)
17호 주공과 12호 주공 ($\bar{X}=17.15cm$)

17호 주공과 11호 주공 ($\bar{X}=17.00\,cm$)

17호 주공과 10호 주공 ($\bar{X}=16.75\,cm$)

17호 주공과 9호 주공 ($\bar{X}=16.60\,cm$)

16호 주공과 16호 주공 ($\bar{X}=18.40\,cm$)

16호 주공과 15호 주공 ($\bar{X}=17.40\,cm$)

16호 주공과 14호 주공 ($\bar{X}=16.70\,cm$)

추출될 수도 있는 크기 2의 표본 중 나머지 것들은 모두 실제 모평균과 3.0 cm 이상 차이가 나지 않는 평균을 가지게 될 것이며, 따라서 수용할 수 있을 만큼 정확하게 된다.

정리하자면, 17개 주공으로 이루어진 모집단에서 추출될 수 있는 크기 2의 서로 다른 153개 표본 중에서, 한 표본은 수용할 수 없을 만큼 작은 모평균 추정치를 산출하게 되고, 12개 표본은 수용할 수 없을 만큼 큰 모평균 추정치를 산출하게 되는 반면, 140개 표본은 수용할 수 있을 만큼 정확한 모평균 추정치를 산출하게 된다. 그러므로 모평균을 추정하는 데 있어, 140/153(91.5%)의 기회에는 성공적인(즉, 수용할 수 있을 만큼 정확한) 결과를 얻게 되고, 8.5%의 기회에는 수용할 수 있을 만큼 정확한 결과를 얻는 데 실패할 것이다. 표본 추출에서 성공의 확률은 크기가 2인 표본으로 할 때(91.5%의 기회에 수용할 수 있을 만큼의 정확도)가 크기가 1인 표본으로 할 때(82.4%의 기회에 수용할 수 있을 만큼의 정확도)보다 확실히 높다. 크기 2인 표본들 중 수용할 수 없을 만큼 부정확한 결과를 도출하는 경우는, 크기 1인 표본들 중 수용할 수 없을 만큼 부정확한 결과를 도출하는 경우에 비해 상대적으로 더 예외적이다. 따라서 추출될 수 있는 크기 2의 어떤 표본이, 크기 1의 경우에 비해 수용할 수 없을 만큼 부정확한 결과를 가져다 줄 것 같지는 않다. 크기 1의 특정 표본이 수용할 수 없을 만큼 부정확한 결과를 산출할 확률이 17.6%(즉, 0.176)인 한편, 크기 2의 특정 표본이 수용할 수 없을 만큼 부정확한 결과를 가져다 줄 확률은 8.5%(즉, 0.085)이다. 크기가 2인 표본 중에서는 그러한 비대표성 표본이 크기가 1인 표본 중에서보다 더 예외적이기 때문이다.

크기 3인 표본의 경우로 확장하더라도, 그러한 경향은 계속된다. 17개 주공으로 이루어진 모집단에서 크기 3인 969개의 서로 다른 표본이 추출될 수 있다. 이들 중, 다음 것들은 3.0cm보다도 더 낮은 모평균 추정치를 산출할 것이다.

1호 주공, 1호 주공과 1호 주공 ($\overline{X}=10.40\,cm$)
1호 주공, 1호 주공과 2호 주공 ($\overline{X}=10.50\,cm$)

게다가, 다음의 크기 3인 표본들은 3.0cm보다 더 높게 모평균 추정치를 산출할 것이다.

17호 주공, 17호 주공, 17호 주공 ($\overline{X}=20.30\,cm$)
17호 주공, 17호 주공, 16호 주공 ($\overline{X}=19.67\,cm$)
17호 주공, 17호 주공, 15호 주공 ($\overline{X}=19.00\,cm$)
17호 주공, 17호 주공, 14호 주공 ($\overline{X}=18.53\,cm$)
17호 주공, 17호 주공, 13호 주공 ($\overline{X}=18.30\,cm$)
17호 주공, 17호 주공, 12호 주공 ($\overline{X}=18.20\,cm$)
17호 주공, 17호 주공, 11호 주공 ($\overline{X}=18.10\,cm$)
17호 주공, 17호 주공, 10호 주공 ($\overline{X}=17.93\,cm$)
17호 주공, 17호 주공, 9호 주공 ($\overline{X}=17.83\,cm$)
17호 주공, 17호 주공, 8호 주공 ($\overline{X}=17.73\,cm$)
17호 주공, 17호 주공, 7호 주공 ($\overline{X}=17.60\,cm$)
17호 주공, 17호 주공, 6호 주공 ($\overline{X}=17.43\,cm$)
17호 주공, 17호 주공, 5호 주공 ($\overline{X}=17.40\,cm$)
17호 주공, 17호 주공, 4호 주공 ($\overline{X}=17.37\,cm$)
17호 주공, 17호 주공, 3호 주공 ($\overline{X}=17.23\,cm$)

17호 주공, 17호 주공, 2호 주공 ($\bar{X}=17.10\,cm$)
17호 주공, 17호 주공, 1호 주공 ($\bar{X}=17.00\,cm$)
17호 주공, 16호 주공, 16호 주공 ($\bar{X}=19.03\,cm$)
17호 주공, 16호 주공, 15호 주공 ($\bar{X}=18.37\,cm$)
17호 주공, 16호 주공, 14호 주공 ($\bar{X}=17.90\,cm$)
17호 주공, 16호 주공, 13호 주공 ($\bar{X}=17.67\,cm$)
17호 주공, 16호 주공, 12호 주공 ($\bar{X}=17.57\,cm$)
17호 주공, 16호 주공, 11호 주공 ($\bar{X}=17.47\,cm$)
17호 주공, 16호 주공, 10호 주공 ($\bar{X}=17.30\,cm$)
17호 주공, 16호 주공, 9호 주공 ($\bar{X}=17.20\,cm$)
17호 주공, 16호 주공, 8호 주공 ($\bar{X}=17.10\,cm$)
17호 주공, 16호 주공, 7호 주공 ($\bar{X}=16.97\,cm$)
17호 주공, 16호 주공, 6호 주공 ($\bar{X}=16.80\,cm$)
17호 주공, 16호 주공, 5호 주공 ($\bar{X}=16.77\,cm$)
17호 주공, 16호 주공, 4호 주공 ($\bar{X}=16.73\,cm$)
17호 주공, 16호 주공, 3호 주공 ($\bar{X}=16.60\,cm$)
17호 주공, 15호 주공, 15호 주공 ($\bar{X}=17.70\,cm$)
17호 주공, 15호 주공, 14호 주공 ($\bar{X}=17.23\,cm$)
17호 주공, 15호 주공, 13호 주공 ($\bar{X}=17.00\,cm$)
17호 주공, 15호 주공, 12호 주공 ($\bar{X}=16.90\,cm$)
17호 주공, 15호 주공, 11호 주공 ($\bar{X}=16.80\,cm$)
17호 주공, 15호 주공, 10호 주공 ($\bar{X}=16.63\,cm$)
17호 주공, 14호 주공, 14호 주공 ($\bar{X}=16.76\,cm$)
16호 주공, 16호 주공, 16호 주공 ($\bar{X}=18.40\,cm$)
16호 주공, 16호 주공, 15호 주공 ($\bar{X}=17.73\,cm$)
16호 주공, 16호 주공, 14호 주공 ($\bar{X}=17.27\,cm$)
16호 주공, 16호 주공, 13호 주공 ($\bar{X}=17.03\,cm$)

16호 주공, 16호 주공, 12호 주공 ($\bar{X}=16.93cm$)

16호 주공, 16호 주공, 11호 주공 ($\bar{X}=16.83cm$)

16호 주공, 16호 주공, 10호 주공 ($\bar{X}=16.67cm$)

16호 주공, 16호 주공, 9호 주공 ($\bar{X}=16.57cm$)

16호 주공, 15호 주공, 15호 주공 ($\bar{X}=17.07cm$)

16호 주공, 15호 주공, 14호 주공 ($\bar{X}=16.60cm$)

따라서 크기 3인 969개 표본들 중 두 개는 수용할 수 없을 만큼 낮은 추정치를, 48개는 수용할 수 없을 만큼 높은 추정치를 산출한다. 수용할 수 있을 만큼의 정확성 비율은 919/969, 즉 94.8%가 될 것이다. 이 주공 모집단으로부터 수용할 수 없을 만큼 부정확한 모평균 추정치를 산출할, 크기 3의 임의표본을 추출할 확률은 단지 5.2%(즉, 0.052)에 불과하다. 이는 그것이 추출된 모집단의 평균과는 매우 다른 평균을 가지는 크기 3의 임의표본이란 (추출 가능한 모든 표본 중 단지 5.2%만을 반영할 정도로) 매우 예외적이기 때문이다. 따라서 그 모집단으로 추출될 수 있는 크기 3의 특정 표본이, 이 예제에서 당초 요구하기로 정한 정확도로 그 모집단을 반영할 것이라는 점은 매우 그럴듯하다(반드시 확실하다고는 할 수 없지만 매우 그럴듯하다).

추출될 수 있는 4,845개의 서로 다른 크기 4의 표본들을 고찰함으로써, 이러한 작업을 계속해 갈 수 있겠으나 핵심은 이제 분명해졌을 것이다. 임의표본이 클수록, 그것이 추출된 모집단을 수용할 수 있을 만큼의 정확도로 반영할 가능성이 더욱 커질 것이다. 다른 조건이 같다면, 표본의 대표성을 좌우하는 것은 그 크기이다. 더 큰 표본이 작은 표본보다 모집단에 대해 좀 더 자주 타당한 대표성을 띤다. 그러나 위에서 강조한 바와 같이, 이러한 조건이 응당 대표성을 담보해 주는 것은 아니다. 이 예제에서 크기 3의 표본 중 가장 비대표적인 것은 17호 주공 셋으로 이루어진 것이다. 이 표본은 정확히 (17호 주공으로 이루어져) 가장 비대표적인 크기 1의 표본만큼 비대표적이다. 그러나 그러한 비대표적 표본들은 작은 표본보다 큰 표본에서 덜 빈번하게 나타난다.

17개 주공의 지름으로 이루어진 모집단의 평균을 추정하면서 3.0㎝ 이상 되는 오차가 발생할 횟수는 모집단의 산포에 따라 달라지기도 한다. 만약 평균보다 훨씬 크거나 훨씬 작은 주공이 많다면, 수용할 수 없을 만큼 부정확한 결과를 산출할 표본의 숫자가 증가하게 된다. 이것이 당장 이해되지 않는다면, 표 8.1에 제시된 예제 모집단으로 돌아가서 1호, 2호, 3호 주공을 각각 9.0㎝, 9.4㎝, 9.8㎝로 바꾸자. 크기가 1, 2, 3인 표본 중 얼마나 많은 것들이 13.53㎝로부터 3.0㎝ 이상 차이가 나는 평균을 갖는지 세어보자. 모집단에서의 산포가 클수록, ("수긍할 수 있을 만큼 가깝다"를 어떻게 정의하든지) 수긍할 수 없을 만큼 모평균에서 멀어진 평균을 갖는 표본은 더 많아지게 된다.

　　물론 큰 표본일 때조차도 심각한 오차가 적게나마 남지만, 표본에 의거하여 모집단에 대해 추론함에 있어 심한 오차가 나타날 기회는 큰 표본일수록 적어진다. 표본에 의거하여 모집단에 대해 추론함에 있어 심한 오차가 나타날 기회는, 모집단이 동질적일(숫자군이 작은 산포를 보일) 때 적어지고, 모집단이 큰 변이를 보일(숫자군이 큰 산포를 보일) 때 많아진다. 모집단이 어떠한지 정확히 알 수 있고 수용 가능한 정확도를 확정할 수 있었던, 위의 구체적인 예에서, (비록 작위적일지언정) 수용할 만한 혹은 수용하지 못할 만한 결과를 산출할 표본의 비율을 쉽게 계산할 수 있었다. 이제 필요한 것은 그 구체적인 예에서 얻어진 관찰사항을 보편화할 방법이다.

"특별숫자군"

앞의 예제에서 이루어졌던 특수한 관찰을 일반적으로 적용하기 위한 첩경은 매우 특별한 숫자군에서 찾을 수 있다. 이 "특별숫자군special batch"은 단일 모집단으로부터 추출되는 서로 다른 크기의 표본들의 평균으로 이루어진다. 앞의 예에 비추어 이 점에 대해 생각해 보자.

　　표본의 크기가 1(즉, $n=1$)인 경우, 여기서 예로 들고 있는, 17개의 주공으로 이루어진 모집단으로부터 추출될 수 있는 서로 다른 임의표본은 17개가 된다. 17개 표본 각각은 자체의 표본평균($\bar{x}$)을 갖는다. 특별숫자군은 이 17개의 표본평균으로 이루어진다. 이 표본들 중 17.6%는 원래 모평균에서 3.0cm 이상 차이가 나며, 따라서 수용하기 어려울 정도의 비대표성을 가진다는 사실을 발견하였다. 크기가 1인 표본 중 수용하기 어려울 정도의 비대표성 표본은, 특별숫자군의 17.6%를 차지하는 정도여서 다소 예외적이지만 지극히 드물다고 단정하기는 어렵다. 이 모집단으로부터 추출할 수 있는 표본 중 크기가 1인 것의 대다수는 여기서의 목적에 부합하기 충분한 정도의 정확성을 가지지만, 다소 거북한 정도로 높은 비율의 표본은 수용하기 어려울 정도로 부정확하다.

$n=2$인 경우, 여기서 예로 들고 있는 17개 주공으로 이루어진 모집단으로부터 추출될 수 있는 서로 다른 임의표본은 153개가 된다. 153개 표본 각각은 자체의 표본평균($\bar{x}$)을 갖는다. 특별숫자군은 이 153개의 표본평균으로 이루어진다. 어떤 표본이 대표성을 띠지 못해서 그 평균이 모평균과 3cm 이상 차이가 나는 경우는 이 모집단으로부터 추출될 수 있는 크기 2의 표본 중 8.5%를 차지하는바, 좀 더 예외적이다.

$n=3$인 경우, 여기서 예로 들고 있는 17개 주공으로 이루어진 모집단으로부터 추출될 수 있는 서로 다른 임의표본은 969개가 된다. 969개 표본 각각은 자체의 표본평균($\bar{x}$)을 갖는다. 특별숫자군은 이 969개의 표본평균으로 이루어진다. 어떤 표본이 대표성을 띠지 못해서 그 평균이 모평균과 3cm 이상 차이가 나는 경우는 이 모집단으로부터 추출될 수 있는 크기 3의 표본 중 5.2%를 차지하는바, 위의 경우보다도 더 예외적이다.

이런 식으로 계속해 갈 수 있다. 특정 모집단과 특정한 크기의 표본에 있어서, 그 모집단으로부터 추출될 수 있는 그러한 크기의 서로 다른 표본의 평균으로 이루어지는 특별숫자군이 있다. 따라서 이 특별숫자군은 그러한 특정 크기의 표본에 근거하여 모평균을 추정하는 작업에서 얻을 수 있는 모든 가능한 결과로 이루어지게 된다. 그리고 이 특별숫자군은 수용하기 어려울 정도의 비대표성 표본을 추출하는 상황이 얼마나 예외적인가를 결정하는 데 중요하다. 이러한 비대표성 표본의 예외적임은 (특별숫자군에 비추어) 특정 모집단으로부터 임의로 추출된 특정 표본이 비대표적일 확률을 정할 수 있게 해 준다.

표준오차

앞에서는 4장에서와 유사한 방식으로 특이성―그것이 속한 숫자군에서 어떤 숫자의 예외적임―의 개념을 이용하였다. 여기서 논의한 숫자들은 특정 크기 표본의 평균들이고, 비교대상 숫자군은 특정 모집단으로부터 추출 가능한 특정 크기 표본의 평균으로 이루진 것, 즉 특별숫자군이다. 4장에서 어떤 숫자군에서 특정 숫자의 특이성을 평가하는 일반적인 절차에 대해 논의했었는데, 그 절차는 숫자군의 수준과 산포에 관한 수치지표에 근거한 것이었다. 이러한 절차를 특별숫자군에서 표집결과의 특이성에 대해 논의하려는 작업에 대입시켜 볼 수 있겠다. 그러기 위해서는 특별숫자군의 수준과 산포에 대해서 먼저 알아야 할 필요가 있다. 물론, 특정 크기의 모든 가능한 표본을 추출하고 얻어진 숫자군을 직접 다룸으로써 특별숫자군의 수준과 산포를 찾을 수도 있겠지만 그렇게 하는 것은 그다지 합리적이지 않아 보인다. 그렇게 하는 것은 우리가 전체 모집단을 대상으로 연구하고자 하는 것보다 엄청나게 많은 작업을 요하므로 표집을 통해 얻는 이점이 없게 된다. 특별숫자군을 판별하는 작업에는 더 쉬운 방법이 있다.

특별숫자군의 평균이 표본들을 추출했던 모평균과 같다는 점은 수학적으로도 증명할 수 있다. 이는 물론 크기가 1인 표본들의 예에서 명백해진다. 표본의 각 숫자들이 모집단의 각 숫자들과 동일한바, 크기 1의 표본들에 대한 특별숫자군은 모집단을 이루는 숫자군과 정확히 일치한다. 따라서, 모평균은 반드시 특별숫자군의 평균과 일치해야 한다. 이는 n>1인 경우(특히, 표본의 크기가 1보다 큰 경우)에도 마찬가지가 된다.

특별숫자군의 평균이 표집된 모평균과 동일하다고 한다면, 특정 모집단에서 추출될 수 있는 특정 크기의 모든 표본들의 평균들의 평균은 모평균과 동일하다고 할 수 있다. 특별숫자군은 특정 모집단에서 추출될 수 있는 특정 크기의 모든 표본의 평균인바, 그러한 두 명제는 똑같은 것이라고도 할 수 있다.

마음만 먹으면 이 점은, 형식적인 수학적 증명을 동원할 필요도 없이, 매우 쉽게 생각해 낼 수 있는 것이다. 특정 크기의 모든 가능한 표본을 추출한다면,

모집단에 속한 각 숫자들은 표본들 전체로 보아서는 동일한 횟수만큼 등장한다(그러나 몇 번이냐 하는 것은 전적으로 표본의 크기에 달려 있다). 모든 표본평균들의 평균은 모든 표본에 속한 숫자들의 평균과도 같다. 모집단의 모든 수들은 표본들 전부를 합쳤을 때, 동일한 횟수로 등장하기 때문에, 이 엄청나게 큰 숫자군은 결국 모집단을 여러 번 되풀이한 것이 되고 그 평균은 원래 모평균과 등일하게 된다. 각 숫자가 여러 번 더해졌지만 각 숫자가 몇 번이나 더해졌느냐를 정확히 반영하여, 그 횟수만큼의 수로 나누게 된다.

특별숫자군의 표준편차는 특정 모집단의 표준편차를 특정 표본에 속한 원소 개수의 제곱근으로 나눈 것과 동일하다는 점도 수학적으로 증명될 수 있다. 그 진실은 역시 크기가 1인 표본들의 예에서 명확해진다. 특별숫자군의 표준편차는 모집단의 표준편차를 1(특정 모집단의 크기)의 제곱근으로 나눈 것이다. 1의 제곱근은 1인바, 표본의 크기가 1인 경우, 특별숫자군의 표준편차는 모집단의 표준편차와 동일하게 된다. 그리 놀랄 일도 아닌 것이, 표본크기가 1인 경우, 특별숫자군은 모집단과 동일하기 때문이다. 그런데 특별숫자군의 표준편차, 표본의 크기, 모집단의 표준편차 사이에 나타나는 이러한 관계는 표본의 크기가 어떠하더라도 사실이다.

특별숫자군의 표준편차는 이렇듯 중요한 숫자인바, 별도의 이름이 있다. 그것은 표준오차standard error이다. 따라서 표준오차는 특정 모집단으로부터 추출될 수 있는 특정 크기의 모든 표본들의 평균으로 이루어진 숫자군의 표준편차이다. 표준오차를 구하는 공식은,

$$SE = \frac{\sigma}{\sqrt{n}}$$

인데, 여기서 SE=표준오차이고, σ=모집단의 표준편차이고, n=표본을 이루는 원소의 개수이다.

이제 특별숫자군의 수준과 산포에 관한 수치지표를 정할 수 있는 상황이 도래한, 보편적이고 효과적인 방식으로 특정 표본들의 특이성을 논의할 수 있

게 되었다. 그러나 이러한 수치지표들은 매우 까다로운 것들이다. 평균이나 표준편차, 어느 것도 이상점이나 편향성에 대해서는 저항적이지 못하다. 그러나 다행스럽게도, 상대적으로 큰 표본에 대해서는 특별숫자군의 형상이 정규분포를 나타낸다는 것을 수학적으로 증명할 수 있다. 정규분포의 형상은 단봉이고 대칭적이어서, 평균과 표준편차가 수준과 산포에 관한 유용한 수치지표라는 것을 알고 있기 때문에, 그것들이 비저항적이라는 사실을 걱정할 필요는 없다. 여기서 상대적으로 큰 표본 크기란 30 이상을 의미한다고 할 수 있다. 특별숫자군의 이러한(상대적으로 큰 표본 크기를 가지면 정규분포의 형상을 띤다는) 특성은 매우 중요하다. 이는 중앙극한정리central limit theorem로 불린다.

요약하자면, 본 장에서는 특별숫자군은 특정 모집단으로부터 추출될 수 있는 특정 크기의 모든 표본들의 평균으로 이루어진 것으로 간주하였다. 이 특별숫자군은 평균의 표집분포sampling distribution of the mean라는 보다 공식적인 통계용어로 알려져 있지만, 여기서는 계속해서 간단하게 특별숫자군으로 부르기로 한다. 특별숫자군의 세 가지 속성이 지적되었다. 첫째, 특별숫자군의 평균은 표본들이 추출된 모평균과 동일하다. 둘째, 표준오차로 알려진, 특별숫자군의 표준편차는 $\sigma/\sqrt{n}$이다. 셋째, 표본의 크기가 약 30이 넘으면 특별숫자군의 형상은 정규분포를 띤다.

특별숫자군의 이러한 세 가지 속성은 그 특징에 대해 완전한 정보를 제공한다. 특정 크기의 표본 전부를 추출하고 정리할 필요 없이, 특별숫자군의 수준(평균), 산포(표준편차) 및 형상(단봉, 대칭, 정규분포)을 규정할 수 있다. 다음 장에서는 특별숫자군과 그 특성들을 일반화하여 특정 표본의 특이성을 평가하는 데 사용해 보도록 하겠다.

09
신뢰도와 모평균
Confidence and Population Means

8장에서 논의한 특별숫자군의 속성을 사용하면서 주로 접하게 되는 어려움은 특별숫자군의 특성을 규정하기 위해서는 표본이 추출될 모집단에 대해 많은 것을 알아야 한다는 것이다. 우리는 이미 특별숫자군의 평균이 모집단의 그것과 일치하며, 특별숫자군의 표준편차(즉 표본의 표준오차)는 모집단의 표준편차를 표본에 속하는 원소 개수의 제곱근 값으로 나눈 것이라는 점을 알고 있다. 그런데 실전에서, 우리는 모평균母平均(모집단의 평균)이나 표준편차 중 어느 것도 알 수가 없다. 사실, 이들은 표본에 근거하여 추정하고자 하는 바로 그것들이다. 따라서 애초에 모집단과 관련된 그러한 사항에 대해 모르더라도 특별숫자군을 활용할 방법을 강구해야만 한다.

본 장에서는 표본의 특이성에 대한 인식을 보다 실제적인 상황으로 확대하여, 한 모집단에서 추출될 수 있는 모든 표본을 대상으로 하기보다는 한 표본을 가지고 그것이 추출되었을 가능성이 있는 여러 모집단을 고려해 보기로 한다. "우리가 실제로 가지고 있는 표본이, 특정 평균값을 가진 모집단으로부터 추출되는 상황이 얼마나 특이한가?"라는 질문을 던지는 것으로부터 시작하자. 우리의 표본이 추출될 수 있는 여러 모집단에 대해 그러한 질문을 던지게 될 것이다.

임의표본으로 시작하기

이미 평균 길이를 알고 있는 투사체(석창 혹은 석촉)들의 모집단으로부터 100개의 임의표본을 추출했다고 가정하자. 이 100개의 투사체로 이루어진 임의표본의 평균길이는 3.35cm이고 표준편차는 0.50cm이다. 예를 들어, 집중적이고 체계적인 지표조사를 통해 어떤 지역 유적들에서 발견되는 유물을 수집한다고 했을 때, 실제로 그러한 상황이 발생할 수 있다. 논리를 간단히 하기 위하여, 이러한 수집유물들을 조사한 결과, 확인된 유적들은 선사시대 단일 시기의 점유를 통해 형성되었음이 밝혀졌다고 하자. 수집된 모든 (100개의) 투사체를, 단일 시기 동안 이 지역에 거주했던 선사인들이 제작한 모든 투사체로 이루어진 모집단으로부터 추출된 임의표본으로 간주하자.

이 표본은 기술적으로 임의표본은 아니지만 적어도 모집단이 되는 투사체 길이들의 평균을 측정하기 위하여 그렇게 취급될 것이다. 이러한 결정을 하기 위하여, 현장에서의 유물 수집과정이나 이 유물들이 유적의 지표에 산재하게 되어 지표수집이 가능하게 된 경우를 고려해야 할 필요가 있다. 후자의 경우는 이 투사체들이 폐기되는 시점부터 수집되는 시점까지의 전 과정을 포괄한다. 이러한 전 과정을 고려함에 있어 개개 투사체 길이가 다른 현상이 별개의 영향에 의한 것이라고 믿을 이유를 찾을 수 없다면(혹은 적어도 어떠한 작용이 되었건 이 표본은 물론 비교의 대상이 될 다른 표본에도 동일하게 영향을 미쳤다면), 투사체의 길이에 관한 한 이 표본을 임의표본으로 취급하기로 할 것이다. 모집단의 투사체 길이에 대해 내리는 어떠한 결론의 정당성도 이러한 결정에 의한 것이다. 만약 언젠가 우리가 생각지 못했던 어떤 측면에서 이 표본이 편향되었다는 점을 발견한다면, 그러한 결론들이 유효하지 못하게 될 수도 있다는 점을 명심해야 한다.

이러한 과정은 위험해 보일 수도 있지만 (그렇게 하지 않을 경우) 유일한 대안은 7장에서도 논의한 바와 같이, 모집단의 투사체 길이에 대해 아무런 결론도 내리지 않는 것이다. 어떠한 진술이, 예를 들어 우드랜드 후기Late Woodland의 투사체 전반에 관해 내린 어떠한 결론이 본질적으로 통계적일 수도 있고 아니면 순전히 주관적인 인상에 의한 것일 수도 있지만, 어쨌든 그것은 앞서 언급한 논리에 근거한 것이다. 고고학자는 비록 항상 무작위로 추출된 표본이 아닐지라도 그에 근거하여 크고 모호하게 규정된 모집단에 대해 그러한 일반적인 설명을 해 왔다. 그리고 통계적 처리가 전혀 결부되지 않은 경우라도 그러한 설명들에서는 결론적으로 편향성이 없음을 증명하지 못함에도 불구하고, 주어진 표본이 편향적이지 않은 것처럼 다루어져 왔다. 사실, 그것은 오히려 덜 위험한 경우다. 왜냐하면, 여기서 지금부터 논의하려는 통계기법들은 표본이 편향되지 않았다는 점을 전제하기 때문이다. 그러한 통계기법들은 표본이 모집단을 정확히 반영한다고 가정하지는 않는 대신, 조직적으로 편향되지는 않다는 점을 전제한다. 주관적인 일반화에서는 근거가 되는 표본이 편향되지 않을뿐더러 모집단을 정확히 대표한다고 가정한다―더욱 강한 가정일 뿐단 아니라, 정당성을 찾기도 어렵다.

 고고학자만이 이러한 상황에 처해 있는 것은 아니다. 일상에서 우리는 미국 성인 남녀의 평균 신장과 같은 숫자들을 이용하는 것에 별다른 거부감이 없다. 하지만 이러한 숫자들이 어떻게 얻어졌는지에 대해 생각하는 사람은 거의 없다. 명백히 미국에 사는 모든 성인 남녀의 키를 포괄하는 것은 아니다. 그 숫자들은 훨씬 작은 표본에 의거한 것이다. 기술적으로 모든 성인 남녀를 대상으로 한 임의표본조차도 아니다. 큰 모집단을 정확히 반영하는, 훨씬 작은 아모집단으로부터 추출된 표본이다. 아무도 미국의 모든 성인 남녀에게 순서를 부여하거나 임의표집하거나 표본으로 추출된 모든 개인의 키를 측정해 본 적도 없다. 미국 전체 모집단을 정확히 반영하도록 세심하게 고려하고 편향성을 제거함으로써 훨씬 작고 접근이 수월한 아모집단이 추출되는 것이다.

 이와 정확히 동일한 원리로, 고고학자는 특정지역에서 특정시기에 제작된 모든 투사체와 같이 모호하게 규정된 큰 모집단을 특징짓기 위하여, 그러한 모집단의 원소에 연속적으로 순서를 부여하고 임의표본을 추출할 필요는 없다. 고고학자는 지표에 노출된 특정시기의 투사체들이 큰 모집단을 반영하는 (적어도 특정 측면에서는) 왜곡되지 않은 아모집단이며, 지표에서 수습된 100

개의 투사체들이 그 아모집단으로부터 추출된 편향되지 않은 표본이라고 주장할 수 있어야 (하며 또한 그래야만) 한다. 이야말로 많은 학문분야에서 관례적으로, 매우 크고 모호하게 규정된 모집단을 처리하는 방식이다. 최종적인 결론은 그러한 표본이 왜곡되지 않았다는 가정을 정당화할 수 있는 정도에 따라 신뢰할 수 있게 된다. 만약 그러한 것이 불확실하다면, 도달하게 될 결론의 유효함에 대해서도 의심이 남게 된다.

당면한 주제에서 벗어나 그러한 표집의 전제를 현실적으로 적용하는 것에 대해 다소 장황한 논의를 하자면, 용어상 요점을 하나 짚고 넘어가는 것도 좋을 듯하다. 여기서 다루고 있는 것과 같이, 크고 모호하게 규정된 모집단을 통계학에서는 무한모집단infinite populations이라고 부른다. 물론 실제로 무한하다는 것이 아니라, 단지 크고 정확히 규정하지 못한다는 것을 의미한다. (무한모집단에 대한 논의를 계속해 가면, 통계학에서의 무한성이란 천문학에서의 그것보다는 훨씬 작다는 것을 알게 될 것이다.)

표본은 어떤 모집단으로부터 추출되었나?

주어진 표본을 (최소한 논지전개의 목적상) 임의표본으로 다루고자 하는 점이 충족된다면, 표본을 추출한 모집단이 어떤 종류의 것인지를 고려할 수 있다. 여기서 주어진 100개 투사체의 표본은 3.35cm의 평균길이와 0.50cm의 표준편차를 가진다는 것을 상기하자. 큰 모집단과 표본에 있어서, 흔히 다른 어떤 숫자보다도 표본의 평균이 모평균과 동일하다. 그런 경우, 흔히 다른 어떤 숫자보다도 표본의 표준편차가 모집단의 표준편차와 동일하다. 따라서 가장 적절한 추정은 여기서 주어진 표본의 모집단이 3.35cm의 평균 길이와 0.50cm의 표준편차를 가진다는 것이다.

그런데 표본이 항상 모집단과 일치하는 평균을 가지지는 않으므로 어느 정도 신뢰성을 가지고 그러한 추정을 할 수 있는지 의문을 가지게 된다. 달리 표현하자면, 얼마나 그러한 추정이 부정확할까? 좀 더 자세히 표현하자면, 얼마나 그러한 추정이 충분히 문제가 될 만큼 부정확할까? 마지막 문장에서 더해진 부분은 정확성에 관한 중요한 실질적 문제이다. 실제 모평균이 3.350000000cm가 아니라, 3.350000001cm일 확률에 대해서는 거의 걱정할 필요가 없다. 0.000000001cm의 차이는 문제가 되지 못한다. 아마도 그 정도의 차이는 계측도구의 성능을 훨씬 넘어서는 것임이 분명하다. 비록 가능하다 할지라도, 여기서 무한의 정확도를 추구하지는 않는다는 것이 요점이다―사실 그 정도의 차이는 별 문제가 되지 않을 것이다. 문제의 소지를 제공할 정도의 부정확성이 바로 우리가 우려해야 할 부분이다. 아마도 0.01cm 혹은 0.1cm의 차이마저도 걱정할 필요가 없을 수도 있다. 모평균을 추정하는 데 있어 심각하게 걱정하기에는 0.4cm 혹은 0.5cm조차도 크지 않을 수 있다.

요구되는 정확도에 관한 문제는 통계학적 법칙을 적용할 만한 것이 아니다. 오히려, 이 모집단의 투사체의 평균길이가 얼마나 되는지를 왜 알고자 하는지와 관련된 실질적인 문제이다. 통계의 목적상, 어떠한 것이든 간에 요구되는 정확도가 결정되면 그것을 따라야 하는데, 그러한 결정이 통계학 영역 밖의 실질적인 관심에 기반하고 있기 때문이다. 예를 들어, 한 지역의 투사체의 평균길이에 대해 알고자 하는 이유가 지역 간 수렵양상의 차이를 밝히고자 타 지역 투사체의 평균길이와 비교하기 위해서라고 하자. 이 경우 0.1cm의 차이는 수렵양상에 있어서 의미 있는 차이를 반영하기에는 너무 작기 때문에 의미 있는 것으로 받아들여지지 않을 수 있다. 한편, 그것이 지칭하는 것에 부합하는 실제 사례를 찾을 수만 있다면, 0.5cm의 차이도 의미 있을 수 있다.

예제 표본으로 돌아가자. 이미 (표본평균과 동일한) 3.35cm의 평균길이를 가지는 모집단으로부터 이 표본이 추출되었을 가능성이 가장 높은 것으로 추정하였다. 그러나 그 표본이 반드시 그 모집단에서 추출되었다고 확신할 수 없음도 안다. 이 표본이 3.35cm보다 다소 크거나 작은 평균길이를 가지는 모집단으로부터, 혹은 3.35cm보다 훨씬 더 크거나 훨씬 더 작은 평균을 가지는 모집단으로부터 추출되었을 수도 있다. 이 표본이 추출되었을 수 있는 다수의 모집단을 고려하면서, 과연 어느 정도 그러할까를 생각해 보자. 이 표본이 추출되었을 것으로 상상되는 모집단 각각에 대해, 그 모집단에서 추출될 수 있는,

100개의 원소를 가지는, 모든 표본들의 평균으로 이루어진 특별숫자군에 대해 생각해 볼 필요가 있을 것이다.

우선, 그 표본이 3.25cm의 평균길이를 가지는 모집단으로부터 추출되었다고 가정해 보자. 3.25cm의 평균을 가지는 모집단에서 (평균이 3.35cm이고, 표준편차가 0.50cm인) 우리 표본을 얻는 것이 얼마나 비정상적인가? 평균이 3.25cm인 모집단에서 추출될 수 있는 100개의 원소를 가지는, 모든 표본들의 평균으로 이루어진 특별숫자군은 어떠할까? 이 특별숫자군의 평균이 모평균, 즉 3.25cm라는 것을 이미 알고 있다. 그리고 100개의 표본은 상당히 큰 것이기 때문에, 중앙극한정리에 따라 이 특별숫자군이 대략 정규분포를 보일 것이라는 점 또한 이미 알고 있다. 단지 이 특별숫자군의 산포에 대한 지식이 없기는 하지만 그것은 다음의 공식에 의해 주어진다는 점은 알고 있다.

$$SE = \frac{\sigma}{\sqrt{n}}$$

달리 더 낫게 의지할 것이 없는바, 표본의 표준편차(0.50cm)를 모집단의 표준편차에 대한 최상의 추정치로 사용하기로 한다. 따라서

$$SE = \frac{0.50\,cm}{\sqrt{100}} = \frac{0.50\,cm}{10} = 0.05\,cm$$

이다.

그림 9.1은 평균이 3.25cm이고 표준편차가 0.50cm인 모집단에서 추출될 수 있는, 100개의 원소를 가지는 모든 표본들의 평균으로 이루어진 특별숫자군을 보여주고 있다. 이는 1장에서 논의한 바 있는 히스토그램일 뿐이다. 분명히, 3.25cm에 가까운 평균을 가진 표본들이 3.25cm에서 멀리 떨어진 표본들보다 흔하다. 그림 9.2는 이 특별숫자군을 보다 일반적인 방식으로 보여주고 있다. 수직 막대에 반영된 일정한 급간을 가지는 히스토그램 대신에 막대의 위쪽 가운데 지점들을 연결하는 부드러운 곡선으로 막대들의 높이가 표현되고 있다. 이러한 곡선은 수평척도를 어색한 급간으로 나누는 대신 진정한 연속적 계측

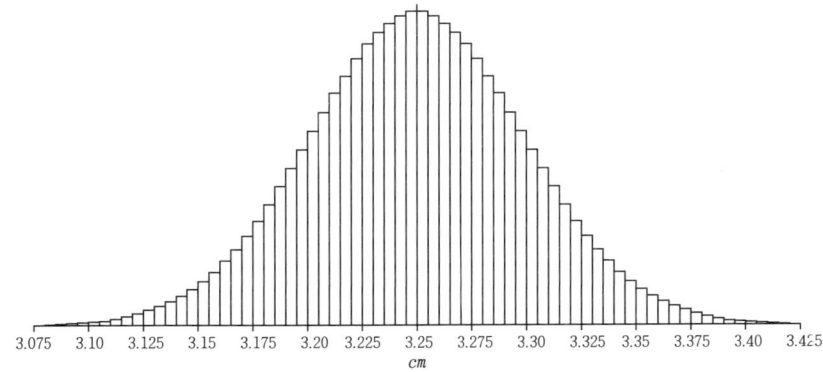

그림 9.1. 평균이 3.25cm, 표준편차가 0.50cm인 모집단에서 추출될 수 있는, 100개 원소로 구성된 모든 표본들의 평균으로 이루어진 특별숫자군

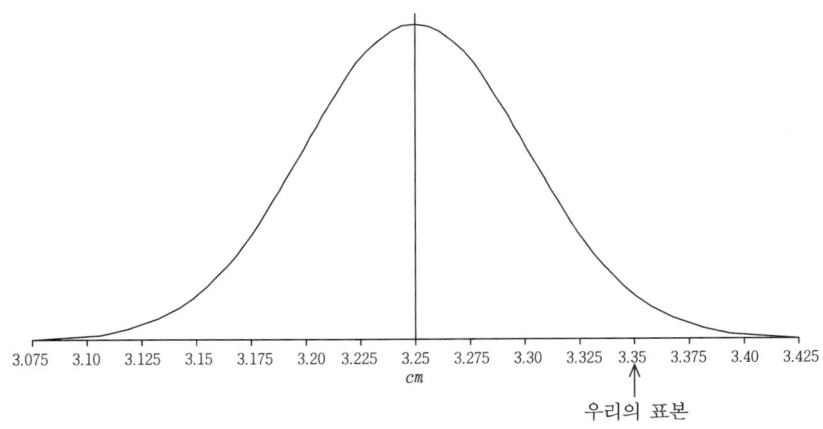

그림 9.2. 평균이 3.25cm, 표준편차가 0.50cm인 모집단에서 추출되는 100개 원소로 구성된 표본들의 특별숫자군

척도로 이용할 수 있게 한다. 수평척도를 따라 그 위에 놓인 곡선의 높이는 특정 평균을 갖는 표본들이 발생하는 빈도를 반영하는데, 그에 상응하는 히스토그램에서 막대의 높이가 특정 급간에 속하는 평균을 갖는 표본의 발생 횟수를 반영하는 것과 마찬가지이다. 정규분포를 보이는 숫자군의 형상을 이와 같이 표현하는 것은 통계학에서 흔한 일이므로, 종종 그와 관련된 전체 개념을 줄

여서 "정규분포곡선"이라고 부른다.

특정 평균(이 예에서는 3.25cm)과 특정 표준편차(이 예에서는 특별숫자군의 표준편차인 표준오차, 혹은 0.05cm)가 주어지면 단지 한 가지의 구체적인 정규분포를 상정할 수 있는데, 그림 9.2가 바로 그것이다. 그러므로 그림 9.2는 평균이 3.25cm이고 표준편차가 0.50cm인 모집단에서 추출될 수 있는 100개의 원소를 가지는 모든 표본들의 평균으로 이루어진 특별숫자군에 대한 그림이다. 이 그림을 이용하여 평균이 3.35cm인 표본을 상정 가능한 모든 표본의 맥락 속에서 자리매김할 수 있다. 그림 9.2에는 우리에게 주어진 이 표본이 전체 분포에서 차지하는 위치가 표시되어 있다. 이 표본에 상응하는 위치에서 정규분포곡선은 심하게 낮은데, 이는 평균이 3.35cm인 표본은 평균이 3.25cm인 모집단에서 추출된, 원소 100개의 표본들 중에 나타나기는 하되, 그다지 흔하지 않다는 점을 의미한다―평균이 3.25cm에 가까운 표본들에 비해서는 전혀 흔하게 나타나지 않는다. 이 표본은 평균이 3.25인 모집단에서 추출 가능한 모든 표본들의 맥락에서도 상당히 특이한 존재이다. 평균이 3.25cm인 모집단에서 이 표본이 추출되는 상황은 가능은 하되, 그다지 자주 있을 것 같지는 않다.

이 표본이 추출될 수도 있는 다른 모집단을 대상으로 이와 동일한 작업을 할 수 있다. 예를 들어, 이 표본이 3.20cm의 평균길이를 갖는 모집단으로부터 추출될 것은 얼마나 있음직한 일인가? 그림 9.3은 평균이 3.20cm이고 표준편차가 0.50cm인 모집단에서 추출될 수 있는, 100개의 원소를 가지는, 모든 표본들의 평균으로 이루어진 특별숫자군을 보여주고 있다. 그림 9.3을 보면, 이 표본에 상응하는 위치에서 정규분포곡선은 극심하게 낮다. 따라서 평균이 3.35cm인 표본이 평균이 3.20cm인 모집단에서 추출될 수 있는 원소 100개의 표본들 중에서는 매우 드물다는 것이다. 이 표본이 그러한 모집단으로부터 추출되는 상황은 (전적으로 불가능하지는 않되) 매우 드물 것이다.

이 표본이 3.30cm의 평균길이를 갖는 모집단으로부터 추출될 것은 얼마나 있음직한 일인가? 그림 9.4는 평균이 3.30cm이고 표준편차가 0.50cm인 모집단에서 추출될 수 있는, 100개의 원소를 가지는, 모든 표본들의 평균으로 이루

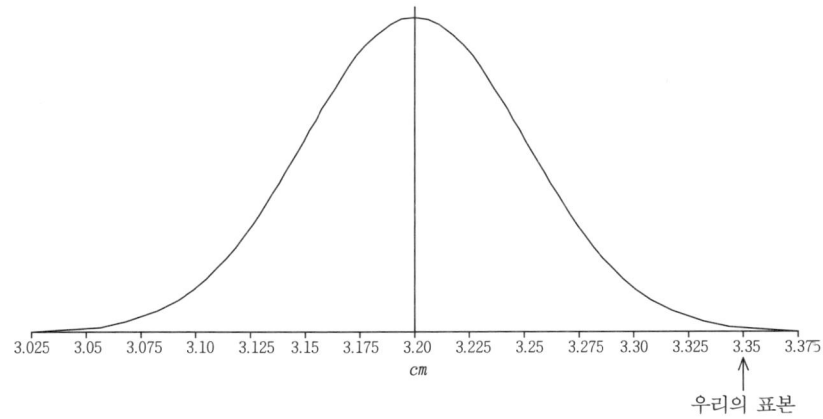

그림 9.3. 평균이 3.20cm, 표준편차가 0.50cm인 모집단에서 추출되는 100개 원소로 구성된 표본들의 특별숫자군

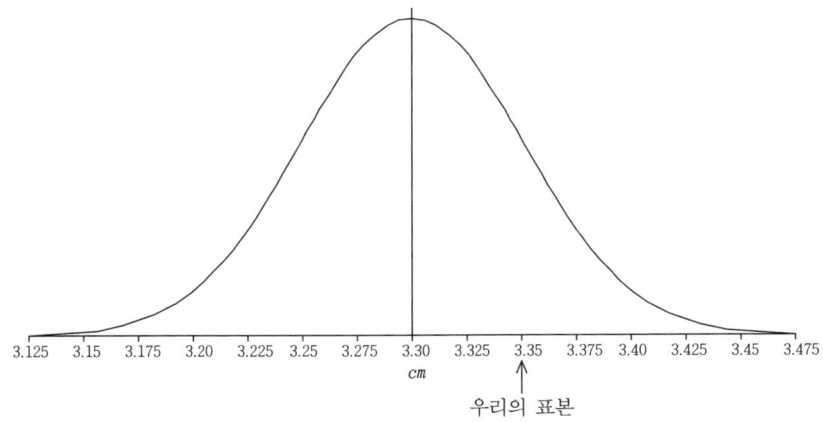

그림 9.4. 평균이 3.30cm, 표준편차가 0.50cm인 모집단에서 추출되는 100개 원소로 구성된 표본들의 특별숫자군

어진 특별숫자군을 보여주고 있다. 그림 9.4를 보면, 이 표본에 상응하는 위치에서 정규분포곡선은 상당히 높다. 따라서 평균이 3.30cm인 모집단에서 추출될 수 있는 것 중에는 이 표본과 같은 것들이 상당히 많다는 것이다. 이 표본이 그러한 모집단으로부터 추출되는 상황은 제법 있음직하다.

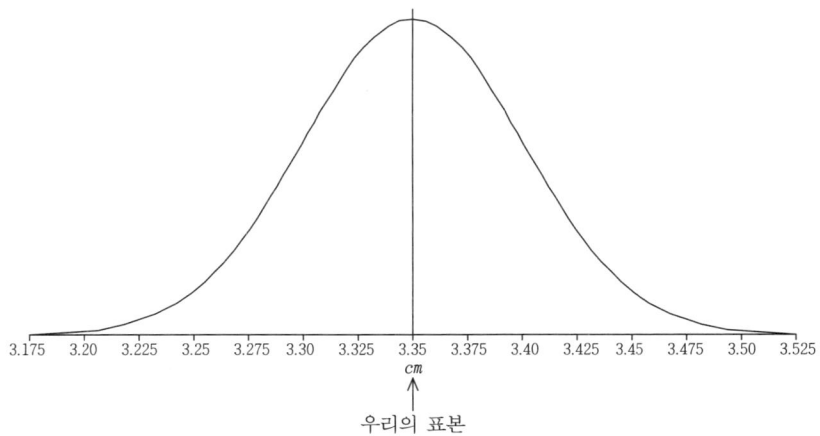

그림 9.5. 평균이 3.35cm, 표준편차가 0.50cm인 모집단에서 추출되는 100개 원소로 구성된 표본들의 특별숫자군

    마지막으로, 그림 9.5는 평균이 3.35cm인 모집단에 대응하는 특별숫자군을 보여주고 있다―다른 어떤 단일 모집단들보다 이 모집단에서 우리 표본이 추출되었음 직하다. 다른 많은 가능한 모집단들을 대상으로 이러한 작업을 계속해 보면서 그 결과를 바탕으로 새로운 곡선들을 작성해 볼 수 있다. 이러한 새로운 곡선은 상정 가능한 각 모집단이 실제로 얼마나 우리 표본이 추출된 모집단이었을 듯한지를 지시해 줄 것이다. 이러한 과정을 수행하면서 얻게 되는 곡선은 그림 9.5에 나타난 곡선과 정확히 같은 특성을 갖게 될 것이다. 결국, 앞서 한 작업은 그림 9.5의 곡선을 전환하여 그림 9.6의 곡선을 만들기 위한 것이다.

    그림 9.5는 평균이 3.35cm이고 표준편차가 0.50cm인 모집단에서 추출될 수 있는, 100개의 원소를 가지는 표본들의 평균으로 이루어진 특별숫자군을 반영한다. 그러므로 그러한 모집단으로부터 추출될 수 있는 다양한 표본들이 가지는 특이성을 반영하며, 따라서 어떤 하나의 표본을 추출한 확률 또한 반영하게 된다. 반면, 그림 9.6은 평균이 3.35cm이고 표준편차가 0.50cm인 표본이 추출될 가능성이 있는 여러 모평균들을 반영하며, 따라서 이 표본이 그 중 어

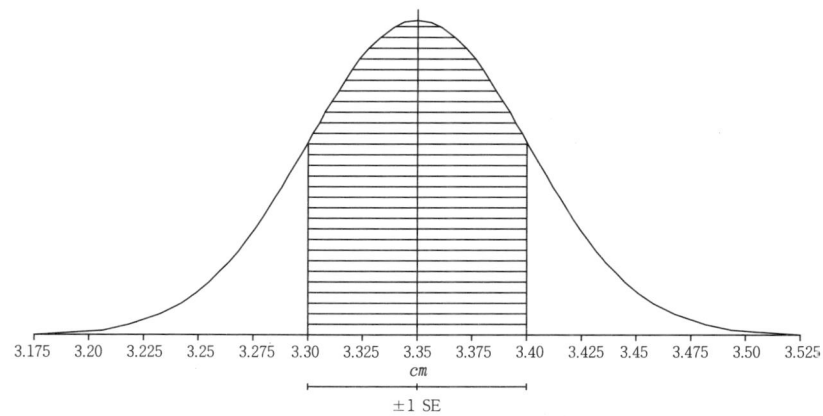

그림 9.6. 평균이 3.35cm, 표준편차가 0.50cm, 원소 개수가 100인 표본이 추출될 수 있는 여러 모평균들로 이루어진 숫자군. 대다수의 평균들은 표본평균 1 표준오차 안쪽에 놓이지만 무시하지 못할 정도의 평균들은 그보다 크거나 작다.

느 하나에서 추출될 확률을 반영하기도 한다. 그림 9.6에 제시된 숫자군은 우리가 논의해 왔던 특별숫자군과 정확히 동일한 수준, 산포 및 형상을 가진다. 즉, 좀 더 친숙한 특별숫자군처럼 이 숫자군은 표본의 평균과 동일한 평균을, $\sigma/\sqrt{n}$ 인 표준편차 혹은 표준오차를, 그리고 정규분포의 형상을 가지게 된다.

신뢰도 대 정확도

그림 9.6을 보면서, 우리 표본이 추출되었을 수도 있는 매우 많은 수의 모집단은 3.30cm와 3.40cm 사이의 평균을 갖는다고 말할 수 있다. (이러한 모집단은 우리 표본평균의 1 표준오차 안에 놓인다.) 특별숫자군의 형상에 따르자면, 적잖은 수의 상정 가능한 모집단들의 평균은 그 범위 밖에 놓이게 된다. 따라서 우리 표본이 추출된 모집단은 3.30cm와 3.40cm 사이에 해당하는 평균을 가지게 됨을 제법 신뢰하게 된다. 왜냐하면, 상정 가능한 모집단 중에는 3.30cm 이하나 3.40cm 이상의 평균을 갖는 것들이 적지 않기 때문이다. 평균이 3.35cm이고 표준편차가 0.50cm인 표본을 3.30cm 이하나 3.40cm 이상의 평균을 갖는 모집단에서 추출할 수도 있다는 생각을 쉽게 저버리지 못하게 한다. 그림 9.6은 이러한

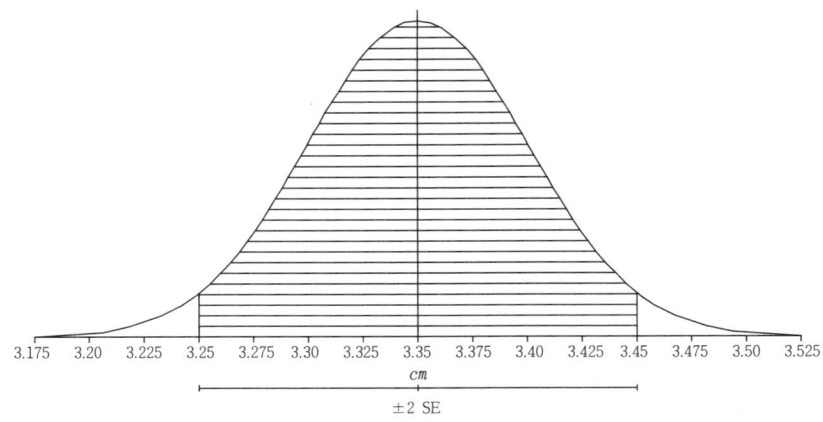

그림 9.7. 평균이 3.35cm, 표준편차가 0.50cm, 원소 개수가 100인 표본이 추출될 수 있는 여러 모평균들로 이루어진 숫자군. 대다수의 평균들은 표본평균의 2 표준오차 안쪽에 놓인다.

일이 상당한 빈도로 나타날 수 있음을 보여준다. 따라서 우리 표본은 아마도 3.30cm와 3.40cm 사이에 해당하는 평균을 갖는 모집단에서 왔을 것이나 그렇지 않을 경우도 적지 않다고 할 수 있다. "평균이 3.35cm±0.05cm인 모집단으로부터 우리 표본이 추출되었을 확률은 제법 높다."라고 하는 것도 같은 의미이다.

우리 표본이 추출된 모집단이 아마도 3.30cm와 3.40cm 사이에 해당하는 평균을 갖는다는 진술에 담보될 확신의 부족함에 불만을 느낀다고 가정하자. 단지 진술의 정확도만 낮추면 좀 더 자신 있게 말할 수 있다. 우리 표본이 추출된 모집단은 3.25cm와 3.45cm 사이에 해당하는 평균을 갖는다고 말할 수도 있고 그러한 언급이 진실하다는 점에 보다 큰 확신을 가질 수 있다. 그림 9.7에서는 상정 가능한 모집단의 대다수가 3.25cm와 3.45cm 사이에 해당하는 평균을 갖는다고 진술할 수 있는 상황을 보여주고 있다. 우리 표본이 이 범위 내 어딘가에 놓일 평균을 갖는 모집단으로부터 추출되었음은 매우 그럴듯해 보인다. 상정 가능한 모집단 중 몇 안 되는 것들만이 이 범위 밖에 놓인다. 따라서 우리에게 주어진 것과 같은 (평균이 3.35cm이고 표준편차가 0.50cm인) 표본들을

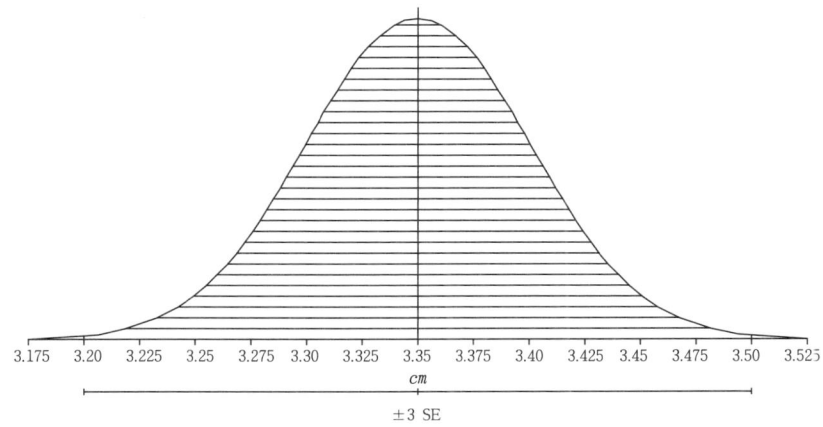

그림 9.8. 평균이 3.35cm, 표준편차가 0.50cm, 원소 개수가 100인 표본이 추출될 수 있는 여러 모평균들로 이루어진 숫자군. 단지 얼마 되지 않는 평균들만이 표본평균으로부터 3 표준오차 바깥쪽에 있다.

3.25cm 이하나 3.45cm 이상의 평균을 갖는 모집단에서 추출하는 경우는 매우 예외적이다. 우리 표본이 3.25cm 이하나 3.45cm 이상의 평균을 갖는 모집단에서 추출되었을 확률은 매우 낮다. 그에 상응하게, 우리 표본이 3.25cm와 3.45cm 사이에 해당하는 평균을 갖는 모집단에서 추출되었을 확률은 상당히 높다. 따라서 "우리의 평균이 3.35cm±0.10cm인 모집단으로부터 추출되었을 확률은 상당히 높다."고 할 수도 있다. 이러한 진술은 앞 단락 말미의 진술에 비해 훨씬 신뢰도가 높지만 정확도는 떨어진다.

전적으로 그렇다고 여기지는 않더라도, 신뢰도와 정확도라는 짝을 이루는 개념은 일반의 구어적인 표현에서도 친숙하게 쓰인다. 만약 약속시간에 정확하게 도착할 것을 확신한다면, "거기 4시 정각에 도착할 거야."라고 말할 것이다. 시간엄수에 대한 일반적인 습관은 다양하지만 4시 5분 전후에 도착할 것을 확신하지 못한다면 그렇게 말하지 않을 것이다. 도착이 교통체증이 어떠하냐에 달려 있다면, 10분이나 15분 일찍 혹은 늦게 도착할 것이라는 점을 암시하면서 아마도 "4시경에 도착할거야"라고 다소 부정확하게 말할 것이다. 만약 일정상 좀 더 예측하기 어려운 방해요소가 생각난다면, 좀 더 부정확하게 예를 들어, 3:30에서 4:30을 암시하면서 아마도 "4시쯤에야 도착할 수 있으려나?"라고 말할 것이다.

    말 속에 상이한 정도의 확신을 내포하면서 유사한 뜻을 전달할 수 있다. "4시경에 도착할거야." 대신 "아마도 4시쯤 도착할 거야."라고 말할 수 있다. 앞의 표현은 듣는 이로 하여금 도착을 전후로 약 20여 분이라는 시간 폭을 생각하게 한다. 반면, 뒤의 표현은 듣는 이로 하여금 4시 정각을 상상하기보다는 그때 나타날 것이라는 점에 확신을 갖지 못하게 할 것이다. 두 가지 말은 거의 동일한 의미를 전달하지만 서로 다른 맥락에서 쓰일 것이다. 본인이 도착해야만 시작되는 모임에 간다면, 모임이 시작될 것으로 예상되는 시간 폭을 고려하면서 "4시쯤 도착할거야."라고 말할 것이다. 한편, 본인의 도착 여부에 상관없이 4시에 시작돼야 하는 강의에 간다면, 강의가 시작되는 시간에 얼마나 정확하게 도착할 수 있을까를 상상하며, "아마 4시에 도착할거야."라고 말할 것이다. 정확성을 가지고 하는 말과 확신을 가지고 하는 말 사이에는 상쇄적인 관계가 성립한다. 다른 조건이 같다면, 정확성이 높은 말일수록 확신은 낮아지며, 확신에 차서 하는 말일수록 정확도는 떨어진다. 예외적인 상황에서만 확신("반드시…할 것이다")과 정확성("4시 정각")을 담보한 약속임을 강조하면서 "반드시 4시 정각에 도착할거야."라고 말할 수 있을 것이다.

    우리 표본이 추출된 모집단에 대해 통계학적인 입장에서 하는 진술도 그와 정확히 동일한 방식으로 작동한다. 모평균을 부정확한 범위 내 어딘가에 놓이게 함으로써 매우 높은 신뢰도를 표시할 수도 있고, 아니면 훨씬 정확하게, 그러나 맞다는 확신을 낮게 하여 모평균을 지정할 수도 있다. 그림 9.8은 그림 9.6과 그림 9.7에서 시작된 진행과정을 계속하는 것이다. 그림 9.8은 정확성은 더욱 떨어지지만 더욱 높은 신뢰도에 기반한 진술을 보여주고 있다. 우리에게 주어진 것과 같은 (평균이 3.35 cm, 표준편차가 0.50 cm이고 원소가 100개인) 표본이 추출되었을 법한 모집단들의 거의 전부가 3.20 cm와 3.50 cm 사이에 속하는 평균을 가지고 있다. 상정 가능한 모집단 중 극히 적은 수만이 3.20 cm 이

하나 3.50cm 이상의 평균을 갖는다. 3.35cm의 평균과 0.50cm의 표준편차를 갖는 크기 100인 표본을 3.20cm 이하나 3.50cm 이상의 평균을 갖는 모집단에서 추출하는 것은 매우 예외적일 것이다. 따라서 우리 표본이 3.20cm 이하나 3.50cm 이상의 평균을 갖는 모집단에서 추출되는 상황은 거의 없을 듯하다. 우리 표본이 3.20cm와 3.50cm 사이에 속하는 평균을 갖는 모집단에서 추출되었을 상황은 매우 그럴듯하다. "우리 표본의 평균이 3.35cm±0.15cm인 모집단으로부터 추출되었을 확률은 매우 높다."

확률에 대한 정밀한 점을 정하기-Student의 t

우리가 사용해 온 근사近似 확률에 관한 개념들은, 상정 가능한 모든 결과의 맥락에서 특정 결과가 발생하는 예외성의 정도에 근거하여 좀 더 정확하고 유용한 확률 계산 방식으로 확대될 수 있다. 우리 표본이 상이한 범위에 속하는 평균을 가지는 모집단들로부터 추출되는 상황이 얼마나 예외적인지(따라서 얼마나 확률이 낮은지)를 대략적으로나마 판단하기 위해 정규분포곡선의 대략적인 높이(와 그림 9.6, 그림 9.7, 그림 9.8에 제시된 것처럼, 정규분포곡선 내부의 해칭된 부분)를 사용해 왔다. 상정 가능한 평균들이 속하는 범위는 오차범위error ranges, 혹은 신뢰구간confidence intervals이라고 부른다. 이것들은 흔히 평균 뒤에 "±"를 붙인 수로 표현된다. 그림 9.6은 ±1 표준오차의 오차범위를, 그림 9.7은 ±2 표준오차의 오차범위를, 그림 9.8은 ±3 표준오차의 오차범위를 보여준다. 앞에서 우리 표본이 추출될 모평균이 ±3 표준오차의 오차범위 내에 놓일 것에 대해 매우 확신하며(그림 9.8), 우리 표본이 추출될 모평균이 ±2 표준오차의 오차범위 내에 놓일 것에 대해 상당히 확신하며(그림 9.7), 우리 표본이 추출될 모평균이 ±1 표준오차의 오차범위 내에 놓일 것에 대해 보통의 확신을 가질 수 있다고(그림 9.6) 결론 내렸다.

서로 다른 정확도를 가지는 이러한 세 가지 진술에 대해 정확한 신뢰수준 levels of confidence은 그림 9.6, 그림 9.7, 그림 9.8에 제시된 정규분포곡선 아래 면적을 정확히 계산함으로써 찾을 수 있다. Student의 t분포는 그 면적을 정확하게 제시해 준다. Student의 *t*이용의 핵심은 한 숫자군 내 특정 숫자가 띠는 특이성을 측정하기 위해 사용했던 수준과 산포(이 경우에서는 평균과 표준편차)에 관한 수치지표에서 찾을 수 있다. 여기서 관련된 숫자군이란 그 평균이 우리 표본의 평균과 같고, 그 표준편차는 표준오차인 특별숫자군이 된다. (표본이나 모집단의 표준편차와 특별숫자군의 표준오차를 혼동하지 않도록 하자. 특별숫자군의 표준편차는 표본의 표준오차이다.) 그렇다면, Student의 *t*는 여기서 이용하려고 하는 특별숫자군의 형상에 관해 자세한 정보를 제공하고 있는 셈이다.

예를 들자면, 그림 9.7은 2 표준오차로 이루어진 오차범위($3.35cm \pm 0.10cm$)를 예시하고 있다. 우리 표본이 추출된 모평균이 이 오차범위 내에 놓일 것은 매우 그럴듯하다는 것을 이미 알고 있다. 표 9.1은 다음과 같은 방식으로 '매우 그럴듯하다'가 의미하는 것이 정확히 무엇인지 알려준다. 우선, 표본의 크기에 따라 표에서 이용할 행을 결정해야만 한다. 맨 왼쪽 행은 자유도degrees of freedom를 가리키는데, 이는 표본의 원소 개수보다 하나 적은 숫자($n-1$)와 동일하다. 우선은 (영문 약자로 *d.f.*라고도 표기하는) 자유도의 개념에 대해서 믿어 의심치 말도록 하자. 우리 표본의 경우, $n-1=99$이다. 99의 자유도에 정확히 일치하는 행은 없으므로, $120 d.f.$에 해당하는 행을 이용하기로 한다. 여기서는 2 표준오차의 오차범위와 관련된 정확한 신뢰수준을 찾고 있는바, 행들을 가로질러 가며, 2에 해당하는 행을 찾으면 된다. 왼쪽으로부터 네 번째 열에서 1.98을 찾을 수 있다(우선은 이를 2에 충분히 가까운 것으로 여길 수 있다).

네 번째 열은 95% 신뢰도라는 표제가 붙어 있다. 이는 (그림 9.7의 "정규분포 곡선 아래" 해칭된 부분으로 표시되는) 우리 표본이 추출되었을 법한 모집단의 95%가 우리 표본평균의 1.98 표준오차 내에 놓이게 된다는 것을 의미한다. 따라서 우리 표본이 $3.35cm \pm 0.10cm$의 평균을 가지는 모집단에서 추출되었음이 "매우 그럴듯하다"라고 할 때, 좀 더 정확하게 의미하는 바는 그러한 모집단으로부터 우리 표본이 추출되었을 확률이 95%가량 된다는 것이다. 우리 표본이 $3.35cm \pm 0.10cm$의 평균을 가지는 모집단에서 추출되었음을 95% 신뢰할 수 있다는 것이다. 우리 표본이 $3.35cm \pm 0.10cm$의 평균을 가지는 모집단에서 추출

표 9.1. Student의 t분포[a]

신뢰도	50%	80%	90%	95%	98%	99%	99.50%	99.80%	99.90%
	0.5	0.8	0.9	0.95	0.98	0.99	0.995	0.998	0.999
유의도	50%	20%	10%	5%	2%	1%	0.50%	0.20%	0.10%
	0.5	0.2	0.1	0.05	0.02	0.01	0.005	0.002	0.001

자유도									
1	1.000	3.078	6.314	12.706	31.821	63.637	127.320	318.310	636.620
2	0.816	1.886	2.920	4.303	6.965	9.925	14.089	22.326	31.598
3	0.765	1.638	2.353	3.182	4.541	5.841	7.453	10.213	12.924
4	0.741	1.533	2.132	2.776	3.747	4.604	5.598	7.173	8.610
5	0.727	1.476	2.015	2.571	3.365	4.032	4.773	5.893	6.859
6	0.718	1.440	1.943	2.447	3.143	3.707	4.317	5.208	5.959
7	0.711	1.415	1.895	2.365	2.998	3.499	4.020	4.785	5.408
8	0.706	1.397	1.860	2.306	2.896	3.355	3.833	4.501	5.041
9	0.703	1.383	1.833	2.262	2.821	3.250	3.690	4.297	4.781
10	0.700	1.372	1.812	2.228	2.764	3.169	3.581	4.144	4.537
11	0.697	1.363	1.796	2.201	2.718	3.106	3.497	4.025	4.437
12	0.695	1.356	1.782	2.179	2.681	3.055	3.428	3.930	4.318
13	0.694	1.350	1.771	2.160	2.650	3.012	3.372	3.852	4.221
14	0.692	1.345	1.761	2.145	2.624	2.977	3.326	3.787	4.140
15	0.691	1.341	1.753	2.131	2.602	2.947	3.286	3.733	4.073
16	0.690	1.337	1.746	2.120	2.583	2.921	3.252	3.686	4.015
17	0.689	1.333	1.740	2.110	2.567	2.898	3.222	3.646	3.965
18	0.688	1.330	1.734	2.101	2.552	2.878	3.197	3.610	3.922
19	0.688	1.328	1.729	2.093	2.539	2.861	3.174	3.579	3.883
20	0.687	1.325	1.725	2.086	2.528	2.845	3.153	3.552	3.850
21	0.686	1.323	1.721	2.080	2.518	2.831	3.135	3.527	3.819
22	0.686	1.321	1.717	2.074	2.508	2.819	3.119	3.505	3.792
23	0.685	1.319	1.714	2.069	2.500	2.807	3.104	3.485	3.767
24	0.685	1.318	1.711	2.064	2.492	2.797	3.091	3.467	3.745
25	0.684	1.316	1.708	2.060	2.485	2.787	3.078	3.450	3.725
30	0.683	1.310	1.697	2.042	2.457	2.750	3.030	3.385	3.646
40	0.681	1.303	1.684	2.021	2.423	2.704	2.971	3.307	3.551
60	0.679	1.296	1.671	2.000	2.390	2.660	2.915	3.232	3.460
120	0.677	1.289	1.658	1.980	2.358	2.617	2.860	3.160	3.373
∞	0.674	1.282	1.645	1.960	2.326	2.576	2.807	3.090	3.292

[a] 『Introduction to Contemporary Statistical Methods』(Lambert H. Koopmans 저, Boston: Duxbury Press, 1987)의 Table 3을 전제함.

되었다는 것을 완벽하게 확신할 수는 없지만 그러할 확률이 95%라는 것이다.

우리 표본이 3.25cm와 3.45cm 사이에 놓이는 평균을 갖는 모집단에서 추출되었을 확률이 95%인바, 우리 표본이 3.25cm보다 작거나 3.45cm보다 큰 평균을 가지는 모집단에서 추출되었을 확률은 5%가 된다. (우리 표본이 추출된 모집단이 범위 내에 속하거나 범위 밖에 속할 확률은 합쳐서 100%이기 때문에, 이는 사실이어야만 한다.) 정규분포곡선은 좌우대칭이기 때문에, 그 5%는 곡선의 양쪽 "끝부분"에 좌우가 동일하게 분포한다. 우리 표본이 3.25cm보다 작은 평균을 가지는 모집단에서 추출되었을 확률은 2.5%이고, 3.45cm보다 큰 평균을 가지는 모집단에서 추출되었을 확률은 2.5%이다. 앞서 논의했던 바와 같이, 2 표준오차 정도의 오차범위가 주어질 때, 95% 신뢰수준에서 진술할 수 있다. 이는 평균으로부터 2 표준오차 이상 벗어나서 놓인 숫자가 이 숫자군에서 매우 예외적이라는 관찰과도 전적으로 부합한다. 특히, 정규분포를 보이는 숫자군에서는 단지 약 5%의 숫자만이 평균으로부터 이렇게 멀리 떨어진다.

표준오차의 측면에서 표현되는 모든 오차범위(혹은 신뢰구간)는 특정의 신뢰수준과 일치한다. (서로 다른 개념을 지칭함에도 불구하고, 신뢰구간과 신뢰수준은 명칭이 너무 유사하다. 따라서 여기서는 신뢰구간보다는 오차범위라는 용어를 사용하도록 하겠다.) 그림 9.8에 예시된 바와 같이 ±3 표준오차의 오차범위는 대략 99.8%의 신뢰수준에 일치한다. 조금 전에 했던 것처럼, 표 9.1에서 $120 d.f.$에 해당하는 행을 가로질러 읽어가면서 3을 찾아가면 맨 끝(오른쪽)에서 두 번째 열에서 3에 상대적으로 가까운 3.160을 발견하게 된다. 이 열에는 99.8% 신뢰도라는 표제가 붙어 있다. 앞서 그림 9.8에 근거하여 결론을 내리면서, "우리의 평균이 3.35cm±0.15cm인 모집단으로부터 추출되었음은 매우 그럴듯하다."라고 하였는데, 그 "매우 그럴듯하다"는 실제로 약 99.8%의 확률을 의미한 것이었다. 우리 표본이 3.20cm보다 작거나 3.50cm보다 큰 평균을 가지는 모집단에서 추출되었을 확률은 0.2%밖에 되지 않는다. 다시 말하거니와 정규분포곡선은 좌우대칭이기 때문에, 우리 표본이 3.20cm보다 작은 평균을 가지는 모집단에서 추출되었을 확률은 0.1%이고, 3.50cm보다 큰 평균을 가지는 모집단에서 추출되었을 확률은 0.1%임을 의미하게 된다.

표 9.1에서 1 표준오차범위와 결부된 신뢰수준을 찾는 것은 다소 어렵다. $120 d.f.$에 해당하는 행을 가로질러 읽어가다 보면, 값이 0.677에서 1.289로 바로 뛰어넘는 것을 알게 된다. 1 표준오차범위에 상응하는 신뢰수준은 따라서 이 두 열 사이에 놓인다. 왼쪽 열에는 50% 신뢰도, 오른쪽 열에는 80% 신뢰도라는 표제가 붙어 있다. 이처럼 규모가 큰 표본에 있어서 1 표준오차범위에 상응하는 실제 신뢰수준은 약 66%이다.

특정 신뢰수준에서의 오차범위

일부 상황에서는 모평균에 대해 추론할 때 간단히 1 표준오차를 오차범위로 사용하기도 한다. 고고학자가—비록 통계학에 대해서 불안함을 느끼는 고고학자일지라도—편안하게 느낄 만한 예를 들자면, 그러한 상황은 방사성탄소연대측정에서 일반적으로 볼 수 있다. 방사성탄소연대와 함께 주어지는 오차범위는 관행적으로 1 표준오차(이고, 이는 흔히 통계학에서 더 전통적으로 쓰이는 "신뢰구간"이라는 용어 대신 "오차범위"라는 용어로 불린다.)로 이해되고 있다. 이 범위는, 여태까지 논의해 왔던 원칙을 실험실에서 측정된 방사성 입자의 표본에 적용함으로써 얻어진다. 따라서 앞서 했던 것과 같은 종류의 진술을 방사성탄소연대에도 적용하면 된다. 붕괴된 동위원소의 표본이 추출된 탄소 원자로 구성된 모집단의 사멸 연대는 실험실 계측기에 나타나는데 이는 부기되는 1 표준오차범위 내에 속한다는 점을 보통의 수준으로 신뢰한다. 좀 더 정확하게는 실제 탄소연대가 그 범위 내에 존재할 확률은 66%라는 것이다. 여전히 실제 연대가 그 범위 밖에 속할 수도 있다는 상당한 정도의 위험이 내포되어 있다. 만약 일반적으로 통용되는 범위를 (2 표준오차까지) 두 배로 늘리면, 연대는 (오차범위를 두 배 늘리는 만큼) 덜 정확해지지만 실제 연대가 넓어진 범위 내에 속할 것을 95% 신뢰한다고 진술할 것이다. 이 범위는 많은 입문서들에서 경고하고 있는 것처럼 탄소동위원소(C-14)의 양을 측정하는 과정에서 발생하는 오차의 위험에 대해서만 언급한 것이고, 여기에 실수의 상황, 오염 등과 같이 신뢰도를 떨어뜨리는 요소도 있다.

　방사성탄소연대측정에 있어 고고학자들 사이에서 널리 받아들여지는 표준적인 관례는, 해당이 된 모집단에 대한 추론의 근거가 되는 표본이 엄격한 의미에서 임의표본이 아닌 것을 사용하는 점과 관련하여 7장과 본 장의 앞부분에서 펼쳤던 논지에 부합하는 예가 됨을 살펴보는 것은 나름의 의미가 있다. 방사성탄소연대의 오차범위는 C-14 원자(시료가 계수되는 동안에 붕괴하는 원자)의 임의표본에 근거한 것이다. 그러나 엄밀한 의미에서는 이 표본은 전혀 임의표집의 과정을 거치지 않은 채, 알루미늄 호일로 포장된 C-14 원자의 모집단으로부터 추출된 것이다. 그리고 그로부터 임의로 추출된 표본에 근거해서 원자들의 모집단에 대해 내린 추론은 즉각 그 알루미늄 호일 포장보다는 훨씬 광범위한 특성을 찾아내는 작업으로 확대된다. 이를 이용하기 위해서, 우리가 항상 관심을 가졌던 현상들에 대해 추론한 내용을 확대하는 작업을 무효화할 수도 있는 실수나 오염 등의 위험을 고려해야 하지만 단순히 그러한 위험이 상존한다고 해서 매우 강력한 연대측정법 자체를 포기할 필요는 없다.(그것들이 우리가 실제로 알고자 하는 모집단으로부터 추출된 왜곡된 표본일 확률과 그럼에도 불구하고 그러한 왜곡의 가능성이 완전히 제거되기는 어렵다는 점에 주목하여 계속해서 그것들을 연구할 가치가 있는지를 인식하면서)다른 종류의 표본을 대상으로도 이러한 분석과정을 수행해 볼 수 있다.

　방사성탄소연대측정법의 표준이 되는바, 어쨌든 고고학에서는 1 표준오차범위를 이용한 전례가 상당히 있다. 간혹 연구자가 정확도는 다소 떨어지더라도 신뢰수준을 높이고자 하여 2 표준오차범위를 이용하기도 한다. 이러한 방식으로 오차범위를 제공할 경우, 근본적으로 불리한 점 하나가 있다. 상응하는 신뢰수준이 완전히 자명하지는 않다는 점이다. 100개의 원소로 이루어진 우리의 예제 표본의 경우를 통해 1 표준오차범위는 66% 신뢰도에 상응한다는 것을 알았다. 그 경우를 통해서, 2 표준오차범위는 95% 신뢰도에, 3 표준오차범위는 99.8% 신뢰도에 상응한다는 것도 알았다.

　이러한 신뢰수준은 경험법칙처럼 사용될 수도 있지만 대상이 된 표본의 크기가 작을 경우 유효하지 않다. 어떤 표본이 여섯 개의 투사체로 구성되었다고 하자. 표 9.1에서 자유도 5에 해당하는 행을 이용하게 될 것이다. 이 열에서 대략 2에 해당하는 t값은 앞서 그 값을 찾았던 95% 신뢰도에 상응하는 열이 아니라, 90% 신뢰도에 상응하는 열에서 찾을 수 있다.

표본의 크기에 관계없이, 고정된 신뢰수준에서 오차범위를 제공하기 위해서는 원하는 신뢰수준을 얻기 위해 정확히 몇 개의 표준오차가 필요한지를 t값표를 이용하여 결정하는 작업이 필요하다. 원소가 100개이고 평균이 3.35 cm, 표준편차가 0.50 cm인 예제 표본의 경우, 오차범위를 더한 모집단의 투사체 평균길이의 추정값을 90% 신뢰수준에서 표현해 보고자 할 수도 있다. 그렇게 하기 위해서는 (앞서처럼) 표준오차를 구해야 한다.

표현에 유의하자

표본에 근거하여 모평균을 추정하고 그에 해당하는 오차범위를 제공할 때, 신뢰수준을 지정하는 작업이 필수적이다. 실질적으로 이러한 규칙의 유일한 예외는 ±1 표준오차의 오차범위를 제공하는 것이 확고하게 관례화된 방사선탄소연대측정정도이다. 예를 들어, 본문 중에서 장황하게 논의한 예제에서는 결론적으로 "어떤 선사 주민집단이 우리 지역에 거주했던 동안 그들에 의해 사용된 투사체는, 표본에 의거하여, 평균길이가 3.35 cm±0.08 cm이었다고 (90% 신뢰수준에서) 추정한다." 라고 진술할 것이다. 환언하여, "우리 표본은 우리 지역 투사체의 평균길이가 3.35 cm±0.08 cm이었음을 90% 신뢰도로 보여준다."라고 표현할 수도 있다. 물론 "우리 표본은 우리 지역 투사체의 평균길이가 3.27 cm와 3.43 cm 사이였음을 90% 신뢰도로 보여준다."라고 해도 틀리지 않는다. 그러나 평균 뒤에 ±의 값을 붙여 오차범위를 표현하는 것이 좀 더 나아 보인다. 단지 범위의 최대값과 최소값만을 진술하는 것은 일부 독자로 하여금 그 범위 내에 있는 모든 값이 균등한 추정치인 것처럼 여기거나 그 범위 밖의 값은 가능성이 전혀 없는 것처럼 여기게 할 수도 있다. 그런데 주지하다시피, 평균 자체가 가장 근사한 추정치이며 오차범위가 어떻게 표현되었건 간에 '맞는' 모집단의 (평균)값은 실제로 그 밖에 존재할 수도 있다.

$$SE = \frac{\sigma}{\sqrt{n}} = \frac{0.50\,cm}{\sqrt{100}} = \frac{0.50\,cm}{10} = 0.05\,cm$$

그런 다음, t값표(표 9.1)를 이용하여 100개의 원소를 가진 표본에서 몇 개의 표준오차가 90% 신뢰도에 상응하는지 결정하게 된다. $n=100$, $d.f.=99$이면, $120\,d.f.$행을 이용하게 된다. 90% 신뢰도의 열에서 그 값은 1.658이다. 따라서 표준오차(0.05cm)를 1.658로 곱하여 ±0.08cm의 오차범위를 얻게 된다. 그런 다음, 우리 표본이 3.35cm±0.08cm의 평균을 가지는 모집단으로부터 추출되었음을 90% 신뢰한다고 진술할 수 있다. 만약 우리 표본이 100개가 아니라 12개의 투사체로 구성되었다고 하면 표에서 $11\,d.f.$에 해당하는 행을 이용하여야만 하고, 따라서 1.658이 아니라, 1.796 표준오차의 오차범위를 이용해야 할 것이다. 이러한 방식으로 특정 신뢰수준에서 오차범위를 계산하는 작업은 표본의 크기가 달라지는 데서 오는 혼란을 제거할 수 있어 보편적으로 추천할 만하다.

유한모집단

앞서 우리가 다룬 예제는 상당히 크고 느슨하게 규정된 모집단—통계용어로는 무한모집단—으로부터 추출된 표본을 포함한다. 만약 모집단이 작고 표본이 실질적으로 그 상당 부분을 차지한다면, 직관적으로도 쉽게 납득할 만한 관찰을 수학적으로도 활용할 수 있다. 만약 100개의 원소로 이루어진 우리 표본이 120개의 투사체로 이루어진 모집단으로부터 추출되었다면, 사실상 무한모집단으로부터 추출되었을 때보다 모집단에서의 평균길이를 추정하는 작업이 불확실성을 훨씬 덜 가질 것이다. 최소한 이 경우에서라도, 상식적으로 그럴듯하게 여겨지는 것이 수학적으로도 타당하다. 모집단이 유한할 때는 언제나 표준오차를 구하는 공식에 유한모집단보정계수 finite population corrector를 포함시킬 수 있는데,

$$SE = \frac{\sigma}{\sqrt{n}}\sqrt{1 - \frac{n}{N}}$$

여기서, $\sigma =$(앞서 지적한대로, 표본의 표준편차로 대신할 수 있는) 모집단의 표준편차, $n=$ 표본의 원소 개수, $N=$ 모집단의 원소개수 등이다.

이는 표준오차를 구하기 위해 앞에서 사용한 공식에 ($\sqrt{1-n/N}$)이라는 항을 덧붙인 것이다. 이 항은 매우 단순한 작용을 한다. 표본이 모집단 중 큰 비중을 차지할수록 표준오차를 작게 (그리하여 오차범위는 좁게, 정확도는 높게) 만들어준다. 예를 들어, 원소가 100개인 표본을 원소가 120개인 모집단에서 추출한다면, $n=100, N=120$이고, $\sqrt{1-n/N} = \sqrt{1-(100/120)} = 0.408$이다. 이러한 경우에서 표준오차가 다른 무엇이든 간에 부가된 유한모집단보정계수는 그것을 0.408배(즉, 그것을 0.408로 곱한 것)로 만든다. 한편, 원소가 100개인 표본이 원소가 10,000개인 모집단에서 추출된다면, $n=100, N=10,000$이고, $\sqrt{1-n/N} = \sqrt{1-(100/10,000)} = 0.99$이다. 표준오차가 어떻든 간에 0.99를 곱하는 것은 별다른 영향을 미치지 않는다.

그렇다면 어떤 때에는 유한모집단보정계수를 쓰고, 어떤 때에는 쓰지 않는지에 의문이 들 것이다. 모집단의 원소 개수가 알려진 경우는 언제든지 이를 적용해야 한다. 표본에 비해 모집단이 엄청나게 클 때, 유한모집단보정계수는 표준오차에 별다른 영향을 미치지 않는다. 그런데 모집단 원소의 개수가 알려진 경우 항상 유한모집단보정계수를 사용하다 보면, 표본이 모집단의 상당한 부분인 경우에는 언제나 꽤 영향을 미친다. 당연히 모집단의 원소 개수를 모를 때는(즉, 통계적 목적상 모집단이 무한할 때는) 유한모집단보정계수를 적용할 수 없다.

완전한 사례

신뢰수준이나 오차범위에 대한 여태까지의 논의는 그 전 과정을 실제보다 포괄적이고 복잡하게 보이게 했다. 이는 그 작동방식을 이해하기 위해 각 과정을 하나하나씩 떼어서 살펴보았기 때문이다. 표본에 의거하여 모평균을 추정하는 과정이 실제로는 매우 간단하다는 것을 보여주기 위해 세세한 설명은 생략하고 한 예제를 곧장 다루어보는 작업을 하기에, 지금이 적기인 듯하다.

발굴된 마을유적의 한 주거지에서 수습된 완형盌形토기 구연편 53점 중에서 25점을 무작위로 추출하였다고 가정하자. 이 표본을 구성하는 완형토기 구연편 25점의 구경에 대한 계측치에 의거하여 53점으로 이루어진 모평균 구경을 추정하고, 그 추론에 대해 95% 신뢰수준에서 진술하고자 한다. 계측치는 표 9.2에 제시되어 있다. 표 9.2의 줄기-잎도표는 이 숫자군이 대체로(최소한 이와 같은 소규모 표본에서 기대할 수 있는 만큼은) 단봉의 좌우대칭임을 확인시켜주는바, 평균을 중심에 관한 수치지표로 사용하는 것은 타당해 보인다.

25개 계측치의 평균은 14.79cm이므로, 53점으로 이루어진 모평균 구경에 대한 가장 그럴듯한 단일값은 14.79cm이다. 표본의 표준편차는 3.21cm이므로, 표준오차는 다음과 같다.

$$SE = \frac{\sigma}{\sqrt{n}} \sqrt{1 - \frac{n}{N}}$$

$$= \frac{3.21 cm}{\sqrt{25}} \sqrt{1 - \frac{25}{53}}$$

$$= \frac{3.21 cm}{5} \sqrt{\frac{28}{53}}$$

$$= 0.64 cm \sqrt{0.53}$$

$$= 0.47 cm$$

추정의 결과를 95% 신뢰수준에서 진술해야 하므로, 95% 신뢰수준과 $n-1$의 자유도에 해당하는 t값을 찾아야 한다. 표 9.1에서 자유도 24에 해당하는 행과 95% 신뢰도에 해당하는 열에서 t값 2.064를 찾을 수 있다. 우리가 진술하려는 오차범위는 2.064 표준오차여야 한다. 표준오차가 0.47cm이므로 오차범위는 2.064(0.47cm)=0.97cm가 된다. 주거지로부터 수습된 53점의 평균구경은 14.79±0.97cm임을 95% 신뢰한다고 진술할 수 있다.

표 9.2. 25개 구연편 표본에 대한 구경 계측치

구경(cm)	줄기-잎도표	
7.3		
9.3		
11.6		
11.8	21	0
12.2	20	
12.5	19	45
12.9	18	8
13.3	17	37
13.4	16	25
13.8	15	678
14.0	14	0489
14.4	13	348
14.8	12	259
14.9	11	68
15.6	10	
15.7	9	3
15.8	8	
16.2	7	3
16.5		
17.3		
17.7		
18.8		
19.4		
19.5		
21.0		

$\bar{X} = 14.79 cm$
$\sigma = 3.21 cm$

얼마나 큰 표본이 필요한가?

만약 표본을 추출하기에 앞서 무엇을 발견해야 하는지 안다면, 목적을 달성하기 위해 필요한 표본이 얼마나 커야 하는지를 결정할 수 있는 입장에 서게 된다. 본 장에서 내내 사용해 왔던 추론과정을 거꾸로 적용함으로써 그렇게 할 수 있다. 즉, 먼저 원하는 신뢰수준과 어느 정도의 오차범위를 허용할 것인지를 결정한다. 그런 다음 그러한 목표를 달성하기 위하여 얼마나 큰 표본이 필요할 것인지를 결정한다. 추측이 필요한 단 하나의 수치는 표본 표준오차의 적당한 크기에 관한 것이다. 그러한 추측은 유사한 기존 표본에 대한 분석에 의거하지만 실제상황에서는 어려운 경우도 있다.

예를 들어, 95% 신뢰수준에서 오차범위가 ±0.5mm를 넘지 않게 하여 한 유적의 토기편(기벽)의 평균두께를 추정하고자 한다고 가정하자. 같은 지역 내에 존재하는 기존의 몇몇 유적에서 출토된 토기편의 두께를 계측함으로써, 토기편 표본의 표준편차가 대략 0.9mm정도임을 발견하게 된다. 그 유적의 토기편을 대표하기 위해 지표에 드러난 것들을 수집하고자 조사자를 현장에 보내 그 유적의 지표에서 임의표집하도록 한다. 시간을 낭비하지 않기 위해서는 미리 얼마나 큰 표본이 필요한지 그 조사자에게 말해 주고자 한다. 오차범위(ER)는 물론 표준오차의 t배, 혹은

$$ER=t\left(\frac{\sigma}{\sqrt{n}}\right)$$

이다. 이 공식을 n에 대하여 정리하면,

$$n=\left(\frac{\sigma t}{ER}\right)^2$$

을 얻게 된다. 이미 이러한 표본들의 표준편차가 대략 0.9mm정도라는 것을 알고 있으므로, 이를 σ의 값으로 사용할 수 있다. 아직 표본의 크기는 모르므로 표 9.1에서 자유도 ∞에 해당하는 행을 이용하여 95% 신뢰수준에 대한 t값, 1.960을 얻게 될 것이다. 오차범위가 0.5mm가 되길 원한다. 따라서 n은 다음과 같다.

$$n = \left(\frac{(0.9mm)(1.96)}{0.5mm}\right)^2$$

$$= \left(\frac{1.764mm}{0.5mm}\right)^2$$

$$= 3.528^2$$

$$= 12.447$$

현장조사자에게 12개에서 13개의 토기편을 수집할 것을 얘기해 줄 것이다.
    이러한 접근법이 잘 작동하는지를 보여주기 위해, 현장조사자가 평균두께가 7.3mm이고 표준편차가 (예상했던 대로) 0.9mm인 토기편 13개의 표본을 수습하여 돌아왔다고 가정하자. 95% 신뢰수준에 대한 오차범위는

$$ER = t\left(\frac{\sigma}{\sqrt{n}}\right)$$

에서, 원소의 개수가 13인 표본으로, 자유도 12와 95% 신뢰수준에 해당하는 t값은 2.179이므로 오차범위는 다음과 같다.

$$ER = 2.179\left(\frac{0.9mm}{\sqrt{13}}\right)$$

$$= 2.179\left(\frac{0.9mm}{3.606}\right)$$

$$= 2.179(0.250mm)$$

$$= 0.5mm$$

    따라서 그 유적의 토기편의 평균두께는 95% 신뢰수준에서 $7.3mm \pm 0.5mm$이라고 결론 내릴 것이다. 95% 신뢰수준에서 오차범위가 0.5mm가 넘지 않게 두께를 추정하려던 목표는 달성되었다.
    어떤 값을 추정하는 데 있어 요구되는 신뢰도와 정확도에 대해 생각해 보

> ### 표본크기, 표집비율, 그리고 경험법칙
>
> 본 장에서 사용해온 수식들은 표본크기가 매우 중요한 이슈임을 명확히 하고 있다. 표본크기란 통계학에서는 일반적으로 n/N, 즉 표본에 속한 원소의 개수를 의미한다. 그런데 표본의 크기를 표집 비율(n/N, 표본이 포괄하는 모집단의 비율)의 측면에서 생각해보는 것이 얼마나 유용한지는 그다지 활발하게 고려되지 않는다. 그러한 상황은 우선 주로 표본은 무한모집단(적어도 매우 크고 원소의 개수가 세어지지 않은 모집단)으로부터 추출되기 때문이다. 표집의 대상이 된 모집단에 몇 개나 되는 원소가 속해있는지 모른다면, 표집의 비율이 얼마인지 분명히 언급할 수 없다. 다음으로, 표집비율보다는 표본에 속한 원소의 개수가 계산 결과에 훨씬 큰 영향을 미치기 때문이다. (이것이 믿기지 않으면, 본 장의 공식들을 이용하여 실험해 보라. 그것이 사실임을 알게 될 것이다.)
>
>   이는 표본이 연구목표를 달성하기에 적합한지 여부를 고려하게 되면, 표집비율은 덜 고려하고 표본크기는 더 많이 고려해야만 한다는 것을 의미한다. 이는 고고학에서 널리 퍼져있는 오해 중 하나의 근저를 약화시키는 역할을 한다. 표집과정에서 좋은 경험법칙으로 5%의 표본을 추출하는 것이 자주 제안되고 있다. 본 장에서 논의된 원리들은 이것이 그다지 좋은 경험법칙이 될 수 없음을 명확히 보여주고 있다. 어떤 경우에는 5% 표본이 부족할 수도 있고 어떤 경우에는 과할 수가 있을 뿐만 아니라, 모집단의 크기가 알려지지 않은 경우에는 고려할 수도 없는 것이다.

는 것은 그러한 성가신 문제, 즉 얼마나 큰 표본이 필요한가라는 문제에 접근하는 타당한 방법의 하나이다. 이러한 접근법을 수행하기 위해서는 밝히고자 하는 것이 무엇이며, 결과가 얼마나 정확해야 하며, 결론이 얼마나 신뢰할 수 있어야 하는지를 결정해야 한다. 그러한 것들은 경우에 따라 달라진다. 한 경우에서는 충분한 정확도도 다른 상황에서는 절망적일 정도로 그렇지 않을 수도 있다. 어떤 목적에는 충분한 신뢰도가 다른 경우에서는 전혀 그렇지 않을 수도 있다. 만약 그것을 달성하기 위하여 얼마나 큰 표본이 필요할지를 어림짐작하기 충분하게 목표를 진술하지 못한다면, 표본을 수집하기에는 아직 이른 것일 수 있다. 정확히 무엇을 밝히고자 하는지 좀 더 집중적으로 고민해야만 한다.

가정과 로버스트방법

본 장은 물론 다음 장들에서 다뤄지는 기법 대부분은 특정의 가정(혹은 전제)을 요구한다. 그에 대해서는 각 장의 말미에서 논의될 것이다. 대부분의 기법은 이미 매우 로버스트robust하다. 즉, 그러한 가정을 대략적으로 만족시키는 표본에도 적용이 가능하다. 더구나 심각하게 가정을 위배하는 표본도 처치하는 방법이 있다.

일단 한 숫자군을 알고자 하는 모집단으로부터 추출된 임의표본으로 다루기로 결정하면, 앞서 서술했던 방식으로 모평균을 추정하고 오차범위를 부가하게 되는데, 유일하게 가정해야 할 사항은 그 특별숫자군은 대략 정규분포를 띤다는 것이다. 중앙극한정리에 따르면, 이는 큰(즉, 30 혹은 40개 이상의 원소를 갖는) 표본에 대해서는 항상 사실이다. 이보다 작은 표본을 다룰 경우, 줄기-잎도표를 관찰하여 대략이나마 좌우대칭의 단봉 형상을 확인하는 것이 현명하다. 만약 그 작은 표본이 단봉이고, 대략이나마 좌우대칭이라면, 그것의 특별숫자군은 정규분포를 띤다고 간주해도 된다. 만약 그 소규모 표본이 변환으로 바로잡아야 할 만큼 심하게 편향된 형상을 띤다면 그 평균을 추정하는 일은 모집단을 이루는 측정치 로그의 평균과 같은 것을 추정하는 작업으로 끝나게 되는데, 이러한 수치는 진정으로 알고자 하는 값과 연결시키기가 쉽지 않은바, 그다지 유용한 작업은 아니다.

큰 표본을 다룰 때조차도 줄기-잎도표를 관찰하는 작업은 언제나 가장 선행되어야 한다. 이는 표본이 이상점을 포함하거나 심하게 편향된 형상을 띠어 2장과 3장에서 논의한 대로, 평균이나 표준편차가 수준과 산포에 대한 수치지표로 의미를 가지지 못하게 만들기 때문이다. 어떤 표본이 이상점이나 심하게 편향된 형상을 가진다면, 그것이 추출된 모집단도 그러할 것이다. 역시 2장과 3장에서 논의한 대로, 이러한 경우, 절사평균이나 절사표준편차가 표본의 수준이나 산포에 대한 좀 더 나은 수치지표가 된다. 그렇다면, 모집단의 정상적인 평균이 아니라, 절사평균을 추정하는 것이 더 타당해 보인다.

모집단의 절사평균에 대한 최적의 추정치는 표본의 절사평균이다. 다양한 신뢰수준에서의 오차범위가, 정상적인 평균을 대상으로 했을 때와 마찬가지 과정을 거쳐, 절사평균 추정치에도 부가될 수 있다. 단 하나 다른 점은 표본의 크기, 표본평균, 표본표준편차를 사용하는 대신, 모든 공식에서 그 값들을 절사된 표본의 크기, 절사평균, 절사표준편차로 대체하는 것이다. 그 외, 계산과 관련된 모든 것은 그대로이다.

표 9.3은 투사체의 무게로 이루어진 소규모 표본이다. 줄기-잎도표는 상향 왜곡은 물론 위쪽 이상점을 보여주고 있다. 이 표본의 평균은 47.45g인데, 값들의 최대군집에 대한 유용한 수치지표가 되기에는 너무 위쪽으로 치우쳐져 있다. 표본이 이러할진대, 모집단도 별다를 바가 없을 것이다. 절사평균은 이러한 형상의 중심에 대해서는 훨씬 더 유의한 지표가 될 것이다. 15% 절사율로써 모든 난처함을 유발시키고 있는 세 개의 위쪽 이상점을 제거하게 된다. 그렇게 하고 나면, 15% 절사평균은 37.9g이 되고, 이로써 이 숫자군의 중심에 관한 지표가 당연히 있어야 할 위치에 속하게 된다. 원저화된 숫자군의 분산은 137.19g이고, 절사표준편차는 14.16g이다. 따라서 표준오차는,

$$SE = \frac{\sigma}{\sqrt{n}} = \frac{14.16}{\sqrt{14}} = 3.8 \text{ g 이다.}$$

95% 신뢰수준에서 오차범위를 얻기 위해서, 이 표준오차를 자유도 13(n_T-1)에 상응하는 t값으로 곱하게 된다. 그러면, 95% 신뢰수준에서 오차범위는 ±8.2g이다(즉, 3.8×2.160). 이 모집단에 대하여 정상적인 평균 대신 절사평균을 추정하는 작업은 (상방 이상점을 제거함으로써) 보다 의미 있게 되었을 뿐만 아니라, 보다 정확해졌다. 정상적인 평균에 부가할 95% 신뢰수준에서의 오차범위는 ±16.1g이다. 이는 절사를 통해 제거된 이상점들 표본의 정상적인 표준편차를 크게 만들었기 때문이다. 결과적으로 표준오차와 95% 신뢰수준에서의 오차범위도 크게 되었다. 이 예제에서는 절사평균을 추정함으로써, 오

차범위가 절반으로 줄어들게 되었다—이는 숫자들의 중심에 대한 보다 설득력 있는 지표이며, 그에 부가되는 오차범위도 줄어들게 된다.

표현에 유의하자

정상적인 평균 대신에 모집단의 절사평균을 추정한다면, 그 상황을 매우 명확히 기술해야만 한다. 반드시 추정한 것이 그냥 "평균"이 아니라, "절사평균"임과 절사율을 명시하여야 한다. 정상적인 평균에 대한 추정치와 마찬가지로, 오차범위가 계산된 신뢰수준도 반드시 부가해야 한다. 본문 중의 예제에 대해서, "표본에 의거하여, 투사체의 15% 절사평균을 95% 신뢰수준에서 $37.9g \pm 8.2g$으로 추정한다."라고 진술할 수 있을 것이다.

표 9.3. 소규모 표본을 구성하는 투사체의 무게

무게(g)	줄기-잎도표	
96		
37	15	6
28	14	
34	13	
52	12	
18	11	
21	10	8
39	9	6
156	8	
43	7	
44	6	
19	5	25
30	4	347
108	3	014799
55	2	1488
24	1	89
28		
47		
39		
31		

연습문제

1. 새로이 보고된 신석기유적인 샤토너프-쉬르-루아르Châteauneuf-sur-Loire를 검토하였다. 검토 결과, 분석의 대상이 될 유물들이 이 유적에서 수습된 사용 박편의 임의표본인 것으로 취급하여도 무방할 것으로 결정하였다. 그 박편들의 길이는 표 9.4에 제시되었다. 이 표본을 근거로 사용 박편 길이의 중심에 관한 수치지표를 추정하자. 95%의 신뢰도에서 오차범위를 제시하자. 한 문장으로 (중심에 관한) 추정치와 오차범위가 의미하는 바를 표현하라.

표 9.4. 샤토너프-쉬르-루아르유적에서 출토된 사용 박편 40개체의 길이(cm)

4.7	6.8	3.5	5.9	6.5
4.1	6.2	6.0	7.8	8.8
8.0	9.3	8.3	8.1	7.4
3.2	6.9	5.5	4.3	8.5
9.7	7.3	4.3	4.7	6.3
7.5	4.5	4.8	3.0	7.0
5.7	3.9	5.6	6.1	5.3
5.0	5.4	6.1	5.1	2.6

2. 샤토너프-쉬르-루아르유적 출토 사용 박편의 길이에 관해 위에서 제시한 추정치가 정확하지 않다고 가정하자. 방금 계산한 95% 신뢰도에 대한 오차범위의 절반이 되는 새로운 오차범위를 구하기 위해 현장으로 돌아가서 보다 큰 표본을 구해 보자. 그러한 목표를 달성하기 위하여 얼마나 큰 사용 박편의 표본이 필요한가?

3. 버윅-어폰-트위드Berwick-upon-Tweed에서 중석기시대 유적을 발굴하고 상당수의 잘 만들어진 노지시설을 발견하였다. 그들의 지름은 표 9.5에 제시되었다. 제시된 노지를 이 유적의 전체 노지의 임의표본으로 삼아, 유적의 전체 노지 지름의 중심에 관한 수치지표를 추정하자. 더불어,

99%의 신뢰도에서 이 추정치에 대한 오차범위를 제시하자.

표 9.5. 버윅-어폰-트위드유적에서 발견된 중석기시대 노지 44기의 직경(m)

0.91	0.75	1.03	0.82	2.13
0.51	0.80	0.66	0.93	0.66
0.76	0.90	0.76	0.95	0.62
1.64	0.58	0.96	0.56	1.93
0.85	0.60	0.74	0.78	0.68
0.88	0.70	0.64	0.89	0.80
0.72	2.47	0.62	0.98	0.74
0.77	0.84	0.86	1.08	0.93
0.69	1.00	0.84	0.83	

4. 우앙카밤바Huanccabamba의 한 가구家口에서 파손되지 않고 양호하게 보존된 유물들을 발굴하였는데 그중에는 37개체의 흑요석제 돌날이 도 함되어 있었다. 이 석기조합과 다른 산지에서 온 흑요석으로 제작한 석기조합을 비교하기 위하여 이 37개 돌날의 화학적 조성에서 아연Zn 포함량의 평균을 알아보고자 한다. 아연은 극히 미량만이 포함되어 있기 때문에, 측정에 고비용이 소요되는바, 비록 전체 석기조합이 소규모이지만, 실제로 분석할 14개체의 임의표본을 추출할 모집단으로 취급하자. 각 돌날에서 측정된 아연의 양(ppm)은 표 9.6에 제시되었다. 37개 돌날의 모집단에서 평균적으로 아연이 몇 ppm 포함되었는지 추정해 보자. 이 추정치에 대한 90% 신뢰도의 오차범위를 제시해 보자. 매우 정연한 하나의 문장으로 이 추정치와 오차범위의 의미를 표현해 보자.

표 9.6. 우앙카밤바유적 선사시대 가구 출토 흑요석제 돌날 14개의 아연 함유량(ppm)

53	49	41	59	74
37	66	33	48	57
60	55	82	22	

10
중앙값과 재표집
Medians and Resampling

전통적인 통계이론은 표본에 의거한 모평균의 추정이나 원하는 신뢰수준에 상응하는 오차범위를 설정하기에 적합한 도구를 제공하는데, 이는 8장과 9장에 제시된 바 있다. 표본에 포함된 이상점이 평균의 사용을 방해하더라도 그러한 도구들은 절사평균을 계산하는 데 적용될 수 있다. 표본의 비대칭적 형상(왜곡)이 평균의 사용을 방해하더라도 보정을 위해 변환이 활용될 수 있는데, 11장과 15장에서 알게 될 바와 같이 유의성검정과 함께 진행할 수도 있게 된다. 그러한 작업이 유의성검정에는 적당하지만 계측치를 직관적이지 않은 척도에 배열하는바, 오히려 그 계측치에 대해 직설적인 진술을 하기는 어렵게 하기도 한다. 예를 들자면, 두 시기 유적 면적의 로그화된 평균값에 대해 의미 있는 진술을 하기는 결코 용이하지 않다. 그러한 경우, 중앙값은 좀 더 유용한 지표가 될 수 있을 것이고 모집단의 중앙값에 대한 가장 그럴 듯한 추정은 표본의 중앙값이 된다. 그런데 평균의 경우와는 달리 중앙값의 특별숫자군(혹은 표집분포)의 중심, 산포 및 형상을 결정할 그 어떤 이론적 방도가 없는 탓에, 추정된 중앙값에 대한 특정 신뢰수준에서의 오차범위를 설정하는 데에 보편적인 이론적 기반은 전혀 없다. 이런 난관에 대한 탐색적 자료분석의 기여는, 재표집 resmapling 혹은 표본 자체로부터 표본을 반복적으로 수집하는 작업을 통해 그러한 특별숫자군에 근접할 수 있음을 인지했다는 것이다.

표 10.1에 제시된 전·후기 고전기 유적의 면적에 대한 등맞댄 줄기-잎도 표는 중요한 예시를 제공해 준다. 113개소 전기 고전기 유적의 면적은 1ha미만에서 211ha에, 95개소 후기 고전기 유적은 1ha미만에서 101ha에 이른다. 유적 면적의 경우에 흔히 있는 바대로, 이 두 숫자군은 위쪽으로 퍼져있으며, 적어도 전기 고전기에서는 일부 높은 값들이 이상점으로 인지되기도 한다. 비록 매우 큰 유적들은 전기 고전기에도 나타나지만 숫자들의 주된 무리에 주목하자면, 일반적으로 후기 고전기유적들이 어느 정도 더 크다는 것을 알 수 있다. 그 변화가 그다지 극적이지는 않은데, 그림 10.1에 제시된 상자-점도표가 보여주고 있다. 후기 고전기에 대한 중앙값, 상·하사분위, 확연한 인접값 모두가 높다. 그러나 높은 이상점들이 후기 고전기에는 적을 뿐만 아니라, 그다지 과도하지도 않다. 이것은 정확히 평균이 오해를 촉발하는 상황이다. 전기 고전기 유적의 평균면적은 36.3ha이고 후기 고전기유적의 경우는 35.7ha로 숫자군의 중심이 낮아지는 쪽으로 변화하고 있음을 제시하고 있다. 척도를 통해 보건대, 두 숫자군 모두에서 평균이 줄기-잎도표에 나타난 가시적 중심보다 높다. 예상되는 대로 두 숫자군 모두에 있어 중앙값이 중심에 대한 더 나은 지표를 제공하고 있다. 전기 고전기유적 면적의 중앙값은 28.2ha이고, 후기 고전기의 경우 30.6ha로, 줄기-잎도표와 상자-점도표에 나타나듯이 증대되는 방향으로 변화하고 있음을 보여주고 있다. 이러한 비교를 종합하자면, 유적면적의 중앙값은 28.2ha에서 30.6ha로 증가한다고 말하기에 충분하다.

계측치로 이루어진 이 두 숫자군을, 실제로 다루어야하는 모집단으로부터 추출된 표본으로 간주한다면, 모집단에 대해 특정 신뢰수준에서 오차범위가 부기된 추정치를 얻고자 할 것이다. 앞서 보았듯이, 평균을 이용하는 것은 만족스럽지 못하다. 전기 고전기 숫자군으로부터 여러 이상점을 제거하기에 절사평균이 개선책이 될 수도 있지만 문제가 여전히 남게 되는데, 두 숫자군의 상향왜곡된 형상과 관련이 있다. 변환은 유의성검정을 가능하게는 하지만 두 시기 간 유적면적의 음의 역변환과 같은 비현실적인 비교를 유도할 수도 있다. 재표집은 이와 같은 상황에서 중앙값에 오차범위를 부기할 수 있게 해준다.

표 10.1. 전·후기 고전기 유적 면적의 등맞댄 줄기-잎도표

전기		후기
1	21	
	20	
	20	
	19	
	19	
	18	
	18	
	17	
	17	
	16	
	16	
	15	
4	15	
	14	
	14	
	13	
0	13	
	12	
	12	
	11	
4	11	
9	10	
	10	1
	9	59
03	9	3
	8	
33	8	
9	7	556
	7	34
5557	6	588
2234	6	000
7889	5	5667
00244	5	00123
567899	4	566889
01112233	4	0012233
566789	3	556679
00112344	3	001344
555567889	2	55667889
02222344	2	00112234
55567788	1	55677788999
001111112234	1	0122344
566666677888999	0	67888899
001134	0	0344

※ 소수점 이하의 값은 반영되지 않음.

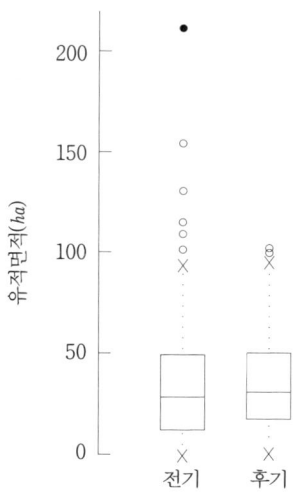

그림 10.1. 전·후기 고전기 유적면적을 비교하는 상자-점도표

부트스트랩

가장 보편적으로 쓰이는 재표집기법은 부트스트랩bootstrap(혹은 자육自育)이다. 이는 표본 숫자군을 모집단으로 간주하고 그 표본으로부터 새로운 표본을 반복적으로 추출하는 작업으로 구성된다. 새 표본은 무작위로 추출되며, 일반적으로 원래 표본 숫자군과 크기가 같다. 새 표본이 원래 표본 숫자군과 다른 것은 개체들을 제외하거나 포함시키기를 무작위로 여러 번 진행함에 따라 달라질 수 있는, 새 표본이 복원추출에 의해 생성된다는 것이다. 부트스트랩을 수행하면서 대체로 적어도 1,000개의 재표본이 추출된다. 개별 재표본의 중앙값이 발견되고 모든 재표본의 중앙값들로 이루어진 숫자군이 얻어지게 된다. 이 숫자군은 특별숫자군이 평균으로 가능하게 했던 것과 동일한 작업을 수행하는데 활용될 수 있다. 즉, 중앙값의 표집분포로 취급될 수 있다는 것이다.

평균을 추정할 때, 특별숫자군은 (표본의 크기가 3·40 이상인 한) 정규분포를 띤다는 것은 주지의 사실이며, 그 평균과 표준편차를 계산할 수 있다. 그런 후, 8·9장에서 알게 된 것처럼 특별숫자군의 평균과 표준편차를 이용해 우리 표본의 평균과는 다른 평균을 가진 모집단으로부터 우리 표본과 같은 표본을 얻

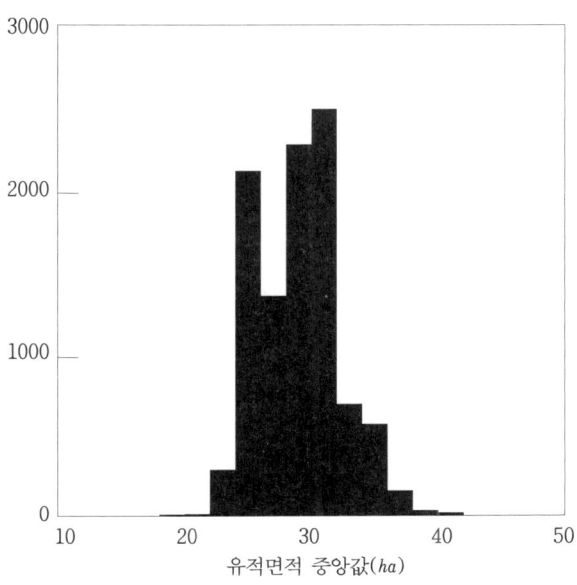

그림 10.2. 전기 고전기 표본으로부터 추출된 10,000개 재표본 유적면적 중앙값의 히스토그램

는 것이 얼마나 특이한지를 알 수 있게 된다. 그런데, 모든 재표본의 중앙값으로 이루어진 특별숫자군이 단봉에, 좌우대칭을 띠는 것으로 간주할 수 없다. 사실, 중앙값에 관한 한 특별숫자군은 거의 항상 매우 비대칭이며, 자주 여러 개의 봉우리를 갖는다. 일례로 그림 10.2에 제시된 히스토그램은 표 10.1에 제시된 전기 고전기 유적면적의 숫자군으로부터 추출된 10,000개 재표본들의 중앙값으로 이루어진 숫자군의 형상이 양봉의 비대칭적임을 보여주고 있다. 이 숫자군의 중심과 산포에 관한 한 열악한 지표인바, 숫자군 내 특이성에 대한 유용한 접근을 제공하지 못할 것이다. 10,000개 재표본의 중앙값으로 구성된 이 숫자군의 중앙값은 28.2ha로, 원래 표본의 중앙값과 동일할 뿐만 아니라, 특별숫자군의 중심에 대한 양호한 지표가 되고 있다.

 4장에서 시험 후 표준화된 결과통보로 학생들에게 익숙한 백분율은 특이성을 보여주는 방법이라는 것을 알게 되었는데, 백분율이야말로 그림 10.2에 제시된 것과 같이 정규분포를 띠지 않는 숫자군에서 특이성을 다루는 가장 유용한 방법을 제공한다.

　이 특별숫자군은 우리의 표본이 추출되었을 수 있는 일련의 모집단 중앙값들을 반영할 수도 있다. 예를 들어 90% 신뢰수준에서의 오차범위를 28.2ha라는 중앙값에 부가하기 위해서는 10,000개 재표본의 중앙값들로 이루어진 이 숫자군의 백분위의 5번째와 95번째를 찾아야 할 것이다. 즉 재표본 중앙값들의 중간 90%는 90% 신뢰도로 모중앙값이 놓일 범위를 반영한다. 그런 다음, 90%의 재표본 중앙값들은 그 사이에 속하게 하되 아래쪽으로 5%의 중앙값들이 위치하고 위쪽으로 5%의 중앙값들이 위치하게 할 두 숫자를 찾고자 할 것이다. 10,000개 중앙값의 5%는 500개인바, (낮은 수부터 세어오던지 혹은 높은 수부터 세어오던지 상관없이) 숫자군에서 500번째와 9,500번째 숫자들을 찾고자 할 것이다. 앞서 예시된 특별숫자군에서 그러한 두 숫자는 24.6ha 및 35.0ha이다. 중앙값에 대한 부트스트랩된 오차범위가 대체로 그렇듯, 오차범위는 대칭적이지 않다. 그 범위는 중앙값 28.2ha를 기준으로 아래쪽으로 3.6ha에서부터 위쪽으로 6.8ha까지 이어지는바, ±의 기호로 표현될 수 없다. 특정 신뢰수준에 대한 오차범위는 대략적인 백분율을 선택해서 정해진다. 95% 신뢰수준에서의 오차범위는 백분위 2.5번째와 97.5번째 사이에, 99% 신뢰수준에서의 오차범위는 백분위 0.5번째와 99.5번째 사이에 놓이게 된다.

　부트스트랩은 스스로의 힘으로 자신에게 닥친 곤경을 극복하듯이 마법적인 개념처럼 비춰질 수 있는데, 바로 그런 이유로 명명되었다. 추상적인 수학 논리로부터 얻어진 것이 아니다. 반복된 실험을 통해 부트스트랩이 다양한 신뢰수준에서 오차범위의 어림을 제공한다는 점이 알려졌다. 이론적으로 연원한 고전적 접근이 필요 없게 만들기는 했지만 부트스트랩은 평균에 대한 오차범위를 찾는 작업에도 이용될 수 있다. 예를 들어, 앞서 지적한 것처럼 전기 고전기 유적의 면적으로 이루어진 숫자군에서 평균은 그다지 양호한 중심의 지표가 되지 못하지만 그러한 표본이 추출된 모집단(의 평균)에 대해 추정할 수는 있게 해준다. 9장에서 논의된 통상적인 접근에 의해서 그러한 작업을 수행한다면, 모집단에서 전기 고전기 유적의 평균면적이 (95% 신뢰수준에서) 36.3

> **통계꾸러미**
>
> 부트스트랩과 같은 재표집식 접근은 상대적으로 최근에 들어서야 통계패키지에 등장하기 시작했지만 점점 더 보편화되고 있는 실정이다. 그렇다고 해도 부트스트랩으로 중앙값에 관련된 오차범위를 찾는 작업은 간단히 단일 메뉴의 한 선택을 지정하는 것 이상을 요구한다. 거기에는 재표집의 수행에 관련된 선택사항을 지정하기, 사용될 재표집기법으로 부트스트랩을 고르기, 얼마나 많은 수의 재표본이 추출될 것인지 정하기, 원하는 통계치로 중앙값을 특정하기와 같은 작업들이 포함된다. 그러면 통계패키지는 모든 재표본의 중앙값들을 새로운 데이터파일에 저장하게 되는데, 그 안에서 특정의 신뢰수준에서 오차범위의 크기를 설정하기에 적합한 백분율을 찾아야 한다.

$ha \pm 6.0 ha$라고 추정하게 된다.

    이러한 추정을 부트스트랩의 기법으로 수행하면, 10,000개 재표본의 평균들로 이루어진 숫자군을 생성하게 된다. 이 정도 크기의 표본에 해당하는 특별숫자군에 대해 중앙극한정리가 일컫는 대로, 이 특별숫자군은 좌우대칭의 단봉을 띠게 된다. 10,000개 재표본 평균들의 평균은, 고전적 이론을 통해서 추정된 모평균과 동일하게 제시된 $36.3\,ha$이다. 이 숫자군은 단봉의 좌우대칭인바, 평균과 표준편차를 이용해 특이성을 다룰 수 있는데, 95% 신뢰수준에 해당하는 $\pm 6.0\,ha$의 오차범위 또한 얻게 된다. 두 결과가 늘 이처럼 완벽하게 일치하지는 않는다. 동일한 계산이 정확도가 다른 계산기로 수행되는 상황에서처럼 충분한 소수점 이하의 정확도로 계산이 진행되더라도, (반)올림오차를 비롯한 몇몇 요소들에 의해 사소한 변이는 발생한다.

    부트스트랩과 더불어, 잭나이프 jackknife로 불리는 두 번째 재표집기법이 있다. 재표본이 약간씩 상이하게 추출되는 것을 제외하면 부트스트랩과 흡사하다. 복원추출법을 이용해 원래 표본과 동일한 크기로 많은 수의 표본을 추출하는 대신, 잭나이프 재표본은 원래 표본으로부터 하나씩 차례로 개체를 생략해 가면서 생성된다. 그러므로 재표본은 원래 표본보다 하나씩 작게 된다.

잭나이프는 부트스트랩보다는 어느 정도 덜 로버스트할 뿐만 아니라, 이용 빈도도 낮다.

연습문제

1. 표 3.5에 제시된 난습 인근 청동기시대 후기 유적에 관련된 데이터를 다시 살펴보자. 그 장의 연습문제에서 숫자군은 좌우 비대칭인바, 평균으로 특성을 설명하기는 실질적으로 어렵다는 것을 알았을 것이다. 반면, 중앙값은 그에 대한 양호한 중심의 지표를 제시할 수 있다. 유적 면적으로 이루어진 이 숫자군을, 청동기시대 후기 유적으로 이루어진 보다 큰 모집단에서 추출된 표본으로 간주하고 모중앙값을 추정해보자. 부트스트랩을 이용하여 90% 신뢰수준에서 그러한 추정치와 오차범위를 제시해보자. 그 추정치와 오차범위가 무엇을 의미하는지 분명한 한 문장으로 진술해보자.

11
범주와 모비율
Categories and Population Proportions

7~10장에서는 모집단의 평균이나 중앙값 등 추정하고자 하는 대상이 계측치인 경우, 표본에 의거하여 그것들을 추정하는 작업을 다루었다. 6장에서는 상이한 종류의 관찰, 계측이 아닌 범주에 의거한 관찰에 대해 논의했었다. 그 관찰이 계측치가 아닌, 일련의 범주들과 관련이 있을 때, 그 중심이나 산포에 대해 고려하는 것은 전혀 타당해 보이지 않는다. 오히려, 그 숫자군에 대해서는 비율의 측면에서 접근해야 한다. 어떤 표본에서 범주를 관찰한다면, 그 표본이 추출된 모집단에 대한 기본적인 생각은 모집단 내 각 범주들의 비율에 관한 것이어야지, 그 어떤 것의 평균이나 중앙값이어서는 곤란하다.

표본에 의거한 모집단의 비율 추정은 표본에 의거하여 모평균을 추정하는 작업과 매우 유사한바, 본 장에서는 앞의 세 개 장에서 평균을 구하는 데 사용되었던 원리를 확대 적용한다는 측면에서 비율을 다루도록 하겠다. 9장에서 논의되었던 투사체 100개의 표본을 대상으로, 투사체를 만드는 데 사용된 석재를 조사한다고 가정하자. 100개 중 13개가 흑요석으로 만들어진 것을 발견하게 될 것이다. 표본 원소의 개수가 100인바, 표본 내에서 흑요석으로 제작된 투사체의 비율은 13/100, 즉 13.0%이다. 이러한 사실이 그러한 표본이 추출된, 상당히 크고 느슨하게 정의된 모집단에 대해 알려주는 바는 무엇인가? 평균을 다룰 때처럼 표본에서의 비율은 그것이 추출된 모집단에서의 비율에 관한 가장 그럴듯한 값이다. 따라서 이러한 표본에 의거하여 얻게 되는 모비율母比率에 관한 최선의 추정치는 13.0%이다.

어떤 표본이 추출된 모평균과 그 표본 자체의 평균이 다를 수가 있는 것처럼, 흑요석제 투사체의 비율이 13.0%인 표본을 그 비율이 13.0%가 아닌 모집단에서 추출하게 될 수도 있다. 따라서 모평균의 추정치에 그랬던 것처럼 특정 신뢰수준에 해당하는 오차범위를 모비율의 추정치에 부가하면 좋을 것이다. 그러기 위해서 비율의 경우에도 표준오차를 사용할 수 있다. 단 한 가지 어려움이란 평균의 표준오차 계산은 표본 내 표준오차에 의거하지만 비율의 표준편차의 개념에 관해서는 확실히 직관적인 것이 없다는 점이다. 그러나 비율의 표준오차에 상응하는 간단한 동치同値가 있음을 수학적으로 보여줄 수 있다.

$$s = \sqrt{pq}$$

여기서, $s=$ 비율의 표준편차, $p=$ 소수로 표시되는 비율, $q=1-p$ 등이다. 본 장의 예제에서, 표본 내 흑요석제 투사체의 비율은 소수로 표현하자면 0.130인바, $q=1-p=1-0.130=0.870$이다. 따라서

$$s = \sqrt{pq} = \sqrt{(0.130)(0.870)} = \sqrt{0.1131} = 0.3363$$

인데, 이 비율의 표준편차는 상식적인 방식으로 평균의 표준편차와 연결된다. 작은 표준편차는 작은 산포를 가진 숫자군을 의미하며, 그러한 숫자군은 매우 균질적이라고 불릴 수 있다는 것이 주지의 사실이다. 비율에 관련하여 균질적인 숫자군은 관심거리가 된 비율이 매우 높은 (혹은 매우 낮은) 숫자군일 것이다. 만약 99%의 투사체가 흑요석으로 제작되었다면, 이 균질적인 숫자군은 $\sqrt{pq} = \sqrt{(0.99)(0.01)} = \sqrt{0.0099} = 0.0994$의 매우 작은 표준편차를 가지게 된다. 1%의 흑요석제 투사체와 99%의 비흑요석제 투사체로 이루어진 숫자군 역시 동일한 결과를 산출한다. 이런 측면에서 가장 혼성적일 수

있는 숫자군은 50%의 흑요석제 투사체로 이루어지며, 그 표준편차는 $\sqrt{pq}=\sqrt{(0.50)(0.50)}=\sqrt{0.2500}=0.50$이 된다. 반드시 그래야 하는 바대로, 혼성적인 숫자군일수록 더 큰 표준편차를 갖게 된다.

이 표준편차는 평균을 추정할 때 사용되었던 것과 정확히 동일한 과정으로 표준오차를 계산하는 데 사용된다. 모집단 표준편차, σ는 알 수 없기 때문에 식에는 표본(비율)의 표준편차, s를 대입한다.

$$SE = \frac{\sigma}{\sqrt{n}} = \frac{0.3363}{\sqrt{100}} = \frac{0.3363}{10} = 0.03363$$

이 예제에서 비율에 대한 표준오차는 0.034, 즉 3.4%다. 이것을 추정된 비율에 부가될 1 표준오차범위로 적용하면, 모집단의 비율은 13.0%±3.4%라고, 또는 9.6%와 16.4% 사이에 속한다고 말할 수 있다. 일반적인 1 표준오차범위에서처럼 이 표본이 추출된 모집단 내에서의 비율이 9.6%와 16.4% 사이에 능인다는 것을 66% 신뢰하게 될 것이다.

특별히 원하는 신뢰수준이 얻어지도록 오차범위를 조정하기 위해서는 Student의 t분포(표 9.1)를 이용하여 특정 자유도와 신뢰수준에 대한 t값을 결정하고, 그 값을 표준오차와 곱하게 된다. 이 예제에서 오차범위를 95% 신뢰수준에 맞게 조정하기 위해서 표 9.1에서 ($n-1=99 d.f.$에 가장 가까운) $120 d.f.$의 행을 이용하면 95% 신뢰도의 열에서 $t=1.98$이라는 것을 발견하게 된다. 표준오차를 1.98로 곱하면, $(0.034)(1.98)=0.067$을 얻게 된다. 따라서 95% 신뢰수준에서, 예제의 표본이 추출된 모집단 내 흑요석제 투사체의 비율은 13.0±6.7%(혹은 6.3%와 19.7% 사이)라고 추정할 것이다. 이는 당연히, 이 예제와 같은 표본(즉, 13.0%의 흑요석제 투사체의 비율을 가지는 크기 100의 표본)에서 흑요석제 투사체의 비율이 6.3%보다 낮거나 19.7%보다 높을 확률은 단지 5%라는 것을 의미한다.

평균에서와 마찬가지로, 비율의 표준오차를 계산할 때도 유한모집단 보정계수를 적용할 수 있다. 예를 들어, 그리 길지 않은 기간 동안 점유된 한 마을 유적에 대한 전면발굴에서 24기의 주거지를 확인했다고 가정하자. 24기 주거지 중 17기만이 출입구의 위치를 추정할 수 있을 정도로 잔존상태가 좋다. 이 17기 주거지 중 6기는 남쪽을 향해 출입구가 나 있다. 잠재적인 편향에 대해 세심히 생각해 본 끝에, 이 17기 주거지를 원래 이 유적 전체에 축조되었던 24기 주거지로부터 나온 임의표본으로 취급하게 된다. 따라서 이 유적 주거지들의 6/17, 즉 35.3%는 남쪽을 향해 출입구가 나 있다고 추정하게 된다. 이 비율의 표준오차는

$$SE = \frac{\sigma}{\sqrt{n}}\sqrt{1-\frac{n}{N}}$$ 이 될 것이다.

여기서 $\sigma = s = \sqrt{pq}$ 이다. 따라서

$$SE = \frac{\sqrt{pq}}{\sqrt{n}}\sqrt{1-\frac{n}{N}} = \sqrt{\frac{pq}{n}\left(1-\frac{n}{N}\right)}$$

$$= \sqrt{\left(\frac{(0.353)(0.647)}{17}\right)\left(1-\frac{17}{24}\right)}$$

$$= \sqrt{(0.0134)(1-0.7083)}$$

$$= 0.0625$$

만약, 90% 신뢰수준에서 이야기하고 싶다면, 이 표준오차에 1.746(표 9.1에 따르면, 90% 신뢰도와 $16 d.f.$에 대한 t값은 1.746이다.)을 곱하고 90% 신뢰수준에서의 오차범위 0.1091을 얻게 된다. 그러므로 이 유적에서 24기 주거지 중 35.3%±10.91%(혹은 24.4%에서 46.2%까지)는 남쪽으로 향한 출입구를 가지고 있었다고 결론 내리게 된다. 이는 유한모집단인바, 이 추정 비율(과 부가된 오차범위)을 전체 모집단에 대한 주거지 숫자로 변환할 수 있다. 오차범위의 하한(24.4%)에 모집단에서의 주거지 숫자(24)를 곱하면 5.9가 얻어지고, 오차범위의 하한(46.2%)에 모집단에서의 주거지 숫자(24)를 곱하면 11.1이 얻어진다. 따라서 이 유적에서는 6에서 11기에 이르는 주거지가 남향의 출입구시설을

갖는다는 것을 90% 신뢰한다고 말할 수 있다.

　이 예에서 표본―및 그 문제에 관한 한 그것이 추출된 모집단―이 너무 작아 이 통계 결과가 그다지 유용하지는 않아 보인다. 결국, 적어도 6기의 주거지가 남향의 출입구시설을 가지고 있다는 것을 알고 있다. 표본에서는 남향 출입구시설 6기가 알려져 있다. 게다가 남향 출입구시설을 가진 주거지가 13기를 초과하지는 못할 것이라는 점도 알고 있다. 단지 출입구시설에 대해 보고되지 않은 주거지는 7기뿐이다. 만약 그것들이 모두 남향이라면, 표본에 있는 6기를 합쳐 13기가 된다. 만약 남향 출입구시설을 갖춘 주거지의 숫자가 6 이상 13 이하일 것을 이미 알고 있다면, 이 유적에서 남향 출입구시설을 갖춘 주거지의 숫자가 6 이상 11 이하일 것임을 90% 신뢰한다고 말하는 것에서 무엇을 얻을 수 있었겠는가? 무엇보다도 이 표본이 높은 신뢰수준에서 모집단에 대해 매우 정확하게 무언가를 말하기에는 너무 작다는 점에 대한 인식을 얻었다. 적어도 어떤 이유에서는, 비록 71%의 표본이더라도 알고자 하는 것을 말해 주기에는 그 표본이 단순히 너무 작을 수도 있다는 것이다. (17기 주거지의 표본은 24기 주거지로 이루어진 모집단의 71%를 반영한다.) 모집단에서 얼마나 높은 비율을 차지하는지에 상관없이, 17개의 원소를 가진 표본은 통계의 관점에서 보자면, 매우 작은 것이다. 이렇게 작은 표본으로 작업을 한다면, 어떠한 비율을 찾아내든 간에 그것이 추출된 모집단의 비율과는 많이 다를 수 있는 위험이 거북하리만치 크다. 비록 그것이 전체적으로는 모집단에 대한 최선의 추측을 이루고 있다 하더라도, 이 표본으로부터 도출된 모집단에 관한 어떠한 결론도 심각하게 부정확하거나 불확실할 수 있다. 이 경우, 특정 신뢰수준에서의 오차범위를 계산해 보니 그 최선의 추측이라는 것도 그다지 좋지 못하며, 이러한 관찰 결과를 어떤 이론을 지지하기 위한 혹은 그에 반대하기 위한 증거로 사용하기에 앞서 그러한 점을 숙지하는 것이 중요하다는 것을 알게 된다.

얼마나 큰 표본이 필요한가?

모집단의 평균을 추정할 때 그러했던 것처럼, 이러한 지식은 더 나아가서 특정한 목적에 필요한 표본이 대략 얼마나 커야 하는지를 고려하는 데 활용할 수도 있다. 수식은 동일한

$$n=\left(\frac{\sigma t}{ER}\right)^2$$

이고, 위에서 사용했던 σ 대신 $\sqrt{pq}$ 를 이용한다. 예를 들어, 전체 토기조합에서 다양한 개별 토기 형식의 비율을 95% 신뢰수준에서 오차범위가 ± 5%보다 넓지 않게 추정하기 위해 한 유적으로부터 얼마나 큰 비임의표본을 수집해야 하는지 알려고 한다고 하자. σ에 도달하기 위해 실제로 추정해야 할 필요가 있는 비율들에 대해 어느 정도의 추측을 해야만 한다. 만약 아무런 복안이 없다면, 가장 진부한 추측인 50%를 이용할 수 있는데, 비율이 50%일 때 오차범위가 가장 넓기 때문이다. 실질적인 비율이 50%와 다르게 되는 정도에 따라, 오차범위는 요구하는 것보다도 좁아질 것이다. 50%, 즉 $\sqrt{pq}=\sqrt{(0.50)(0.50)}=0.50$을 이용하게 됨으로써 σ로 0.50을 쓰게 된다. 95% 신뢰도와 (n이 어떻게 될지 모르는바,) $\infty d.f.$에 해당하는 t값은 1.96이다. 따라서

$$n=\left(\frac{(0.50)(1.96)}{0.05}\right)^2=384.16$$

인바, 384개 토기편으로 이루어진 비임의표본을 수집해야만 한다.

그렇게 하여 192개의 토기편이 특정한 한 형식에 속하는 것을 발견하게 된다면, 그 형식은 192/384, 혹은 표본의 50.0%를 대변하는 것이다. 그 형식은 (그 표본이 추출된 모집단으로서의) 해당 유적 토기조합상 전체의 50.0%를 구성하고 있다고 추정할 수 있다. 이러한 비율의 표준오차는

$$SE=\frac{\sigma}{\sqrt{n}}$$

이고, σ값으로 $\sqrt{pq}$를 이용한다. 따라서

$$SE = \frac{\sqrt{(0.50)(0.50)}}{\sqrt{384}} = \frac{0.50}{19.5959} = 0.0255$$

이다. 95% 신뢰수준에서의 오차범위를 위해, 이 표준오차를 95% 신뢰도, ∞ $d.f.$에 해당하는 t값으로 곱해야 하는데, $383 d.f.$는 표 9.1에서 ∞ 직전 마지막 행의 120을 훨씬 넘어서기 때문이다. 95% 신뢰수준의 오차범위는 1.96 표준오차인 0.050 혹은 5.0%이다. 따라서 이 토기형식이 해당유적 전체 토기편의 50.0%±5.0%를 구성하고 있는 것으로 추정하게 되며, 해당 표본에 요구되었던 신뢰성과 정확성의 수준을 달성하게 되었다.

만약 이 표본에서 다른 토기형식이 14개의 토기편에 나타난다면, 해당 유적에서는 전체 토기편의 3.6%가 이 형식에 해당하는 것으로 추정할 것이다. 이 경우, 이렇게 낮은 비율에 대한 표준오차는 훨씬 낮아질 것이기 때문에, 동일한 신뢰수준에서 상대적으로 높은 정확도를 얻을 수 있다.

$$SE = \frac{\sqrt{(0.036)(0.964)}}{\sqrt{384}} = \frac{0.1863}{19.5959} = 0.0095$$

이 0.0095의 표준오차값을 $\infty d.f.$와 95% 신뢰도에 해당하는 t값으로 곱하면 $(0.0095)(1.96) = 0.019$, 혹은 1.9%를 얻는다. 이 두 번째 토기형식이 이 유적 토기조합상의 3.6%±1.9%를 대변한다는 것을 95% 신뢰도를 가지고 결론지을 수 있겠다.

종종 측정치의 분석이나 평균의 추정에 있어 문제를 야기할 수도 있는 이상점과 비대칭적 형태의 곤란함은 범주의 분석이나 모집단의 비율을 추정하는 데 있어서는 제기되지 않는다. 따라서 여기서는 로버스트방법에 대해서 고려할 필요가 없다.

연습문제

1. 무곰바지Mugombazi유적에서 체계적 지표조사를 통해 342개체의 박편석기를 수집하였다. 잠재적인 표집 편향성에 관해 세심하게 고려한 후, 이 342개체를 이 유적의 모든 박편석기들에 대한 임의표본으로 취급하기로 결정하였다. 표본을 이루는 342개체의 박편석기 중 55개체는 새기개로 판명되었다. 이 유적의 모든 박편석기 중 새기개의 비율을 추정해 보자. 99% 신뢰도에서 그러한 추정치의 오차범위를 제시해 보자. 그러한 추정치를 온전히 이용하기 위해 알아야 할 모든 정보를 명확하게 짜인 단일 문장으로 표현해 보자.

2. 무곰바지유적에서 그다지 멀지 않은 브와나 음쿠봐Bwana Mkubwa에 굉장히 큰 규모의 석기 산포지가 있다. 위와 같은 방법으로 이곳에서도 박편석기의 임의표본을 수집하려고 한다. 그 목적은 전체 박편석기 중 서로 다른 범주에 속하는 석기들의 비율을 추정하고자 함인데, 이러한 추정치가 (90% 신뢰도에서) ±5% 미만의 오차범위를 갖기를 원한다고 하자. 얼마나 큰 표본을 수집해야만 하겠는가?

3. (코뿔소와 마주친 것을 제외하고는) 계획대로 브와나 음쿠봐로 가서 지표수집을 하였다. 응급실에서 기다리는 동안 고통도 잊고 시간도 때울 겸 유물들을 대략 살펴보았다. 표본으로 수집된 박편석기 중 45%가 부스러기인 것으로 밝혀졌다. 유적의 박편석기 전부 중에서 부스러기의 비율을 추정해 보자. 90% 신뢰수준에서 추정치의 오차범위를 제시하자. 그 결과를 단일 문장으로 표현해 보자. 오차범위가 원했던 대로 ±5% 미만인가? 만약 아니라면, 현장으로 돌아가서 무엇이 잘못되었나 알아낸 후에 다시 시도해 보자. (이번엔 야생동물들을 조심하기 바란다.)

고고학을 위한 통계학

III 두 변수의 관계
Relationships between Two Variables

두 표본의 평균 비교하기 | 셋 이상의 표본평균 비교하기 | 서로 다른 표본의 비율 비교하기
두 계측형변수의 관련성 보기 | 등급 간 관련성 보기

12
두 표본의 평균 비교하기
Comparing Two Sample Means

이제까지 단일 숫자군과 이를 표본으로 삼아 그것이 추출되었을 모집단을 추정하는 작업에 집중해 왔다. 그런데 7장부터 11장까지에서 논의된 원리들은 4장에서 이미 시작된 숫자군들의 비교에도 적용될 수 있는 것들이다.

그림 12.1에서는 두 숫자군을 비교하고 있다. 이들 숫자군은 두 시기(형성기Formative period와 고전기Classic period)의 주거지 면적(m^2)들로 이루어져 있다. 잠재적 편향성을 조심스럽게 고려한 끝에, 각각을 각 시기를 대표하는 주거 면적의 표본으로 취하고 두 숫자군을 임의표본으로 다루기로 하였다. 형성기 표본은 32기 주거의 면적으로, 고전기 표본은 52기 주거지의 면적으로 이루어졌다. 그림 12.1의 맨 왼쪽에 제시된 등 맞댄 줄기-잎도표를 통해 두 표본을 살펴보는 작업을 시작한다. 이 도표를 통해 두 표본 모두 단봉이고 좌우대칭이어서 평균이 이들의 중심을 대변하는 유용한 지표로 충분하다는 것이 밝혀졌다. 어느 쪽도 완벽하게는 아니지만, 이 정도 소규모 표본에서는 쉽게 기대하기 어려울 정도로 단봉이고 좌우대칭이다.

등 맞댄 줄기-잎도표에서 받은 느낌은 그림 12.1의 중앙에 제시된 상자-점도표를 통해서 확인된다. 게다가 상자-점도표는 고전기 주거 표본의 중심이 형성기의 주거 표본의 중심보다 높다는 것을 명확히 보여준다. 즉, 고전기 주거지들은 26.3 m^2의 중앙값을 갖는데, 24.3 m^2의 중앙값을 갖는 형성기 주거

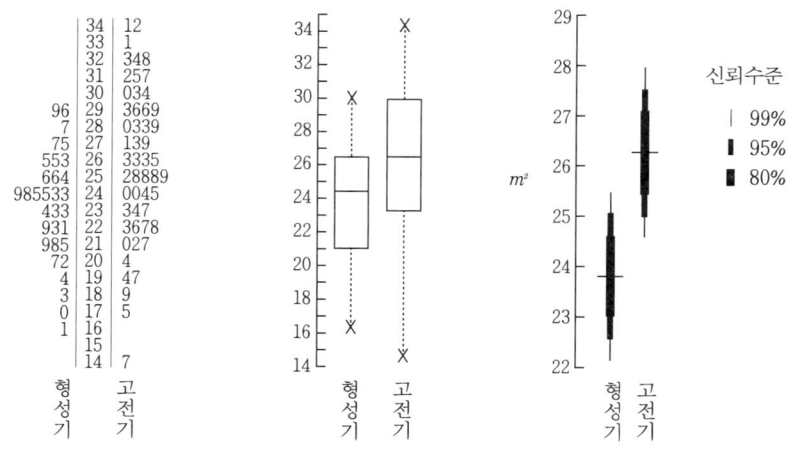

그림 12.1. 형성기와 고전기 주거지 면적(m^2) 비교

지보다 대체로 크다는 것이다. (비록 두 시기 주거지 면적 간에는 상당한 중첩이 있고, 두 시기를 통틀어서 가장 작은 주거지는 고전기에 속하지만—이 두 가지 사실은 줄기-잎 도표와 상자-점도표에 명확히 나타난다— 여전히 유용한 사실을 알려주고 있다.) 산포의 측면에서 두 표본이 크게 다르지는 않지만 고전기 표본이 형성기 표본보다 약간 넓은 산포를 보인다.

표 12.1은 수준과 산포의 측면에서 두 표본을 비교하는 특정 수치들을 제시하고 있다. 중앙값이나 평균 중 어떤 것을 비교하든 간에, 고전기 주거지가 어느 정도 커 보인다. 그리고 중앙산포나 표준편차 중 어떤 것을 비교하든 간에, 고전기 주거지가 어느 정도 넓은 산포를 보인다.

이러한 (4장에서 숫자군을 비교하면서 행하였던 그런 종류의) 관찰사항들과 임의표집의 행위에 관해 이미 알고 있는 것(7~9장 참조)을 조합하면, 이 두 숫자군에서 관찰되는 차이가 과연 "실제"인지 혹은 표본이 항상 정확하게 모집단을 반영하지만은 않는다는 단순한 사실의 결과로 나타난 것인지 의문을 갖게 된다. 동일한 모집단에서 여러 개의 임의표본을 추출한다면, 각 표본들에는 상당한 변이가 있을 것이다. 표본들 사이에 나타나는 그러한 무작위적 변이는 종종 표집오류標集誤謬vagaries of sampling라고 불린다. 형성기와 고전기의

표 12.1. 형성기와 고전기 주거 면적 표본 비교

	형성기	고전기
$n=$	32기	52기
$Md=$	$24.3\,m^2$	$26.3\,m^2$
$\bar{X}=$	$23.8\,m^2$	$26.3\,m^2$
$Midspread=$	$4.1\,m^2$	$6.7\,m^2$
$s=$	$3.4\,m^2$	$4.5\,m^2$
$SE=$	$0.60\,m^2$	$0.63\,m^2$

주거지 면적을 비교함에 있어, 이와 같은 표본 간의 무작위적인 변이 이상은 기대하기 어려울까? 물론 이 두 표본이 동일한 모집단에서 추출된 것은 아니라는 것을 알고 있다―하나는 형성기 주거지로부터, 다른 하나는 고전기 주거지로부터 온 것이다. 그런데 종종, 실제로는 두 표본이 같은 평균을 가진 두 모집단으로부터 추출되었음을 의미하지만 그러한 두 표본이 동일한 모집단으로부터 추출되었을 것으로 가정한다고 말한다. 만약 이 두 표본이 동일한 평균을 갖는 두 모집단으로부터 추출되었다면, 형성기와 고전기 주거지의 평균 면적은 같을 것이다. 그런데 두 표본의 평균이 다르기 때문에, 그들이 추출된 모집단들의 평균이 다르다고 추측하게 된 것이다. 그럼에도 불구하고, 임의 표집과 관련하여 앞에서 논의한 바를 고려한다면, 두 표본이 동일한 평균, 예를 들자면 $25.0\,m^2$를 가지는 모집단으로부터 추출되었을 가능성도 일부 있다는 것을 알 수 있다. 만약 이것이 진실이라면, 형성기와 고전기 표본에서 관찰된 차이는 표집오류에 기인한 것이다. 이를 바탕으로, 형성기와 고전기 사이에 주거 면적의 변화가 있었다고 하지는 않을 것이다. 9장에서, 다양한 신뢰수준에 따른 오차범위를 설정하는 방식을 통해 단일 표본을 대상으로 이러한 종류의 문제를 다루어보았지만, 이번엔 두 표본을 다루어야 하므로 상황이 다소 복잡하다. 그럼에도 불구하고, 동일한 방식으로 이 문제에 접근할 수 있는데, 차례차례 표본 및 그에 상응하는 모집단을 하나씩 처리하면 된다.

표 12.2는 세 가지 상이한 신뢰수준에서 형성기와 고전기 주거지 면적의 추정치를 제시하고 있다. 이 추정치들과 부가된 오차범위는 정확히 9장에 제

시된 과정을 따라 계산되었다. 두 표본은 독립적으로 다루어졌으며 80% 신뢰수준, 95% 신뢰수준, 99% 신뢰수준에 해당하는 각 표본의 오차범위는 각각 별도로 계산되었다. 이 오차범위들은 그림 12.1의 맨 오른쪽에 도해적으로 제시되어 있다. 그러한 도표는 (오차범위의 도해적 표현이 탄환과 어느 정도 비슷하다고 하여) 탄환도표bullet graphs로 불리기도 한다. 탄환도표는 두 표본을 그 평균에 대해서만이 아니라, 다양한 신뢰수준에 따른 오차범위의 측면에서도 비교하기 쉽게 해 준다. 가장 두꺼운 오차 막대는 80% 신뢰수준을 반영한다. 이는 가장 정확한 동시에, 신뢰도는 가장 낮은 추정치이다. 중간 두께의 오차 막대는 95% 신뢰수준을 반영한다. 이 오차범위는 좀 더 넓어졌지만 이 덜 정확한 추정치에서 신뢰도는 높아지게 되었다. 마지막으로, 가장 얇은 오차 막대는 99% 신뢰수준을 반영하는데, 더욱 부정확하며 따라서 더욱 높은 신뢰도를 띤다.

탄환도표와 상자-점도표 모두는 중심을 반영하고 산포를 포함한다고는 하지만, 탄환도표는 상자-점도표를 단순히 다른 방식으로 작성한 것이 아니라는 점을 명심하자. 그림 12.1의 중앙에 제시된 상자-점도표는 단순히 두 표본의 특징을 반영하는 반면, 맨 오른쪽에 제시된 탄환도표는 두 표본이 모집단에 대해 가지는 어떤 함축적 의미를 반영하고 있다. 탄환도표의 척도는 줄기-잎도표나 상자-점도표의 척도와는 다르다는 점 또한 명심하자. 탄환도표의 가장 긴 (99% 신뢰수준의) 오차 막대조차도 상자-점도표에 표시된 중앙산포보다 상당히 짧다. 탄환도표에 대한 척도를 확대하여 오차 막대의 길이를 분명하게 보여주고 비교할 수 있도록 했을 뿐이다. 만약 탄환도표가 상자-점도표와 동일한 척도에 따라 작성되었다면, 오차 막대는 너무 짧아서 관찰하기가 쉽지 않았을 것이다.

그림 12.1의 맨 오른쪽에 제시된 오차 막대들에 의거하여 두 시기를 비교하는 작업은 앞서 행했던 두 숫자군의 수준에 대한 비교와 동일한 결과를 도출한다. 고전기 주거가 평균적으로 형성기 주거보다 넓다. 그런데 이 도표는 두 표본 간에 그러한 차이가 있으나, 이들이 추출된 모집단에서는 실제 아무런 차이가 기대되지 않는바, 표본 간에 보일 수 있는 무작위적인 변이에 불과

표 12.2. 신뢰수준을 달리 했을 때 주거 평균면적의 추정치

신뢰수준	평균면적	
	형성기	고전기
80%	$23.8 \pm 0.8\,m^2$	$26.3 \pm 0.8\,m^2$
95%	$23.8 \pm 1.2\,m^2$	$26.3 \pm 1.3\,m^2$
99%	$23.8 \pm 1.6\,m^2$	$26.3 \pm 1.7\,m^2$

하다는 것이 얼마나 그럴듯한지에 대한 의문에 답할 수 있게 해 준다.

80% 신뢰수준에서 형성기 주거의 평균면적이 $23.8\,m^2 \pm 0.8\,m^2$라고 추정한다. 즉, 형성기 표본이 $23.0\,m^2$보다 작거나, $24.6\,m^2$보다 큰 평균을 가지는 모집단에서 왔다는 것은 그럴듯하지 않다. 고전기 주거 면적에 대한 추정치는 평균 $26.3\,m^2$이다. 이는 확연하게 80% 신뢰수준에 해당하는 형성기 오차범위의 바깥에 있다. 따라서 형성기 표본이 $26.3\,m^2$보다 큰 평균을 가지는 모집단에서 추출되었을 가능성은 20% 미만이다. 고전기 평균은 여전히 95% 신뢰수준에 해당하는 형성기 오차범위의 바깥에 있으며, 99% 신뢰수준에 해당하는 형성기 오차범위보다도 바깥에 있다. 99% 신뢰수준에서 형성기의 오차범위는 $25.4\,m^2$까지밖에 이르지 못하는바, 여전히 $26.3\,m^2$인 고전기의 평균에 미치지 못한다. 그러므로 형성기 표본이 $26.3\,m^2$의 평균을 가지는 모집단으로부터 왔을 확률은 1% 미만이다. 그렇다면, 이 형성기 표본과 같은 표본이 고전기 모집단과 같은 모집단으로부터 왔을 확률은 1% 미만이다. 더 나아가서, 표본에서 관찰된 형성기와 고전기 주거지 면적의 차이가 단지 표본들(즉, 동일한 평균을 갖는 상이한 모집단들이란 의미에서, 동일한 모집단으로부터 추출된 표본들) 간에 존재하는 일반적인 무작위적 변이에 불과할 가능성은 1% 미만이다. 사실 이 두 표본은 상이한 평균을 갖는 서로 다른 모집단으로부터 추출되었기 때문에, 이들 사이에 존재하는 주거 평균면적의 차이를 관찰할 가능성은 99% 이상이다. 그러므로 이 두 표본이 상이한 평균값을 갖는 모집단으로부터 추출되었음이 매우 그럴듯하다면, 형성기 주거의 평균면적은 실제로 고전기와 달랐을 것이라는 점을 알 수 있다.

이 고전기 표본과 같은 표본이 형성기 모집단과 같은 모집단으로부터 왔음이 얼마나 그럴듯한지에 대해 고려한다면 역으로 비교를 하더라도 동일한 결론에 도달할 것이다. 형성기에 대한 추정평균은 고전기의 80% 신뢰수준의 오차범위뿐만 아니라, 95% 신뢰수준 오차범위나 99% 신뢰수준 오차범위의 바깥에 놓인다.

　　이러한 한 방향 비교를 도해적인 양방향 동시비교로 확장해도 대략을 알 수 있다. 즉, 형성기 표본만큼 낮은 평균을 갖는 모집단으로부터 고전기 표본을 얻거나 고전기 표본만큼 높은 평균을 갖는 모집단으로부터 형성기 표본을 얻을 기회가 1%미만이라는 것을 알 수 있었다. 그럼에도 불구하고 동일한 모집단(즉, 동일한 평균을 갖는 두 모집단)으로부터 이 두 표본을 추출했음이 얼마나 그럴듯한지는 여전히 의문으로 남는다. 그러한 의문은 동시에 두 표본 모두의 표준오차에 의거하는 쌍방향 비교를 요한다. 그 두 표본이 단일한 모집단으로부터 얻어질 확률이 1%미만이라고 말할 수 있기 위해서는 각각의 평균이 상대방의 99% 신뢰수준에서의 오차범위가 아니라, 그 너머에 놓여야 한다. 얼마나 멀게 너머인지는 두 표본의 표준오차가 얼마나 차이가 나느냐에 달려있다. 각 표본의 평균이 99% 신뢰수준에서의 상대방 오차범위 너머에 놓이게 된다면, 두 표본이 동일한 평균을 가진 모집단들로부터 거의 나오지 않았음직하다. 형성기와 고전기 주거 면적이 동일한 평균을 가짐직 하지 않다는 것이 그러한 결론의 함의를 좀 더 그럴듯하게 표현하는 방식일 것이다. 게다가 이는 마침내 그림 12.1의 탄환도표에 표현된 결론이기도 한데, 각 표본의 평균이 99% 신뢰수준에서의 상대방 오차범위 너머에 놓인다.

　　그러므로 그림 12.1의 탄환도표는 형성기 주거지 면적이 고전기 주거지 면적보다 평균적으로 약 $2.5m^2$ 작았으며, 이러한 차이가 표집오류의 결과일 것 같지는 않다는 것을 한눈에 알려준다. 즉, 탄환도표는 그것이 표현하고 있는 두 표본의 크기와 특성이 그러하므로, 형성기에서 고전기로 넘어오면서 주거 면적에 변화가 있었다고 진술하는 데 있어 상당한 신뢰도를 부여하고 있다.

신뢰도, 유의성, 강도

형성기와 고전기 주거 면적의 차이는 매우 유의한 것이라는 표현이 보다 전통적인 통계학 어법이 될 것이다. 통계학에서 유의성이라는 개념은 일반적으로 사용하는 신뢰도와는 대칭적인 개념이다. 신뢰도confidence는 우리가 진술한 결과가 단지 표집오류에 의한 것이 아닐 확률을 일컫는다. 한편 유의성significance이란 정반대되는 관점에서 그와 동일한 개념—우리가 언급한 결과가 표집오류에 의한 것일 확률—을 지칭하는 것이다.

형성기와 고전기의 주거 면적이 차이가 있음을 99%가 넘게 신뢰한다는 것과 두 표본의 차이가 단지 표집오류에 기인함이 1% 미만의 기회를 가진다는 것은 같은 얘기다. 후자의 진술방식에는 1%미만의 유의확률significance probability이 관련된다. 신뢰수준에 상응하는 확률과 유의수준에 상응하는 확률의 합은 언제나 100%이다. 따라서 통계학에서 긍정적인 결과는 높은 신뢰확률과 동시에 낮은 유의확률과 부합한다. 반복하자면, 두 시기 주거지들의 면적은 다르다는 점을 매우 신뢰할 수 있는데, 이는 두 시기 간에 보이는 주거지 면적의 차이는 매우 유의하다고 하는 것과 같은 말이 된다. 매우 높은 신뢰도는 매우 높은 신뢰확률과 일치하고 매우 높은 유의성은 매우 낮은 유의확률과 일치하게 되는데, 이는 관심거리가 되는 결과가 단지 표집오류 외에 아무것도 아닐 확률을 말한다.

통계학에서 (설사 학자마다 상이한 방식으로 정의하더라도) 신뢰도와 유의성 양자 모두는 매우 분명하고 정확한 의미를 가진 개념이다. 통계학에서 신뢰도의 개념은 "신뢰(혹은 확신)"란 단어의 구어적 용법과 잘 부합한다. 보통 말할 때 틀리지 않았다고 생각하면, 어떤 일을 "확신"한다고 한다. 그런데, 역설적으로 확신한다고 말한 바로 그 행동은 그 가능성을 매우 희박한 것으로 간주하기는 하였으나 틀릴 수도 있을 가능성 자체는 인지한 것이다. (만약 한 사실을 전혀 의심치 않는다면, 그것에 대해 매우 확신한다고 할 때 조금도 주저하지 않고 말할 것이다.) "유의"의 구어적 용법은 통계학적 용법과는 다르므로, 양자를 혼동하지 않는 것이 중요하다. 만약 어떤 것이 중요하고 의미 있다면, 구어적인 표현에서 그것이 유의하다는 것을 찾을 수 있다. 그런데 통계학에서 "유의"는 "신뢰"와 마찬가지로, 진술할 결론이 틀릴 확률—즉, 임의표집과정에서 예상되는 일반적인 변이(즉, 표집오류)에 불과함을 반영하는 확률—을 직접적으로 일컫는 것이다.

이 예제에서 도달한 (고전기 주거가 형성기 것보다 넓다는) 결론은 의미 있거나 중요할 수도 있고, 그렇지 않을 수도 있지만 어쨌든 (통계적으로) 유의하다. 그것이 의미 있거나 중요한지 여부는 그 결과에 대한 해석과 관련된 매우 현실적인 문제이다. 의미 있음 혹은 중요함은 신뢰도나 유의성과는 완전히 별개의 문제이다. 통계학의 영역에서 의미 있음과 중요함의 문제에 가장 근접하는 것은 통계학적 개념으로서의 강도strength이다. 앞서 수행한 비교작업에서 강도의 개념을 적용하는 것은 매우 간단하다. 형성기와 고전기에 있어서 주거지 면적 차이의 강도는 단순히 $2.5\,m^2$라는 크기의 차이—형성기 주거지가 면적의 측면에서 고전기 주거지와 평균적으로 다르게 나타나는 정도—이다.

이러한 차이를 확인하면서 그 결과를 매우 신뢰하고, 그것이 매우 유의하다는 것도 안다—이 두 가지 진술은 두 표본에서 관찰한 차이가 단지 표집오류의 결과는 전혀 아닐 것이라는 점을 의미한다. 고전기 주거의 평균면적이 형성기보다 컸음은 지극히 그럴듯하다. 그런데 이 결과가 의미 있거나 중요한지 여부는 우선 왜 그러한 정보에 관심을 가지는지와 관련이 있다. 아마 형성기 핵가족구조에서 고전기 확대가족구조로의 전이를 염두에 두고, 이러한 상황이 고고학 자료에서 증명되는 이유 중 하나는 주거지 평균면적의 증대에 있다고 판단하게 되었을 것이다. 주거지 면적에서 매우 유의한 증대를 발견하였으나, 그 증가분은 현실적으로 훨씬 커진 규모의 가족을 위해 제공되어야 할 공간으로 보기에는 너무 작은($2.5\,m^2$)바, 그 결과는 그러한 당초 생각을 지지해주지 못한다. 형성기와 고전기 모두의 주거는 일반적으로 핵가족에게조차 다소 부족하므로, 단 $2.5\,m^2$의 변화를 4~5인 규모의 가구에서 훨씬 더 큰 가구로의 전이와 개연적으로 관련시키기는 어렵다. 그러므로 예제로 주어진 조사의 결과는, 비록 매우 유의하지만, 적어도 이러한 가설적인 해석상의 맥락에서는 중요하거나 의미 있게 받아들일 만큼 강도가 높지는 않다.

t검정으로 비교하기

오차범위의 탄환도표에 의거한 두 표본 간 비교는 유의성검정 문제로도 접근해 볼 수 있다. 이러한 접근은 앞서 수행한 비교작업과 전적으로 양용할 수 있다—단지 그러한 상황에 대해 상이하되 한편으로는 보완적일 수 있는 관점을 제공할 뿐이다. t검정t test 역시 앞서 언급한 관점에서 쌍방향적인 비교가 동시에 이루어질 수 있게 한다. t검정은 두 표본으로부터의 모든 정보를 합쳐서, 두 표본이 동일한 모집단으로부터 추출되었을 확률에 관한 단일 진술로 만들 수 있게 해 준다. 이러한 상황에서 두 표본이 실제로는 다른 모집단으로부터 추출되었음을 알 수 있는바, 간단히 줄이면 그 진술은 "두 표본이 동일한 평균을 가지는 다른 모집단으로부터 추출되었을 확률"이 된다.

이표본two-sample t검정은 두 표본 사이에 보이는 평균의 차이를 두 표본의 합동표준편차의 측면에서 평가하는 것이다. 그것은 두 표본의 표준편차를 바탕으로 두 표본의 오차범위를 합쳐 계산하는 것과 같은바, 첫 번째 것을 두 번째 것에 혹은 두 번째 것을 첫 번째 것에 비교하는지에 상관없이 결과는 같게 된다. 이를 위한 공식은 언뜻 보기에 만만찮게 여겨지지만, 실제로 그것을 평가하는 작업은 익숙한 값들을 포함시키는 매우 간단한 과정이다. 우선, 두 표본의 합동표준편차는 다음과 같은 수식에 의해 구해진다.

$$s_p = \sqrt{\frac{(n_1-1)s_1^2 + (n_2-1)s_2^2}{n_1+n_2-2}}$$

여기서 s_p= 두 표본의 합동표준편차, n_1= 첫 번째 표본의 원소 개수, n_2= 두 번째 표본의 원소 개수, s_1= 첫 번째 표본의 표준편차, s_2= 두 번째 표본의 표준편차이다.

위의 예제에서 사용된 형성기와 고전기 주거지 면적의 표본에 맞춰 계산하면,

$$s_p = \sqrt{\frac{(32-1)(3.4)^2 + (52-1)(4.5)^2}{(32+52-2)}}$$

$$= \sqrt{\frac{(358.36+1032.75)}{82}}$$

$$= \sqrt{(16.9648)}$$

$$= 4.12\,m^2$$

가 나온다. 이 합동표준편차는 형성기 표본의 표준편차인 $3.4\,m^2$와 고전기 표본의 표준편차인 $4.5\,m^2$ 사이에 속한다―선험적으로도 그럴듯하다. 두 표본의 합동표준편차는 합동표준오차(SE_p)를 구하기 위한 기초이다.

$$SE_p = s_p \sqrt{\frac{1}{n_1} + \frac{1}{n_2}}$$

형성기와 고전기 주거지 면적의 예를 보자면,

$$SE_p = 4.12 \sqrt{\frac{1}{32} + \frac{1}{52}}$$

$$= 4.12 \sqrt{(0.0505)}$$

$$= 0.93\,m^2$$

가 된다. 합동표준오차를 알게 되면 두 표본평균의 차이가 몇 개의 합동표준오차를 반영하는지 언급할 수 있다.

$$t = \frac{\overline{X}_1 - \overline{X}_2}{SE_p}$$

여기서 $\overline{X}_1$= 첫 번째 표본의 평균, $\overline{X}_2$= 두 번째 표본의 평균이다.
형성기와 고전기 주거지 면적의 예를 보자면,

$$t = \frac{23.8 - 26.3}{0.93}$$

$$= -2.69$$

이다. 관찰된 두 표본 간 주거지면적의 차이는 2.69(개의) 합동표준오차이다. 우리는 이미 이러한 큰 수의 표준오차는 높은 통계적 신뢰도와 연관되며, 따라서 큰 유의성을 의미하는 낮은 확률값과도 연관된다는 것을 알고 있다. 보다 구체적으로 이러한 t값은 표 9.1에서 찾을 수 있다. 자유도는 n_1+n_2-2로, 위의 예에서는 32+52-2=82이다. 그러므로 82와 가장 가까운 자유도 60의 행을 이용하게 된다. 잠시 기호를 무시하고 2.69를 그 행에서 찾아보자. 이 숫자는 1% 유의성 열과 0.5% 유의성 열의 사이에 속한다. 따라서 두 표본 사이에서 관찰한 차이가 표집오류 때문에 발생했을 확률은 0.5%보다는 크고 1%보다는 작다. 이렇게 다른 두 표본을 동일한 평균을 갖는 두 모집단으로부터 추출할 수 있는 확률은 1% 미만이라고도 말할 수 있다. 동일한 사항을 표현할 다른 방법은, 형성기와 고전기의 평균 주거 면적이 달라졌음을 99% 이상 신뢰한다고 말하는 것이다. 이는 그림 12.1에서 분명하게 드러난 것으로 앞서 논의한 것과 동일한 결론이다.

얻어진 t값의 앞에 붙는 부호는 차이의 방향을 지시한다. 만약 두 번째 모집단이 첫 번째보다 낮은 평균을 갖는다면, t값은 양수가 될 것이다. 만약 두 번째 모집단이 첫 번째보다 높은 평균을 갖는다면, t값은 음수가 될 것이다. 이 차이의 강도는 여전히 두 표본의 평균 간 차이로 간단하게 지정되는데, 늘 그랬던 것처럼 $2.5m^2$이다.

t검정으로부터 얻어진 합동표준오차는 평균 간 차이의 강도와 유의성에 관련된 근본적인 문제에 근접하는 좀 더 직접적인 경로를 제공한다. 관련된 두 모집단의 평균 간 차이에 대해 추정하고 그에 오차범위를 덧붙일 수 있게 해준다. 두 모평균의 차이에 대한 최선의 추정치는 단순히 두 표본평균의 차이가 된다. t검정에서 얻어진 합동표준오차는 $0.93m^2$인데, 보통 이는 대략 66% 신뢰수준에서의 오차범위에 해당한다. t값표를 이용하면, 일반적인 방식으로 95% 신뢰수준에 해당하는 오차범위로 변환할 수 있다. 자유도 82와 95% 신뢰수준에 해당하는 t값은 2.000인바, 이는 곧 95% 신뢰수준에서의 오차범위를 얻기에 필요한 표준오차 개수가 된다. (2.00)(0.93)=1.86이고 따라

표현에 유의하자

유의성검정의 결과를 제시할 때는 어떤 종류의 유의성검정이 사용되었음을 언급하고, 얻어진 통계량과 관련확률을 제공할 필요가 있다. 본문 중의 예제에 대해서 "형성기와 고전기의 주거지 면적의 평균에서 보이는 $2.5m^2$의 차이는 매우 유의한 것이다($t=-2.96$, $0.01>p>0.005$)."라고 진술할 수 있다. 이 한 문장이야말로, 필요한 것을 모두 말해주고 있다. 기초통계의 원리나 실행에 대해 잘 알고 있는 전문가 독자들을 상대로 한다면 더 이상의 설명은 필요 없을 것이다. 이 예에서 "통계량"은 t이고 그 값을 제공하면 유의성은 t검정으로 평가되었다는 점이 분명해지는데, 이는 매우 표준화된 기법이므로 매번 새로이 설명할 필요가 없다. 두 표본 사이에서 관찰되는 차이가 단지 표집오류의 결과일 확률이 유의성 혹은 관련확률associated probability이다. 보통 p는 이 확률을 의미하는바, 이 경우에는 유의성이 1%보다 낮다는 정보를 제공하는 셈이다. 이는 이 두 시기 간의 차이를 보고함에 있어 신뢰도가 99% 이상이라는 것과 동일한 것을 의미한다.

t검정을 수행하는 대신 그림 12.1에서처럼 평균의 추정치와 오차범위를 비교하기위해 탄환도표를 이용한다면, "그림 12.1이 보여주는 바와 같이, 형성기와 고전기 사이에 주거지의 평균면적이 변했다는 것에 99% 이상의 신뢰도를 가진다."고 말할 수 있을 것이다. 추정치와 다양한 신뢰수준에 따른 오차범위에 관한 개념 또한 매우 표준화된 것이어서 매번 설명할 필요는 없다. 하지만 탄환도표는 상자-점도표보다 덜 보편적이므로, 모든 사람이 반사적으로 특정 신뢰수준을 표시하는 상이한 두께의 오차 막대를 이해한다고 전제할 수는 없다. 그림 12.1에서처럼, 어떤 신뢰수준을 의미하는지를 표현하는 기호 해설이 필요하다.

아마도 다른 어떤 것들보다도 직접적일 터인데, 또 다른 방식으로 접근해보자면 단순히 추정된 평균 간 차이를 초점을 맞추어 "형성기에서 고전기로 가면서 주거면적이 $2.5m^2 \pm 1.9m^2$ 증대되었음을 95% 신뢰하지만 이러한 변화가 가족규모의 증대를 확신하기에 충분할 만큼 강하지는 않다."고 진술할 수도 있다.

본문 중의 예제와 같은 경우, 탄환도표와 t검정은 상호 대안적인 접근방식이다. 한 보고서에 양자를 다 사용·제시하는 것은 과도한 것이다. 서술상 필요한 사항에 대한 가장 간결하고 분명하고 관련성 높은 진술에 적합한 방법을 택

> 해서 계속해가면 된다. 제시되는 통계처리 결과는 의도하는 주장을 지지하는 것이어야 하며, 그것을 방해해서는 안 된다. 완전한 정보를 제공하는, 가장 단순하고 직선적인 제시방법이 최선이다.

서 형성기와 고전기 주거면적 평균에서 보이는 차이는 $2.5\,m^2 \pm 1.9\,m^2$, 즉 고전기에 $0.6\,m^2$에서 $4.4\,m^2$만큼 넓어진다는 것을 95% 신뢰하게 된다. 이러한 추정치는 이 모든 분석의 결과를 표현할 수 있는 가장 유용한 방법일 것이다. 즉, 형성기에서 고전기로 전이하면서 주거면적이 $2.5\,m^2 \pm 1.9\,m^2$ 증가함—변화이긴 하지만 확신에 차서 가족규모의 증대와 연결시키기에 충분할 정도로 크지는 않은 변화—을 95% 신뢰한다.

단일표본 *t* 검정

간혹 한 표본을 다른 표본이 아닌 특정의 이론적 예상값과 비교하는 데 관심을 가지게 된다. 예를 들어, 특정 선사인 집단이 여아살해 female infanticide의 관습을 갖고 있었는지를 조사하는 데 관심이 있다고 하자. 증거의 한 측면은 분묘에 나타난 성비이다. 46기 분묘의 표본을 얻었는데, 이를 의도적으로 살해되어 시신이 다른 방식으로 처리되었을 유아를 제외한 선사인 집단의 임의표본으로 간주하기로 하였다고 하자. 이론적 견지에서 여아살해와 같은 관습에 의해 성비가 변하지 않았다면, 이 분묘 표본은 50%는 남자, 50%는 여자일 것으로 기대할 수 있다. (실제로 이론적인 견지에서 50:50과는 약간 다른 비율을 보일 이유가 없는 것은 아니지만 여기서 주목하는 것에 영향을 줄 정도는 아니다.) 인골에 대한 면밀한 검토 끝에, 46기의 분묘 중 21기는 여성의 것, 25기는 남성의 것으로 동정하였다. 따라서 비율은 여자 45.7%, 남자 54.3%가 된다. 표본에서 여성의 비율이 낮게 나타난 탓에 남성보다 여성이 유아기에 많이 살해당했다고 생각하게 되었지만 동등한 성비를 가진 모집단으로부터 그러한 비율을 가지는 표본이 추출될 수 있음이 얼마나 그럴듯한지에 대해서도 의구심을 갖게 되었다. 11장에서 했던 대로, 다양한 신뢰수준에 상응하는 오차범위를 구할 수 있다. 46개체로 이루어진 표본에서 45.7%에 대한 표준오차는

$$SE = \frac{\sqrt{pq}}{\sqrt{n}} = \frac{\sqrt{(0.457)(0.543)}}{\sqrt{46}} = \frac{0.498}{6.782} = 0.073$$

이 될 것이다.

예를 들어, 80% 신뢰수준을 위해 신뢰도 80%와 자유도 45에 해당하는 t값을 찾을 것이다. 표준오차를 이 t값으로 곱한다. 즉, (0.073)(1.303)=0.095이다. 그리하여 46기 분묘로 구성된 이 표본이, 여성이 45.7%±9.5%(혹은 36.2%에서 55.2% 사이)인 모집단으로부터 추출되었음을 80% 신뢰하게 된다. 이론적으로 예상되는 여성의 비율 50%는 확실히 이 80% 신뢰수준 오차범위 내에 속하므로, 이 표본에서 관찰된 동등한 성비와의 차이가 표집오류에 기인할 가능성은 20%를 넘게 된다.

단일표본 t검정을 통해 보다 정확히 하자면, 간단히 표준오차와 t값표를 약간 다른 방식으로 사용하면 된다. 이 표본에서 관찰된 여성의 비율은 45.7%로, 50:50의 기대비율과의 차이는 4.3%이다. 이 0.043(즉, 4.3%)의 차이는 0.043/0.073=0.589인바, 0.589 표준오차를 반영한다. 이러한 숫자의 표준오차를 (자유도 45에 가장 가까운) 자유도 40에 해당하는 t값표의 행에서 찾아보면, 첫 번째 열(50% 유의성에 상응하는 열)보다 약간 왼쪽으로 우리의 시선이 옮겨간다. 그러면, 불균형적 성비를 보이는 모집단에서 추출된 예제 표본과 같이, 불균형적 성비를 보이는, 원소 46개의 임의표본을 얻을 기회는 50% 이상이다. 이는 예제 표본에서 관찰된 불균형적 성비가 표집오류 외에 아무것도 아님이 무시 못할 정도로 개연적이라는 점을 의미한다. "예제 표본과 균형적인 기대 성비 사이에 인지되는 차이는 지극히 적은 유의성을 갖는다($t=0.589$, $p>0.5$)."라고 진술할 수도 있다. 이 결과는 여아살해에 관한 입장을 지지하지 못하고 있다. 동시에 그것은 여아살해가 자행되지 않았다고 하는 주장도 지지할 수 없는데, 그것은 이 표본이 불균형적인 성비를 가진 모집단에서 유래했을 가능

성도 거북하리만치 크기 때문이다. 간단히 말하자면, 비율의 관찰치는 주어졌지만 모집단이 균형적 성비를 유지했는지 아닌지에 대해 높은 신뢰도를 가지고 진술할 수 있을 정도로 이 표본이 충분히 큰 것은 아니다.

귀무가설

많은 분야의 전문가들이 유의성검정을 가설검정의 측면에서 접근하기도 한다. 이러한 접근방식에서는 우선 귀무가설null hypothesis이 수립된다. 형성기와 고전기 주거 면적의 예제에서, 귀무가설은 이 두 표본 사이에서 관찰되는 차이가 표집오류에 의해 파생되었다는 것을 가정하게 된다. 이 가설을 기각하기 위한 임의의 유의수준이 선택된다. (특별히 그럴듯한 이유가 있어서는 아니지만 선택되는 수준은 거의 항상 5%이다.) 그런 후에 t검정을 수행하게 된다. 그 결과 ($t=-2.69$, $0.01 > p > 0.005$)는 일반적인 5% 기각 수준을 능가하는 유의수준이다. (즉, 그 차이가 단순히 표집오류에 기인한 것일 확률은 선정된 5%의 분기점보다도 훨씬 작다.) 따라서 (그러한 차이가 단순히 임의표집의 변이라고 한) 귀무가설은 기각되고 그 두 모집단은 상이한 평균면적을 갖는 것으로 여겨진다.

이러한 방식으로 유의성검정을 구성하는 것은 검증될 관찰사항이 단순한 표집오류의 결과라기보다 실제로 모집단의 특성을 반영한 것인지에 대해 분명한 가부의 답을 제공하기 위한 것이다. 문제는 통계학은 이러한 질문에 대해 전혀 가부의 답을 주지 않는다는 것이다. 유의성검정은 어떤 관찰사항이 단순히 표집오류의 결과일 확률이 매우 높다, 보통이다, 매우 낮다고 알려줄 수는 있다. 하지만 우리가 표본에 의거하여 추론을 하는 한, 그 표본이 반영하는 모집단에 대해 절대적으로 확신할 수는 없다. 유의성이란 단순히 존재하거나 혹은 그렇지 않거나 하는 식의 상황은 아니다. 통계적 결과는 더 유의하거나 혹은 덜 유의할 뿐이다. 모집단에 대한 결론에 대해 더 큰 혹은 더 작은 신뢰도를 가지지만 절대적 확신을 가지지는 않는다. 귀무가설을 기각하거나 채택하도록 강요하는 것은 훨씬 복잡한 상황을 과도하게 단순화하여 양단 간의 답변으로 귀결시키는 것이 되고 만다. (실제로 많은 통계책들이 귀무가설을 채택하지 않은 것이라기보다는 "기각에 실패한 것"이라는 점을 애써 구분하고 있다. 실제에서, 분석자들은 종종 기각하지 못한 귀무가설을 증명된 진실로 취급하기도 한다—이 문제는 뒤에서 좀 더 다루기로 하자.)

"아마도", "대체로"와 같은 통계적 결과가 "거짓"으로, "매우 그럴듯한"이 "진실"로 치환되기를 강요하는 관행은 유의성검정에 의거하여 가부 간 결정이 명백하게 이루어져야만 하는 품질관리의 영역 등에서 더할 나위 없이 정당성을 부여받을 수 있다. 만약 복잡한 기계가 어떤 물건을 생산한다면, 품질관리 기사는 기계를 조정해야 하는지 여부를 결정하기 위해 생산품의 표본을 검정할 것이다. 표본 결과에 따라, 기사는 기계가 가동되도록 (하고 만약 그/그녀가 틀렸다면, 불량품을 생산할 위험을 감수)할 것인지 혹은 조정을 위해 가동을 중단하도록 (하고 만약 그/그녀가 틀렸다면, 많은 시간과 자금을 허비)할 것인지 양단 간 결정을 해야만 한다. 이런 경우, "이 기계는 아마도 불량품을 생산할 것이다"와 같은 통계결과는 반드시 기계의 가동 여부와 관련된 질문에 대한 양단 간 답변으로 전환되어야만 한다. 다행히 연구를 위주로 하는 고고학자는 거의 이러한 상황에 처하지는 않는다. 우리 고고학자들은 일반적으로 (그리고 좀 더 유익하게) "어쩌면", "아마도", "매우 그럴듯한", "상당히 개연적인" 등과 같이 말한다.

마지막으로, 귀무가설을 기각하기 위해 전통적인 5% 유의성 법칙을 답습하게 되면, 어떤 결과가 단순한 표집오류일 확률이 단지 6%임에도 불구하고 귀무가설을 기각하지 못하는 상황을 초래한다. 만약 주거지 면적에 관한 예제에서 t값이 작았고, 관련 확률이 6%였다면, "형성기보다 고전기 주거지의 평균면적이 더 넓었다는 점에 상당히 높은 신뢰도를 부여한다."라고 말하는 것이 매우 합당할 것이다. 만약 이 문제에 5%의 기각수준으로 귀무가설을 기각하고자 하는 측과 같은 방식으로 접근했었다면, "형성기와 고전기의 주거면적은 동일하다는 가설을 기각하지 못했다."라고 말해야만 했을 것이다. 따라서 그러한 차이가 실재했을 확률이 94%에 이른다고 알려주는 상황에서도, 통계결과는 두 시기의 주거면적 간에는 차이가 없는 것처럼 말을 이어가게 했을 것이다.

신성한(?) 5% 수준에서 귀무가설을 기각하는 일이 어떤 분야에서는, 반드시는 아니라도 대부분 실험실 혹은 그와 유사한 어디로든 돌아가 더 큰 표본을 조사함으로써 간단히 처리될 수 있다. 다른 조건이 동일하다면, 큰 표본일수록 높은 신뢰수준을 생성하며 높은 신뢰수준은 낮은 유의확률과 동등한 의미를 갖게 된다. 귀무가설을 기각하는 작업은 반드시는 아니지만 거의 "아마도 차이가 있을 것이지만 표본이 충분히 크지 못해 그러했으면 하는 만큼 신뢰하지 못한다."라는 말로 치환될 수 있을 것이다. 그런데 고고학에서는 종종 더 큰 표본을 확보한다는 것이 심하게 어렵거나 불가능하기 때문에 현재 가지고 있는 표본으로부터 할 수 있는 한 모든 정보를 추출해야만 한다. 그러한 이유로 이 책에서는 귀무가설을 기각하기 위한 노력으로서가 아니라, 관찰된 결과가 전적으로 표집오류에 기인했다는 것이 얼마나 그럴듯한지를 말할 수 있는 노력으로서의 유의성검정을 고려할 것이다.

표 12.3은 유의성검정에 대한 귀무가설 검정의 접근과 이 책에서 옹호하고 있는, 좀 더 단계적인 접근의 차이점을 요약하고 있다. 여기서 채택하고 있는 접근방식도 물론 귀무가설을 검정하는 것이지만, 그 결과를 억지로 가부 간 결정에 갖다 붙이지 않는다는 것으로 생각해 볼 수 있다. 그렇다면 좀 더 단계적인 접근을 시도한다 하더라도, 기각 혹은 기각실패라는 귀무가설 공식의 혼란에 빠지지 않게 하는 데 아무런 도움이 되지 못한다. 특히, 표 12.3은 "극히 그럴듯한"부터 "꽤 안 그럴듯한"까지처럼 다단계로 좀 더 정확하게 묘사될 수 있는, 그 귀무가설에 대한 전 범위의 확률에 "진실"이라는 답이 적용될 때 얼마나 오해의 소지가 있는지에 대해 강조하고 있다.

임신검사에는 임신이거나 임신이 아니라는 단지 두 가지 결과만이 있을 뿐이다. 유의성검정은 단순히 그런 것만은 아니다. 즉, 그 결과는 매우 높은 유의성에서부터 매우 낮은 유의성까지의 변이에 대한 연속적인 척도를 따른다. (도박사처럼) 일부 통계이용자는 유의성검정에 의해 얻어진 확률에 기초하여 가부의 질문에 답하려 하겠지만 고고학자는 그다지 자주 그러한 상황에 처하지 않아 다행스러울 수 있다. 우리 고고학자는 거의 항상 결과가 우리의 생각

표 12.3. 주거지 면적 예제와 관련된 유의성검정에 대한 대비적 접근법 요약

	귀무가설을 기각하기 위한 노력으로서의 유의성검정(여기서 추천하지는 않음).	결과가 단지 표집오류에 불과할 확률을 평가하기 위한 유의성검정(이 책에서 따르는 접근법).
부과된 질문:	형성기와 고전기 주거 표본 사이에서 관찰되는 차이가 표집오류에 불과하다. 진실 혹은 거짓?	형성기와 고전기 주거 표본 사이에서 관찰되는 차이가 표집오류에 불과하다는 것이 얼마나 그럴듯한가?
다양한 유의수준에 대한 예시답변:		
$p=0.80$	진실.	극히 그럴듯하다.
$p=0.50$	진실.	매우 그럴듯하다.
$p=0.20$	진실.	꽤 그럴듯하다.
$p=0.10$	진실.	매우 그럴듯하지는 않다.
$p=0.06$	진실.	꽤 안 그럴듯하다.
$p=0.05$	거짓.	꽤 안 그럴듯하다.
$p=0.01$	거짓.	매우 안 그럴듯하다.
$p=0.001$	거짓.	극히 안 그럴듯하다.

을 매우 강하게, 혹은 제법 강하게, 혹은 어느 정도는, 혹은 매우 약하게 지지해 준다고 진술할 수 있다. 유의성검정을 단순히 귀무가설을 기각하거나 기각에 실패하는 것으로 몰아가는 것이 보통은 고고학에서 불필요하거나 도움이 되지 못할 뿐만 아니라, 오해를 유도함으로써 즉각적인 손해를 가져올 수도 있다. 이 책에서는 결과를 단순히 "유의한" 혹은 "유의하지 않은"이 아니라, 표 12.3에 나타난 것과 유사한 서술적 용어를 통해 더 혹은 덜 유의한 것으로 표현하겠다. 일부 통계학 책에서는 이러한 과정을 중대한 오류로 폄하하기도 한다. 어떤 책들에서는 유일하게 현명한 일임을 일깨워주기도 한다. 그러나 그 어떤 접근도 신성의 절대 진실은 아니라는 사실이다. 고고학자는 어느 편의 통계학 전문가가 가장 자신의 "진실"을 밝히는 데 신성한지를 판정함으로써가 아니라, 내재한 원리를 이해함으로써 어떤 접근이 자신의 필요에 부합하는지를 결정해야 한다.

통계 결과와 해석

신뢰수준이나 유의확률이 뜻하지 않게 정상적인 적용의 영역을 넘어서 확대 해석되는 일이 흔하다. 양자 중 어떤 것도 해석을 거쳐야만 우리에게 실제적인 의미나 중요성을 제공할 수 있는 통계적 결과에 불과하다. 본 장 전체를 통해 활용되었던 형성기와 고전기 주거 면적의 예제에서, 우리의 관심은 앞서 제시한 대로, 형성기 핵가족제도에서 고전기 확대가족제도로의 전이 가능성에 대한 조사였다. 이 예제에서 주어진 표본을 통해 고전기 주거가 평균적으로 형성기 주거보다 크다는 것을 발견하였다. 게다가 이러한 차이가 매우 유의하다(혹은 같은 의미로, 그것이 단순히 표집오류의 결과가 아니라는 것을 매우 신뢰한다)는 것을 알게 되었다. 그러나 이는 형성기의 핵가족조직이 고전기의 확대가족조직으로 변하였다는 것에 대해 매우 신뢰한다는 것을 자동적으로 의미하지는 않는다. 전자는 통계 결과이고 후자는 해석이다. 후자의 해석에 대해 얼마나 신뢰하는지는 통계 결과와 더불어 여러 가지 사항들에 근거한다. 그중 하나는 본 장에서 앞서 언급한 바와 같이 형성기와 고전기 사이의 주거지 크기 차이가 매우 유의함에도 불구하고, 그 차이의 강도($2.5m^2 \pm 1.9m^2$)가—적어도 가족구조에서의 그러한 변화로부터 기대할 수 있는 바와 비교한다면— 그다지 크지 않다는 점이다. 부가적으로 고려해야 할 완전히 다른 몇 종류의 증거도 있을 수 있다. (주거지 면적에 대한 통계 결과는 그중 하나의 사항이 될 것인데) 관련된 여러 증거를 저울질해 본 후에야 제시된 해석에 대해 얼마만큼 신뢰할 수 있을지를 평가할 준비가 되는 셈이다. 이는 가족구조 해석에 대한 것이지 통계 결과에 대한 것이 아닌바, 그러한 해석에 대한 신뢰수준을 숫자로 제시할 수는 없다. 아마도 그러한 증거에 대한 다른 해석의 가능성에 비추어 가족구조 해석을 저울질해 보아야 할 것이다. 그런 과정에서 다양한 방면의 증거들에 대한 통계적 평가가 지극히 유용하겠지만 그러한 유용함은 계측치에서 관찰될 법한 어떤 패턴에 대해 표본에 부과하여야 하는 신뢰도를 평가하는 데서 얻어지는 것이지, 해석 자체에 직접 확률을 부여하는 데서 얻어지는 것은 아니다. 이러한 해석은 간혹 설득력 있는 논리적 연결고리나 가정의 긴 연쇄에 의해 표본을 분석함으로써 얻어진 통계 결과와 이어지기도 한다.

가정과 로버스트방법

이표본 t검정은 두 표본 모두가 대략 정규분포를 띠어야 하며 대체로 유사한 산포를 가진다고 가정한다. 만약 표본들이 (원소의 개수가 30 혹은 40보다) 크다면, 첫 번째 가정에 대한 위배는 묵과될 수 있다. 왜냐하면 t검정은 매우 로버스트하기 때문이다. 상자-점도표를 통한 조사에서 한 표본의 중앙산포가 다른 표본의 중앙산포보다 두 배 이상 크지 않는 한, 두 번째 가정 또한 부합되는 것으로 간주한다. 만약 두 표본의 산포가 이보다 더 차이가 난다면, 그 사실 자체로도 각각이 유래한 모집단이 서로 다르다는 것을 상정할 수 있게 되는데, 결국 그것이야말로 이표본 t검정이 평가하고자 하는 바이다.

이표본 t검정은 평균과 표준편차에 근거하기 때문에, 만약 비교될 표본들이 이상점을 포함하고 있다면, 2장과 3장에서 논의한 대로 이상점의 영향을 심하게 받는바, 매우 잘못된 결과를 불러올 소지가 있다. 그러한 경우, 적당한 조치는 t검정을 역시 2장과 3장에서 논의한 바 있는 절사평균과 절사표준편차에 기반하도록 하는 것이다. 이 경우, t검정에 대한 계산은 절사된 표본크기, 절사평균, 절사표준편차를 정상적인 표본크기, 정상적인 평균, 정상적인 표준편차의 자리에 대입하는 것을 제외하고는 일반적인 t검정에서와 정확히 동일하다.

만약 비교될 표본이 작거나 심하게 비대칭적인 형상을 가지고 있다면, t검정에 앞서 5장을 통해 논의되었던 변환으로 보정하면 된다. 단순히 양 표본의 값들을 변환하고 앞서 언급한 것과 정확히 동일한 방식으로 t검정을 실행하면 된다. 당연히 양 표본에 동일한 변환방식을 적용해야 하며, 그러한 변환이 양 표본을 동시에 가장 대칭적 형상으로 만들도록 절충적인 결정을 해야 한다.

비대칭 형상을 예로 들자면, 당연히 평균 대신 중앙값을 추정하고 그 추정치에 10장에서 논의했던 부트스트랩으로 오차범위를 부가하는 것이 합리적이다. 평균 대신 중앙값 및 그 오차범위는 그림 12.1의 경우와 같이 도상적 비교

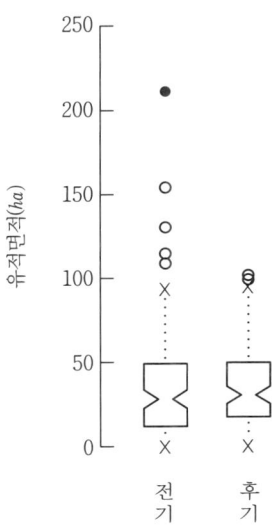

그림 12.2. 전·후기 고전기 유적면적을 비교하는 각목된 상자-점도표

를 위한 탄환도표 작성의 기초로 활용될 수 있다. 또 다른 종류의 도표는 이미 4장에서 숫자군의 중앙값을 비교하기 검토되었던 상자-점도표에 오차범위를 부가하는 것이다. 그림 12.2의 옆구리가 각목된 상자-점도표는 10장의 부트스트랩 예제에서 인용된 전·후기 고전기 유적 면적 숫자군을 비교하고 있다. 상자의 각목은 추정된 모집단 중앙값과 오차범위의 아래위쪽 끝에 해당하는 점을 표시한다.

각목된 상자도표에 반영된 오차범위는 보통 탄환도표에서 사용하였던 95%나 99% 신뢰수준의 오차범위는 아니다. 종종 t검정의 합동표준오차와 같이 특별히 고안된 오차범위를 반영한다. 만약 한 오차범위의 상한이 상대방 오차범위의 하한에 미친다면, 이 두 표본이 동일한 중앙값을 갖는 모집단들에서 추출되었을 확률이 대략 5%정도 된다. 만약 각목에 반영된 두 표본의 오차범위가 중첩되지 않는다면, 그 표본들이 중앙값이 상이한 두 모집단으로 추출되었을 것을 95%이상 신뢰하게 된다. 그러한 종류의 오차범위는 그림 12.2의 각목된 상자-점도표에 나타나는데, 따라서 비교는 그림 12.1에서처럼 특정 신뢰수준에서의 오차범위를 직설적으로 표현하는 탄환도표를 통한 비교와는 다소 달리 작동하게 된다. 비록 방식이 다르긴 하지만 탄환도표든, 각목된 상자-점도표든 대략적이나마 두 모집단 차이가 있음에 대한 신뢰수준을 표시한다. 탄환도표에 있어서 초점은 95% 신뢰수준에서의 오차범위 양단이 중첩되는지 여부에 있지 않고, 한 모집단의 추정평균이 상대방 오차범위 너머에 떨어지며 역의 경우도 그러한지 여부에 있다.

그림 12.2에서 각목은 매우 현저하게 중첩되는바, 고전기 전기에서 중기로 가면서 유적 면적이 변화한다는 것을 실질적으로 95%에 못 미치게 신뢰할 수밖에 없음을 알려준다. 이 결과는 고전기 후기 표본에서 보이는 유적 면적의 미세한 증대를 추동한 원인에 대해 장시간 곰곰이 생각하기에는 고무적이지 않은데, 이 두 모집단 사이에 보이는 어떤 차이가 있었다는 것을 이렇게 낮게 밖에 신뢰할 수 없다면, 발생하지조차 않은 그 무엇에 대해 이유를 찾는 꼴이 되기 때문이다.

연습문제

방금 올란타이탐보Ollantaytambo유적에서 광범위한 발굴을 끝마쳤다. 미량원소분석을 통한 산지추정을 위해 이 유적에서 수습한 흑요석제 유물 36개로 이루어진 임의표본을 추출하였다. 모든 원소들을 다 조사해야 한다는 것을 알았지만 공동연구를 하는 지화학자地化學者는 지르코늄Zr 원소에 대한 자료만 준 채, 산지추정을 위해 확보했던 예산 나머지를 가지고 우루밤바Urubamba강으로 통나무 카누를 타고 떠나버렸다. 이 표본에서 육안으로 확인할 수 있는—희미한 흑색과 얼룩진 갈색의—두 가지 다른 종류의 흑요석이 포함되어 있는데, 우리는 이러한 시각적 차이가 간혹 산지의 차이와 일치함을 알고 있다. 36개 유물로 이루어진 표본의 지르코늄 함량에 관한 자료와 색조는 표 12.4에 제시되어 있다.

  1. 등 맞댄 줄기-잎도표를 통해 지르코늄 측정값으로 이루어진 표본의 숫자군을 탐색하면서 흑색과 갈색 흑요석을 비교해 보자. 그 결과는 흑색

표 12.4. 올란타이탐보유적 출토 갈/흑색 흑요석기 표본의 지르코늄 함량

지르코늄 함량 (ppm)	색조	지르코늄 함량 (ppm)	색조	지르코늄 함량 (ppm)	색조
137.6	흑색	136.4	흑색	138.6	갈색
135.3	갈색	138.8	흑색	138.6	흑색
137.3	흑색	136.8	갈색	139.0	흑색
137.1	갈색	136.3	갈색	131.5	갈색
138.9	갈색	135.1	흑색	142.5	흑색
138.5	갈색	132.9	갈색	137.4	갈색
137.0	갈색	136.2	갈색	141.7	흑색
138.2	흑색	139.7	갈색	136.0	갈색
138.4	흑색	139.1	흑색	136.9	흑색
135.8	갈색	139.2	갈색	135.0	갈색
137.4	흑색	132.6	갈색	140.3	흑색
140.9	흑색	134.3	갈색	135.7	흑색

과 갈색 흑요석의 산지에 대해 어떠한 점을 시사해 주고 있는가?

2. 갈색 흑요석과 흑색 흑요석 표본이 추출된 각 모집단의 지르코늄 함량의 평균을 추정해 보자. 80%, 95%, 99% 신뢰수준에서 오차범위를 찾아보고, 탄환도표를 그려서 흑색과 갈색 흑요석을 비교해 보자. 어느 정도로 갈색과 흑색 흑요석이 동일한 산지로부터 유래했을 것 같은가?

3. 2번 문제의 확률은 정확히 얼마로 계산하였는가? 정확히 두 모집단을 어떻게 동정할 수 있겠는가? 흑요석의 산지에 대해 내린 결론을 입증하기 위해 필요한 논리적 연결고리는 무엇인가?

4. t검정을 통해 2번 문제에 접근해 보자. 흑색과 갈색 흑요석 간 지르코늄 함량에서 보이는 차이는 얼마나 강하게 그리고 유의한가? 그러한 차이에 대해 95% 신뢰수준에서의 오차범위를 부가한 추정치는 어떠한가? 보고서에 기재하는 것처럼 명료한 한 문장으로 t검정으로부터 얻어진 결론을 표현해 보자.

13
셋 이상의 표본평균 비교하기
Comparing Means of More Than Two Samples

12장에서 두 가지 접근법으로 두 표본평균을 비교하였다. 첫 번째 접근법은 각 표본을 개별적으로 다루어 추출된 모집단의 평균을 추정하는 작업을 포함한 것이었다. 그런 다음 각 신뢰수준에 따른 오차범위를 추정평균에 부가하여 이들을 탄환그래프로 그려보았다(그림 12.1). 이러한 접근법은 손쉽게 더 많은 수의 표본들을 비교하는 작업으로 확대될 수 있다. 이 장에서는 코튼우드강 Cottonwood River 유역에서 수집된 고기Archaic period 투사체 127개로 이루어진 가상의 예를 다루어보기로 한다. 잠재적인 편향성에 대해 검토한 후 이 투사체들을 코튼우드강 유역 고기의 모든 투사체들로 이루어진, 상당히 크고 모호하게 정의된 모집단으로부터 추출된 임의표본으로 간주하여 작업을 진행하도록 결정하였다.

여기서 관심의 대상이 되는 것은 고기 동안 코튼우드강 유역에서 대형동물과 소형동물의 사냥 양상이 크게 변화했는가 하는 것이다. 대형동물의 사냥에는 소형동물의 사냥에 비해 큰 투사체가 쓰였을 것으로 가정한다. 127개 투사체를 고기의 전·중·후기에 속하는 세 부류로 나눌 수 있는바, 세 분기 투사체의 무게를 비교하기로 결정하였다. 이 표본의 자료를 정리하는 방법의 일례가 표 13.1에 제시되어 있다. 127개 투사체 각각에 대해 (그램으로 표시된) 무게와 (전·중·후 고기로 구분된) 시기, 두 가지에 대한 관찰이 기록되었다. 무게와

표 13.1. 코튼우드강 유역에서 수집된 고기 투사체 표본의 무게와 분기에 관한 자료

무게 (g)	고기 분기	무게 (g)	고기 분기	무게 (g)	고기 분기
54	전기	30	전기	63	중기
39	전기	52	전기	64	중기
49	전기	56	전기	78	중기
65	전기	63	전기	62	중기
54	전기	53	전기	78	중기
83	전기	79	전기	57	중기
75	전기	50	전기	59	중기
45	전기	54	전기	31	중기
68	전기	51	전기	69	중기
47	전기	59	전기	32	중기
57	전기	60	전기	69	중기
19	전기	48	전기	80	중기
47	전기	40	전기	78	중기
58	전기	50	전기	69	중기
76	전기	69	전기	34	후기
50	전기	71	중기	39	후기
67	전기	64	중기	40	후기
52	전기	59	중기	45	후기
40	전기	65	중기	37	후기
58	전기	54	중기	32	후기
42	전기	65	중기	31	후기
43	전기	63	중기	60	후기
58	전기	52	중기	58	후기
28	전기	44	중기	45	후기
59	전기	73	중기	50	후기
43	전기	70	중기	40	후기
45	전기	56	중기	41	후기
60	전기	46	중기	38	후기
27	전기	61	중기	59	후기
64	전기	49	중기	37	후기
73	전기	51	중기	28	후기
70	전기	61	중기	37	후기
68	전기	70	중기	31	후기
68	전기	51	중기	40	후기
85	전기	42	중기	34	후기
49	전기	73	중기	37	후기
21	전기	51	중기	44	후기
24	전기	74	중기	47	후기
50	전기	40	중기	54	후기
52	전기	67	중기	36	후기
62	전기	51	중기	48	후기
44	전기	59	중기		
61	전기	68	중기		

시기라는 두 변수는 상이한 종류의 것이다. 물론 무게는 계측치이고, 시기는 한 세트를 이루는 세 범주이다.

추정평균과 오차범위로 비교하기

세 시기라는 범주를 이용하여 127개 투사체를 세 개의 (아)표본으로 나눌 수 있다―그중 하나는 58개의 전기 고기 투사체로, 다른 하나는 42개의 중기 고기 투사체로, 나머지 하나는 27개의 후기 고기 투사체로 이루어진다. 127개 투사체를 코튼우드강 유역 고기 투사체의 임의표본으로 간주하려 한다면, 동시에 58개 전기 투사체를 코튼우드강 유역 전기 고기 투사체의 임의표본으로, 42개 중기 투사체를 코튼우드강 유역의 중기 고기 투사체의 임의표본으로, 27개 후기 투사체를 코튼우드강 유역의 후기 고기 투사체의 임의표본으로 간주할 수 있다. 만약 그렇게 하고자 한다면, 12장에서 두 숫자군을 비교하였던 것과 같은 방식으로 하나의 숫자군을 상호 비교될 수 있는 세 숫자군으로 재편성해야 한다.

표 13.2는 셋으로 나누어진 표본들 각각에 대한 수치지표(표본크기, 평균, 표준편차, 표준오차, 분산)를 제시하고 있다. 표준오차와 표 9.1을 이용하여 이들 세 표본이 추출된 세 모집단 각각의 투사체 평균무게를 제시할 수 있으며, 그림 13.1과 같이 도해적으로 전체를 비교해 볼 수 있다. 전기와 중기 고기의 표본들은 충분히 크기 때문에 이들 숫자군은 정규분포를 띠는 것으로 간주할 수 있다. 하지만 후기 고기의 표본은 정규분포의 형태를 갖는 것으로 간주하기에는 다소 작은 감이 있어, 그림 13.1에서는 후기 고기의 줄기-잎도표를 살펴봄

표 13.2. 고기 분기별 투사체 무게 비교

	전기	중기	후기	고기 전체
$n=$	58	42	27	127
$\overline{X}=$	53.67g	60.45g	41.56g	53.34g
$s=$	14.67g	12.15g	8.76g	14.42g
$SE=$	1.93g	1.88g	1.69g	1.28g
$s^2=$	215.21	147.62	76.74	207.94

```
8 | 5           8 | 0           8 |
7 | 569         7 | 888          7 |
7 | 03          7 | 001334       7 |
6 | 578889      6 | 5578999      6 |
6 | 001234      6 | 1123344      6 | 0
5 | 6788899     5 | 67999        5 | 89
5 | 000012223444 5 | 111124      5 | 04
4 | 5577899     4 | 69           4 | 5578
4 | 002334      4 | 024          4 | 00014
3 | 9           3 |              3 | 6777789
3 | 0           3 | 12           3 | 11244
2 | 78          2 |              2 |
2 | 14          2 |              2 | 8
1 | 9           1 |              1 |
     전기            중기              후기
```

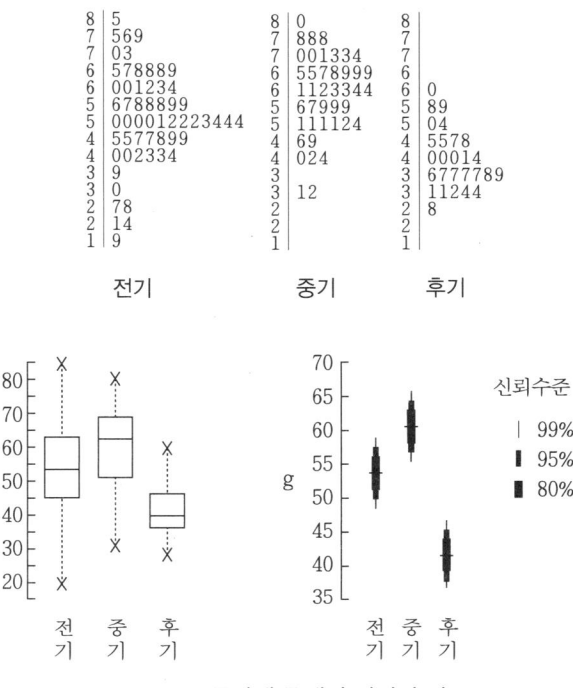

그림 13.1. 투사체 무게의 시기별 비교

으로써 이 표본이 실질적으로 정규분포를 띠는지(띠고 있음을) 확인하였다. 상자-점도표는 중기 고기의 투사체가 가장 무겁고, 후기 고기의 투사체가 가장 가벼운 경향이 있으며, 전기 고기 투사체의 무게는 그 중간에 속한다는 것을 명확하게 보여주고 있다. 그런데 세 표본들의 범위, 특히 전기와 중기 고기의 것들은 분명히 겹쳐 있다. 그림 13.1의 우측 하단에서 모집단의 추정평균과 신뢰도 80%, 95%, 99%에서의 오차범위를 표시한 탄환도표는 이 세 표본 간의 차이가 매우 유의함을 명확히 보여주고 있다. 신뢰도 99%의 오차범위 중 어떤 것도 다른 모집단의 추정평균을 포함하지 못하고 있다. 따라서 표본들 간에서 관찰된 차이는 단순히 표집오류의 결과에 의한 것이 아님을 99% 이상 신뢰할 수 있는 것이다. 다른 한편으로, 이 표본은 각기 서로 다른 모집단에서 추출되었을 가능성이 매우 높다.

그림 13.1은 상자-점도표와 탄환도표는 서로 별개의 것임을 다시 확인시

켜주고 있다. 세 시기의 중앙산포를 나타내는 상자들은 실질적으로 겹쳐 있는 반면, 80%, 95%, 99% 신뢰도에서의 오차범위는 그렇지 않다. 이 두 도표는 겉모양이 비슷하고, 각기 나름대로 숫자군들의 산포를 다루고 있기 때문에, 양자 간의 근본적인 차이를 간과하기 쉬울 수도 있다. 그림 13.1의 탄환도표에서 오차범위는 부분적으로 각 숫자군의 산포도에 근거하지만 단순히 산포도의 도해적인 표현만은 아니다. 이들은 표본크기에도 역시 영향을 받는바, 세 표본의 숫자군들의 산포에 관한 그림이 아니라 오히려 8장에서 논의된 바대로 상응하는 특별숫자군의 산포도를 나타내는 것이다. 결국, 탄환도표는 상자-점도표가 가지고 있지 못한, 모집단에 관한 유용한 암시를 포함하고 있다.

분산분석에 의한 비교

평균을 추정하고 오차범위를 덧붙이는 작업은 각 표본을 다른 것들과 비교하기에 적합한 방법이며, 탄환도표는 그야말로 전체그림을 그리는 것이다. 유의성이라는 측면에서 이러한 전체그림은 "그러한 평균과 표준편차를 가진 세 표본이 단일모집단으로부터 추출되었을 가능성이 얼마나 될까?"라는 질문을 함축하고 있다. 달리 말하자면, "이 세 표본만큼이나 사뭇 다른 표본 이 표집오류에 의해 동일한 모집단으로부터 나올 확률은 얼마나 될까?"가 될 것이다. 이러한 질문에서 "단일모집단" 혹은 "동일한 모집단"이라고 말하는 것은, 그 세 표본들이 다른 세 모집단—하나는 전기 고기 투사체로부터, 하나는 중기 고기 투사체로부터, 나머지 하나는 후기 고기 투사체—으로부터 나온 것임을 알기 때문에 사용하는 은유적인 표현이다. "동일한 모집단"으로부터 추출되었을 수도 있다고 가설화하는 것은 그 세 표본이 추출된, 서로 다른 세 모집단이 같은 평균을 가지는 것이 어느 정도 가능한가라는 의문에 대한 함축적 표현이다. 따라서 여기에서 던지는 유의성 문제는 결국 "전·중·후기 고기 투사체의 모집단들이 모두 같은 평균무게를 가지는 것이 얼마나 가능하며, 같은 모집단에서 추출된 임의표본들이라도 서로 다를 수 있는데 현재의 세 표본이 다를 가능성은 얼마나 될까?"가 된다.

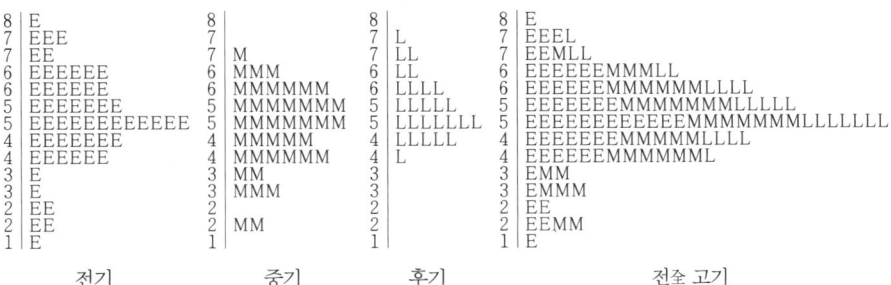

그림 13.2. 유사한 평균을 갖는 분기별 투사체 무게의 줄기-잎도표

이러한 질문에 대하여 12장에서는 이표본 t검정을 통해 답하였으나, 이 기법은 셋 이상의 표본으로 확대 적용하기는 어렵다. 셋 이상의 표본에 적용하고자 여기에서 선택한 기법은 흔히 ANOVA로 약칭되는 분산분석analysis of variance이다. 분산분석은 명칭이 내포하듯, 이러한 상황에서 유의성 문제 해결의 핵심이 되는 분산에 기초한다. (숫자군의 분산은 단순히 표준편차의 제곱임을 기억하자.) 분리된 세 아표본들 각각과 127개체로 이루어진 총표본의 분산(s^2)은 표 13.2에 제시되어 있다.

분산분석은 표본들이 정규분포를 보이는 모집단들로부터 나왔다고 가정한다. 그림 13.2에 제시된 분리된 세 아표본의 줄기-잎도표를 검토하여 각 표본에 대해 알고자 했던 점, 즉 각 표본이 근본적으로 단봉의 대칭적 분포를 보인다는 점을 알게 되었다. 분산분석은 모집단들의 산포(특히 분산)가 대략 유사하다고 가정한다. 표 13.2에 제시된 분산값과 마찬가지로 그림 13.1에 제시된 상자-점도표는 표본들의 산포를 판단하는 용이한 방법이다. 가장 큰 분산값은 가장 작은 것의 세 배 가까이 된다. 상자-점도표의 중앙산포를 비교하면 유사한 관찰결과를 얻을 수 있다. 산포에서 보이는 이러한 차이는 기본가정을 위배하지 않으려는 분산분석의 적용력 한계를 압박하고 있다. 가장 큰 분산이 가장 작은 것의 세 배가 넘지 않는 한, 표본들이 지나치게 작지만 않다면, 충분히 분산분석을 수행할 수 있다.

그림 13.2는 고기 각 분기의 투사체로 이루어진 세 개의 아표본을 대상으로 무게를 비교할 때 나타날 수도 있는 하나의 결과를 예시하고 있다. 그림 13.2가 표 13.1에 제시된 자료를 실제로 적용하지 않는다는 점을 명심하자. 대신 나타날 수도 있을 법한 양상을 예시하고 있다. 이 양상은 세 아표본 모두의 실제 형태를 유지한 채, 논의 진행의 필요에 따라 서로의 중심을 이동해 가깝도록 만든 것이다. 그림 13.2의 줄기-잎도표는 맨 오른쪽에서처럼 세 아표본이 모두 합쳐졌을 때 어떠한 현상이 벌어지는지를 쉽게 볼 수 있도록 각 분기에 해당하는 글자로 작성하였다.

그림 13.2의 127개 투사체 전부로 이루어진 총표본과 개별 아표본을 비교하면, 몇 가지 사항을 관찰할 수 있다. 첫째, 이 결과에서 세 아표본 모두는 매우 유사해 보인다. 셋 모두 거의 동일한 중심을 가지고 있다. 셋 모두 대략적이나마 유사한 산포를 보인다. 둘째, 127개 투사체로 이루어진 총표본의 산포는 개별 아표본들의 산포와 유사하다. 셋째, 127개 투사체로 이루어진 총표본의 중심은 개별 아표본들의 중심과 매우 유사하다. 형상에서 약간의 미미한 차이에도 불구하고, 줄기-잎도표 네 개 모두는 매우 유사하다. 가장 첨예한 차이는 줄기-잎도표에서 총표본의 봉우리가 개별 아표본들의 봉우리에 비해 상당히 높다는 점이다. 총표본은 더 많은 투사체를 포괄하지만 분산은 그다지 커지지 않기 때문에, 그러한 사실은 그리 놀랄 만한 것이 아니다. 결국, 봉우리에 더욱 높이 쌓이게 되는 것이다.

이러한 비교에서 가능성 있는 또 다른 결과가 그림 13.3에 예시되어 있는데, 사실 이는 정확히 표 13.1의 자료들을 반영하고 있다. 그림 13.3과 그림 13.2를 비교해 보면, 편차의 성격이 밝혀진다. 첫째, 세 아표본은 더 이상 유사해 보이지 않는다. 그들의 산포는 대략 유사하지만 그들의 중심은 명백히 서로 다른 지점에 위치하고 있다. 둘째, 그림 13.3에 제시된 총표본의 산포는 그림 13.2에 비해 크다. 이는 그림 13.2만큼 더 이상 아표본의 분산에 근사하지는 않는다. 전기 고기가 가장 큰 산포를 보이는바, 이를 총표본의 산포와 비교해 볼만하지만 중기와 후기 고기의 아표본은 총표본보다 현저하게 좁다. 셋째,

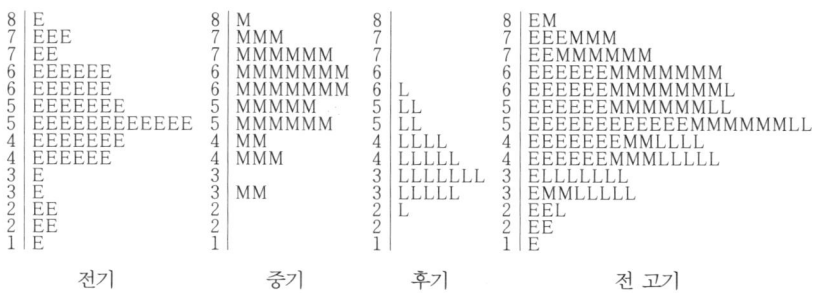

그림 13.3. 표 13.1에서 제시된 자료에 근거한 분기별 투사체 무게의 줄기-잎도표

총표본의 중심은 전기 고기 아표본의 중심과 유사한 반면, 중기 고기 아표본의 중심보다는 현저히 낮고, 후기 고기 아표본의 중심보다는 현저히 높다.

결국, 그림 13.3은 아표본들의 중심이 다를수록 아표본들이 합쳐졌을 때 총표본에는 더 큰 변이가 유입됨을 보여준다. 그림 13.2는 세 아표본 모두가 동일한 평균을 가지는 모집단들로부터 추출되었을 수도 있는 상황을 예시하고 있다. 그림 13.3은 이 세 아표본들이 서로 다른 평균을 가진 모집단들로부터 추출되었을 가능성이 훨씬 커질 상황을 예시하고 있다. 분산분석은 한편으로 아표본 간에 관찰되는 분산과 다른 한편으로 아표본들 내에서 관찰되는 분산을 비교해 확률을 평가하는 것이 핵심이다. 집단 간between groups과 집단 내within groups의 두 분산은 일반적인 계측치의 분산과 매우 유사한 방식으로 계산된다.

3장의 분산 공식을 기억해 보자.

$$s^2 = \frac{\sum(x-\overline{X})^2}{n-1}$$

이 분수의 분자인 $\sum(x-\overline{X})^2$은, 표본평균으로부터 표본의 모든 원소들의 편차 제곱의 합으로 구성되는바, 흔히 제곱합으로 불린다. 분모인 $n-1$은 실질적으로 자유도의 값인데, 이 용어는 3장에서는 언급하지 않았지만 이후에는 등장했다.

분산분석에서 요구되는 집단 간 분산을 계산하기 위해서는 관련된 제곱합과 자유도를 결정해야만 한다. 집단 간 제곱합은,

$$SS_B = \sum n_i (\overline{X_i} - \overline{X})^2$$

이다. 여기서, SS_B=집단 간 제곱합, n_i=i번째 집단(혹은 아표본)의 원소 개수, $\overline{X_i}$=i번째 집단(혹은 아표본)의 평균, $\overline{X}$= 모든 집단들의 (총)평균이다.

본 장의 예에서는 세 개 집단 혹은 아표본이 있는바, i는 차례대로 세 군집 증 하나를 일컫는데 그 수치지표는 표 13.2에 제시되어 있다. 그러므로

n_1=58(전기 고기 투사체의 개수);
n_2=42(중기 고기 투사체의 개수);
n_3=27(후기 고기 투사체의 개수);
$\overline{X_1}$=53.67g(전기 고기 투사체 무게의 평균);
$\overline{X_2}$=60.45g(중기 고기 투사체 무게의 평균);
$\overline{X_3}$=41.56g(후기 고기 투사체 무게의 평균);
$\overline{X}$=53.34g(투사체 무게의 총평균, 즉 모든 시기에 속하는 총표본의 평균)

결과적으로,

$$SS_B = 58(53.67-53.34)^2 + 42(60.45-53.34)^2 + 27(41.56-53.34)^2$$
$$= 6.32 + 2123.19 + 3746.75$$
$$= 5876.26$$

이다. 이 집단 간 제곱합에 관련된 자유도의 값은 아표본의 수보다 하나 작다. 이 예제에 있어서, 아표본이 셋이므로, 자유도는 2이다. 집단 간 제곱합을 자유도의 값으로 나누면,

$$s_B^2 = \frac{SS_B}{d.f.} = \frac{5876.26}{2} = 2938.13$$

을 얻는다. 이 값은 집단 간 분산값으로, 종종 집단 간 평균제곱between groups mean square으로도 불린다. 이는 분산분석에서 다른 집단들의 평균 사이에 관찰되는 산포를 표현하는 방법이다.

분산분석은 이렇게 계산된 집단 간 분산을 집단 내 분산과 비교하고자 한다. 이 집단 내 분산은 집단 간 분산처럼, 관련된 자유도 값으로 제곱합을 나누는 작업을 포함한다. 이는 곧 아표본의 분산값들을 합치는 것이 된다. 이 집단 내 제곱합은 단순히 각 아표본의 분산값을 각 아표본의 원소 개수보다 1 작은 값으로 곱하고, 그 결과를 모두 더함으로써 얻어진다.

$$SS_W = \sum (n_i - 1) s_i^2$$

여기서, $SS_W =$ 집단 내 제곱합, $n_i =$ 앞에서와 마찬가지로, i번째 집단(혹은 아표본)의 원소 개수, $s_i^2 = i$번째 집단(혹은 아표본)의 분산이다.

표 13.2에서 각 아표본의 분산을 찾아보면, 다음과 같은 s_i^2의 값을 얻을 수 있다. $s_1^2 = 215.21$, $s_2^2 = 147.62$, $s_3^2 = 76.74$이다. 따라서 본 예제에서는 다음과 같다.

$$\begin{aligned} SS_W &= (58-1)(215.21) + (42-1)(147.62) + (27-1)(76.74) \\ &= 12266.97 + 6052.42 + 1995.24 \\ &= 20314.63 \end{aligned}$$

이 집단 내 제곱합에 관련된 자유도의 값은 총표본크기에서 아표본의 수를 뺀 것이다. 이 예제에 있어서 총표본크기는 127이고, 아표본이 셋이므로 집단 내 자유도의 값은 124이다. 집단 내 제곱합을 자유도 값으로 나누면,

통계꾸러미

본문에서 장황한 계산을 해 보았지만 손으로 직접 분산분석을 수행한다는 것은 대체로 시대에 뒤떨어지는 방법임을 주지하여야 한다. 컴퓨터 조작을 통해 그러한 계산을 쉽게 하는 첩경이 있기도 하고 많은 통계학 책들이 그에 대해 자세한 설명을 하고 있는바, 컴퓨터를 배제하고 분산분석을 할 이유는 그다지 많지 않다. (이상점 때문에 절사평균과 절사표준편차로 분산분석을 수행하려 한다면 이유가 될 수 있다.) 통계꾸러미로 분산분석을 용이하게 할 수 있게 됨으로써 분산분석이 무엇에 관한 것이고 분석결과로 나온 숫자들이 과연 무엇을 의미하는지를 이해하는 것이 더욱 중요하게 되었다. 본문 중의 예제의 핵심은 분산분석이 어떻게 작동하는지를 명확히 이해하는데 도움이 되는 것이지, 어떻게 하는지에 대한 자세한 설명을 제공하고자 한 것은 아니다.

분산분석의 구체적인 절차는 통계꾸러미에 따라 다를 수 있다. 그런데 그 대부분은 자료가 표 13.1에서와 같이 정리되기를 원한다. 그 표에서 고기의 세 부시기는 그룹화변수grouping variable 혹은 독립변수independent variable로, 무게는 종속변수dependent variable로 지칭될 것이다. 출력된 결과에는 집단 간 및 집단 내 제곱합, 자유도, 평균제곱이 기재될 것이다. F비는 관련된 확률과 같이 제공될 것이다. 표 13.3은 본문 중의 예제에 대한 한 통계꾸러미의 출력결과를 보여주고 있다. 이 출력결과는 SYSTAT®의 양식인데, 본문 중의 숫자와는 약간 다르다는 것을 알 수 있다. 이는 반올림 오차의 결과이다. 통계꾸러미는 관습적으로 일반 계산기보다 훨씬 많은 자리의 소수점 이하 숫자를 계산과정 내내 유지하므로 훨씬 정확한 결과를 산출하지만 결론을 바꿀만한 실질적인 차이가 있는 것은 아니다. 통계꾸러미는 F값표가 제시할 수 있는 것보다 훨씬 더 정확한 관련확률을 계산하기 때문이기도 하거니와, 분산분석을 손으로 직접 할 요구가 그다지 자주 제기되지는 않기 때문에, 이 책에서는 F값표를 제시하지 않는다.

$$s_W^2 = \frac{SS_W}{d.f.} = \frac{20314.63}{124} = 163.83$$

을 얻는다. 이는 집단 내 분산값으로, 종종 집단 내 평균제곱within groups mean square으로도 불린다. 이는 분산분석에 필요한, 집단들 내부에서 관찰되는 산포를 표현하는 방법이다.

표 13.3. 예제에 대한 분산분석 결과의 컴퓨터 출력 예

		ANALYSIS OF VARIANCE			
SOURCE	SUM OF SQUARES	DF	MEAN SQUARE	F	PROBABILITY
BETWEEN GROUPS	5880.6	2	2940.297	17.941	0.000001
WITHIN GROUPS	20321.8	124	163.886		

일단 집단 간 분산과 집단 내 분산이 계산되면 분산분석은 거의 완결되는 셈이다. 단지 두 분산의 비로 표현하는 작업만이 남게 된다.

$$F = \frac{s_B^2}{s_W^2}$$

본 장의 예제에서 이 F비는 다음과 같이 나온다.

$$F = \frac{2938.13}{163.83} = 17.93$$

F비는 다른 F값과 결부된 확률을 제시하는 표에서 찾을 수 있다. 집단 간 자유도 2에서 F비 17.93 및 집단 내 자유도 124에 결부된 확률은 0.0000001이다. 이는 앞에서 제시된 것과 같은 평균과 표준편차를 갖는 세 아표본이 동일한 평균을 갖는 세 모집단으로부터 무작위로 추출되었을 가능성이 1천만 분의 1이 된다는 것을 의미한다. 그렇다면 세 표본 간에 관찰되는 차이가 단순히 표집오류의 결과일 확률은 극히 낮다. 이 결과는 지극히 유의하다. 각기 다른 시기의 투사체는 실제로 다른 평균무게를 갖는다는 데에 큰 확신을 가질 수 있다.

편차의 강도

고기 분기들의 투사체 평균무게에서 관찰되는 차이의 유의성에 대한 논의와 아울러 그러한 편차의 강도에 대한 논의도 필요하다. 그러한 편차의 강도는 결국 세 아표본 간 평균의 차이에 비해 더 복잡할 것이 없다. 후기 고기의 투사체의 평균값은 중기 고기보다 6.78g 가벼운 전기 고기 값보다도 낮은 12.11g으로 가장 가볍다. 따라서 가장 큰 차이는 중기 고기의 평균에서 후기 고기의 평균을 뺀 18.89g이다. 물론, 이들은 먼저 탄환도표에서 추정평균과 오차범위를 비교함으로써, 그다음에는 분산분석을 통해서 그 편차의 유의성을 평가한 것이다. 강도와 유의성은 둘 다 그림 13.1에서 볼 수 있는데, 그러한 표현방식의 분명한 장점이기도 하다. 정확히 어떤 아표본이 무겁고 어떤 아표본이 가벼운지, 그리고 대략 어느 정도로 그런지를 인지하기 쉽다. 사실, 이 숫자들에 관해 언급할 필요가 있는 것들의 대부분은 그림 13.1에서 쉽게 나타난다. 탄환도표가 분산분석보다 훨씬 간단하고 직접적으로 대다수 고고학연구의 목적에 부합한다. 그런데 만약 모든 아표본들의 전체적인 양상에 대해 단일한 확률값을 제시하는 것이 중요하다면, 분산분석이 더 유용할 것이다.

분석의 결과가 의미 있는지 여부는, 비록 상이한 것이지만 강도와 유의성 모두에 의거한다. 만약 유의성이 낮으면, 구별되지 않는 모집단들로부터 추출된 세 표본 간의 무작위적인 차이라는 점이 문제시될 확률이 매우 높기 때문에, 관찰되는 차이의 의미를 논의하는 것은 별다른 실효가 없다. 만약 유의성이 보통이거나 높으면, 적어도 한시적으로나마 "실제" 차이가 논의의 핵심이 될 것이므로, 그러한 편차의 강도 혹은 중요도를 논의할 만하다. 만약 유의수준이 매우 높으면, 그러한 편차의 강도에 대해 보다 심각하게 논의해 볼 만하다. 설사 본문의 예제에서 유의수준이 지극히 높다 하더라도, 그 자체가 자동적으로 결과를 의미 있게 만드는 것은 아니다. 그것은 결과가 "실제일" 것 같게 해 주는 것이기는 하지만 "실제적"이라는 것의 대부분은 별다른 의미가 없다. 그러한 차이가 어떤 의미를 지니거나 그렇지 않거나 하는 것은 밝히고자 하는 현실의 이슈에 달려 있다. 만약 작은 투사체가 실제로 작은 동물의 사냥에 사용되었다면, 분석결과는 후기 고기에는 상대적으로 소형동물들이 주로 사냥되었고, 중기 고기에는 상대적으로 대형동물들이 사냥되었으며, 전기 고기는 그 중간 어디쯤일 것이라는 해석을 입증하는 데 사용될 것이다. 이는 결국, 소형으로부터 대형, 다시 소형동물로의 전이를 함의하는 것이다. 평균무게의 차이인 10~20g이 그러한 맥락에서 의미 있는지 여부는 통계치보다 현실적인 평가와 관련이 있다. 물론 언제나 그러한 것처럼 유적의 입지, 동물유존체를 비롯한 여타의 관련증거들을 살펴보고자 할 수도 있다.

12장에서 논의했던 것처럼, 유의성과 강도는 상이한 두 가지 개념이다. 어떤 측면에서 유의성은 훨씬 순수하게 통계적인 것인 반면, 강도는 일반적으로 통계결과에 대한 현실적인 해석과 연결되는 경향이 있다. 단지 상대적으로 높은 유의성이 현실적인 의미를 갖기에 충분한 결과와 결합될 때, 통계적 결과가 더 큰 중요성을 담보하게 되는 것이다. 매우 유의한 결과라 할지라도 강도가 약한 탓에 별 의미가 없을 수도 있고, 매우 강도가 높은 결과라 할지라도 유의수준이 낮은 탓에 중요성을 갖지 못할 수도 있다.

모집단 간의 차이 대 변수들의 관계

분산분석을 다른 관점에서도 생각해 볼 수 있다. 계측치의 평균이라는 측면에서 몇몇 모집단의 차이에 주목하는 대신, 분산분석을 통해 두 변수 간의 관계에 초점을 맞출 수도 있다. 앞의 예제에서 그 두 변수란 투사체의 무게와 시기가 될 것이다. 그런 식으로 간주된 분산분석에는 항상 두 가지 변수가 있는데, 하나는 계측치이고, 다른 하나는 일련의 범주이다. 총표본을 아표본으로 나눌 수 있는 근거를 제공하는 것은 범주형변수인데, 개별 아표본은 각 범주에 상응하게 된다.

범주에 의거하여 총표본을 아표본으로 구분하기 때문에, 범주형변수는 항상 독립변수로 여겨진다. 그 계측치는 부분적으로라도 범주들에 의해 정해지는 것처럼 간주되는바, 종속변수로 불린다. 코튼우드강 유역에서 수집된 고기 투사체의 예로부터 후기 고기의 투사체가 평균적으로 전기 고기 것들보다 가볍다는 것을 발견하였다. 그러므로 투사체의 무게는 어느 정도 시기에 따른다고 하는 것이 합리적으로 보인다. 실제 상황에서는 인과관계의 방향성에 대해서 아무런 정보도 주지 못하지만 통계학에서는 이들의 관계에 대하여 언급하는 것이 좀 더 간단할 수 있다. 사실, 투사체가 커지는 혹은 작아지는 결과를 초래하는 독립변수로 시기를 언급하는 것은 전혀 개연성이 없다. 하지만 그렇게 지칭하는 것은 인과관계의 실제 개념과는 별 상관이 없는 통계용어상의 관습일 뿐이다.

종종 변수 간 관계를 예측해 보는 것은 유용하다. 만약 두 변수—투사체의 무게와 시기—가 서로 연관된다면, 특정 개체와 관련된 한 변수의 값을 아는 것은 다른 변수의 값을 예측하는 데 도움이 된다. 만약 특정 투사체를 살펴보기에 앞서 그 무게를 예측하고자 한다면, 최상의 추측은 총표본의 평균값이 될 것이다. 그러한 추측은 대체로 그 투사체의 실제 무게에 가장 근접하는 것이 되기도 한다. 분산분석의 결과가 주어진다면, 그 투사체가 고기의 어느 시기와 관련이 있는지에 대해 아는 한, 더 나은 예측을 할 수 있게 해 줄 것을 알고 있다. 만약 그 투사체가 후기 고기에 속한다는 것을 안다면, 최상의 예측은 후기 고기 아표본의 평균이 될 것이다. 이 예측은 총표본의 평균에 의거한 예측보다는 실제 무게에 더 근접하게 될 것이다. 시기를 아는 것이 그 투사체의 무게를 예측하는 데 도움이 된다는 것은 이러한 관점에서의 얘기이다. (물론 방향을 바꾸어, 무게에 의거하여 시기를 예측할 수도 있다. 이는 문장화하기에 좀 더 복잡한바, 그러한 방식으로 진술하는 것이 편하다고는 할 수 없지만 어쨌든 그러한 측면에서 보자면 관계는 대칭적이다.)

만약 투사체의 무게와 시기 사이에 아무런 관련이 없다면, 한 변수에 대해서 아는 것은 다른 변수를 예측하는 데 전혀 도움이 되지 못한다. 이러한 관점에서 보자면, 유의성에 대한 질문은 "이 표본에서 관찰된 투사체의 무게와 시기 사이의 관계가 단순히 표집오류의 결과라는 것이 얼마나 그럴듯할까?"가 된다. 다른 방식으로 진술하자면, "무게와 시기 사이에 그 정도로 강한 관계가 있는, 이 정도 크기의 표본이 두 변수가 서로 연관이 없는 모집단에서 추출되

표현에 유의하자

다음의 문장은 분산분석에서 얻어진 결론을 어떻게 진술해야 할지에 관한 온전한 예를 제공한다. "코튼우드강 유역에서, 전·중·후 고기 투사체의 평균무게에서 관찰되는 차이는 지극히 유의하다($F=17.93$, $p=0.0000001$)." 이는 독자들에게 의미 있는 방식으로 결론을 전달한다. 즉, (F비는 분산분석의 결과인 바,) 어떠한 유의성검정 방식이 사용되었는지를 알려주고, 결과로 나온 통계치를 유의수준 혹은 관련확률과 함께 제공한다. "코튼우드강 유역에서, 전·중·후 고기 투사체의 평균무게에서 관찰되는 차이는 유의하다"라고 간단히 진술하는 것은 적합하지 않을 수도 있다. 후자의 진술이 완전히 틀린 것은 아니지만 조금 불완전하다. 어떤 유의성검정 방식이 사용되었는지, 그 결과가 얼마나 유의한지에 대한 정보를 전혀 제공하지 못하고 있다. (의미 있다는 것과 같이) 유의하다는 것이 분명한 '예' 혹은 '아니오'의 조건이라는 것은 그다지 좋은 생각이 아니다.

만약 관심을 갖는 것이 두 변수의 관계로 단순화된다면, 본문 중의 분산분석 예제에서 얻어질 수 있는 결론은 여전히 다른 방식으로도 진술될 수 있다. "코튼우드강 유역의 전·중·후 고기 투사체에 관한 한 무게와 시기 사이의 관계는 지극히 유의하다($F=17.93$, $p=0.0000001$)."

결과출력에 보고된 유의확률의 미묘한 점은 통계꾸러미가 0.000이라는 확률값을 제시할 때, 그것이 무엇을 의미하는지를 인지하는 것이다. 이는 절대적 확실성을 의미하지는 않는다. 이는 단지 확률이 0.0005보다 작다는 것을 의미하는데, 0.0005 이상은 0.001로 반올림될 것이고, 0.0005 미만은 내림되어 0.000이 되기 때문이다. 어떤 통계꾸러미는 소수점 이하를 보여줄지 물어보고, 실제로 그 확률이 얼마인지 보여줄 수도 있다. 만약 그렇지 않다면, 확률이 0.000이라고 말하는 것보다 0.0005 미만이라고 말하는 것이 낫다.

는 상황이 얼마나 있음직한가?"가 될 것이다. 분산분석은 이 문제에 대해 F비와 관련확률로 답한다. 본문 중의 예제에서 그 답은 1천만분의 1에 상응하는 "지극히 그렇지 않을 듯하다."가 된다.

답하고자 하는 질문이 자연스럽게 모집단 간의 차이보다 두 변수의 관계에 대한 것으로 구성되는 경우, 분산분석은 간단한 하나의 문장으로 된 답을 제시할 수 있다. 그러한 질문이 자연스럽게 모집단 간의 차이에 대한 것으로 귀결된다면, 그 상이한 모집단의 평균을 추정하고 거기에 오차범위를 부가하는 방식의 접근(그림 13.1)이 훨씬 직접적이고 유익할 것이다.

가정과 로버스트방법

모집단 평균을 추정하고 오차범위를 덧붙이는 작업은 이상점의 영향을 강하게 받는다. 9장에서 논의한 대로, 이러한 문제는 절사평균을 추정하고 거기에 오차범위를 덧붙이는 작업에 의해 보정될 수 있고 그 추정된 평균이나 오차범위는 탄환도표로 제시될 수 있다. 몇 개의 아표본을 비교하든 간에 이러한 방법은 동일한 방식으로 작동한다. 개별 아표본은 단순히 모집단의 절사평균을 추정할 독립표본으로 간주된다. 그런데 만약 한 아표본에서 절사평균이 계산되었다면, 나머지 모든 아표본들에서도 절사평균이 계산되어야만 한다. 절사평균과 정상적인 평균을 비교하는 일은 비교할 수 없는 것들을 비교하는 것이다. 아표본이 비대칭적 형상을 띠고 있다면, 추정된 모평균이나 절사모평균은 의심쩍은 값이 될 것이다. 중앙값을 추정하는 것이 좀 더 합당할 듯한데, 이 경우 부트스트랩으로 정해진 오차범위가 부가되어야 한다. 추정된 평균과 오차범위는 탄환도표나 각목된 상자-점도표를 통해 도해적으로 제시될 수 있다.

분산분석은 표본들이 정규분포를 보이는 모집단들로부터 나왔으며 모집단들의 산포(특히 분산)가 대략 유사하다고 가정한다. 줄기-잎도표와 상자-점도표를 통해 이러한 가정들의 실효성을 검증하는 방법은 예제 분석의 시작 부분에서 논의되었다. 이러한 가정들은 이표본 t검정의 가정들과 정확히 평행하는 것이다. 만약 아표본들의 산포가 매우 다르다면, 그 자체로도 그 표본들이 동일한 모집단으로부터 추출되지 않았음을 알리는 표시가 된다. 만약 아표본들의 형상이 매우 비대칭적이면, 분산분석을 진행하기 전에 그들을 대칭적으로 만들어줄 변환작업을 적용할 수도 있다.

만약 비교될 아표본들이 이상점을 포함하고 있다면, 분산분석은 2장과 3

장에서 논의되었던 절사평균과 절사표준편차에 의거하여 수행될 수 있다. 분산분석에서 이 점에 대한 선택조항을 제공하는 컴퓨터 프로그램은 별로 없지만 대다수 프로그램에서 아표본의 절사평균과 절사표준편차에 대한 분산분석을 어렵지 않게 할 수 있다. 일단 절사평균과 절사표준편차의 값이 얻어지면, 본문 중에서 논의된 분산분석의 최종단계를 수기로 직접 할 수 있게 해 주는 표 13.2의 것과 유사한 정보를 얻게 되는데, 단순히 정상적인 평균과 (제곱한) 정상적인 표준편차가 들어갈 자리에 절사평균과 (제곱한) 절사표준편차를 대입하면 된다. (그런 후에, F값표로 가서 생성된 통계치와 관련된 확률을 찾아야만 할 것이다. 많은 통계책들에 그 표가 있다.)

연습문제

한 가족에 의해 축조된 가옥의 규모와 관련된다고 생각되는, 집단의 이동성 편차에 관심을 갖게 되었다. 하일리겐슈타트Heiligenstadt 인근의 다섯 개소 유적에서 일련의 신석기시대 주거지들을 발굴하였다. 각 유적들은 상이한 자연환경에 자리 잡고 있으나 시기 비정이 가능한 신석기시대 세 분기(전기, 중기, 후기) 중 한 시기에 점유되었다. 각종 정보는 표 13.4에 제시되어 있다. 현장조사 중에 있었던 긴 옥토버페스트Oktoberfest 휴가 기간은 표집편향의 문제를 신중하게 되짚어볼 수 있는 기회를 제공하였는데, 각 유적 주거 면적의 표본을 유적들이 자리 잡은 자연환경에 속하는 모든 주거지 면적으로 구성된, 크고 모호하게 정의된 모집단의 임의표본으로 간주하여 이용하기로 한다. 같은 방식으로, 전·중·후기에 속하는 주거 면적의 표본은 각 시기에 속하는 전 주거 면적으로 이루어진 크고 모호하게 정의된 모집단의 임의표본으로 간주하여 이용하기로 한다.

1. 각기 다른 5종류의 유적들로 대변되는 자연환경별 주거지 면적의 평균을 추정하라. 80%, 95%, 99% 신뢰도에서의 오차범위를 포함하는 추정 평균으로 다섯 모집단을 비교하는 탄환도표를 그려보자. 자연환경에 따

표 13.4. 하일리겐슈타트 인근 전·중·후기 신석기시대 다섯 유적의 주거지 면적 자료

주거지면적 (m²)	유적	신석기시대 분기	주거지면적 (m²)	유적	신석기시대 분기
19.00	Hlg001	전기	15.94	Hlg002	중기
16.50	Hlg004	중기	23.05	Hlg003	중기
16.10	Hlg002	후기	24.15	Hlg001	전기
19.20	Hlg001	후기	20.35	Hlg003	중기
15.20	Hlg005	중기	18.95	Hlg004	전기
20.40	Hlg001	중기	16.85	Hlg002	중기
16.40	Hlg002	전기	19.95	Hlg003	전기
16.40	Hlg002	후기	20.16	Hlg001	전기
16.40	Hlg002	중기	19.16	Hlg003	중기
15.40	Hlg005	전기	17.66	Hlg004	전기
20.60	Hlg001	중기	15.26	Hlg001	중기
17.20	Hlg004	중기	16.26	Hlg005	중기
19.90	Hlg003	후기	19.46	Hlg002	후기
22.01	Hlg001	후기	15.46	Hlg005	전기
21.11	Hlg003	전기	18.66	Hlg002	전기
16.51	Hlg002	전기	18.36	Hlg004	중기
22.71	Hlg003	중기	16.07	Hlg005	후기
20.81	Hlg001	후기	17.17	Hlg002	중기
15.81	Hlg005	후기	17.17	Hlg003	후기
16.52	Hlg004	전기	20.47	Hlg003	후기
21.12	Hlg003	후기	23.57	Hlg003	후기
18.22	Hlg001	후기	22.77	Hlg001	중기
23.22	Hlg003	전기	22.77	Hlg003	후기
16.32	Hlg005	후기	15.87	Hlg005	후기
16.13	Hlg005	전기	15.08	Hlg005	중기
15.33	Hlg002	전기	18.28	Hlg001	전기
16.83	Hlg004	전기	15.78	Hlg004	후기
16.43	Hlg004	중기	16.98	Hlg004	후기
13.04	Hlg002	후기	20.58	Hlg001	전기
21.14	Hlg003	중기	16.08	Hlg004	전기
18.24	Hlg005	전기	21.68	Hlg003	중기
17.34	Hlg002	후기	15.09	Hlg005	후기
14.84	Hlg004	중기	17.79	Hlg004	후기
17.34	Hlg005	중기	17.09	Hlg004	후기
21.64	Hlg001	전기	21.69	Hlg001	중기
15.74	Hlg005	전기	21.69	Hlg001	후기
19.84	Hlg001	중기	20.69	Hlg003	전기
22.99	Hlg003	전기	24.99	Hlg003	전기

라 주거 면적이 다르게 나타나는가? 명확한 한두 문장으로 각자가 도표를 통해 내릴 수 있는 결론을 요약해 보자.

2. 76기 주거지의 면적으로 이루어진 표본에 근거하여 주거 면적과 유적이 입지한 자연환경의 관계를 평가하는 분산분석을 시도해 보자. 자연환경에 따라 주거 면적이 다르게 나타나는가? 명확한 문장으로 분석결과를 표현해 보자.

3. 신석기시대 분기별로 이 지역 주거 면적을 추정해 보자. 80%, 95%, 99% 신뢰수준에서의 오차범위를 포함하는 주거 면적의 측면에서 전·중·후기 신석기시대를 비교하는 탄환도표를 그려보자. 시기에 따라 주거 면적이 변화하는 것으로 나타나는가? 명확한 한두 문장으로 각자가 도표를 통해 내릴 수 있는 결론을 요약해 보자.

4. 76기 주거의 면적으로 이루어진 표본에 근거하여 주거 면적과 시기 사이의 관계를 평가하는 분산분석을 시도해 보자. 시기와 주거 면적은 관계가 있는 것으로 나타나는가? 명확한 문장으로 분석결과를 표현해 보자.

14
서로 다른 표본의 비율 비교하기
Comparing Proportions of Different Samples

13장의 예제처럼 한 표본이 종종 몇 아표본으로 나뉘기도 하는데, 그러한 아표본들의 비교에서 주목하는 것이 계측치가 아닌 일련의 범주가 되기도 한다. 이런 비교는 다양한 아표본들에 근거하여 모집단의 비율을 추정하고 오차범위를 부가하는 작업을 통해 이루어지기도 한다. 그런 다음, 13장에서 평균을 다룰 때처럼, 탄환도표를 통해 오차범위가 부가된 모집단의 추정비율을 서르 비교할 수도 있다.

추정비율과 오차범위에 의한 비교

표 14.1은 (산파블로San Pablo와 산페드로San Pedro,) 두 유적에서 발견된 (발과 호의) 두 기종 토기편의 수량에 관한 정보를 제시하고 있다. 표집편향에 대해 세심하게 검토한 뒤, 수집품들을 각 유적의 모든 토기편으로 이루어진 크고 도호하게 정의된 모집단으로부터 추출된 임의표본들로 간주해도 무방할 만큼, 지표수집의 방법에는 별다른 문제가 없었다. 11장에서 논의했던 것처럼, 각 표본의 발형토기편과 호형토기편의 비율을 계산하여 이들을 상응하는 모집단의 비율로 사용하고 표준오차에 근거하여 산정된 오차범위를 부가한다. 산파블로유적의 추정치는 발형토기편이 60%, 호형토기편이 40%로, 오차범위는 9%이다. 산페드로유적의 추정치는 발형토기편이 45%, 호형토기편이 55%로,

표 14.1. 산파블로유적과 산페드로유적 출토 두 기종 토기편

	발형토기편	호형토기편	계
산파블로	18	12	30
산페드로	18	22	40
계	36	34	70

오차범위는 8%이다.

이 결과는 그림 14.1에 제시되어 있다. 호형토기의 탄환도표는 정확히 발형토기의 대비적 관계를 반대로 보여주기 때문에 발형토기의 비율만이 도표화되어 있다. 이 표본들에 근거해 볼 때, 산파블로유적의 발형토기 비율이 산페드로유적보다 높다고 얘기할 수 있다. 하지만 이 문장에서 담보할 수 있는 신뢰도는 그다지 높지 않다. 다양한 신뢰도에 대한 오차범위를 비교해 보니, 산페드로유적의 추정비율은 산파블로유적의 신뢰도 99% 오차범위 내에 완전히 포함되며 그 반대도 마찬가지임을 알 수 있다. 그러므로 여기서 두 유적 간 편차가 반영하는(표집오류를 반영하는 것과 반대되는) 신뢰도는 99% 미만이다. 이 비교를 계속해 보자면, 산페드로유적의 추정비율은 산파블로유적의 신뢰도 95% 오차범위 내에 포함되며, 그 반대도 마찬가지임을 알 수 있다. 그러므로 실질적으로 두 유적 간 편차가 반영하는 신뢰도는 95% 미만이다. 하지만 산

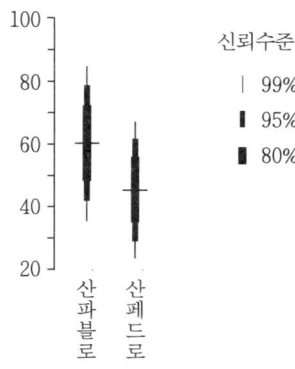

그림 14.1. 산파블로유적과 산페드로유적 출토 발형토기편의 비율 비교

페드로유적의 추정비율이 산파블로유적의 신뢰도 80% 오차범위 밖에 떨어지며, 그 반대도 마찬가지임을 알 수 있다. 따라서 관찰된 편차가 표집오류가 아님을 반영하는 신뢰도는 80%와 95%—높지 않은 중간 정도의 신뢰도—사이 어딘가에 놓이게 되는 셈이다. 그 편차는 의미 있을 정도(45%와 60%의 차이)의 강도를 가질지는 모르지만 꼭 닮은 모집단들에서 추출된 (상대적으로) 소규모 표본 간에 보이는 변이 이상의 아무것도 아닐 위험이 생각보다 더 클 수 있다.

χ^2을 이용한 비교

앞서 평균을 추정(11·12장)하여 둘 이상 표본들 간의 계측치를 비교하고, 다음으로 전체 비교작업을 (t검정이나 분산분석처럼) 하나의 확률값으로 요약하는 유의성검정으로 옮겨갔다. 본 장에서는 그와 유사한 방식으로 모집단의 비율을 추정하는 작업을 통해 일련의 두 표본 간 범주를 비교해 본다. 이 예에도 역시 전체 비교작업을 합쳐 하나의 확률값으로 만들 수 있는 유의성검정이 있다. 그것은 그리스문자 카이(χ)에서 비롯된 χ^2을 생성하는 통계적 용어의 이름을 따른 χ^2(카이제곱)검정이다. χ^2검정은 전체 표본이 몇 개로 나누어지든지, 비율이 계산되는 범주의 수가 얼마나 되든지 관계없이 사용할 수 있다. 따라서 평균과 달리, 계측치를 비교하기 위해 t검정을 사용하였던 두 표본의 경우나 같은 목적으로 분산분석을 사용하였던 셋 이상 표본의 경우를 구분하지 않는다.

표 14.1은 6장에서 사용하였던 종류의 표임을 쉽게 알 수 있다. 각 유적은 행에 해당하며, 두 유적에서의 행위 차이가 토기 기종의 비율 편차에 반영돼었는지를 조사하기 위하여 두 유적을 비교하려 하기 때문에 행비율의 측면에서 표를 보는 것이 자연스럽다. 이는 이미 두 유적의 발형토기 비율을 비교하면서 수행했던 작업이다. 표 14.2는 그러한 행비율을 제시하고 있다. 산파블로유적의 발형토기 비율은 평균비율을 상회하는 반면, 산페드로유적의 발형토기 비율은 평균비율을 밑돈다—그림 14.1에서 결론지었던 바이다. 6장에서 실행했던 것처럼 막대도표를 이용해 평균과의 편차를 표현할 수도 있지만 이는 그다지 필요치 않은 단순비교일 뿐이다.

표 14.2. 산파블로유적과 산페드로유적 출토 두 기종 토기편의 행비율

	발형토기편	호형토기편	계
산파블로	60.0%	40.0%	100%
산페드로	45.0%	55.0%	100%
계	51.4%	48.6%	100%

χ^2은 이러한 평균과의 편차를 측정하는 작업에 기초한다. 즉, 기댓값expected values표를 작성하여 관찰값observed values표(표 14.1)와 비교함으로써 얻어질 수 있다. 표 14.2에 제시된 바와 같이 발형토기편의 평균비율이 51.4%라면, 어떤 측면에서는 산파블로유적과 산페드로유적 모두에서 51.4%의 발형토기를 기대할 수 있을 것이다. 산파블로유적에 대해서는 30개 토기편의 51.4%, 즉 15.4개의 발형토기편을 의미한다. 산페드로유적에서 40개 토기편의 51.4%는 20.56개이다. 마찬가지로, 두 유적 모두에서 48.6%의 호형토기편을 기대할 수 있을 것이다. 이러한 기댓값은 표 14.3에서 볼 수 있다.

기댓값표에서 (합쳐서 주변합계marginal totals로 알려진) 행합계와 열합계는 여전히 관찰값표에서와 같다. 실제로 기댓값들은 일정한 주변합계에 근거한다. 사실, 기댓값을 계산하는 첩경은 표의 특정 칸에 상응하는 행합계에 그에 상응하는 열합계를 곱하고 이를 총합계로 나누는 것이다. 예를 들어, 산파블로유적의 발형토기편의 기댓값을 얻기 위해서는 그 칸에 상응하는 행합계(30)에 그 칸에 상응하는 열합계(36)를 곱하고 총합계(70)로 나누면—정확히, (단 반올림오차를 인정한다면) 행비율을 통해 얻었던—15.43을 얻을 수 있다. 행비율, 혹은 열비율 아니면, 주변합계의 곱셈을 이용하더라도 동일한 기댓값에 이르게 된다. 이러한 기댓값표는 요약통계기법인 χ^2에 기초를 제공한다.

표 14.3. 산파블로유적과 산페드로유적 출토 두 기종 토기편의 기대값

	발형토기편	호형토기편	계
산파블로	15.42	14.58	30
산페드로	20.56	19.44	40
계	36	34	70

카카오톡 채널 추가하세요

Ch 진인진

카카오톡 채널 추가하는 방법
① 카톡 상단 검색창 클릭
② 스캐너로 QR코드 스캔
③ 홈에서 채널추가

고고미술사학 관련 도서
신간정보를 가장 빨리 알려드립니다.

도서출판 진인진 / 고미사북

kakaotalk

χ^2통계는 실제로 표준편차와 매우 유사하여, 편차를 계산하고 제곱하여 이들을 다 합하는 작업을 포함한다. 그런데 편차는 표준편차에서처럼 평균으로부터의 편차 대신, 기댓값으로부터 관찰값의 편차가 된다.

$$\chi^2 = \sum \frac{(O_i - E_i)^2}{E_i}$$

여기서, O_i = 표의 i번째 칸의 관찰값, E_i = 표의 i번째 칸의 기대값이다.

이 예제에서는 두 행과 두 열로 이루어진바, 흔히 2×2 two-by-two표라고 일컬어지는 것이다. 따라서 네 개의 칸이 있게 된다. 그러므로 수량부호 $(O_i - E_i)^2/E_i$을 네 칸 각각에 대하여 구한 뒤, 네 숫자를 모두 더해야 한다.

$$\chi^2 = \frac{(18-15.42)^2}{15.42} + \frac{(12-14.58)^2}{14.58} + \frac{(18-20.56)^2}{20.56} + \frac{(22-19.44)^2}{19.44}$$

$$= 0.4317 + 0.4565 + 0.3188 + 0.3371$$

$$= 1.5441$$

$\chi^2 = 1.5441$이란 값을 표 14.4에서 찾아 그에 상응하는 확률을 정한다. 확률을 결정하기 위해 필요한 것은 적합한 자유도를 구하는 것인데, 이는 표에 나타난 행의 수보다 하나 적은 숫자와 열의 수보다 하나 적은 숫자의 곱이다. 위 예제의 표에는 두 행과 두 열이 있는바, 자유도의 숫자는 $1 \times 1 = 1$이 된다. 자유도 1에 해당하는 표의 첫 번째 열을 이용하면 χ^2의 값, 1.5441은 표에 나타난 수치 0.455와 1.642 사이에 위치한다. 따라서 상응하는 확률은 50%와 20% 사이가 된다. 여타의 유의성검정과 마찬가지로, 관찰된 편차(이 예에서는 다른 기종 토끼편의 비율에 있어서 두 유적의 편차)가 결국 표집오류에 기인한 것일 확률—다시 말해, 이만큼 다른 비율을 가진 두 표본이 동일한 비율을 가진 두

표14.4. χ^2 분포[a]

신뢰도	50%	80%	90%	95%	98%	99%	99.90%
	0.5	0.8	0.9	0.95	0.98	0.99	0.999
유의성	50%	20%	10%	5%	2%	1%	0.10%
	0.5	0.2	0.1	0.05	0.02	0.01	0.001
자유도							
1	0.455	1.642	2.706	3.841	5.412	6.635	10.827
2	1.386	3.219	4.605	5.991	7.824	9.21	13.815
3	2.366	4.642	6.251	7.815	9.837	11.341	16.268
4	3.357	5.989	7.779	9.488	11.668	13.277	18.465
5	4.351	7.289	9.236	11.070	13.388	15.086	20.517
6	5.348	8.558	10.645	12.592	15.033	16.812	22.457
7	6.346	9.803	12.017	14.067	16.622	18.475	24.322
8	7.344	11.030	13.362	15.507	18.168	20.090	26.125
9	8.343	12.242	14.684	16.919	19.679	21.666	27.877
10	9.342	13.442	15.987	18.307	21.161	23.209	29.588
11	10.341	14.631	17.275	19.675	22.618	24.725	31.264
12	11.340	15.812	18.549	21.026	24.054	26.217	32.909
13	12.340	16.985	19.812	22.362	25.472	27.688	34.528
14	13.339	18.151	21.064	23.685	26.873	29.141	36.123
15	14.339	19.311	22.307	24.996	28.259	30.578	37.697
16	15.338	20.465	23.542	26.296	29.633	32.000	39.252
17	16.338	21.615	24.769	27.587	30.995	33.409	40.790
18	17.338	22.760	25.989	28.849	32.346	34.805	42.312
19	18.338	23.900	27.204	30.144	33.687	36.191	43.820
20	19.337	25.038	28.412	31.410	35.020	37.566	45.315
21	20.337	26.171	29.615	32.671	36.343	38.932	46.797
22	21.337	27.301	30.813	33.924	37.659	40.289	48.268
23	22.337	28.429	32.007	35.172	38.968	41.638	49.728
24	23.337	29.553	33.196	36.415	40.270	42.980	51.179
25	24.337	30.675	34.382	37.652	41.566	44.314	52.620
26	25.336	31.795	35.563	38.885	42.856	45.642	54.052
27	26.336	32.912	36.741	40.113	44.140	46.963	55.476
28	27.336	34.027	37.916	41.337	45.419	48.278	56.893
29	28.336	35.139	39.087	42.557	46.693	49.588	58.302
30	29.336	36.250	40.256	43.773	47.962	50.892	59.703

[a] Herbert Arkin과 Raymond R. Colton이 쓴 『Table for Statisticians』(New York: Barnes and Noble, 1963)의 Table 14를 채택한 것임.

모집단으로부터 추출되었을 확률—이 된다. χ^2검정은 "실제 두 유적은 발·호형토기의 비율이라는 측면에서 그다지 다르지 않음에도 불구하고, 예제에서만큼 다른 발형토기편과 호형토기편의 비율을 가진 표본들을 추출할 가능성이 얼마나 되는가?"라는 질문에 답하도록 고안되어 있다.

위 예제에서 해답은 실제 두 유적이 발·호형토기의 비율이라는 측면에서 그다지 다르지 않음에도 불구하고, 예제에서만큼 다른 발형토기편과 호형토기편의 비율을 가진 표본들을 추출할 가능성은 50%와 20% 사이의 특정 확률이다. 이 정도 확률은 예시된 표본들이 "실제"로는 두 유적 간의 편차가 없음을 제시하게 할 위험이 충분히 높은바, 이러한 증거가 두 유적 간 행위양태의 편차를 인지하려는 의도를 뒷받침하는 것으로 고려하지 않을 것이다. 이는 그림 14.1의 탄환도표를 통해 도달한 결론과는 약간 다른 것이다. 탄환도표를 보면서, 발·호형토기편의 비율에서 보이는 두 유적 간 편차에 대해 80%에서 95%의 신뢰도를 가질 수 있다고 결정하였다. 80%와 95% 사이의 신뢰수준은 20%와 5% 사이의 유의확률로 전환되는 반면, χ^2검정은 50%와 20% 사이의 유의확률을 제시하고 있다. 이는 두 접근법이 동일한 원리를 경상鏡像적으로 적용한 것이 아니기 때문이다. 탄환도표의 오차범위와 χ^2검정이 약간 다른 접근법을 채택하고 있기 때문이며, 그들이 약간 다른 결론을 내리는 것은 놀랄 만한 일이 아니다—그렇다. 보이는 것만큼 두 결과는 약간 다를 뿐 그다지 크게 다르지 않다. 탄환도표를 유심히 본다면, 신뢰도가 95%보다는 80%에 가까운 것을 발견할 수 있다. 또한 χ^2표를 유심히 본다면, 이 결과가 50%의 유의성 열보다는 20%의 유의성 열에 가까운 것을 발견할 수 있다. 따라서 탄환도표는 80%를 약간 상회하는 신뢰도를 제시하는 반면, χ^2검정은 20%를 약간 상회하는 유의성을 제시하고 있어 실제로 두 결과는 그리 많이 불일치하지는 않는다.

> ### 자유도
>
> χ^2통계의 기반이 되는 표에서 자유도란 용어는 직관적으로 타당하다. 물론 다양한 방법으로 각 칸의 값으로 표를 채워가게 되고 그것들이 합쳐져 일련의 주어진 주변합계가 된다. 그런데 2×2표에서 일단 한 칸 값이 채워지면, 나머지 세 칸의 값이 정해지게 되는데, 합하여 이미 주어진 주변합계와 맞기 위해서는 세 칸 각각에 대해 단 하나의 값만이 있어야 하기 때문이다. 어떤 의미에서 이것이 2×2표가 갖게 되는 1이라는 자유도이다. 예를 들어, 3×4표에서는 (행 개수보다 하나 적은 수와 열 개수보다 하나 적은 수를 곱하여 얻는) 6의 자유도가 있는데, 일련의 정해진 주변합계로 그러한 표를 완성하기 위해서는 6칸의 값이 필요하다. (시험적으로 한번 해보면, 금방 왜 그런지 알 것이다. 3×4표 중에서 다섯 개 이하 칸의 값으로 나머지 모든 칸의 값이 반드시 일련의 정해진 주변합계를 만들게 하는 것은 없다. 따라서 여섯 개가 필요하다.)
>
> 표본인 숫자군의 표준편차 계산이나 t값표 이용의 경우를 돌이켜 생각해보면 관련된 원리들이 분명해진다. t값표와 관련하여, 자유도는 표본에 포함된 수의 개수보다 하나 적다. 만약 표본 숫자군이 정해진 평균을 가지고 있다면, 마지막 숫자가 특정값으로 압축되기 전까지 한 숫자를 제외한 모든 숫자를 정해야 한다. 물론 이 개념에 대해서는 더 많은 수학적 논리가 있기도 하지만 t값표를 이용할 때나 χ^2표를 이용할 때, 또한 표본의 표준편차를 계산함에 있어서 $(n-1)$로 나눌 때의 자유도는 이러한 개념과 관련된 것이다.

강도의 측정

다른 상황에서 논의하였던 것과 마찬가지로, 어떤 결과가 갖는 유의성과 강도는 다른 것이다. 본 장의 예제에서 심각하게 우려되는 것은 유의수준이다. 그 두 유적이 실제로는 동일한 발형토기편과 호형토기편의 비율을 보임에도 불구하고, 임의표집을 통해 그러한 결과를 얻게 될 확률이 20% 정도 있다는 것이다. 이는 안심하기에는 곤란한 정도다. 그러나 한편으로는 두 표본에서 관찰된 편차가 두 유적의 상이한 양상을 제대로 반영한다는 것이 더 그럴듯하다. 만약 그것이 실제라면, 관찰된 편차(15%)는 충분히 강한바, 의미 있는 해석이

표현에 유의하자

본문 중에서 χ^2의 예제에 대한 결론으로 "발형토기편과 호형토기편의 비율이라는 측면에서 산파블로유적과 산페드로유적 간의 편차는 그다지 유의하지 않다($\chi^2=1.544$, $0.50>p>0.20$)"라고 진술할 수 있다. 이러한 진술은 어떠한 편차가 조사되었는지를 분명하게 한 것이고, χ^2은 χ^2검정의 결과를 표시하는바, 독자들에게 어떠한 유의성검정이 사용되었는지를 알려주며 통계결과와 함께 관련된 확률을 제공하고 있다.

단순히 "발형토기와 호형토기의 비율에 있어 산파블로유적과 산페드로유적은 유의할 정도로 다르지는 않다."라고 진술한다면, 이 유의성검정을 적절하게 결론 내리는 것이 되지 못한다. 먼저, 이 진술은 어떠한 유의성검정이 사용되었는지 독자에게 말해주지 않고, 그 구체적인 결과도 제공하고 있지 않다. 다음으로, 이 진술은 지나치게 단순화한 나머지 유의성을 단순히 가부의 상황으로만 다루고 있다. 마지막으로, 이 부적절한 진술은 오해를 야기할 수도 있다. 얻어진 χ^2값(1.544)은 실제로 유의성 20%의 열에 상당히 가깝다. 표에 끼워 넣어보자면, 실제 확률은 20%보다 미세하게 클 것임이 틀림없다. 환언하자면, 발형토기편과 호형토기편의 비율에서 두 유적이 실제로 다를 것에 대해 부여할 수 있는 신뢰도는 거의 80%에 육박한다고 하겠다. 그렇다면 두 표본으로부터 관찰된 편차가 80%의 경우에 있어서, 단순한 표집오류가 아니라 두 유적 간 실제적인 편차를 반영할 것이라고 진술해야 한다. 여전히 표본의 무작위적 변이 외에 아무것도 작용하지 않을 위험이 적지 않지만, 실제로 두 유적 간에 발형토기편과 호형토기편의 비율이 다를 것임이 더 그럴 듯하다. 끝으로 유의성검정에 의거하여 해볼 만한 작업은 두 유적이 동일한 비율의 발형토기편과 호형토기편을 가지고 있는 것으로 설정한 것처럼 해보는 것이다. 이로써 비록 우려할 정도의 위험이 있다고 하더라도, 두 유적 간에 편차가 있다는 결론이 승산이 있다고 할 만한 이유를 찾을 수 있다.

귀무가설을 기각하거나 기각하지 못할 것에 대해 5% 유의수준을 거의 신성시하는 분위기에서 (12장을 참조하자.) 사람들은 5% 정도의 유의수준을 "높은" 것으로 규정하는데 익숙해져 있다. 유의수준이 1% 이하에 이를 때, "매우 높은" 것처럼 규정하는 것이 보통이다. 본문의 예제와 같은 20% 정도의 유의수준은 흔히 "낮은" 것으로 불린다. 척도의 한쪽 끝까지는 매우 많이 남았음에도 불

> 구하고, "매우 높은"부터 "낮은"까지 다 섭렵한 것처럼 표현한다고 여겨질지는 모르겠으나 유의수준이 20%보다 더 높아지면 두 표본이 단순히 표집오류로 인해 달라질 위험이 너무 커지는바, 그 결과는 거의 주목하지 않아도 되기 때문에 그렇게 생각하는 것이 합리적일 것 같다. "매우 유의하다"는 것은 그 편차 있음이 "매우 신뢰도가 높다"는 것과 일치한다. "높은" 유의성은 낮은 유의확률(말하자면, 5% 이하 정도)과 동일하며, "낮은" 유의성은 높은 유의확률(말하자면, 약 20% 정도)과 동일하다는 점에 주의하자.

가능하다. t검정이나 분산분석과는 달리, 결과의 강도에 대한 측정법 몇몇은 χ^2검정의 유의성검정과 궤를 같이 한다.

그중 가장 융통성 있고, 계산하기에 가장 용이한 것이 Cramer의 V이다.

$$V = \sqrt{\frac{\chi^2}{n(S-1)}}$$

여기서, n은 표본에 속한 원소들의 개수(즉, 표의 총합)이고, S는 표의 행과 열의 개수 중 적은 것이다.

따라서 본 예제에서,

$$V = \sqrt{\frac{1.544}{70(1)}} = 0.15$$

이다. V는 0에서 1까지의 영역을 갖는 것을 알 수 있다. 관찰값과 기댓값 사이에 전혀 편차가 없으면 0의 값을 갖게 되고, 관찰값과 기댓값의 편차가 커질 수 있는 만큼 커지면 그 값은 1이 된다. 후자의 경우는 예를 들자면, 산페드로 유적에는 발형토기편만이 있고 산파블로유적에는 호형토기편만이 있는 상황에서 발생한다. 따라서 V가 1에 가까워질수록 두 범주 간 비율의 편차는 커지는 것이다. (2×2표에서, V는 관찰된 비율 간의 편차와 동일하다―여기서 발형토기편의 경우 60%와 45%의 차이 혹은 호형토기편의 경우 55%와 40%의 차이인 15%.)

둘 이하의 행(혹은 둘 이하의 열)을 갖는 표의 경우, S – 1의 값은 항상 1인바, 이는 결과에 전혀 영향을 미치지 못한다. 이런 상황에서 V는 ϕ(그리스문자 파이, 통계학에서는 간혹 "피"로 발음되기도 함)로 불리는 또 다른 강도측정값과 같게 된다. ϕ값의 계산은 매우 단순하다. χ^2값을 표의 총합계로 나누고 그 제곱근을 취하면 된다. 표가 단지 2열과 2행으로 이루어져 있는 한, ϕ는 0부터 1의 범위에 한정된다. 열과 행의 개수가 둘을 초과한 표에 대해서 ϕ는 그다지 유용하지 못한데, 그것은 그 범위의 제한이 없어지기 때문이다. V는 어떤 크기의 표에 대해서도 유용하게끔 확장시킨, ϕ의 변형으로 생각할 수도 있겠다. 표의 크기에 상관없이 V를 사용하고, 2×2표의 표에 대해 ϕ가 언급될 때, 그것은 V와 같은 것임을 기억하는 것이 편리할 수도 있다.

표본크기의 영향

예제에서와 같은 χ^2결과를 얻었다 하더라도, 두 유적의 양상이 상이할 가능성에 주목할 필요가 있다고 결정하거나 좀 더 분석해 보기를 원할 수도 있다. 그러한 결과에서 보이는 그다지 높지 않은 유의성이 어쩌면 부분적이나마 대상 표본의 크기가 상대적으로 작았던 탓일 수도 있다. (작은 표본은 큰 표본에 비해 그것이 추출된 모집단과 더 크게 다를 가능성이 높다. 따라서 두 소규모 표본 간의 편차가 커지는 것은 순전히 표집오류 때문일 가능성이 더 커진다.) 그러므로 두 유적으로부터 좀 더 큰 표본을 찾고자 할 것이다. 표 14.5는 좀 더 큰 표본을 찾은 가상의 결과를 보여주고 있다. 이제 토기편의 수는 정확히 4배로 늘었지만 비율은 이전과 정확히 동일하다. 비율상 편차의 강도는 동일하게 (15%로) 유지된다. 표 14.2에서 제시된 행비율은 새로운 결과에도 유효하다. 그와 마찬가지로 새로운 기댓값들(표 14.6)도 이전 기댓값들(표 14.3)의 4배이다.

그러나 더 커진 표본에 의거하여 χ^2값을 계산해 보면 전혀 다른 결과를 얻게 된다.

$$\chi^2 = \frac{(72-61.71)^2}{61.71} + \frac{(48-58.29)^2}{58.29} + \frac{(72-82.29)^2}{82.29} + \frac{(88-77.71)^2}{77.71}$$

$$= 1.7158 + 1.8165 + 1.2867 + 1.3626$$

$$= 6.1816$$

자유도 1에서의 6.1816이라는 χ^2값은 0.02와 0.01 사이의 유의수준과 관련된다. 이 결과는 매우 유의하다. 이 표본에 의거하여 산파블로유적과 산페드로유적 간 발형과 호형 토기편의 비율에는 편차가 있다는 것을 98%와 99% 사이로 신뢰한다고 진술할 것이다. 앞서 도달했던 것과 전혀 다른 결론은 단순히 표본크기 때문이다. 나머지 조건이 동일하다면, 큰 표본에서 도출된 결과가 작은 표본에서 도출된 것보다 더 유의하다. 비율에서 보이는 편차(발형과 호형 토기편의 비율에 있어서 두 유적 간에 보이는 15%라는 편차)의 강도는 여전히 동일하다. 그리고 V는 계속해서 0.15이다.

매우 작은 표본에 있어서, 매우 강도 높은 결과만이 유의한 것으로 나타난다. 큰 표본에 있어서는 비록 약한 결과라도 그보다 유의할 수 있다. 결과의 강도는 의미와 가깝게 연결되어 있다. 두 유적 간에 보이는 발형토기편과 호

표 14.5. 산파블로유적 및 산페드로유적에서 출토된 두 기종 토기편의 더 커진 표본

	발형토기편	호형토기편	계
산파블로	72	48	120
산페드로	72	88	160
계	144	136	280

표 14.6. 산파블로유적 및 산페드로유적에서 출토된 두 기종 토기편의 더 커진 표본에서의 기댓값

	발형토기편	호형토기편	계
산파블로	61.71	58.29	120
산페드로	82.29	77.71	160
계	144	136	280

형토기편의 비율에 있어서 15%의 편차는 두 유적에서 용기 사용상 어느 정도 차이가 있었음을 반영하는 듯이 보인다. 단지 5%의 편차라면 동일한 의미를 가질까? 1%의 편차는? 0.1%의 편차는? 어떤 시점에는 비율상 편차가 너무 약해서 용기 사용상의 차이란 측면에서는 의미를 찾기 어렵다고 분명히 말할 것이다. 그리고 여전히 0.1%의 근소한 편차도 매우 유의하게 할 만큼 큰 표본을 분명히 얻을 수 있을 것이다. 그러나 그러한 큰 표본을 얻으려는 노력은 그만한 가치가 있지는 않은데, (적어도 다음의 측면에서는) 그다지 유익한 것을 알려 주지는 못하기 때문이다. 큰 표본이 반드시 그보다 작은 표본보다 유용한 것은 아닌데, 의미 있는 결론을 도출하기에는 취약한 결과에 대해서도 통계적 유의성만을 높여주기 때문이다.

대·소규모 표본 간의 대비와 정확히 동일한 양상이 그림 14.1에 제시된 바와 같은 모비율의 추정치에서도 보인다. 대규모 표본은 탄환도표에 실질적으로 영향을 미쳐 오차막대를 짧게 만드는바, (변하지 않은) 발형토기편 비율의 편차는 상당히 더 유의하게 된다. 그러한 점이 언뜻 와 닿지 않는다면, 직접 해 보자. 더 커진 표본에 의거하여 계산된 오차막대로 수정된 탄환도표를 작성해 보면, 표본 원소 개수의 증대가 각 신뢰수준에서 오차범위를 좁힌다는 것을 알게 될 것이다.

모집단 간 편차 대 변수 간 관계

분산분석이 모집단 간의 편차 혹은 변수 간의 관계를 조사하는 방법으로 간주된 것처럼, χ^2도 그러하다. 이 경우에서 두 변수는 모두 범주형이다. 이 예제의 분석에서 두 변수들은 (산파블로와 산페드로의) 두 범주를 가진 "유적"과 (발형토기와 호형토기의) 두 범주를 가진 "기종"으로 지칭될 수 있다. 이미 두 변수 간의 관련성association—어느 정도의 강도를 가지기는 하지만 그다지 유의성은 높지 않은 관련성—을 발견하였다. 만약 두 모집단 간의 편차보다 두 변수 간의 관계를 알아보도록 분석을 계획한다면, "기종구성 비율에 있어 한 유적은 다른 한 유적과 다르지만, 유적과 기종 사이의 관계에는 약한 유의성이 있다

($\chi^2 = 1.544$, $0.50 > p > 0.20$, $V = 0.15$)."라고 결론 내릴 것이다.

제11·12장에서처럼 탄환도표는 유의성검정의 대안이 되기도 한다. 여러 가지 이유에서 그림 14.1의 탄환도표는 산파블로유적과 산페드로유적에서 추출된 표본들에서 관찰된 편차와 그 관찰에 부여할 수 있는 신뢰도를 보여주는 가장 선명하고 직접적인 방법이 될 수 있을 것이다. 탄환도표를 제시하고 또, χ^2검정의 결과를 제시하는 것은 통계적인 과잉에 불과할 수 있다. (사실, 두 가지를 모두 계산하는 것은 시간 낭비가 될 수 있다.) 양자는 같은 얘기를 해 주고 있다. 필요에 따라 가장 적합한 것을 택하고 이용하도록 하자.

χ^2검정은 보통 범주의 수(따라서 표의 행과 열의 수)가 늘어날수록 의미 있는 해석을 내리기가 어려워진다. 많은 수의 칸에서 관찰값과 기댓값 간에 큰 편차를 보이는 경우는 거의 없고, 큰 표에서 특정 칸들이 중대한 편차를 갖도록 유도하는 다양한 기법들이 제안되고 있다. 그러한 제안들은 모두 어떠한 방식으로든 관찰값과 기댓값에 대한 비교로 귀결되는데, 그런 이유로 해서 χ^2값을 부가한 관찰값과 기댓값의 표를 포함하는 것이 일반적이다. 이런 경우, 흔히 탄환도표를 선호하기도 한다. 왜냐하면, 이 경우, 도표는 각 범주들의 개별 신뢰도/유의성이 함의되어 있는바, 범주들을 개별적으로 묘사할 수 있기 때문이다.

가정과 로버스트방법

χ^2검정은 평균이나 표준편차를 포함하지 않는바, 실제 계측치로 이루어진 숫자군의 수준과 산포지표에 관련된 우려는 필요없다. 따라서 형상에 관련된 전제가 제시되지도 않을 뿐만 아니라, 이상점에 대한 문제제기도 일어나지 않는다. χ^2검정에 대한 주된 관심은 표본의 크기가 실제 확률의 적절한 근사치가 되기에 충분한지 뿐이다. 서로 다른 통계학 교과서들에서 이에 관한 서로 다른 경험법칙들이 발견됨을 알 수 있다. 어떤 학자들은 한 기댓값이라도 10 미만인 경우, χ^2검정을 사용하지 말도록 권유한다. 어떤 학자들은 그보다 덜 엄정하여 기댓값이 1까지 되는 표에 대해서도 기꺼이 χ^2검정을 적용하게 한다. 이 책에서 채택한 것처럼 중도적인 입장은 어떤 기댓값도 1이상이되, 5미만의

기댓값이 20% 이하인 경우에 적용하도록 하는 것이다.

 이러한 조건들이 충족되지 않고, 표가 클(즉, 표가 많은 행과 열을 포함할) 경우, 행이나 열의 혹은 양쪽 변수들의 범주들을 합쳐서 행과 열을 적게 만드는 것도 종종 그럴듯한 방법이 된다. 같은 수의 개체들을 적은 수의 칸으로 나눌수록 당연히 기댓값은 높아질 것이다. 여기서는 상대적으로 덜 보수적인 기댓값에 대한 전제조건을 채택하였기 때문에, 범주를 합치면 대체로 납득할 만한 수준까지 기댓값을 끌어올릴 수 있다.

 만약 2×2표가 매우 낮은 기댓값을 갖는 바람에 χ^2검정의 결과를 신뢰하지 못한다면, Fisher의 정확검정exact test과 같은 대안이 있기도 하다. 이 측정법은 유의확률에 관한 직접적인 계산법으로, 기댓값이 얼마나 커야 하는

통계꾸러미

두 변수들 간 관계에 대한 검증으로서 χ^2분석을 시도할 때 표 6.1에서와 같이 두 범주형변수들에 관한 자료를 정리한다면, 컴퓨터 통계꾸러미를 χ^2검정에 상당히 유용하게 이용할 수 있다. 만약 자료가 표 6.4 혹은 표 14.1과 같은 표의 형태로 정리되어 있다면, χ^2값의 계산은 아마도 손쉽게 수기로도 이루어질 수 있을 것이다. 대부분의 작업은 표의 숫자들을 합산해가는 것인데, 많은 통계꾸러미가 교차표cross tabulations라는 이름으로 χ^2을 다루고 있다. 본 장에서 계산하였던 예제를 비교하는 방식으로, 표 6.1의 자료를 대상으로 통계꾸러미를 이용해 χ^2검정을 수행하였더니, 유적 간 침선문계와 비침선문계 비율의 편차는 보통의 강도를 가지기는 하지만 별로 유의하지 않은 것으로 나타난다 ($\chi^2 = 2.493$, $p = 0.29$, $V = 0.133$). 본 장의 표 14.1의 예제를 통계꾸러미로 수행하면, 이미 수기로 계산했었던 것과 동일한 결과를 얻게 되는데, 일반적으로 통계꾸러미를 이용하면 그런 것처럼, 관련된 확률이 $p = 0.214$로 더 정확히 계산되는 차이가 있기도 하다. 이는 표 14.4를 이용해 유의확률이 20%와 50% 사이에 속하기는 하지만 20% 쪽에 훨씬 가깝다고, 대략적으로 끼워 맞췄던 것을 확인시켜주고 있다.

지에 대한 전제조건도 없다. 사실, 기댓값은 이 계산법에 들어가지도 않는다. 2×2표에 대한 정확한 유의확률을 계산하는 Fisher의 방법은 다음과 같다.

$$p=\frac{(A+B)!(C+D)!(A+C)!(B+D)!}{N!A!B!C!D!}$$

여기서, $A=2\times2$표에서 좌측 상단의 칸에 제시된 관찰빈도, $B=2\times2$표에서 우측 상단의 칸에 제시된 관찰빈도, $C=2\times2$표에서 좌측 하단의 칸에 제시된 관찰빈도, $D=2\times2$표에서 우측 하단의 칸에 제시된 관찰빈도이다.

수학에서 사용되는 기호 !가 친숙하지 않을 수 있다. ("X 팩토리얼"로 읽는) $X!$은 X 이하 양의 정수를 순서대로 곱하는 것을 의미한다. 예를 들자면, $5!=5\times4\times3\times2\times1=120$이다. 혹은 $9!=9\times8\times7\times6\times5\times4\times3\times2\times1=362,880$이다. 표 14.1의 예제에서 확률을 계산하면, 다음과 같은 값을 얻을 수 있다.

$$p=\frac{(18+12)!(18+22)!(18+18)!(12+22)!}{70!18!12!18!22!}=0.237$$

이러한 계산은 대부분의 사람이 컴퓨터에 떠넘기는 작업이겠지만, 이는 표 14.1의 예제에 대한 유의확률—χ^2 검정이 대략으로만 제시해 주었던 확률—을 정확하게 제시해 준다. 무엇보다 중요한 것은 Fisher의 정확검정은 기댓값들이 얼마나 낮은지에 관계없이 적용될 수 있으며, 숫자가 작을 때는 계산을 수기로 직접 하기에도 덜 부담스럽다.

후기: 이론적 기댓값과 비율 비교하기

간혹 자료 분석을 수행하면서 본 장에서 이제까지 다루었던 문제와 유사한 의문을 가지게 되는데, 한 가지 중요한 차이가 있다. 본 장의 표본은 일련의 범주로 세분될 수 있고—이 표본이 다른 방식으로 세분될 수 있는 몇몇의 범주에서의 비율이 아니라 일종의 상이한 기준에 의거하여—각 범주들에서 비율을 예측할 수 있다. 예를 들어 표 14.7에 제시된 것처럼 상이한 자연환경에서 행한 광역적 지표조사의 결과를 획득했다고 가정하자. 지표조사된 대부분의 면적이 강변저지대인바, 다른 조건이 같다면, 대부분의 유적은 이러한 입지에서 발견될 것으로 예상할 수 있다. 그런데 표 14.7에서 분명히 하고 있는 바와 같이, 세 가지 자연환경에 입지한 유적의 비율은 그러한 예상과는 확연히 다르다. 예상과 다른 상황에 대해 충분한 신뢰도를 담보할 정도로 그 표본은 큰가?

언뜻 보면 표 14.8과 같이 χ^2검정을 통해 이러한 질문에 답하고자 할 수도 있다. 그 표에 대해 생각해 보면서 잠시 주저하게 될 것이다. 표 14.8은 진정한 의미에서 동일한 표본을 두 가지 다른 방식으로 나누기 위해 별도의 두 세트의 범주가 되는 두 가지 변수를 포함하고 있지는 않다. 대신 이 표는 단지 한 세트의 범주(세 가지 환경적 배경)만을 포함하고 있다. 이 한 세트의 범주에 따라 두 가지 다른 사항—38개소의 유적과 지표조사된 면적 $13.6km^2$—으로 구분되어 있다. 38과 13.6을 합하여 51.6의 표본을 가지고 있다고 말하는 것은 전혀 타당하지 않다(어떤 단위의 51.6인가?). 만약 표 14.8에 나타난 숫자들을 χ^2을 계산하는 데 이용했다면, 그것은 아직 우리가 하고자 하는 바는 아니다.

이 예에서 우리가 가진 것은 38개 유적으로 구성된 표본이다. 이것을 이 지역 유적에 대한 임의표본으로 취급하고자 한다면, 38개 유적을 발견하는 과정에서 지표조사된 면적이 환경별로 어떻게 나누어질 수 있는지에 의거하여

표 14.7. 세 가지 입지환경에서의 광역적 지표조사

입지	유적 수	전체 유적 수에 대한 비율(%)	지표조사 면적	
			km^2	전체 면적에 대한 비율(%)
자연제방	19	50.0	3.9	28.7
강변저지대	12	31.6	8.3	61.0
구릉사면	7	18.4	1.4	10.3
합계	38	100.0	13.6	100.0

각 환경에 입지한 유적의 비율과 이론적인 예측을 비교할 수 있다. 이러한 과제를 수행하는 한 가지 방안은 11장에서 논의된 접근방식, 즉 유적의 비율을 추정하고 거기에 오차범위를 부가하는 방식을 따르는 것이다. 예를 들어, 이러한 방식은 38개의 유적으로 이루어진 이 표본이 31.6%±20.3%의 유적이 강변저지대에 입지했던 모집단으로부터 추출되었음을 99% 신뢰할 수 있다고 알려줄 것이다. (11장에 제시된 과정을 따라 직접 계산해 볼 수도 있겠다.) 만약 선사시대의 거주방식이 이 자연환경 중 어느 것도 선호하지 않았다면, 61.0%의 면적이 강변저지대에 속하는바, 여기서 기대할 수 있는 비율은 61.0%이다. 이 비율은 신뢰도 99% 오차범위(51.9%)의 상단보다도 상당히 높은바, 이 표본에 의거하여 61%의 유적이 강변저지대에 속한 모집단으로부터 왔음이 극히 그럴듯하지 않다고 말할 수 있을 것이다. 만약 그곳에서 유적을 발견하더라도 선사시대의 거주방식은 강변저지대에 자리 잡는 것을 기피했음을 보여주는 것으로 여길 것이다. (혹은 최근의 퇴적이 다른 곳보다 상대적으로 강변저지대의 유적을 더 많이 뒤덮음으로써 지표조사에서 유적을 발견하지 못하는 결과를 초래했을 가능성도 있어 보인다. 이는 앞의 숫자들에 대한 통계적 분석이 그다지 도움을 줄 수 없는 해석상의 문제이다.)

만약 이 표본으로 61%의 유적이 강변저지대에 속한 모집단으로부터 왔음이 얼마나 그럴듯하지 않은지 알아보고자 한다면, 11장에서 논의된 바 있는 단일표본 t검정을 시도해 볼 수 있다. 이 예에서 단지 두 가지가 아니라 세 가지 범주가 관련되어 있다는 것이 11장에서 다룬 단일표본 t검정의 예와 다를 뿐이다. 그 접근방식을 세 범주 각각에 대해 적용하면서, 표본에 의거하여 추정된 비율이 예측한 것보다 얼마나 큰지 혹은 작은지, 관찰된 편차가 그러한

표 14.8. χ^2검정을 위해 표 14.7의 관찰값을 도표화한 잘못된 예

	유적 수	지표조사 면적
자연제방	19	3.9
강변저지대	12	8.3
구릉사면	7	1.4

크기의 표본에서 일반적으로 보이는 무작위적 변이의 양에 의한 것인지를 결정하면 된다. 이러한 접근은 취락의 세 가지 자연환경 각각에 대한 취락입지의 선호도(혹은 그것이 없음)에 관한 구체적인 논의를 유도할 것이다.

개별 범주에 주목하기보다, "38개 유적으로 이루어진 표본 전체가 특정 자연환경에 대한 입지를 선호하지 않은 유적들의 모집단으로부터 왔음이 얼마나 그럴듯한가?"라는 질문을 던지면서, 그 문제를 보다 포괄적으로 다루고자 할 수도 있다. χ^2검정을 통해 이 질문에 답할 수 있을 것이지만, 표 14.8에 제시된 방식으로는 곤란하다. 대신 표 14.9에서와 같이 우리가 가진 정보를 활용하여 각 자연환경에 속한 유적의 기댓값을 결정해야 한다. 조사면적의 28.7%가 자연제방에 속하는바, 38개 유적의 28.7%(10.9개 유적)가 자연제방 위에서 발견될 것으로 기대할 것이다. 이제—세 범주 각각에 대한 관찰값과 기댓값으로 이루어진—단일 변수의 표를 얻게 되었다. 앞에서처럼, 이 관찰값과 기댓값들을 이용하여 χ^2을 계산할 수 있다.

$$\chi^2 = \sum \frac{(O_i - E_i)^2}{E_i}$$

$$\chi^2 = \frac{(19-10.9)^2}{10.9} + \frac{(12-23.2)^2}{23.2} + \frac{(7-3.9)^2}{3.9}$$

$$= 6.0192 + 5.4069 + 2.4641$$

$$= 13.8902$$

표 14.9. χ^2검정을 위한 유적수의 관찰값과 기대값

	지표조사 면적	유적수	
		기댓값	관찰값
자연제방	28.7%	10.9	19
강변저지대	61.0%	23.2	12
구릉사면	10.3%	3.9	7
합계	100.0%	38	38

이 표에는 단지 하나의 행(혹은 열—표가 수평방향인지 그렇지 않으면 수직방향인지는 전혀 차이가 없다.)만 있기 때문에 자유도는 범주의 숫자보다 하나 작은 것이 된다. 여기서는 범주가 셋인바, 자유도는 2이다. 13.8902라는 χ^2값은 표 14.4의 자유도 2의 행에서 가장 오른쪽 열을 살짝 벗어난다. 가장 오른쪽 열은 유의성 0.001에 해당한다. 따라서 "이 유적 표본이 자연환경에 관계없이 균일하게 분포했던 유적의 모집단에서 추출되었음은 극히 그럴듯하지 않다 ($\chi^2 = 13.8902$, $p < 0.001$)."라고 결론지을 수 있다. 혹은 "지표조사 결과와 예측된 결과의 편차는 매우 유의하다($\chi^2 = 13.8902$, $p < 0.001$)."라고 할 수도 있다.

연습문제

1. 그레인저Granger유적과 롤린스Rawlins유적에서 지표수집을 하였다. 이 두 수집품은 동일한 종류의 토기들을 포함하고 있는데, 두 유적이 기종구성의 비율에서 편차를 보이는지 알아보고자 한다. 그레인저유적에서는 세렌게티 무문Serengeti Plain형식의 토기편 162개, 만다린 오렌지Mandarin Orange형식의 토기편 49개, 제인 그레이Zane Gray형식의 토기편 57개를, 롤린스유적으로부터는 세렌게티 무문형식의 토기편 40개, 만다린 오렌지형식의 토기편 43개, 제인 그레이형식의 토기편 49개를 수집하였다. 표집편향에 대해 고려한 후, 이 수집품을 각 유적의 모든 토기편으로 이루어진 모집단에서 추출된 임의표본으로 간주한다. 유적별로 세 형식 토기의 비율을 추정하자. 80%, 95%, 99%의 신뢰수준에 대한 오차막대를 가진 탄환도표를 그려서 두 유적에 대한 추정비율을 비교해 보자. (도표들을 배열하는 방법에 대해 신중히 생각하여, 비교하고자 하는 오차범위가 잘 비교되도록 하자.) 토기형식의 비율이라는 측면에서 두 유적이 다르다는 것을 얼마나 확신할 수 있는가? 도표상 비교에서 얻은 결론을 한두 문장으로 요약해 보자.

2. 유적과 토기형식이라는 두 변수의 관련성에 대한 강도와 유의성을 측

표 14.10. 오펠로사스유적에서 수집된 토기편들의 비짐과 표면처리

비짐	표면처리	비짐	표면처리	비짐	표면처리
사립	단도마연	패각	무문	패각	단도마연
사립	단도마연	사립	무문	패각	단도마연
사립	단도마연	패각	단도마연	사립	무문
패각	무문	패각	무문	사립	무문
사립	단도마연	사립	단도마연	사립	단도마연
사립	무문	패각	무문	사립	단도마연
사립	단도마연	패각	단도마연	사립	무문
패각	무문	사립	단도마연	사립	단도마연
패각	단도마연	패각	단도마연	패각	무문
패각	단도마연	패각	단도마연	사립	단도마연
사립	무문	사립	무문	사립	단도마연
사립	단도마연	사립	단도마연	사립	단도마연
사립	단도마연	패각	무문	패각	단도마연
사립	무문	패각	단도마연	패각	무문
사립	무문	사립	단도마연	패각	단도마연
패각	무문	사립	무문	패각	무문
패각	무문	사립	무문		
패각	단도마연	패각	무문		

정함으로써 1번에서 제기되었던 문제에 접근해 보자. 결과를 한 문장으로 요약해 보자. 이를 1번 문제에서 얻어진 결과와 어떻게 비교할 수 있을까? 이 문제에 비율추정 대신 χ^2으로 접근했을 때의 장점은 무엇이고 단점은 무엇인가?

3. 오펠로사스Opelousas유적에서 초라할 만치 적은 수의 마모된 토기편들을 수집하였다. 어떤 것들은 사립이 혼입되었고 어떤 것들은 패각가루가 혼입되었고, 어떤 것들은 주칠·마연되어 있고, 어떤 것들은 아무런 처리가 없다는 것 이외에는 이 수집품들에 대해 많은 것을 얘기할 수가 없었다. 모든 자료는 표 14.10에 제시되어 있다. 이 표본을 통해 혼입물과 표면처리방식의 관련성에 관한 통계적 유의성과 강도를 살펴보자. 명확한 문장으로 결과의 의미를 요약해 보자.

15
두 계측형변수의 관련성 보기
Relating a Measurement Variable to Another Measurement Variable

12·13장에서 계측형변수와 범주형변수의 관계를 살펴보았다. 이에 대해 두 가지 접근법을 시도하였다. 첫 번째는 범주형변수의 각 범주에 속하는 계측형변수의 모평균들을 추정하고 거기에 오차범위를 덧붙이는 것이었다. 두 번째 접근법은 (단지 두 가지 범주형변수만이 문제 되었을 때) 이표본 t검정 혹은 (셋 이상의 변수가 관련되었을 때) 분산분석이었다. 14장에서는 두 범주형변수들의 관계를 살펴보았다. 다시 한번 두 가지 시도를 해 보았다. 첫째는 특정 변수의 여타 변수들에 대한 모비율을 추정하고 거기에 오차범위를 부가하는 것이었다. 두 번째는 χ^2검정을 통해, 유의성과 Cramer의 V지수를 평가함으로써 결과에 동반하는 강도를 측정하였다. 이제 여러 가지 조합 중 남은 것은 다른 두 계측형변수들 사이의 관계를 살펴보는 것인데, 이는 본 장의 주제이기도 하다. 다음에서 제시되는 방법은 그중 하나인데, 대체 방법에 대해 고려하지 않아도 될 만큼 강력하다.

표 15.1은 리우세코강 Río Seco 유역에서 오아시스기 Oasis phase에 속하는 유적 14개소를 관찰하면서 얻어진 자료를 예시한 것이다. 각 유적에서 100개체의 유물로 이루어진 표본을 생성하기 위하여 체계적 지표조사에 의한 수집이 수행되었다. 표본의 편향성에 대해 신중히 검토한 결과, 유적 표본을 임의표본으로 간주하여도 좋을 것으로 판단하였다. 유사한 맥락에서, 수집된 유물

표 15.1. 리우세코강 유역 오아시스기 유적 면적과 수집유물 100점당 괭이 개수 관찰

유적면적 (ha)	유물100점당 괭이 개수	유적면적 (ha)	유물100점당 괭이 개수	유적면적 (ha)	유물100점당 괭이 개수
19.0	15	14.0	19	10.9	31
16.4	14	13.0	16	9.6	39
15.8	18	12.7	22	16.2	23
15.2	15	12.0	12	7.2	36
14.2	20	11.3	22		

에 대한 편향성 여부를 검토한 후 지표수집 유물 또한 임의표본으로 간주할 수 있을 것으로 판단하였다. 각 수집단위가 100개의 유물로 구성되었던바, 괭이의 수는 곧 백분율이 되며 동시에 각 수집 단위에서 괭이의 비율은 모집단(즉, 각 유적에서 지표상에 분포하는 모든 유물의 집합)에서 괭이의 비율을 보여주는 가장 좋은 추정치가 된다. 결국, 여기서 다루는 것은 백분율이며 위의 예에서와 같은 백분율이야말로 이 같은 분석에 적합한 계측형변수이다. 여기서 조사하고자 하는 것은 지표에서 보이는 유물의 분포범위로 인지될 수 있는, 유적 면적과 100개 유물로 구성된 표본에 포함된 괭이 개수 사이의 관계이다.

큰 그림 보기

일반적으로, 관찰된 양상의 중요한 측면에 대한 그림을 보여주는 도표를 작성하는 것은 좋은 출발점이다. 두 계측형변수의 관계는 산점도scatter plot를 통해 잘 나타낼 수 있다(그림 15.1). 산점도의 각 ×값은 유적 하나하나를 의미하고 그 위치는 수평축 방향으로는 유적의 면적에 따라서, 수직축 방향으로는 100개의 유물 중 괭이의 개수에 따라서 결정된다.

이 도표에 대한 단순 관찰을 통해 이 두 변수들의 관계에 관한 사항이 발견된다. 도표 좌측의 (즉, 낮은 유적 면적값을 갖는) 점들은 대체로 도표에서 위쪽 (즉, 괭이 개수에서 큰 값을 지니는 쪽)으로 향하는 경향이 있다. 상대적으로 도표 우측의 (즉, 높은 유적 면적 값을 갖는) 점들은 상당부분 도표의 아래쪽에 치우치는 (즉, 괭이 개수에서 작은 값을 갖는) 경향이 있다. 이러한 양상은 큰 유적일수록

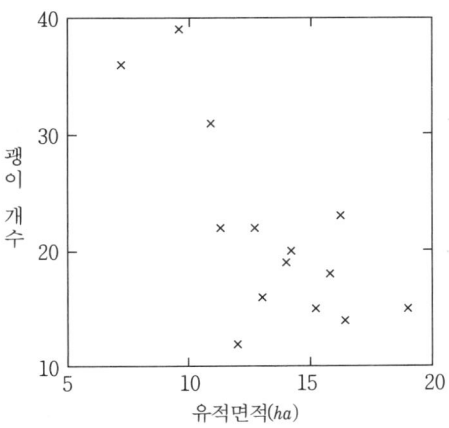

그림 15.1. 수집유물 100점당 괭이 개수 대 유적 면적의 산점도

100개 유물당 괭이의 수가 적고, 반대로 작은 유적일수록 괭이의 수가 상대적으로 많음을 나타낸다.

산점도에 나타난 양상을 보면서, 분명하지는 않지만 점들의 군집을 분리해서 살펴보거나 그러한 아숫자군들의 수준에 대해 생각해 보는 것이 도움이 될 수 있다. 예를 들어, 그림 15.1에서 소규모(5~10ha의 면적을 가지는) 유적들을 표시하는 점들을 보자. 두 경우만이 이런 소규모 유적에 속하며, 둘 모두 괭이 개수에 있어서는 높은 수치를 보이면서, 도표의 매우 윗부분에 치우쳐 있다. 이 두 유적으로 이루어진 조그만 군집의 중심은 대략 괭이 37개로 분명히 매우 높다. 사실 가장 작은 이 두 유적은 모든 유적 중 가장 많은 수의 괭이를 가지고 있다. 다음으로, 그림 15.1에서 중규모(10~15ha의 면적을 가지는) 유적을 표시하는 점들을 보자. 이들 모두는 소규모 유적들을 지칭하는 점들보다 도표의 아래쪽에 있다. 중규모 유적으로 이루어진 군집의 중심은 괭이가 대략 20개 전후로, 소규모 유적들보다 아래에 있다. 분명히, 중규모 유적들은 소규모 유적들보다 괭이를 적게 가지고 있다. 마지막으로, 대규모(15~20ha의 면적을 가지는) 유적들을 표시하는 점들을 보자. 이들로 이루어진 숫자군의 중심은, 대략 15개의 괭이로 한층 더 낮다. 산점도에 대한 이러한 자세한 검토에서도 단순 관찰에서 확인한 것과 동일한 양상이 나타났다. 일반화하자면, 큰 유적일수록 100개 유물당 더 적은 수의 괭이가 반출되었다고 할 수 있다.

산점도를 관찰하는 비교적 자세한 검토과정은 우리가 그러한 문제에 접근하는 하나의 방법이 될 수 있다. 유적의 면적을 (대·중·소의) 세 범주로 나누고, 각 범주의 (유적들에서 수집된) 유물 100점당 괭이 개수의 평균을 추정할 수 있다. 그런 다음, 그 추정치에 오차범위를 덧붙이고 총체적 양상을 보여주기 위해 탄환도표를 그릴 수 있다. 그렇지 않으면, 분산분석─계측치와 범주 간의 관계를 고찰하기에 적합한 또 다른 방법─을 할 수도 있다. 계측형변수는 언제나 이러한 방식으로 일련의 범주들로 전환될 수 있으며 때때로 그렇게 하는 것이 유용하기도 하다. 그런데 두 계측치의 관계를 확인할 수 있는 더 강력한 방법이 있다.

선형관계

두 계측치에 대해 묘사하기 가장 쉬운 것은 선형linear 혹은 직선straight-line 관계이다. 그러한 관계가 선형이라고 불리는 이유는 그것이 산점도 상에서 직선으로 나타나기 때문이다. 아마도 두 계측치 사이에 성립할 수 있는 관계 중 가장 단순한 것은 하나가 다른 하나와 일치할 경우이다. 두 계측치들 중 하나를 X가, 다른 하나를 Y가 반영한다면, 이들의 동치 관계는 $Y=X$라는 수식으로 간단하게 표현될 수 있다. 어떤 X값에 대해서도 그에 대응하는 Y값이 있는데, 그 수식에 의해 쉽게 결정된다. 예를 들자면, $X=5$일 때, $Y=5$, $X=-10$이면, $Y=-10$이다. X값과 Y값은 그림 15.2에 도표화되어 있다. (관례적으로 수평축은 X값을, 수직축은 Y값을 표시한다.) $Y=X$의 공식을 충족시키는 X값과 Y값의 쌍을 반영하는 점들 모두는 그림 15.2─X와 Y사이의 완벽한 직선관계─에서 $Y=X$라고 표시된 선을 따라 놓인다.

그림 15.2에 제시된 다른 선들 역시 X와 Y사이의 완벽한 직선관계를 표시하고 있다. 각각은 상응하는 수식으로 표시된다. 이 직선들의 위치는 경험적으로 정해질 수 있다. 예를 들자면, $Y=-2X$로 표시된 선은 $Y=-2X$의 공

식을 충족시키는 모든 점에 의해 규정된다. 이 점들은 $X=5$일 때 $Y=-10$, $X=-7$일 때 $Y=14$ 등을 포함한다. 그림 15.2의 수식들은 두 계측치의 관계에 대한 대수학적 표현이며, 도표 상의 직선들은 그런 관계들에 대한 기하학적 표현이다. 각 수식은 상응하는 직선에 대한 완성된 설명이다. 만약 이러한 사항이 분명히 이해되지 않는다면, 몇 가지 공식이나 그에 상응하는 도표들로 직접 시험해 보는 것도 좋을 것 같다. 몇 개의 X값을 정하고, 그 대응하는 Y값을 계산한 뒤, 점들의 위치를 정해 보자.

그림 15.2의 수식들에 대한 비교는 수식과 직선 간 관계의 한 측면을 밝혀낸다. Y가 단순히 어떤 값으로 곱해진 X와 같다면, 기하학적으로 그 관계는 직선으로 표현되며, 그 직선은 도표의 원점을 지난다. (원점은 $X=0$과 $Y=0$인 점이다.) 수식에서 X의 승수는 X의 계수로 불리며, 이 계수는 직선의 기울기를 결정한다. 만약 X의 계수가 양수이면, 좌측에서 우측으로 가면서 직선은 올라간다. 만약 그 계수가 음수이면, 좌측에서 우측으로 가면서 직선은 내려간다. 계수의 절대치가 클수록 기울기는 급해진다. 즉, $Y=2X$는 $Y=0.5X$보다

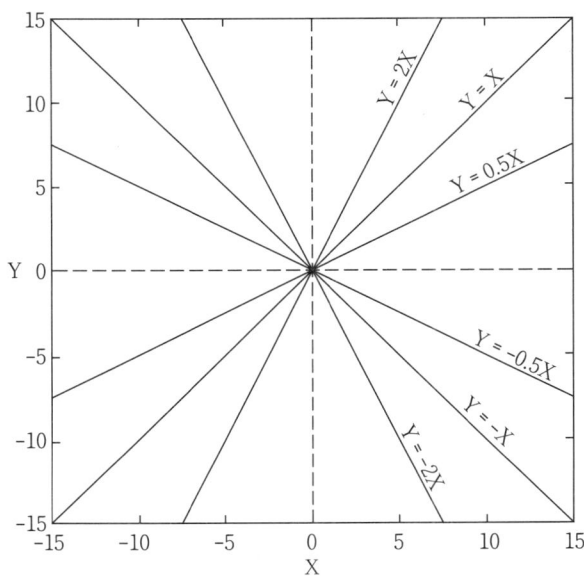

그림 15.2. 도표화된 직선과 그에 상응하는 수식

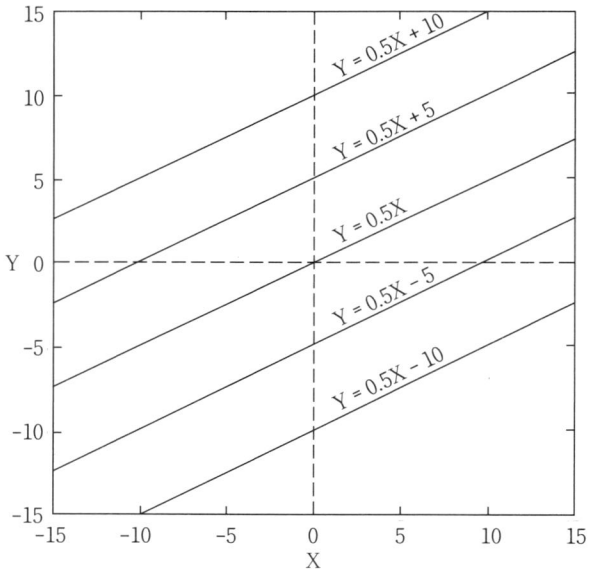

그림 15.3. 도표화된 직선과 그에 상응하는 수식의 추가 사례

기울기가 급하고, $Y=-2X$는 $Y=-0.5X$보다 기울기가 급하다. ($Y=X$ 라는 수식에서 당연히 X의 계수는 1이다.)

그림 15.3은 도표 상 직선의 또 다른 주요한―각각의 위치가 원점과 관련되는― 특성을 예시하고 있다. 그림 15.3의 도표 상의 직선 모두는(모든 경우에서 X의 계수는 0.5로) 동일한 기울기를 가지고 있다. 그런데, 각각은 원점으로부터 멀어진 정도만큼 서로 다르다. 이 수식들은 X와 그 계수에 부가적인 항을 가지고 있다는 점에서만 다르다. $Y=0.5X+5$에 상응하는 직선은 $Y=5$인 점에서 Y축을 통과한다. (X가 Y축 위에서는 0이고, $X=0$일 때, $Y=5$이기 때문에, 이는 당연히 사실이어야 한다.) 이 부가된 항은 Y 절편으로 불리는데, 이는 X가 0일 때 Y의 값으로, 말하자면, 직선이 Y축을 관통할 때 Y의 값이다.

따라서 X와 Y 사이의 어떠한 직선관계에 대해서도 다음과 같은 형태의 수식을 쓸 수 있다.

$$Y=bX+a$$

여기서, b는 이 직선의 기울기이고, a는 Y 절편 혹은 직선이 Y축을 관통할 때 Y의 값이다.

이는 X와 Y 사이의 관계가 무엇인지 정확하게 지정한다. 특정 X값에 대한 Y값은 무엇인지에 대해 말할 수 있게 해 준다. 으레 X는 주어지는 것으로 Y의 값은 X에 따르는 것으로 간주한다. 따라서 X는 독립변수이고, Y는 종속변수이다.

최적직선

당초 살펴보고자 했던 것, 즉 유적 면적과 수집된 유물 100점당 괭이 개수 사이의 관계에 관한 예제에서 다소 벗어난 감이 없지 않다. 직선관계에 관한 논의에서 초점이 되는 것은, 두 계측치 사이에서 어떤 수학적 관계의 발견을 기대할 수 있는가를 명확히 하는 것이다. 유적 면적과 수집된 괭이 개수의 관계가 직선관계에 의해 합리적으로 정확히 묘사될 수 있으면, 그 관계는 그렇게 특징지어질 수 있다. 예를 들어, 그림 15.1의 산점도가 그림 15.4와 유사해 보인다면, 방금 논의하였던 직선 공식의 원리를 적용하기 무척 용이할 것이다. 그림 15.4의 점들은 거의 완벽하게 직선을 따라 놓여 있는데, 선이 대략적으

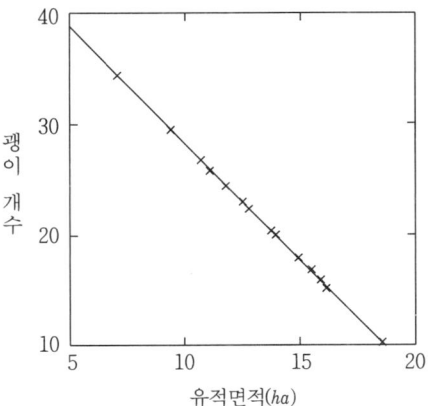

그림 15.4. 그림 15.1에 제시된 산점도가 위와 같다면, 점들에 직선을 맞추는 작업이 용이했을 것이다.

로 그려져 있다. 기울기와 직선이 Y축을 지날 때 Y값을 결정할 수 있고 두 계측치의 관계를 대수적으로 지정하는 수식을 표기할 수 있다.

물론 문제는 예제에 이용된 자료들을 표시하는 산점도 상의 점들이 완벽하게 한 직선 위에 놓이지 않는다는 것이다. 유적의 면적이 증가함에 따라 유물 100점당 괭이의 수가 감소하는 대체적인 경향은 분명하지만 모든 점들을 관통하는 직선을 그을 수는 없다. 직선적 관계를 다루는 것은 여러 가지 이점이 있는바, 그림 15.1처럼 가능한 한 전반적 경향을 반영하는 하나의 직선—즉, 최적직선best-fit straight line—을 그려보는 작업은 시도해 볼 만하다. 이를 달성하기 위한 통계기법이 선형회귀분석linear regression이다.

선형회귀분석을 위한 개념상의 출발점은 산점도에 그릴 수 있는 모든 선들 중 어떤 선이 그 점들에 가장 적합한지를 어떤 기준에 의거하여 결정할 것인가 하는 점을 명확하게 고려해 보는 작업이다. 분명히, 되도록 많은 수의 점들이 그 선 가까이 놓이도록 하고자 할 것이다. X값은 주어지는 것으로 간주하는바, 근접성은 Y값에 한해서만 고려하게 된다. 즉, 주어진 Y값에 대하여 점이 Y축 방향으로 얼마나 심하게 그 선을 "벗어나는지"를 고려하게 된다. 이러한 거리는 잔차residuals로 불리는데, 뒤에서 그 이유가 명확해질 것이다.

그림 15.4에 제시된 가상적인 산점도를 가지고 잔차와 관련된 문제를 고찰

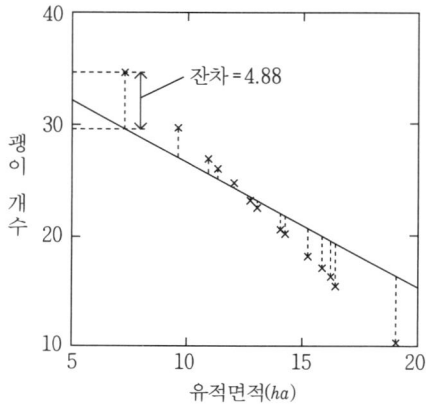

그림 15.5. 그림 15.4에 표시된 점들에 잘 맞지 않는 직선

해 볼 수 있겠다. 산점도 상의 점들이 하나의 직선에 매우 근접하여 분포하는 바, 적합/부적합을 다소 쉽게 알 수 있다. 그림 15.5는 그림 15.4에서와는 달리, 점들의 분포에 잘 맞지 않는 직선을 예시하고 있다. 단순히 자세한 관찰을 통해서도 그러한 상황을 알 수 있다. 잔차를 측정함으로써 얼마나 잘 맞지 않은지에 대해 보다 정밀하게 지적할 수 있는데, 그림 15.5에서 잔차는 점선으로 표시되고 있다. 물론 도표의 수직방향(즉, Y축 방향)으로, Y의 단위(이 예제에서는 괭이 개수)에 의거하여 측정이 이루어진다. 이러한 작업은 대수적으로도 수행될 수 있다. 이 직선은 X와 Y를 관련짓는 특정의 선형적인 수식과 일치하는바, 각 X값에 대하여 직선이 반영하는 관계에 따라 "올바른" Y값을 계산하기 위해 이용할 수 있다. "올바른" Y값과 실제 Y값의 차이는 잔차에 대한 도해적 측정값과 일치한다. 그림 15.5에는 산점도의 맨 왼쪽에 있는 점에 대한 잔차와 그 측정값이 나타나 있다. 이 점은 직선의 위쪽으로 $4.88Y$ 단위만큼 떨어져 있다. 그러므로 이 점에 상응하는 잔차는 4.88이다. 이는 이 유적이 실제로는 그림 15.5에 표시된 직선에 근거하여 계산한 값보다 수집유물 100점당 4.88개의 괭이를 더 포함하고 있다는 것을 의미한다.

　시계방향으로 약간만 틀면, 그림 15.5의 직선이 점들의 분포양상을 좀 더 잘 반영할 수 있도록 조정될 수 있다는 것을 쉽게 알 수 있다. 만약 그렇게 하였다면, 잔차를 표시하는 점선들이 실질적으로 짧아지게 되었을 것이다. 실제로 그림 15.4에서와 같이 직선을 돌려놓을 수 있으며 그렇게 되면 잔차는 모두 0이 되거나 적어도 0에 가깝게 될 것이다. 따라서 잔차를 최소화하는 작업이 산점도를 관찰함으로써 납득할 수 있게 된 바에 잘 부합하는 수학적 기준을 제공한다. 산점도 상에서 직선과 점들이 잘 맞을수록, 전체 잔차는 작아진다.

　잔차는 특정의 X값에 상응하는 엇갈리는 두 Y값 사이의 편차를 합한 것이다. 직선에 의해 반영되는 Y값과 실제 자료 값의 점을 반영하는 Y값이 있다. 통계학에서는 일반적으로 이 편차들을 직접 다루기보다는 편차의 제곱을 다루는 것이 더욱 유리한 것으로 드러나 있다. 따라서 가장 유용한 수학적 기준이란 최적직선이 모든 잔차 제곱합을 가장 작게 하는 직선이라는 것이다.

이러한 정의로부터 여기서 살펴보고 있는 것과 같은 분석의 긴 이름인 최소제곱회귀least-squares regression가 유래한다.

회귀분석의 수학적 복잡성의 핵심은, 예상할 수 있는 바와 같이, 그릴 수 있는 모든 가능한 직선 중 어느 것이 최적을 제공할지 결정하는 것이다. 다행스럽게도, 이러한 문제에 시행착오적으로 접근할 필요는 없다. X와 Y를 관련짓는 직선에 관한 수식의 보편적 형태로 돌아가 보자.

$$Y = bX + a$$

다음의 두 수식을 보편형에 대입하면, 최적직선을 결정하는 a와 b값이 생성된다는 것을 수학적으로 보여줄 수 있다.

$$b = \frac{n \sum X_i Y_i - (\sum Y_i)(\sum X_i)}{n \sum X_i^2 - (\sum X_i)^2}$$

$$a = \overline{Y} - b\overline{X}$$

여기서, $n =$ 표본을 이루는 원소의 개수, $X_i = i$번째 요소의 X값, $Y_i = i$번째 요소의 Y값이다.

b에 관한 공식에 포함된 합산이 복잡한바, 그 과정을 상세히 설명하는 작업이 필요할 듯하다. 분자의 첫째 항, $n \sum X_i Y_i$를 위해서는 표본 내 개별 원소에 해당하는 X값을, 같은 원소에 해당하는 Y값으로 곱하고, 이를 n번째 곱한 값까지 합산한 뒤 총합에 n을 곱한다. 분자의 두 번째 항, $(\sum Y_i)(\sum X_i)$를 위해서는 n번째까지의 모든 X값을 더하고, n번째까지의 Y값을 다 더한 뒤, 두 합을 곱한다. 분모의 첫째 항, $n \sum X_i^2$을 위해서는 각 X값을 제곱한 뒤 모든 제곱을 더하고 거기에 n을 곱한다. 분모의 두 번째 항, $(\sum X_i)^2$을 위해서는 모든 X값을 더하고 이 총합을 제곱한다. b값을 구하면, a값을 얻는 것은 상

대적으로 쉽다. 단순히 X의 평균을 b로 곱한 값을 Y의 평균에서 빼면 된다.

그런데 이러한 성가신 계산을 수행하는 데에는 컴퓨터를 이용한 손쉬운 방법이 있으며, 사실 이 책의 독자 중 컴퓨터를 이용하지 않고 회귀분석을 하려는 사람은 많지 않을 것 같기 때문에 그러한 손쉬운 계산과정에 관해서 지면을 할애하지는 않겠다. 또한 본 장의 예제에 제시된 이러한 수식들을 흔들게 손으로 계산하지도 않겠다. 본 예제는 오늘날 모든 사람이 회귀분석을 할 수 있을 것으로 충분히 기대하는—컴퓨터를 이용한—방식으로 수행되었다. 여기서 그러한 수식들을 포함시킨 요지는 계산의 수단을 제공하기보다는 무엇이 계산되고 결과는 무엇을 의미하는지에 대한 통찰력을 함양하고자 함이다.

예측

일단 a값과 b값을 획득하면, 당연히 X와 Y를 관련짓는 수식을 지정할 수 있으며, 두 숫자를 특정 X값에 대입하여 상응하는 Y값들을 정하고, 이 두 점을 이용하여 도표 위에 최적직선을 그리면 된다. 표 15.1의 자료로 이러한 작업을 한다면, 그림 15.6에 나타난 결과를 얻게 될 것이다. 이에 대한 회귀분석으로 얻은 값은 다음과 같다.

$$a = 47.802$$

그리고

$$b = -1.959$$

이다. 따라서 X와 Y를 관련짓는 수식은,

$$Y = -1.959X + 47.802$$

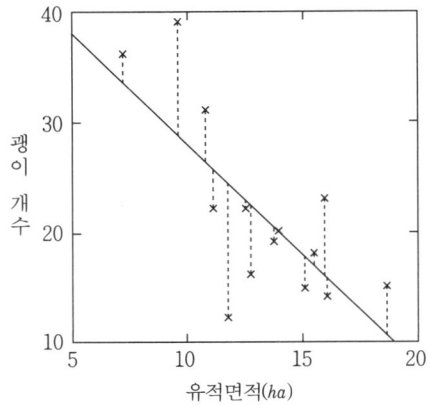

그림 15.6. 그림15.1에 표시된 점들에 대한 최적직선

이거나

$$괭이개수 = (-1.959 \times 유적면적) + 47.802$$

이다. 이 수식은 말 그대로 유적의 면적을 알 때, 수집된 유물 100점당 몇 개의 괭이가 포함되어 있는지 "예측할" 수 있게 해 준다. 예를 들어, 유적의 면적이 15.2ha라면, 다음과 같이 예측할 수 있다.

$$Y = (-1.959)(15.2) + 47.802 = 18.03$$

그러므로 회귀분석을 통해 묘사된 X와 Y의 관계가 사실이라면, 면적이 15.2ha인 유적은 수집유물 100점당 18.03개의 괭이를 포함해야 한다. 원래 자료에는 15.2ha의 면적을 갖는 유적이 실재하며, 그 유적에서 수집된 유물 100점에는 15개의 괭이가 포함되어 있다. 이 유적에 관한 한 실제는 예상했던 괭이 개수보다 3.03개가 적다. 따라서 이 유적의 잔차는 −3.03이며, 이는 회귀식으로 예측하지 못하거나 "설명되지 않는" 변이를 반영하는 것이다. (설명되지 않거나 남게 되는 변이를 표시하는바, "잔차"라는 명칭이 사용된다.) 그러나 회귀식에 근거한 예측은 우리가 그 외에 할 수 있는 어떤 예상보다도 나은 것이다. 회귀식을 제외하고, 각 유적에서 얼마나 많은 괭이를 수집할 수 있을지를 예측하는 가장 좋은 방법은 모든 유적에서 출토된 괭이 개수의 평균인 21.57개를 이용하는 것이다. 그럴 때 15.2ha 유적의 경우, 괭이 6.57개라는 오차가 생긴다. 이 예제에서 회귀식은 유적 면적에 근거하여 얼마나 많은 수의 괭이가 발견될지, 이 관계를 모르는 상태에서 할 수 있는 것보다 훨씬 정확히 예측할 수 있게 해 주었다. 회귀분석에서 그러한 예측은 개별 사례에 다 맞지는 않지만 평균적으로는 맞는다.

그리하여 회귀분석은 유물 100점당 수집된 괭이의 수에서 나타나는 변이의 일부를 예측하거나 "설명하게" 도와준다. 하지만 여전히 일부 변이는 설명되지 못한 채 남게 된다. 왜 15.2ha의 유적이 예측했던 것보다 3.3개의 괭이를 덜 가지고 있는지는 모른다. 잔차는 다음 부분에서 주제가 될 "설명되지 못하는" 변이를 반영한다.

최적은 얼마나 잘 맞나?

다음의 수식,

$$Y=(-1.959X)+47.802$$

는 본 장에서 예시된 자료에 대한 최적직선을 반영하는바, 잔차 제곱의 합이 (직선 수식에 관한 한) 최소가 된다는 것을 알고 있다. 그 잔차들은 그림 15.6에서 점선으로 나타난다. 어떤 것들은 매우 크다는 것을 금방 알 수 있다. 최적직선은 수집된 괭이 개수에서 발생하는 변이의 일부를 예측하거나 설명할 수 있게 해 주지만 우리가 바라는 만큼 확연하게 자료에 잘 맞지는 않는다. 얼마나 잘 맞는지를 언급할 수 있다면 유용할 것인데, 최적직선을 결정하는 작업 자체가 그러한 방법을 제시해 준다. 최적직선은 잔차 제곱들의 합을 최소화해 주는 직선인바, 잔차 제곱합이 작을수록 더 적합한 것이다. 잔차 제곱합은 최적직선이 얼마나 산점도 상의 점들에 잘 맞는지를 측정하는 것이 된다.

제곱한 잔차들 중에는 음수가 없을 것인바, 잔차 제곱합은 당연히 0보다 작을 수 없다. (음의 잔차라도 제곱하면 양수가 된다.) 모든 잔차가 0일 때, 잔차 제곱합이 0이 된다. 모든 점들이 정확히 직선 위에 놓일 때 이러한 상황이 발생하며, 완벽한 적합이 된다. 그러나 잔차 제곱들의 합은 상한이 없는데, 이는 실질적인 Y값에 근거하기 때문이다. 그 상한을 정할 수 있다면 유용할 것인데, 잔차 제곱들의 합 중 특정 값이 가능한 최대치와 최소치 사이의 어디에 놓일 수 있는지를 알게 되기 때문이다. 그렇게 하면 최적직선이 가능한 모든 적합선 중 최상의 것(즉, 잔차 제곱의 총합이 0), 혹은 최악의 것(얼마가 되든지 잔차 제곱합의 최대치)에 근접한지 여부를 결정할 수 있게 된다. 잔차 제곱합이 가질 수 있는 최대치는 Y값 평균과의 편차를 제곱한 합이다. (Y값의 평균과의 편차 제곱들의 합은 당연히 Y의 분산을 계산하는 식에서 분자—즉 $\sum(y_i - \overline{Y})^2$—가 된다. 따라서 비는

$$\frac{(잔차\ 제곱의\ 합)}{\sum(y_i - \overline{Y})^2}$$

으로서, 0에서 1까지의 범위를 갖는다. 그 최소치 0은 모든 잔차가 0이 될 때 발생하는 최적직선과의 완벽한 부합을 지칭한다. 그 최대치 1은 잔차 제곱합이 일련의 Y값에 대해 커질 만큼 커지게 될 때(즉, $\sum(y_i - \overline{Y})^2$과 같을 때) 발생하는 최악의 부적합을 지칭한다.

이 비는, 최적직선이 얼마나 잘 맞는지를 0에서 1의 척도로 언급할 수 있게 해 준다. 직관적으로 1이 최상, 0이 최악인 척도를 사용하는 것이 편하게 느껴지는바, 관례적으로 1에서 원래 비를 뺌으로써 척도를 반대로 전환시킨다. (만약 이것이 언뜻 이해되지 않는다면, 어떤 수를 대입시켜 보자. 예를 들어, 0부터 1의 척도에서 0.2는 1부터 0의 척도에서는 0.8이 된다.) 1에서 뺀 이 비는 r^2으로 불리는데,

$$r^2 = 1 - \frac{(잔차\ 제곱의\ 합)}{\sum(y_i - \overline{Y})^2}$$

이다. r^2이라는 비는 결국 분산 간의 비가 된다. 분모는 Y에 대한 (단지 $n-1$로 나누는 단 한 과정만을 생략한) 원래 분산이고 분자는 (또다시 n - 1로 나누는 단 한 과정만을 생략한) 최적직선으로부터 Y가 가지는 분산이다. 분모와 분자에 동일하게 적용되는바, $n-1$로 나누는 과정을 포함시켜도 결과에는 전혀 영향을 미치지 못할 것이다.

만약 최적직선으로부터의 편차가 평균으로부터 Y값들의 원래 편차보다 훨씬 작다면, r^2의 값은 (1을 향해) 커질 것이며 최적직선은 그야말로 적합하게 된다. 만약 최적직선으로부터의 편차가 평균으로부터 Y값들의 원래 편차와 대동소이하다면, r^2의 값은 (0을 향해) 작아질 것이며 최적직선은 전혀 적합하지 않게 된다. 이러한 논리에 따라, r^2을 Y값의 전체 편차 중 회귀분석으로 설명되는 것의 비율로 여기는 것이 일반적이다. 잔차를 회귀식으로 설명되지 않거나 예측되지 않는 변이로 여기는 것과도 일맥상통한다. 물론 이 모든 것을 "변이 설명하기"에 대한 다소 편협한 수학적 정의로 생각할 수도 있겠지만 그럼에도 불구하고 회귀분석에 한해서는 유용하다고 하겠다. 이 예제에서, r^2은 0.535가 되므로, 100개 유물당 괭이 개수에서 보이는 변이 중 53.5%가 유적의 면적으로 설명 혹은 해명될 수 있다. 이는 그러한 방식으로 해명될 변이의 비율로는 꽤 높은 편이다.

r^2보다는 흔히 Pearson의 r이나 곱적상관계수product-moment correlation coefficient, 혹은 그냥 상관계수correlation coefficient로도 알려진 제곱근 r이 더 보편적으로 이용된다. 그렇다면, 최적직선이 얼마나 적합한가에 대한 척도로서 두 계측형변수 간 상관관계correlation에 대해 말하는 것이 된다. r^2값은 0에서 1사이의 범위를 갖는바 그 제곱근 값 역시 0에서 1사이의 범위를 갖는다. r^2은 항상 (어떤 것의 곱이든 항상 그러한 것처럼) 양수인 반면, r값은 양수 혹은 음수 어느 쪽도 될 수 있다. r은 최적직선의 기울기인 b와 같은 부호를 갖게 된다. 결과적으로 양의 r값은 양의 기울기를 가지는 최적직선, 따라서 X와 Y 사이 양의 관계, 즉 X의 값이 증가하면 Y값도 증가하는 관계를 의미한다. 음의 r값은 음의 기울기를 가지는 최적직선, 따라서 X와 Y, 사

이 음의 관계, 즉 X의 값이 증가하면 Y값은 감소하는 관계를 의미한다. 그러므로 상관계수 r은 그 부호로 X와 Y 간 관계의 방향을 지시하며, 전혀 관계가 없을 경우의 0으로부터 완벽한 관계(가장 강한 관계)일 경우의 1까지의 척도를 따라 그 절대치로서 X와 Y간 관계의 강도를 지시한다. 이 예제에서 $r=-0.731$인데, (비록 음이기는 하지만) 상대적으로 강한 상관관계를 반영한다.

유의성과 신뢰도

본 장에서 아직까지 유의성에 대한 의문이 제기되지 않은 것은 다소 의아스러울 것이다. 두 계측형변수를 관련짓는 접근방식의 논리는 두 범주형변수를 관련짓거나 한 계측형변수와 한 범주형변수를 관련짓는 것과 매우 상이하였다. 어쨌든, 선형회귀를 통하여 그 관계의 강도, 즉 상관계수 r을 측정할 수 있었다. 이러한 강도 측정방법은 두 범주형변수 간의 공반 강도를 측정하는 V와 유사하다. 또한 분산분석에서 독립변수와 종속변수 간 관계의 강도에 대한 지표로서 각 아집단 평균들 사이의 실제 차이를 측정하는 것과도 유사하다. 그런데 여전히 두 계측형변수 간 관계의 유의성에 대한 측정은 결여되어있다. 여기서 추구하는 것은 두 범주형변수 간 관계에 있어 χ^2이나 한 범주형변수와 한 계측형변수 간 관계에 있어 t나 F처럼, 그 값이 관찰된 관계가 표집오류의 영향 이상의 아무것도 아니라는 점이 얼마나 그럴듯한가에 대한 진술로 치환될 수 있는 지표들과 통계적 유사성을 가지는 것이다.

최적직선을 도출하는 과정이나 그것의 적합성에 대한 지표를 부여하는 작업에 대한 논의의 많은 부분은 분산과 분산비에 집중되어 있다. 이는 분산분석처럼 들릴 것인데, 실제로 회귀분석에서 유의수준을 도출하기 위해서는 분산비로서의 F값을 계산해야 한다. 분산분석에서 다음 공식을 제시하였다.

$$F=\frac{s_B^2}{s_W^2}=\frac{SS_B/d.f.}{SS_W/d.f.}$$

즉,

$$F = \frac{(\text{군집 간 제곱합}/d.f.)}{(\text{군집 내 제곱합}/d.f.)}$$

회귀분석에서는 다음과 같은 공식을 제시한다.

$$F = \frac{(\text{회귀분석으로 설명되는 제곱합}/d.f.)}{(\text{회귀분석으로 설명되지 않는 제곱합}/d.f.)}$$

이는 다음 공식과 같다.

$$F = \frac{r^2/1}{(1-r^2)/(n-2)}$$

앞의 예제에서, $F=13.811$이고, 0.003의 확률이 공반한다. 보통 유의성검정에서 매우 낮은 p값은 매우 유의한 결과를 가리킨다. 이런 유의성검정에서 확률에 대해 고려하는 몇 가지 방식이 있다. 아마도 이 결과는 그 두 변수가 별다른 관계를 맺지 않은 모집단으로부터 이 정도 강한 상관성을 갖는 임의표본을 추출할 확률이 0.003이라는 점을 나타내는 것이다. 즉, 유적 면적과 괭이 개수 사이에 이 정도로 강한 연관성을 보이는 14개 유적으로 이루어진 표본을 면적과 괭이 개수 사이에 전혀 연관성이 없는 모집단으로부터 추출하는 것은 1,000번에 3번의 기회밖에 없다는 것이다. 환언하자면, 그 표본에서 관찰된 유적 면적과 괭이 개수 사이의 연관성이 표집오류 외에 아무것도 반영하지 않을 경우가 0.3%만 있다는 것이다. 만약 이 14개 유적을 리우세코강 유역 오아시스기 유적들의 임의표본으로 취급하고자 한다면, 리우세코강 유역에서는 큰 오아시스기 유적일수록 그 지표상에서 유물 100점당 더 적은 개수의 괭이를 가진다고 주장함에 있어, 99.7%의 신뢰도를 가질 수 있게 된다.

보통, 유의확률은 표본에서 관찰된 흥미로운 사항(본 장의 예에서는 유적 면적과 괭이 개수의 관계)이 그 표본이 추출된 모집단 내에서는 실제로 존재하지 않

> **표현에 유의하자**
>
> 본 장에서 예로 든 회귀분석의 결과는 "리우세코강유역 오아시스기 유적들에서 유적면적(X)과 수집유물 100점당 괭이개수(Y) 사이에는 어느 정도 강한 상관관계가 있다($r=-0.731, p=0.003, Y=-1959X+47.802$)."라는 기술을 통해 보고할 수 있을 것이다. 이는 어떠한 관계가 조사되었는지를 명확히 하고 있다. 독자들로 하여금 어떠한 유의성검정이 사용되었는지도 알게 해준다. 이는 강도와 유의성이라는 양 측면에서 결과를 제시하고 있다. 이는 최적의 선형관계가 어떠한 것인지 정확히 언급하고 있다. "유의성"과 마찬가지로 "상관관계"라는 용어는 일상에서 통용되는 의미와는 달리 통계학에서는 특수한 의미를 가진다. 이는 구체적으로 Pearson의 r이나 두 계측형변수 간의 관계에 대한 유사 지표들을 언급하는 것이다. 통계학의 맥락에서 "유의하다"를 "중요하다"나 "유의미하다"를 뜻하도록 쓰면 안 되는 것과 마찬가지로, "상관되어 있다"를 단순히 두 사상事象의 보편적 일치를 의미하도록 써서는 안 된다.

을 것이 얼마나 그럴듯한지를 알려주는 데 활용될 수 있다. 상이한 신뢰수준에 상응하는 오차범위를 활용한 것과 대비하면서 신뢰도의 측면에서 회귀관계를 논의할 수도 있다. 이 경우, 개별 추정치±오차범위 대신, 표본이 추출된 모집단에서 두 변수의 연관성이 어떠할지에 대해서 고려해 보는 것이 유용하다. 본 장의 예제에서 얻어진 유의확률에 근거하여, 14개 유적이 표본으로 추출된 모집단 내에서는 유적 면적과 괭이 개수 사이에 어떠한 연관성도 없다는 것이 지극히 그럴듯하지 않다는 것을 안다. 이 예제에 대한 분석에서 얻어진 회귀식으로 표현되는 특정의 관계는 모집단 내에서 유적 면적과 괭이 개수 사이의 관계가 어떠한지에 대한 최선의 추정이다. 표본에 대한 앞서의 모든 경험에서와 마찬가지로, 표본에서 관찰되는 특정 관계는 전체적으로 모집단 내에 존재하는 특정 관계와 정확히 같지 않을 수도 있다. (만약 할 수만 있다면) 모집단 전체를 관찰함으로써 얻어진 회귀식이 표본을 분석하면서 얻은 것과 유사할 것임이 대부분 그럴듯하다. 모집단 전체에서 나타난 관계가 표본에서 관찰된 관계와 다소 다를 것임은 (가능성을 배제할 수는 없지만) 그다지 그럴듯하지 않다. 그리고 유의확률을 통해 알 수 있었던 것처럼 모집단 내에서 유적 면적과 괭이 개수가 전혀 연관성이 없을 것임은 (1,000 중 단지 3의 경우로) 지극히 그럴듯하지 않다.

본 장의 예제 표본이 추출된 모집단 내에 있을 법한 관계들의 범위와 그에 따라 변하는 확률은 그림 15.7에서와 같이 도해적으로 기술할 수 있다. 95% 신뢰영역confidence region을 표시하는 곡선의 계산 과정을 논의하는 것은 그다지 실용적이지도, 교훈적이지도 않다. 실제에 있어서 컴퓨터를 사용하지 않고 그러한 도표를 작성하는 것은 상상하기 어려운바, 이 도표가 어떤 의미를 담고 있는지에만 집중하도록 하자. 본 장의 예제 표본과 관련된 최적직선을 포함하면서 도표의 중앙에 위치하는 95% 신뢰영역은 모집단과 관련된 최적직선이 그 안에 놓일 것을 95% 신뢰할 수 있는 영역을 보여주고 있다. (만약 모집단 전체를 관찰할 수 있다면) 14개 원소로 이루어진 예제 표본이 추출된 모집단과 관련된 최적직선이 그 두 곡선 사이에 놓이지 않을 가능성은 단지 5%밖에 없다. 이 신뢰영역을 결정함으로써 표본이 추출된 모집단 내에서 유적 면적과 괭이 개수 사이의 가능한 관계들의 범주에 대해 실용적으로 생각해 볼 수 있다. 앞서 다양한 신뢰수준에 따른 오차범위가 상응하는 유의성검정과 관련지

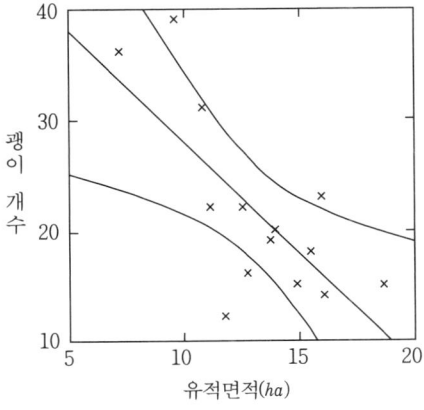

그림 15.7. 95% 신뢰영역이 부가된 최적직선

어 사용한 것과 동일한 방식으로, 그러한 신뢰영역을 그리는 작업을 유의확률과 관련지을 수 있다.

잔차분석

위의 예제에서 기술된 회귀분석은 수집유물 100점당 괭이 개수에서 보이는 변이의 일부를 설명할 수 있게 해 주었다. 이 결과와 관련하여 가능한 해석의 일례는 큰 취락일수록 많은 수의 수공생산 장인과 상위유력층 거주자를 포함하는 반면 농부의 수는 적다는 것이다. 그리하여 큰 유적일수록 출토 유물조합상에서 괭이가 적었다. (아마도 우선 이와 같은 사항을 염두에 둘 수도 있겠지만 아예 유적 면적과 괭이 개수 사이의 관계에 대한 조사에는 전혀 관심이 없을 수도 있다. 한편으로 그러한 생각을 설득력 있는 해석으로 만드는 데 필요한 보충적인 증거나 논증을 제공하고자 할 것이다.)

회귀분석을 통해 괭이 개수에서 보이는 변이의 일부가 설명된 반면, 일부의 변이는 설명되지 않은 채 남겨지기도 했다. 이 설명되지 않은 변이는 잔차의 형태로 구체화된다. 예를 들어, 앞서 논의되었던 $15.2ha$의 유적에서는 회

표 15.2. 리우세코강 유역 오아시스기 유적의 괭이: 예측값과 잔차

유적 면적 (ha)	유물100점당 괭이 개수	회귀분석으로 예측된 유적별 괭이개수	괭이 개수의 잔차
19.0	15	10.59	4.41
16.4	14	15.68	−1.68
15.8	18	16.86	1.14
15.2	15	18.03	−3.03
14.2	20	19.99	0.01
14.0	19	20.38	−1.38
13.0	16	22.34	−6.34
12.7	22	22.93	−0.93
12.0	12	24.30	−12.30
11.3	22	25.67	−3.67
10.9	31	26.45	4.55
9.6	39	29.00	10.00
16.2	23	16.07	6.93
7.2	36	33.70	2.30

귀분석이 유적 면적에 의거하여 예측하는 것보다 실제로 3.03개가 적은 괭이를 가졌다. 이 3.03은 잔차 혹은 남겨진 변이가 된다. 각 유적에 대해서 관찰된 괭이 개수가 예측된 괭이 개수와 얼마나 다른지를 반영하는 잔차가 있다. 표 15.2는 원래 자료에 추가된 새로운 두 가지 항목을 제시해 주고 있다. 각 유적에 대해, 유적 면적과 괭이 개수를 관련지은 회귀식에서 예측된 유물 100점당 괭이 개수가 제시되어 있다. 그런 다음에는 각 유적에 대한 잔차(즉, 실제로 수집된 괭이의 개수에서 회귀식으로 예측된 괭이 개수를 뺀 것)가 나오게 되는 것이다.

잔차를 검토함에 있어, 어떤 유적은 예측한 것보다 상당히 적은 수의 괭이를 가지는 반면, 어떤 유적에서는 예측된 것보다 제법 더 많은 괭이가 수집된 것에 주목해야 한다. 이러한 잔차를 또 하나의 변수로 취급하면서 관계를 살펴볼 수도 있다. 결국, 회귀분석은 또 하나의 새로운 계측형변수―유적 면적으로 설명되지 않는 괭이 개수의 변이―를 생성한 셈이 된다. 이전에 생성할 수도 있던 계측형변수를 다루는 듯이 이 새로운 계측형변수를 다룰 수 있다. 줄기-잎도표나 상자-점도표를 관찰하는 것으로 잔차를 살펴보기 시작한다. 일례로 새로이 생성된 숫자군에서 다봉현상의 가능성에 관심을 기울일 수도 있다. 봉우리가 두 개인 경우 구분되는 두 부류의 유적, 즉 (주어진 유적 면적에 대해) 예측한 것보다 더 많은 괭이를 가진 유적과 예측한 것보다 더 적은 괭이를 가진 유적을 상정할 수 있다. 이 두 부류의 유적이 왜 주어진 유적 면적에 대한 괭이의 개수를 예측한 것과 그토록 다른 방식으로 편차를 보이는지를 이해하는 데 유용한 여타 특성을 결정할 수도 있을 것이다. 만약 단봉의 형상을 띤다면, 곧바로 이 새로운 계측형변수의 숫자군과 다른 변수들 간 관계를 살펴볼 수 있을 것이다. 예를 들어, 경작에 참여하지 않는 전문인집단의 존재를 반영한다고 생각했던 유적의 면적이라는 요소 외에, 비옥한 토양에 입지한 유적의 주민보다 척박한 토양에 입지한 유적의 주민이 더 집중적으로 경작에 참여했을 것으로 상상할 수도 있다. 그런 다음, 새로운 계측치(회귀분석에서 얻어진 잔차)와 유적별 토양생산성의 관계를 검토할 것이다.

표 15.3은 리우세코강 유역 14개소 유적 각각에 대해 토양생산성―(헥타

표 15.3. 리우세코강유역 유적의 괭이개수 잔차와 토양생산성

괭이개수 잔차	토양생산성 (ha당 [메이즈 몇] kg)
4.42	1,200
−1.67	950
1.15	1,200
−3.03	600
0.02	1,300
−1.38	900
−6.34	450
−0.93	1,000
−12.30	350
−3.67	750
4.55	1,500
10.00	2,300
6.93	1,650
2.30	1,700

르 당 킬로그램으로 표시되는) 메이즈maize의 수확예상량―과 같은 정보를 제공하고 있다. 줄기-잎도표를 살펴보면 (잔차와 토양생산성값이라는) 두 숫자군 모두 단봉의 좌우대칭을 이루고 있는바, 예측했던 것보다 더 많은 괭이를 반출하는 유적들이 생산성이 더 높은 토양에 입지하는지를 조사할 수 있음을 알 수 있다. 두 변수 모두 실제 계측치인바, 역시 기법의 선택은 회귀분석이 된다. 이 두 변수에 대한 산점도(그림 15.8)는 강한 양의 비례관계를 제시하고 있다. 예상했던 대로, 생산성이 높은 토양에 입지한 유적에서는 그 면적에 의거하여 예측했던 것(양의 잔차)보다도 더 많은 괭이가 반출되는 반면, 생산성이 낮은 토양에 입지한 유적에서 그 면적에 의거하여 예측했던 것(음의 잔차)보다도 더 적은 괭이가 반출되는 경향이 있다. 최적직선은 매우 적합해 보이며, 그 주변의 95% 신뢰영역도 탄탄하게 쥔다. 회귀분석은 이러한 관찰들을 전적으로 확정해주고 있다. 상관관계는 매우 강하고 매우 유의하다($r = 0.923$, $p < 0.0005$). $r^2 = 0.852$인바, 잔차에 내재한 85.2%의 변이가 토양생산성에 의해 설명되게 된다. 종합하면, (유적면적과 토양생산성이라는) 두 독립변수 괭이개수의 변이를 상당부분 설명하는데, 이는 대형 취락에는 수공장인, 상위유력층, 그 외에도

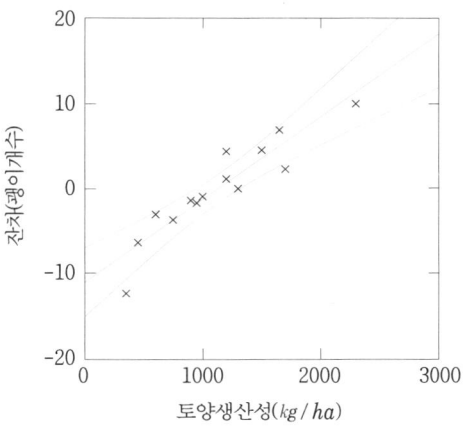

그림 15.8. 최적직선과 95% 신뢰영역이 부가된, 괭이개수 잔차와 토양생산성의 산점도

농업생산에 종사하지 않는 인구가 많이 거주한다는, 그리고 보다 생산성 높은 토양에 입지하는 취락은 농업생산에 더 적극적으로 참여한다는 해석을 강력하게 지지하게 된다. 이들 변수들 간 관계는 강력할 뿐만 아니라, 매우 유의한데, 이는 여기서 다루는 표본이 그다지 크지 않아보일지는 모르겠으나 단순히 표집오류가 작동하는 탓에 그런 양상이 보이는 것은 아니라고 확신할 정도로는 충분히 크다는 점을 알려준다.

이 두 회귀분석의 결과는 상호 보완적이며, 유적별 괭이개수의 변이를 설명하려는 목표에 누적적으로 기여하게 된다. (유적면적에 따른 괭이개수에 관한) 첫 번째 회귀분석은 유적면적이 괭이개수에서 보이는 변이의 46.5%는 설명되지 않은 채로 놓아두어, 변이의 53.5%를 설명할 수 있음을 보여준다. 첫 번째 회귀분석에서 설명되지 않은 채 남겨진 46.5%의 변이는 잔차에 담겨져 있다. (토양생산성에 따른 괭이개수의 잔차에 관한) 두 번째 회귀분석은 첫 번째 회귀분석에서 괭이개수에 대해 설명되지 않은 채 남겨진 46.5%에 이르는 변이에 해당하는 괭이개수 잔차의 변이 중 85.2%를 설명하고 있다. 이는 46.5%의 85.2%, 또는 괭이개수에 보이는 원래 변이의 39.6%에 이른다. 두 회귀분석은 합쳐서 괭이개수에서 보이는 93.1%(첫 번째 회귀분석에서 53.5%, 두 번째에서 39.6%)의 변이를 설명한다.

설명되는 변이의 비율에 대한 평가가 누적적인 것처럼, 두 독립변수에 기초하여 특정 유적에서 반출되는 괭이개수를 예측하기 위한 수식도 역시 그러하다. 이미 유적의 면적에 의거하여 괭이개수를 예측하는 회귀식을 생성한 바 있다.

$$괭이개수 = (-1.959 \times 유적면적) + 47.802$$

이제 그러한 추산의 오차 (즉, 잔차) 또한 예측할 수 있다.

$$괭이개수잔차 = (0.010 \times 토양생산성) - 11.004$$

잔차는 첫 번째 예측에서 발생하는 오차인바, 첫 번째 수식에 두 번째를 더하면 면적은 물론 주변 토양의 생산성에 의거하여 유적의 괭이개수를 예측할 수 있다.

$$괭이개수 = \{(-1.959 \times 유적면적) + 47.802\} + \{(0.010 \times 토양생산성) - 11.004\}$$

물론, 두 번째 회귀분석으로부터도 잔차가 생성된다. 다만 잔차들이 관심을 끌만큼 크다면, 여전히 다른 변수와의 관계를 살펴보아야 한다. 이런 방식으로 회귀분석은 변수 두개씩의 관계에 대한 일련의 분석들이 하나의 조합을 이루게끔 하며, 결과적으로 통합된 다변량분석과 같은 효과를 내게도 해준다. 대부분의 통계꾸러미는 다중회귀분석을 수행할 수 있는데, 결국은 이러한 기본적 생각이 확대되고 세련화된 것이다.

가정과 로버스트방법

선형회귀가, 대상이 된 두 부류의 계측치들이 정규분포를 가져야 한다고 가정하지 않는 것은 뜻밖일 것이다. 선형회귀에서 경계하여야 할 형태에 관한 가정은 산점도 상에서 점들의 분포양상이다. 봉우리의 단일성이나 대칭성을 점검하기 위하여 줄기-잎도표를 살펴보았던 것처럼, 선형회귀에 앞서 점들의 분포형태를 점검하기 위하여 산점도를 살펴보아야 한다. 알아야 할 것은 점들의 군집이 대략적이나마 타원형을 띠는가 하는 것이다. 무리를 심하게 이탈하는 이상점은 없어야 하며, 타원형은 전체적으로 비슷한 너비를 가져야 하고, 타원형이 전체적으로 곡선을 그려서는 안 된다. 이렇게 잠재된 세 가지 문제는 분리하여 논의할 수 있다.

첫째, 선형회귀분석에서 이상점은 심각한 위험을 초래한다. 그림 15.9는 그러한 원리를 직관적으로 분명히 인식할 수 있도록 극단적인 예를 제시하고 있다. 산점도의 왼쪽 아래 구석에 있는 점들은 분명히 매우 강한 반비례의 상관관계를 보여주고 있다. 그런데 오른쪽 위에 있는 하나의 이상점이 제시된 바와 같은―제법 강한 비례적 상관관계의― 최적직선을 유도하게 된다. 이상점은 단순히 간과하기에는 힘든 정도의 강한 영향을 미친다. 이상점(들)이 인지되면, 그 개체들에 대해서 수정되어야 할 측정 및 자료입력상의 오류가 있는지, 표본으로부터 그것들을 제외하는 것이 정당한 이유를 가지는지 등을 알

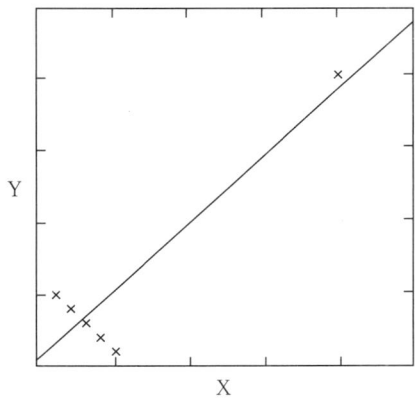

그림 15.9. 하나의 이상점이 최적직선에 미치는 압도적 영향

> ### 통계꾸러미
>
> 컴퓨터를 이용하지 않고 회귀분석을 수행하기는 매우 곤란하다. 회귀분석과 관련된 용어들은 프로그램에 따라 약간씩 다르기도 한데, 부분적으로는 선형회귀분석이 빙산의 일각에 불과하기 때문이기도 하다. 회귀분석은 직선으로 맞추기 외에 곡선으로 맞추기를 포함할 뿐만 아니라, 단지 두 개의 변수만이 아닌 여러 개의 변수를 동시에 편입시킬 수 있는, 일련의 분석적 접근을 의미하기 때문이다. 방대하고 강력한 통계꾸러미들 중에는 어떤 것들이라도 그러한 여타 종류의 분석을 수행할 수 있으며 본 장에서 논의해 온 단순하지만 강력한 선형회귀분석 기법은 그러한 광범한 일군의 분석에 포함되어 있다. 결국, 단순 선형회귀를 생성하는 명령어나 메뉴의 선택은 개별 통계꾸러미에 따라 다르기도 하며, 필요 이상으로 복잡하기도 하다. 특정 프로그램에 대한 매뉴얼을 참조하는 것이 필요할 듯하다. 어떤 프로그램은 산점도를 회귀분석 과정에 선택사항으로 편입하기도 하지만 어떤 것들은 수치적인 분석을 하나의 작업으로 수행하고 산점도는 다른 작업을 통해 작성한다. 보통, 최적직선에 대한 신뢰영역을 표시하는 곡선을 포함하는 것은 산점도 작성 시 지정해야 하는 선택사항이다. 잔차 역시 회귀분석의 일부로서 계산되는 것이기는 하지만 그것을 새로운 계측치로 삼아 추후분석을 시도하기 위해서는 보통 회귀분석과정에서 선택사항으로 지정하여 그것을 저장하여야 한다. 전형적으로 이러한 과정은, 해당 통계꾸러미가 데이터파일을 위해 사용하는 일반적인 포맷으로 새로운 데이터파일을 생성하게 된다. 이 새로운 파일은 원래 데이터파일과 동일한 개체들을 가지되, 그 값들은 회귀분석으로부터 얻어진 잔차로 구성된 변수도 포함하게 된다.

아보기 위하여 매우 세심한 주의를 기울여야 한다.

둘째, 점들이 길쭉한 타원형의 형상을 띠는 경우(혹은 더 열악하게도 둘 이상의 타원형 군집을 이루는 경우)는, 단일 숫자군에서 다봉의 형상을 이루는 것과 흡사하다. 그러한 형상은 선형회귀에서 이상점이 야기하는 것과 동일한 종류의 문제를 파생시킨다. 그림 15.10는 또 하나의 극단적 예를 보여주는데, 여기서는 점들이 형성하는 두 개의 타원체가 제법 강한 반비례의 상관관계를 보임에

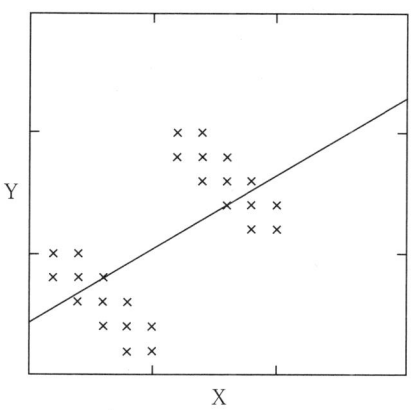

그림 15.10. 타원형 군집을 이루는 점들이 최적직선에 미치는 영향

도 불구하고, 부적절하게 둘을 합쳐 분석하는 바람에 양의 기울기를 갖는 최적직선으로 전화되고 있다. 그러한 형상은 각각을 다루게 되면 분명하게 단봉의 대칭적 형상을 갖는 두 변수를 하나의 산점도에서 다룰 때 발생하기도 한다. 이와 같은 형상은 개별적 분석을 위해 분할되어야 한다.

셋째, 점들의 무리가 곡선을 띠게 되는 경향은 직선이 근본적으로 곡선적인 양상에는 잘 맞지 않게 한다. 선형회귀의 논리를 보다 복잡한 두 변수 간의 곡선적 관계로 확대할 방법들이 있기는 하지만 보통은 한 변수 혹은 두 변수 모두를 변환함으로써 그 곡선을 직선화하는 것이 훨씬 쉽다. 필요한 변환의 종류는 5장에서 논의된 바 있는 변환방법들과 매우 유사하며, 한 변수 혹은 두 변수 모두에 적용하여 곡선적 경향을 제거할 수 있다. 그림 15.11에서 예시된 대로, 산점도가 양 끝 쪽에서 하방으로 휘어진 선형의 양상을 보인다면, X값을 루트변환할 경우, 직선이 생성된다. 만약 좀 더 강력한 보정작용이 요구된다면, 루트변환 대신 X값의 로그변환이 이용될 수 있다. 분명히 그림 15.11에 있어서, X값의 로그화는, 오히려 반대방향으로 곡선화하는바, 다소 심하게 강한 듯하다. 그림 15.12는 양쪽 끝이 위쪽으로 휜 선형양상을 보정하기 위한 변환을 예시하고 있다. 이 자료에 대해서는 X의 제곱값이 그럴듯한 결과를 생성한다. 이 경우에, X의 세제곱을 이용하면 필요한 것보다는 좀 더 강한 영

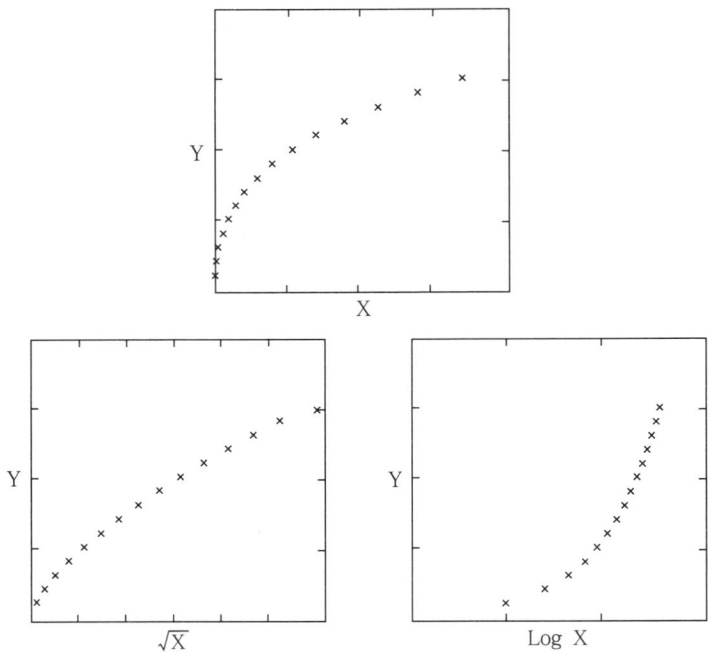

그림 15.11. X값 변환이 하향왜곡의 곡선형 양상에 미치는 영향

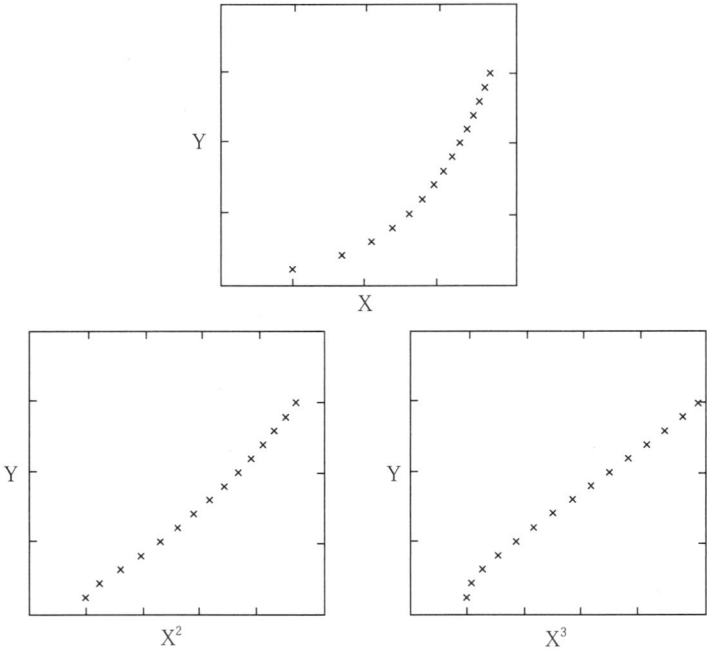

그림 15.12. X값 변환이 상향왜곡의 곡선형 양상에 미치는 영향

향이 생성된다. 예를 들어 분석에 앞서 X값에 루트변환을 적용한다는 것은, 당연히 X가 아니라 $\sqrt{X}$의 Y에 대한 관계가 관찰된다는 것을 의미한다. 따라서 Y값을 예측하기 위한 회귀식에는 X가 아니라 $\sqrt{X}$가 이용되는 것이다.

연습문제

예난자웅-Yenangyaung 인근의 한 유적을 발굴하였는데, 유물과 기타 부스러기가 포함된 저장수혈들이 발견되었다. 모든 저장수혈의 유물 밀도(단위체적당 유물의 수)가 일정한지를 살펴보고자 한다. (달리 표현하자면, 저장수혈의 체적을 안다면, 거기에 포함된 유물의 수를 정확히 예측할 수 있는지를 자문해 보자는 것이다.) 각 저장수혈의 체적 측정값과 발굴을 통해 최종적으로 수습된 유물의 수는 표 15.4에 제시되어 있다.

표 15.4. 예난자웅에서 발견된 저장수혈 관련 자료

체적(m^3)	유물 개수	체적(m^3)	유물 개수	체적(m^3)	유물 개수
1.350	78	0.760	34	0.920	38
0.960	30	0.680	33	0.640	13
0.840	35	1.560	60	0.780	18
0.620	60	1.110	47	0.960	25
1.261	23	1.230	47	0.490	56
1.570	66	0.710	20	0.880	22
0.320	22	0.590	28		

1. 저장수혈의 체적과 유물 수의 산점도를 작성해 보자. 산점도를 살펴보면 양자 간 관계를 어떻게 제시해 볼 수 있는가?
2. 저장수혈의 체적과 유물 수에 대한 회귀분석을 수행해 보자. 유물 수와 저장수혈 체적 간 관계를 수학적으로 어떻게 표현할 수 있을까? 체적이 $1.000\,m^3$인 저장수혈에서 몇 개의 유물이 발견될 것으로 예측해 볼 수 있는가?

3. 저장수혈의 체적으로 유물 수에서 보이는 변이가 얼마나 "설명될" 수 있는가? 저장수혈 체적과 유물 수 간의 관계에 대한 통계학적 유의성은 어떠한가? 최적직선에 대한 90% 신뢰영역을 보여주는 산점도를 작성해 보자.

4. 저장수혈 체적과 유물 수 간의 관계에 대한 회귀분석이 어떻게 나타났는지 분명하고 간결하게 정리해 보자.

16
등급 간 관련성 보기
Relating Ranks

언뜻 보기에는 계측형인 듯하지만 자세히 살펴보면, 실제로 척도에 근거한 계측치가 아닌 변수들을 간혹 접하게 된다. 그런 변수들은 종종 실제 계측치라기보다는 상대적인 등급에 해당한다. 일례로, 토양생산성은 종종 다양한 양분의 함량, 토심土深, 수분 함유도 및 기타 토양의 생산성에 영향을 주는 요소들을 이용하여 만들어진 작위적인 공식에 근거한 지표를 적용하여 그 평점이 매겨진다. 이러한 평점 매기기에 이용된 공식은 일련의 숫자들을 생성하게 되는데, 높은 숫자일수록 생산성이 높은 토양을, 낮은 숫자일수록 생산성이 낮은 토양을 반영하는 것으로 간주한다. 예를 들어, 그러한 척도에 따라 평점 8은 평점 4에 비해 생산성이 더 높은 토양을 의미하게 된다. 그러나 평점 8이 평점 4보다 두 배의 생산성을 가진다고 결론 내릴 수 있게 하지는 않는다. 마지막 명제를 상정할 수 없으므로, 이러한 평점들은 실제 계측치가 아니게 된다. 대신 그것들은 서열ranking(s)이다. 등급은 토양을 (가장 생산성이 높은 토양, 두 번째로 생산성이 높은 토양, 세 번째로 생산성이 높은 토양 등으로) 서열화할 수 있게 해 주지만 높은 등급의 것이 낮은 등급의 것보다 얼마나 더 생산성이 높은지를 언급할 수 있게 해 주지는 못한다.

선형회귀의 논리는 계측 원리에 근거한다. (산점도와 회귀식을 생각해 보라. X값이 두 배면, 산점도에서 상응하는 점이 두 배 멀리 위치한다. X값이 두 배 커지면, 회귀식에 의해 Y의 예측값에 두 배의 영향을 미치게 된다.) X값이 실제 계측치가 아니라 단순히 등급이라면, 회귀분석을 사용하기에 어려움을 느끼게 된다. 선형회귀 분석을 수행하여 X값으로부터 Y의 실제 값을 예측하려고 하는 대신, 서열적 관계의 강도와 유의성을 평가하기 위하여 순위상관계수rank order correlation coefficient를 이용할 수 있다.

서열적 관계는 대상이 되는 어떤 변수와 관련해서도, 개별 등급들의 실질적 중요도와는 무관하며 단지 등급들의 서열과 관련이 있을 뿐이다. X값에 따라 숫자군의 숫자들을 서열화하고 그에 상응하는 Y값의 서열과 일치한다면, X와 Y는 완벽한 양의 순위관계를 보여준다. 즉 X의 가장 높은 값이 가장 높은 Y의 값을 갖는 개체에 해당하는 경우, 두 번째로 높은 X값이 역시 두 번째로 높은 Y값에 해당하는 경우 등이다. 완벽한 음의 서열적 관계란 가장 높은 X값을 갖는 개체가 가장 낮은 Y값을 갖고, 두 번째로 높은 X값을 갖는 개체가 두 번째로 낮은 Y값을 갖고, 가장 낮은 X값을 갖는 개체가 가장 높은 Y값을 갖게 되는 등의 경우이다.

Pearson의 r과 같이 작용해서 완벽한 양의 서열적 관계에 1의 값을, 완벽한 음의 서열적 관계에 −1을, 그 중간의 관계에는 그러한 극단적 상황 중 어느 쪽에 가까운지에 따라 1에서부터 −1 사이의 값을 배정하는 서열적 상관계수를 상정해 볼 수 있겠다. 그런 계수들에는 대여섯 가지가 있다. 가장 자주 사용되는 것은 Spearman의 순위상관계수(r_s)이다.

Spearman의 순위상관 계산하기

표 16.1은 콘산코로Konsankoro평원의 서로 다른 17개 토양대를 평가하여 만든 토양생산성 자료를 제시하고 있다. 신석기시대의 점유는 현저하게 규모가 유사한 일련의 정주마을유적으로 이루어져 있다. 개별 토양대가 얼마나 조밀하게 점유되었는지를 나타내기 위하여 각 토양으로 덮인 지역 $1km^2$당 입지하는 유적 수를 변수로 택하고, 과연 더 생산적인 토양대에 더 밀집하여 거주하였는지를 조사해 보고자 한다.

표 16.1. 콘산코로평원의 토양생산성과 취락

토양대	생산성 등급 X	1km² 당 마을 수 Y	등급 X	등급 Y	d	d^2	t_x	T_x	t_y	T_y
A	2	0.26	3.5	2	1.5	2.25	2	0.5	1	0.0
B	6	1.35	11.5	14	−2.5	6.25	2	0.5	1	0.0
C	3	0.44	6	6	0.0	0.00	3	2.0	1	0.0
D	7	1.26	13.5	12	1.5	2.25	2	0.5	1	0.0
E	4	0.35	8.5	4	4.5	20.25	2	0.5	1	0.0
F	8	2.30	16	17	−1.0	1.00	3	2.0	1	0.0
G	8	1.76	16	16	0.0	0.00	3	2.0	1	0.0
H	1	0.31	1.5	3	−1.5	2.25	2	0.5	1	0.0
I	3	0.37	6	5	1.0	1.00	3	2.0	1	0.0
J	5	0.78	10	11	−1.0	1.00	1	0.0	1	0.0
K	1	0.04	1.5	1	0.5	0.25	2	0.5	1	0.0
L	8	1.62	16	15	1.0	1.00	3	2.0	1	0.0
M	7	1.34	13.5	13	0.5	0.25	2	0.5	1	0.0
N	2	0.47	3.5	7	−3.5	12.25	2	0.5	1	0.0
O	4	0.56	8.5	9	−0.5	0.25	2	0.5	1	0.0
P	3	0.48	6	8	−2.0	4.00	3	2.0	1	0.0
Q	6	0.76	11.5	10	1.5	2.25	2	0.5	1	0.0
					$\sum d^2 = 56.5$		$\sum T_x = 17.0$		$\sum T_y = 0.0$	

Spearman의 순위상관을 계산하는 첫 번째 단계는 (따로따로 취해진) 두 변수 각각에 대하여 모든 개체의 서열을 결정하는 것이다. 이 서열도 표 16.1에 제시되어 있다. 토양생산성 평가에서는 종종 동일 등급이 발생한다. 예를 들어, H토양대와 K토양대 둘 모두는 토양생산성 평가에서 가장 낮은 범주(1)로 등급이 매겨진다. 가장 생산성이 낮은 이들 두 토양대는 각각 1과 2로 서열화되어야 하지만, 토양생산성이 동일하게 평가되었기 때문에, 하나를 나머지 하나의 상위에 배정할 근거가 없다. 결과적으로, 각각에 (1과 2의 평균인) 1.5의 등급을 부여한다. C, I, P토양대는 모두 토양생산성 3등급으로 등가이다. 만약 어떤 하나가 다른 것보다 상위에 있음을 정할 수 있다면, 이들은 서열상 5, 6, 7번째 토양대에 해당하게 된다. 이러한 결정을 할 수 없기 때문에, 각각은 (5, 6, 7의 평균인) 6의 등급을 부여받게 된다. 동점이 발생할 경우, 언제든지 이러한 처리방식을 따르게 된다. (실제 계측치인) $1km^2$당 마을 수에 있어서는 동점

상황이 발생하지 않아서, 서열화 작업이 상대적으로 쉽다. K토양대에 대해 1로 시작하여 A토양대, H토양대 순으로, $1km^2$당 마을 수가 가장 많아 17번째 등급으로 정해지는 F토양대까지 계속해 나가게 된다.

$1km^2$당 마을 수(Y) 등급점수를 토양생산성(X) 등급점수에서 빼면 두 등급 간의 차이인 d를 얻게 되고, 그런 후에 제곱하여 다 더하면 $\sum d^2$을 구하게 된다.

표 16.1의 마지막 네 개 열은 동점 상황의 보정에 관련된 것들이다. 개별 토양대에 부과된 t값은 서열상 등가에 있는 토양대의 숫자이다. 예를 들어, 두 토양대(A와 N)가 생산성 평가에서 2로 동점이기 때문에, A토양대는 $t_x = 2$의 값을 부여받게 된다. $1km^2$당 마을 수에 있어서는 동점이 없기 때문에, 모든 t_y값은 1이 된다. 두 변수와 관련된 개별 t값에 대한 각 T값은 다음과 같이 구해진다.

$$T = \frac{t^3 - t}{12}$$

Spearman의 순위상관의 계산에는 $\sum d^2$, $\sum T_x$와 $\sum T_y$ 등, 표 16.1의 세 가지 총합이 필요하다. 두 변수 각각에 해당하는 제곱합은 다음과 같이 구해진다.

$$\sum x^2 = \frac{n^3 - n}{12} - \sum T_x$$

여기서 $\sum T_x$은 표 16.1에서 온 것이고, n은 표본의 개수(이 예에서는 17)이다. 따라서 표 16.1의 예에서는

$$\sum x^2 = \frac{17^3 - 17}{12} - 17.0 = 408 - 17 = 391$$

이 되고,

$$\sum y^2 = \frac{17^3 - 17}{12} - 0.0 = 408 - 0.0 = 408$$

이 된다. 그런 다음 Spearman의 순위상관은 다음 공식에 의해 얻어진다.

$$r_s = \frac{\sum x^2 + \sum y^2 - \sum d^2}{2\sqrt{\sum x^2 \sum y^2}}$$

그러면 표 16.1의 예에서는,

$$r_s = \frac{391 + 408 - 56.5}{2\sqrt{(391)(408)}} = \frac{742.5}{798.8} = 0.93$$

이 얻어진다. 콘산코로평원에서 토양생산성과 $1km^2$당 마을 수 사이의 Spearman의 순위상관계수는 강한 양의 상관을 나타내는 0.93이 된다. (r_s값은 Pearson의 r값과 같은 방식으로 해석될 수 있지만 양자를 직접 비교할 수는 없다. 즉, 두 변수 사이의 Spearman의 r_s값 0.85가 다른 두 변수 사이의 Pearson의 r값 0.80보다 더 강한 상관성을 의미하는 것은 아니다.)

동점이 없다면, (표 16.1의 $1km^2$당 마을 수의 예에서처럼) $\sum T = 0$인 것을 쉽게 알 수 있다. 어떤 변수에서도 동점인 개체가 없다면, t나 T를 계산해야 하는 수고로움은 없을 것이고 Spearman의 순위상관에 관한 전체 수식도 상당히 간단해진다.

$$r_s = 1 - \frac{6\sum d^2}{n^3 - n}$$

유의성

일반적으로 유의성에 대한 질문은 "표본에서 보이는 상관성이 그 표본이 추출된 모집단에서 나타나는 상관성이 아니라, 단순히 표집오류의 결과일 가능성이 어느 정도일까?"이다. 환언하자면, "모집단에서는 전혀 상관성이 없었으나 이 정도로 강한 상관성이 보이는 표본을 추출할 가능성이 어느 정도일까?"

라고 할 수 있겠다. 10개 이상의 요소로 이루어진 표본의 경우, 이러한 질문에 대해서는 우리가 익히 아는 t값표(표 9.1)에서 답을 구할 수 있다. 다음 수식은 t값을 알려준다.

$$t = r_s \sqrt{\frac{n-2}{1-r_s^2}}$$

본 장의 예제에서,

$$t = 0.93 \sqrt{\frac{17-2}{1-0.93^2}} = 0.93 \sqrt{\frac{15}{1-0.86}} = 0.93 \sqrt{107.14} = 9.63$$

이다. 이 값을 표 9.1에서 찾아보면, $n-1=16$의 자유도에 해당하는 행을 이용하여 이러한 t값은 표의 맨 우측 열을 훨씬 벗어나는 것을 발견하게 된다. 그렇다면, 관련된 확률은 0.001보다 훨씬 작게 된다. 따라서 이 두 변수 사이에 서열적 관계가 없는 모집단에서 추출되었음에도 불구하고, 17개의 원소로 이루어진 표본이 Spearman의 순위상관을 이 정도로 강하게 나타내는 것은 1,000번 중 한 번도 되지 않는다.

이 예제는 특정 표본이 어떤 모집단으로부터 추출되었는가와 관련된 복잡한 문제를 제기하고 있음을 주지하여야 한다. 이 표본은 지표조사된 17개 토양대로 이루어져 있다. 앞서 수행되었던 분석을 완결 짓기 위해서는 반드시 이 17개 토양대를 콘산코로평원에 존재하고 있거나 그럴 수도 있는 토양대들로 이루어진, 거대하고 모호하게 정의된 모집단으로부터 추출된 임의표본으로 간주해야 한다. 이 표본은 두 변수와 관련된 17개의 독립된 관찰값일 뿐이며, 이 17개의 관찰값은 하나의 표본으로 분석될 수 있는 숫자군이 된다. 엄밀하게 말하자면, 이는 토양대들로 이루어진 모집단에서 추출된 임의표본이 아니다. 사실, 이 표본은 콘산코로평원 전역에 대한 완성된 조사의 결과를 반영할 수도 있다. 만약 모집단 전체를 분석한 것이라면, 이 자료를 표본으로 다루는 것은 별 의미가 없다. 그러나 유의성을 평가하는 데 있어서는 흔히 거대

> ### 표현에 유의하자
>
> 본 장의 예제에 대한 결론에서, "토양생산성과 $1km^2$당 마을 수 사이에는 강하고 매우 유의한 상관관계가 있다($r_s=0.93$, $p<0.001$)"라고 언급할 수 있을 것이다. 이는 독자들에게 그러한 관계가 정비례적이며(생산성이 더 높은 토양대에 더 많은 마을이 있으며), 어떠한 상관계수가 사용되었고, 모집단에서는 상관성이 없었음에도 불구하고, 표본에서는 상관성이 관찰될 가능성이 있음이 얼마나 그럴듯하지 않는지에 대해 알려준다.

표 16.2. 10미만 표본에 대한 Spearman 순위상관(r_s) 확률값[a]

신뢰도	80%	90%	95%	99%
	0.8	0.9	0.95	0.99
유의성	20%	10%	5%	1%
	0.2	0.1	0.05	0.01
n				
4	0.639	0.907	1.000	
5	0.550	0.734	0.900	1.000
6	0.449	0.638	0.829	0.943
7	0.390	0.570	0.714	0.893
8	0.352	0.516	0.643	0.833
9	0.324	0.477	0.600	0.783

[a] E.G. Olds의 "Distributions of Sums of Squares of Rank Differences for Small Numbers of Individuals" (Annuals of Mathematical Statistics 9:133-148 (1938))에서 발췌·수정함.

한 가상 모집단으로부터의 표집을 가정한다. 그런데 이와 같은 경우, 유의성에 대한 평가로부터 얻을 수 있는 것은 여전히 관찰된 상관관계에 대해 얼마나 큰 신뢰도를 가질 것인가 하는 점이다. 본 장의 예제에서 발견한 것은 관찰된 상관관계가 소규모 표본에서 순수하게 무작위적으로 작용한 결과는 전혀 아니라는 점이다. 이러한 가상적 표집에 대한 인식은 20장에서 더욱 심도 있게 다루어볼 것이다.

t값을 구하기 위에서 제시된 공식은 표본의 크기가 10 이상일 때만 합당하

> ### 통계꾸러미
>
> Spearman의 순위상관계수는 서열적 상관성의 강도와 유의성을 평가하기 위한 여러 가지 접근방법 중 하나에 불과하다. 많은 통계꾸러미들이, 순위상관 혹은 비모수상관nonparametric correlations의 제하에 그 모든 것들을 계산할 수 있는 선택항목을 제공한다. 간혹 r_s는 Pearson의 r을 생성하는 명령어를 가진 선택항목에 의해 계산되기도 한다. 설사 보유하고 있는 통계꾸러미에 Spearman의 순위상관이 특정 선택항목으로 제공되지 않더라도, 편법으로 r_s를 생성하게 할 수 있다. Spearman의 순위상관은 등급을 대상으로 계산되는 Pearson의 r과 동일하게 된다. 그러므로 (표 16.1의 4열과 5열처럼) 주목하는 변수들의 개체들에 등급을 부여하고, 보유하고 있는 통계꾸러미를 이용하여 그 변수들에 대한 회귀분석을 수행할 수 있다. 최종적인 상관계수는 r_s와 동일하게 된다.

다. 표본의 크기가 10 미만일 때에는 관련된 확률을 구하기 위해 표 16.2가 이용되어야 한다.

가정과 로버스트방법

Spearman의 순위상관은 정규분포를 가정하거나 평균, 표준편차 혹은 산점도에 근거하지 않기 때문에 자동적으로 매우 로버스트하다. 변환을 비롯한 어떤 조정도 적용할 필요가 없다. 결국, 이는 r_s을 그러한 요소들의 상황이 Pearson의 r을 적용하기에 부적합한 경우 그를 대신하여 사용할 수 있는, 매우 로버스트한 상관계수로 만들어준다.

연습문제

테이헤이라Teixeira의 마을유적에서 12기의 주거지를 발굴하였다. 주거구역에서 수습된 일부 유물은 다른 것에 비해 정선되고 화려하여, 가구 간 신분차나

빈부차를 표시할 수 있을 것으로 생각된다. 다양한 장신구류나 침선문이 새겨진 토기를 신분상징의 지표로 인지하고 개별 가구 단위로 수습유물 100점당 그러한 유물의 숫자를 헤아린다. 이는 유물조합상에 근거한 개별 가구의 부와 신분의 지수를 제공하고 있다. (부유한 가족일수록 더 큰 집을 소유할 것이라는 가정 하에) 이러한 신분상 지표가 주거구조물 자체의 크기와 관련이 있는지를 조사해 보고자 한다. 자료는 표 16.3에 제시되어 있다.

표 16.3. 테이헤이라유적 12기 주거지의 면적과 출토유물에서 보이는 신분 지수

신분지수	(평)면적(m^2)	신분지수	(평)면적(m^2)
23.4	31.2	24.2	30.5
15.8	28.6	15.6	26.4
18.3	27.3	20.1	29.5
12.2	22.0	12.2	23.1
29.9	45.3	18.5	26.4
27.4	33.2	17.0	23.7

1. 주거지의 면적과 신분 지수 사이의 관계는 얼마나 강한가, 혹은 얼마나 유의한가?

2. 그러한 관찰은 (소유물로 표시되는 바에 따라) 부유한 가구일수록 더 큰 주택을 소유한다는 생각을 어떻게 뒷받침하는가?

고고학을 위한 통계학

IV 표집 특론
Special Topics in Sampling

세부집단별로 모집단에서 표집하기 | 공간단위를 이용한 유적이나 지역의 표집

아무것도 발견하지 못한 표집 | 표집과 실제

17
세부집단별로 모집단에서 표집하기
Sampling a Population with Subgroups

우리가 주목하는 모집단이 개별적으로도 관심거리가 되는 아집단들을 포함하고 있다면, 각 아집단의 원소들로 이루어진 개별 표본을 추출하는 것이 유용한 경우가 있다. 그러한 목적을 위해서 각 아집단은 마치 완전히 분리된 개별 모집단으로 취급되기도 한다. 얼마나 커야하거나 얼마나 큰 것이 가능한지에 상관없이 표본은 개별 모집단별로 추출되고, 관심의 대상이 되는 값은 개별 모집단별로 추정된다. 어떤 지역에 존재하는 모든 유적의 위치에 대한 안정적인 정보를 가지고 있다고 가정하자. 그런데 아무도 이 유적들의 면적에 대한 정보는 찾으려 하지 않았다고 하자. 이미 알려진 이 유적들의 표본을 추출하고, 이 유적들의 면적을 확정하기 위해 체계적인 지표수집을 수행해 볼 수 있다. 이러한 확정작업은 그 지역 유적의 평균면적에 대한 추정을 기초로 할 수 있다. 게다가 그 지역이 상이한 세 가지 입지환경(잔류제방, 강변저지대, 구릉사면)으로 나뉠 수 있다면, 각 환경에 대한 평균유적면적을 추정하는 것이 관심의 대상이 될 수 있다.

표 17.1은 이 세 가지 입지환경별 유적 표본에 대한 정보와 함께 각 표본의 줄기-잎도표를 제공하고 있다. 이 표는 (개별 모집단 셋 각각이 표집된) 환경별 유적의 총수인 N과 이 세 표본 각각에 포함된 유적의 수(n)를 제시하고 있다. 줄기-잎도표는 각 표본의 형상이 단봉이고 좌우대칭이라는 것과 표집의 비율

이 높은바, 그 표준오차는 유한모집단보정계수(9장 참조)를 사용하여 계산되었음을 보여준다. 이 표준오차 값을 95% 신뢰도와 $n-1$의 자유도에 상응하는 t 값으로 곱하면, 세 가지 입지환경 각각에 해당하는 추정치에 부가할 오차범위를 얻게 된다. 따라서 잔류제방에 입지하는 유적의 평균면적은 $1.71 ha \pm 0.32 ha$이고, 강변저지대의 것은 $2.78 ha \pm 0.31 ha$이며, 구릉사면의 것은 $0.83 ha \pm 0.32 ha$라는 것을 95% 신뢰하게 된다.

이 추정치들과 95% 신뢰도의 오차범위는 줄기-잎도표를 관찰하면서 가지게 되었던 의심―세 입지환경 각각에 입지하는 유적들은 현저하게 다른 평균면적을 가지며, 세 표본 사이에서 관찰된 차이는 단순한 표집오류의 결과는 아닐 듯하다―을 확인시켜준다. 지금까지는 9장에서 논의했던 방법으로 이 세 표본을 다룬 것 이상은 아무것도 아니다.

합동추정치

그런데 이쯤에서, 유적들이 입지했던 환경의 차이에 상관없이 그 지역 유적들을 전반적으로 설명하기 위해 이 세 표본들을 하나로 합쳐서 고려해 보고자 하는 생각이 들 수도 있다. 그러나 단순히 세 표본에 속한 모든 유적을 합쳐 하나의 표본으로 만들어 그것을 이 지역 유적들의 임의표본으로 간주할 수는 없다. 그러한 표본은 분명히 그 지역에 존재하는 유적들의 임의표본이 될 수 없는데, 그것은 표집과정에서 그 지역에 존재하는 각 유적이 공평한 선택의 기회를 가지지 못했기 때문이다. 구릉사면 상의 21개 유적 중 7개소(즉, 33.3%)가 선택되었고, 강변저지대의 53개 유적 중에는 12개소(즉, 22.6%)가 선택되었으며, 잔류제방에 입지하는 76개 유적 중에는 19개소(즉, 25.0%)가 선택되었다. 따라서 강변저지대 유적(0.226의 확률)은 잔류제방의 유적(0.250의 확률)보다, 잔류제방의 유적(0.250의 확률)은 구릉사면 상의 유적(0.333의 확률)보다 표본에 포함될 기회가 적었다. 단순히 이 개별 표본들을 합쳐서 만들어지는 전체 표본은 조직적으로 구릉사면 상의 유적들을 과대반영하거나 강변저지대의 유적을 과소반영하게 된다. 그러한 표본에 의거하여 전체적으로 그 지역 유적들의 평균

표 17.1. 입지환경별 유적 면적(ha)

강변저지대			잔류제방			구릉사면		
$N=53$			$N=76$			$N=21$		
$n=12$			$n=19$			$n=7$		
$\overline{X}=2.78$			$\overline{X}=1.71$			$\overline{X}=0.83$		
$SE=0.14$			$SE=0.15$			$SE=0.13$		
3.3			2.9			0.7		
2.7	4		1.7	4		1.3	4	
2.1	3	8	1.3	3		1.2	3	
3.8	3	134	2.1	3	2	0.6	3	
2.7	2	7789	1.9	2	59	0.6	2	
3.4	2	144	1.2	2	113	1.2	2	
2.9	1	8	2.5	1	66779	0.2	1	
2.8	1		2.1	1	234		1	223
2.4	0		1.6	0	78		0	667
1.8	0		1.7	0	4		0	2
2.4			2.0					
3.1			1.6					
			1.0					
			1.4					
			2.3					
			3.2					
			0.8					
			0.4					
			0.7					

면적에 대해 도달한 어떤 결론도 그러한 표집편향의 영향을 받을 수밖에 없다.

각 모집단의 아집단들로부터 개별 표본을 추출하는 것이 요구될 때 발생하는 층화표집stratified sampling의 문제를 더 심각하게 고려해야만 한다. 본 예제의 경우에서 세 입지환경은 각각 하나의 표집층이 될 수 있다. 본 예제에서 수행했던 것처럼, 각 표집층은 다른 표집층과는 구별되어 표집되어야 하는 개별 모집단이 된다. 적절한 표본규모나 표집절차는 각 표집층에 따라 독립적으로 결정될 것이며, 추출된 표본들은 그 모집단 각각에 대한 추정치를 산출하기 위해 독립적으로 이용된다. 이미 그러한 작업은 이루어졌다. 관련된 는 의는 7~10장에서 다루어졌던 것 이상의 새로운 문제를 제기하는 것은 아니다.

단지 마지막 단계에서, 개별 표집층을 대상으로 한 추정치를 합쳐서 전체 모집단에 대한 전체 추정치로 만드는 작업은 특별한 절차를 거쳐야 한다. 우선, 입지환경별로 유적의 평균면적이 상이하다는 것이 밝혀진 상태라면, 과연 전반적으로 그 지역 유적의 평균면적에 대해 언급하는 것 자체가 타당한지 여부에 대해서 먼저 고민해 보아야 한다. 만약 유적들의 모집단이 다봉의 형상을 가진다면 모든 유적을 하나의 숫자군처럼 다루는 분석을 시도하는 것은 현명하지 못하다. 물론, 전체 모집단의 형상이 어떨지 알 방법은 없지만 세 표집층에 대한 표집의 비율이 심하게 다르지 않은바, 이 세 표본 모두를 합쳐서 줄기-잎도표를 관찰하면 대략을 가늠할 수는 있다. 그 줄기-잎도표는 표 17.2에 나타나 있다. 전체 숫자군의 중심에 관한 지표로 평균을 이용하는 것이 의미 있다고 여기기에 충분할 정도로 그 형상은 단봉이고, 대칭적이다. 그러므로 다음과 같이 세 표집층 각각에 대한 추정치를 합쳐서 이 지역 모든 유적들에 대한 평균면적의 추정치를 산정해 보는 것은 나름대로 현명한 작업이라고 간주해도 될 것이다.

$$\overline{X}_p = \frac{\sum (N_h \overline{X_h})}{N}$$

여기서, $\overline{X}_p$=합동평균, 즉, 모든 표집층을 합친 모집단 전체의 추정 평균, $\overline{X}_h$=표집층 h에 해당하는 표본에 속한 원소들의 평균, N_h=표집층 h의 모집

표 17.2. 표 17.1에서 제시된 세 표본에 속한 유적들의 면적에 대한 줄기-잎도표

```
4 |
3 | 8
3 | 1234
2 | 577899
2 | 0111344
1 | 667789
1 | 0222334
0 | 66778
0 | 24
```

단에 속한 원소들의 총수, $N=$ 전체 모집단에 속한 원소들의 총수이다.

표 17.1의 예에서,

$$\overline{X}_p = \frac{(76)(1.71)+(53)(2.78)+(21)(0.83)}{150} = \frac{294.73}{150} = 1.96\,ha$$

이다. 따라서 (환경적 배경에 상관없이) 전 지역에 위치하는 유적들의 평균면적이 $1.96\,ha$라고 추정한다. 개별적으로 추출된 세 표본들의 표준오차를 합치는 것과 유사한 방식을 통해 얻어진 오차범위를 여기에 덧붙이게 된다.

$$SE_p = \frac{\sqrt{\sum(N_h^2)(SE_h^2)}}{N}$$

여기서, $SE_p =$ 모든 표집층을 합친 것에 대한 합동표준오차, $SE_h=$ 표집층 h에 대한 표준오차, $N_h=$ (앞서 예시된 대로) 표집층 h의 모집단에 속한 원소들의 총수, $N=$ (앞서 예시된 대로) 전체 모집단에 속한 원소들의 총수이다. 표 17.1의 예에서,

$$SE_p = \frac{\sqrt{(76^2)(0.15^2)+(53^2)(0.14^2)+(21^2)(0.13^2)}}{150} = \frac{13.87}{150} = 0.09$$

이다. 이 합동표준오차는 다른 표준오차처럼 다루어질 수 있다. 95% 신뢰도에 대한 오차범위를 산정하기 위해서는 이 합동표준오차의 값을 95% 신뢰도와 $n-1$의 자유도에 상응하는 t값으로 곱하면 되는데, 여기서 n는 세 표본을 하나로 합친 것으로 생각했을 때의 개수, 즉 38이다. 이에 상응하는 t값은 2.02이므로, 이 지역 모든 유적들의 평균면적은 $1.96\,ha \pm 0.18\,ha$라는 것을 95% 신뢰하게 된다.

층화표집의 장점

층화표집은 종종 전체 모집단에서 바로 표본을 추출하는 것보다 모집단에 대한 더 정확한 추정치를 산출할 수 있게 한다. 이러한 상황은 각 표집층들에서 추출된 별도의 평균들이 관심의 대상이 아닌 경우라도 층화표집이 유용할 가능성을 높여준다. 그러한 정확도 증대의 가능성은 모집단이 아집단들을 포괄하면서, 아집단 각각의 평균이 어느 정도 서로 다르되, 각각의 표준편차가 매우 작은 상황에서 오차범위가 상대적으로 작아짐으로써 높아지게 된다. 즉, 아집단 각각이 모집단 전체를 대상으로 했을 때보다 작은 산포를 가지는 숫자군을 형성한다면, 아집단들의 평균추정치에 부가되는 오차범위는 상당히 작을 것이다. 이들이 모평균 추정치에 대한 오차범위로 합쳐지면, 그 오차범위는 모집단 전체에서 무작위로 추출된 단일 표본에서 얻어진 오차범위보다는 작아질 것이다. 때때로 이러한 효과는 전체 모집단을 대상으로 하는 단일 표본보다 각 아집단으로부터 추출된 표본 각각이 작다는 사실 때문에 나타나는 역효과를 능가하기에 충분하기도 하다. 만약 한 모집단이, 평균은 서로 다르지만 그 각각의 원소들 간 변이가 크지 않은 아집단으로 쉽게 분리될 수 있다면, 설사 아집단을 분리하여 살펴보는 것에 본질적인 관심이 없다 하더라도 모집단 전체를 뭉뚱그려 표집하는 대신 아집단별로 표집하는 것에 대해 고려해 볼 만하다.

18
공간단위를 이용한 유적이나 지역의 표집
Sampling a Site or Region with Spatial Units

때때로 추출 가능한 표본의 원소가 연구 대상이 되어야 할 원소와 다른 경우도 있다. 고고학에서 이런 상황은 유적 내 격자단위의 표본 발굴, 지역 내 격자단위나 횡단대단위의 표본 지표조사와 같은 공간성에 기초한 표집spatially based sampling에서 가장 빈번하게 발생한다. 일례로, 어떤 유적에서 500개 토기편으로 이루어진 임의표본을 획득했다고 하자. 그 유적 토기편의 평균(기벽)두께나 토기편 중 특정 토기형식의 비율을 추정하고자 할 수 있다. 연구대상이 될 원소는 토기편이다. 격자 10개로 이루어진 임의표본에 대한 발굴을 통해 그 표본이 형성되었다고 가정하자. 여기서 표집된 원소는 토기편이 아니라 격자이다. 표집된 원소는 유적을 구획한 모든 격자체계에서 무작위로 선택된 10개의 격자이지, 유적의 모든 토기편 중 선택된 500개의 편이 아니다. 그러므로 독립적으로 선택된 500개의 원소로 이루어진 것이 아니라, 독립적으로 선택된 10개의 원소로 이루어진 표본을 얻게 되었으며, 이 원소들은 연구대상과 일치하지 않는다. 이 경우, 표본으로 수집된 개별 원소는 정작 연구되어야 할 원소(토기편)가 다른 개수로 포함된 집단 혹은 군집cluster이다. 평균과 비율의 추정치를 도출함에 있어 이러한 사실이 용인되어야 한다.

표본에 의거하여 모평균이나 모비율을 추정하고 거기에 오차범위를 부가하는 작업은 9·11장의 주제였다. 본 장에서는 그 논의를 특별한 사례, 즉 표집된 원소와 분석되어야 할 원소가 다른 경우로 확대할 것이다. 9·11장에서 다루어졌던 보편적 주제는 복잡한 종류의 표집방법에서 구분할 목적으로 단순임의표집이라고 일컬어지는데, 본 장에서 주목하는 군집표집cluster sampling은 그 특수한 사례로 간주될 수 있다. 고고학자가 수행하는 많은 표집이 공간단위에 의거하는바, 군집표집은 고고학에서 특히 중요하다.

공간표집단위: 점, 횡단대, 그리고 방형구

고고학에서는 적어도 세 가지 다른 종류의 표집 공간단위―점point, 횡단대橫斷帶transect, 방형구方形區quadrat―가 이용되고 있다. 고고학에서 진정한 의미의 횡단대가 쓰인 적은 거의 없지만 점표집법(혹은 점추출법)point sampling의 사례는 종종 발견된다. 그 일례는 두터운 토사 층으로 유적을 덮어버리는 하성퇴적河性堆積이 문제되는 지역에서 찾을 수 있을 것이다. 말하자면 이런 지역에서는 유적의 전체 면적을 추정하려는 노력의 일환으로 퇴적층을 시추하면서 표집을 시도하게 된다. 생활면을 관통하면서 판별력 있는 유물을 수습할 수 있을 만큼 시추공의 지름을 크게 할 수도 있는바, 특정 시추공이 유적 내부 혹은 외부에 있는지를 판단할 수 있게 된다. 시추작업은 유적 내부인지 아닌지에 대한 점 관찰로 간주될 수 있다. 일련의 시추 위치가 무작위적으로 정해지면 이 관찰값들은 해당 지역의 전체 면적에 대한 임의표본으로 간주될 수 있다. 유적 내부에 위치하는 시추공의 비율은 유적에 해당하는 면적의 비율에 대한 추정치가 될 것이다. 지역이 $100km^2$에 달하고 5%의 시추공에서 유물이 반출된다면, $100km^2$ 지역의 5%가 유적 내에 해당한다고 추정할 것이다. 따라서 이 지역에서 유적은 그 면적이 $5km^2$에 이를 것으로 추정할 것이다. 이 경우에서 표집의 단위는 공간상의 점이었지만 추정비율은 본질적으로 공간 그 자체인바, 군집표집이 아니라 단순임의표집의 경우에 해당하고 11장에서 논의된 절차를 따라 추정치에 오차범위도 부가될 수 있다. 그것은 표본의 크기(n)에 의거하게 되는데, 여기서는 시추공의 개수에 해당한다. 모집단(N)은 무한하다. 사실 6장 말미의 연습문제는 점표집의 사례에 해당한다.

방형구(사분원四分圓을 의미하는 quadrant와는 다름)는 2차원적 공간단위로서, 고고학에서는 격자체제의 정사각형은 대부분 방형구이다. 방형구는 직사각형을 비롯한 다른 형상을 띨 수도 있다. 직사각형이 길고 좁으며 연구대상지역의 한쪽 끝부터 다른 쪽 끝까지 이어지면, 종종 이를 횡단대라고 부르기도 하는데, 기술적으로 방형구는 아니다. 진정한 횡단대는 선처럼 길이만을 가지는바, 두께는 0이 된다. 고고학자가 지표조사지역의 한쪽에서부터 반대쪽까지 "횡단대"를 따라 걸어갈 때, 실제로 관찰은 단지 선을 따라서가 아니라, 통로 주변의 일정한 간격을 포함하는 좁고 긴 직사각형 내에서 이루어지게 된다. 특정 대상을 관찰할 수 있는 간격이 얼마나 넓으냐에 따라 너비(와 결과적으로 면적)를 가지게 되는바, 군집표집에서 그러한 "횡단대"는 길고 좁은 방형구로 취급하는 것이 최선이다.

아마도 방형구의 임의표본을 선택하는 방법 중 가장 빈번하게 쓰이는 것은 표집되어야 할 면적(예를 들자면, 발굴되어야 할 유적)을 표집단위로 구획할 격자를 설치하는 것이다. 격자체제에서 발굴될 가능성이 있는 각 단위에 1부터 시작하는 번호를 부여하고, 그 방형구들의 표본을 선택하기 위해서 난수표를 사용할 수 있다. 그러한 표집안의 한 가지 가능한 결과가 그림 18.1에 제시되어 있다. 동일한 체제가 길고 좁은 방형구("횡단대")에도 적용될 수 있다. 이 경

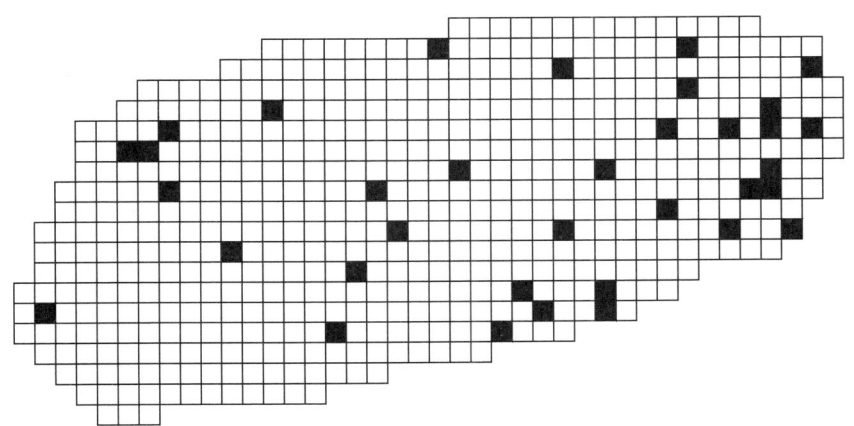

그림 18.1. 개별적으로 선택된 방형구의 임의표본

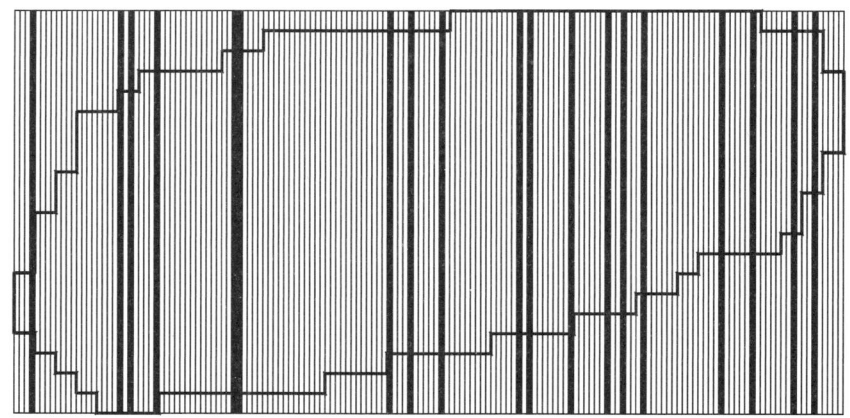

그림 18.2. 개별적으로 선택된 "횡단대"(실제로는 아주 길고 좁은 방형구)의 임의표본

우, 격자는 표집되어야 할 면적을 한쪽에서 반대쪽으로 이어지는 길고 좁은 직사각형으로 구획하는 것으로, 각각은 단일 "횡단대"가 포괄하는 범위만큼의 너비를 가진다. 이들에는 임의표집을 위한 번호가 매겨진다(그림 18.2).

    때때로 모든 "횡단대"가 평행하는 것을 피하기 위해 사용하는 또 하나의 흥미로운 대안은 지도 위에서 표집되어야 할 면적을 방형의 틀로 두르고 그 사방의 변에 눈금을 매기는 것이다. 이 눈금들은 "횡단대"의 폭만큼 띄운다. 특정 눈금에서 1부터 시작하여 틀의 외연을 따라 전체를 돌아가며 시작점에 다시 도달할 때까지 눈금에 번호를 매긴다. 한 임의의 수가 첫 번째 "횡단대"의 한쪽 끝을, 두 번째 임의의 수가 반대쪽 끝을 결정하게 된다. (만약 두 번째 임의의 수가 첫 번째 것과 동일한 틀의 변을 지정하게 된다면, 이는 버려지고 다른 수가 선택된다.) 이러한 과정이 원하는 개수만큼의 "횡단대"가 선택될 때까지 반복된다. 그러한 표집안의 일례가 그림 18.3에 예시되어 있다.

    격자체제를 이루고 있는 전체 방형구 중 n개 방형구를 무작위로 전 범위에 걸쳐 선택할 때, 어떤 방형구는 서로 너무 인접해 있거나 특정 부분은 전혀 표집되지 않은 채 방치되는 경우가 있다. 그림 18.1은 그러한 두 가지의 특징을 보여주고 있다. 특정 부분 전체가 검증되지 않은 채 남겨지는 것을 원하지 않을 수도 있는데, 예를 들어 임의표집에 의한 어떤 유적 발굴에서 그렇게 된

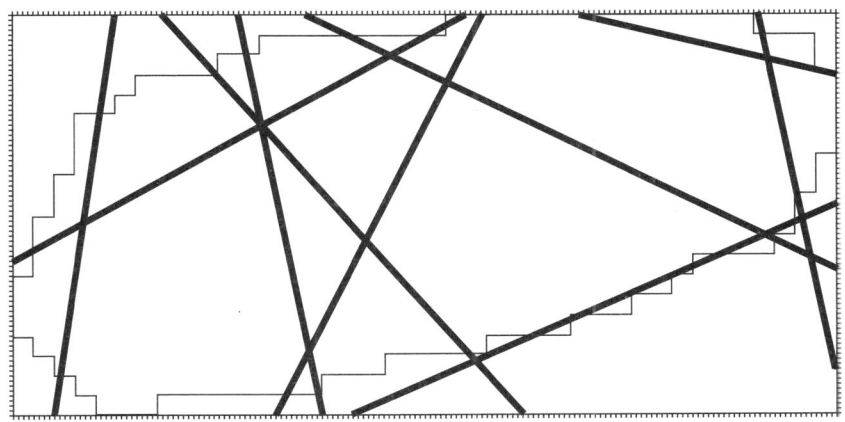

그림 18.3. 끝점의 무작위 추출에 의해 정해진 "횡단대"(실제로는 아주 길고 좁은 방형구)의 임의표본

다면 (임의표집과는 무관한 이유이긴 하지만) 불만을 느낄 수도 있다. 그러한 경우에 간혹 대안적으로 적용되는 것이 계통표집systematic sampling이다. 일례로, 570개의 방형구로 이루어진 지역에서 36개의 방형구로 구성된 표본을 원한다고 하자. 계통표집을 위해서, 570개의 방형구로 이루어진 전 격자체제를 각각이 16개의 연속하는 방형구를 포괄하는 36개의 부분구획으로 나누게 된다. (각 부분구획을 16개의 방형구로 채우기 위해, 6개의 모의방형구를 더하게 되는데, 이들은 그림 18.4에서 해칭으로 표시된다.) 1부터 16 사이에서 임의의 수를 반복적으로 선택하는 방식을 통해 16개 방형구의 부분구획 각각으로부터 한 개의 방형구를 무작위로 추출한다. 표본은 36이 될 것이지만 만약 모의방형구가 선택된다면, 최종 표본은 36개보다 작아지게 된다. 모의방형구는, 가상의 것인바, 비록 선택되더라도 표본의 원소가 될 수 없다. 그것들의 기능은 실제 방형구 각각이 표본으로 선택됨에 있어 16분의 1의 기회를 갖도록 해 주는 것이다. 그림 18.4가 보여주는 바와 같이, 최종적으로 얻어진 표본에는 여전히 인접하는 방형구들이 포함되기도 하지만 단순임의표집에서 흔히 발생하는 현상, 즉 상당히 넓은 부분이 표집되지 않은 채 남겨지는 현상은 없어지게 된다.

종종, 계통표집이 엄밀하게는 무작위적이지 않다는 반론이 제기되는데, 기

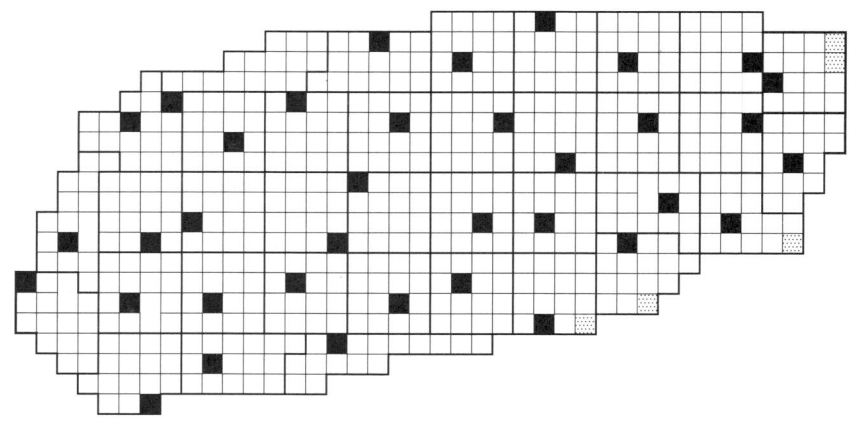

그림 18.4. 방형구의 계통임의표본

술적으로 이는 사실이다. 엄밀한 의미에서, 임의표본에서 한 원소의 선택은 다른 요소의 선택에 전혀 영향을 주지 않아야 한다. 계통표집으로 특정 방형구를 선택함으로써 같은 부분구획단위 내의 다른 방형구가 차후에 선택될 자격을 잃게 한다. 아마도 더욱 중요하게는, 앞서 서술한 대로 계통표집은 비복원추출로 이루어지는바, 일단 한번 선택된 방형구는 차후의 선택과정에서는 이용될 수 없다. 본 장에서 제시된 공식들은 9·11장의 것들처럼, 복원추출에 해당하는 것들이다. 그런데 대부분의 상황들에서는 그러한 두 가지 기술적 문제점들의 영향은 미미하다. (계통표집 중 특히 본 장에서 기술한 형태에 대해서 그러할 것인데, 여타 형태들에 비해서는 임의표집의 가장 엄격한 규칙을 덜 위배하고 있기 때문이다.) 연구 대상지역의 넓은 부분이 조사되지 않은 채 남겨지는 현상을 피하게 해 주는 공간표본으로 작업하는 매력은 그러한 미미한 기술적 결점을 압도하고도 남는다.

모비율 추정하기

군집표집에서 모비율에 대한 최선의 추정치는—단순히 표본에서의 비율로서—단순무작위표집에서의 경우와 동일하다. 예를 들어, 한 유적에서 10개 격자의 무작위표본을 발굴하여 500개의 토기편을 획득한다고 가정하자. 이러한 토기편의 군집표본 35%가 승문타날된 것이라면, 그 유적 토기편의 35%가 승문타날이라고 추정할 것이다.

이 추정치에 상응하는 오차범위는, 단순무작위표집에서처럼 비율에 대한 표준오차에 기초하지만, 군집표집에서의 표준오차는 다음 공식으로 계산된다.

$$SE = \sqrt{\left(\frac{1}{n}\right)\left(\frac{\sum\left(\frac{x}{y}-P\right)^2\left(\frac{yn}{Y}\right)^2}{n-1}\right)\left(1-\frac{n}{N}\right)}$$

여기서, $SE=$ 비율의 표준오차, $n=$ 표본의 크기(즉, 표본 내 단위의 개수), $N=$ 모집단의 크기(즉, 모집단 내 단위의 개수), $x=$ 한 단위 내의 x라는 우물의 개수, $y=$ 한 단위 내의 y라는 유물의 개수, $P=$ 모집단 내에서 x/y의 비율에 대한 추정치, $Y=\sum y$, 즉 n개 단위에서 나타난 y라는 유물의 전체 거수이다.

이 공식은 9장에서 논의된 바 있는, 유한모집단보정계수 $1-(n/N)$을 포함하고 있다는 점을 명심하자. 공간적 표집에서는 대체로 모집단이 유한하거나 한정할 수 있는바, 이러한 보정이 적용될 수 있다. 그런데 만약 모집단이 표본에 비해 무척 크다면, 결국 그 값은 1과 거의 다름이 없어지는바, 유한모집단보정계수의 영향은 무시할 수 있는 수준이 된다.

표 18.1에는 그러한 계산과 관련된 예가 제시되어 있다. 여기에는 전 면적이 100개의 격자단위로 포괄되는 한 유적에서 발굴된 10개의 격자단위로 이루어진 임의표본이 제시되어 있다. 그러므로 표본크기 n은 10이고 모집단의 크기 N은 100이다. 발굴된 10개의 단위에서는 총 500개의 토기편이 출토되었으며, 일부는 승문타날된 것이었다. 그 유적의 토기조합상에서 승문타날된 토기편의 비율을 추정하고자 한다. 단위는 임의표본을 추출할 때 사용한 일련 번호로 식별된다. 추정하고자 하는 것이 토기조합상에서 승문타날된 토기편의 비율인바, x는 각 단위격자에서 발견된 승문타날된 토기편의 개수이고, y

표 18.1. 10개 발굴단위의 임의표본에 포함된 토기편

단위	x 승문타날된 토기편의 개수	y 토기편의 개수
07	10	32
18	13	27
29	16	38
31	19	73
37	17	55
56	21	41
72	18	63
83	30	81
87	19	56
91	12	34

는 각 단위격자에서 발견된 토기편의 총수이다. $\sum x$ 혹은 X는—10개 단위에서 발견된 승문타날 토기편의 총수인— 175이다. 그리고 $\sum y$ 혹은 Y는—10개 단위에서 발견된 모든 토기편의 총수인— 500이다. 그러므로 표본 전체에 대한 토기조합상 내 승문타날 토기편의 비율은 (175/500)=0.350이며, 35%의 토기편은 승문타날되어 있다. 모비율에 대한 최선의 추정치는 표본비율인바, 유적 내 토기편의 35%는 승문타날되어 있다고 추정할 것이다.

표 18.2는 표준오차의 계산에 필요한 합계의 단계별 계산과정으로 표 18.1을 확장한 것이다. 첫 번째 계산 단계(x/y)는 발굴단위별로 x를 y로 나눔으로써 간단하게 네 번째 열을 생성한다. 이 수치는 당연히 10개 발굴단위 각각에서 발견된 승문타날 토기편의 비율이다. 이 비율은 낮게는 31번 단위의 26.0%에서, 높게는 56번 단위의 51.2%까지 다양하다. 오차범위는 우리가 주목하는 비율의 표본단위 간 변이이다.

표의 다섯 번째 열, $x/y-P$에서는 발굴단위의 비율을 전체 표본비율 (0.350)에서 뺄셈하고 있다. 당연히 이것은 편차—각 발굴단위의 승문타날된 토기편 비율이 표본 전체의 비율로부터 벗어난 정도—로 인식될 수 있다. 표준편차를 계산하는 작업에서 친숙해진 방식으로, 다음 단계 $(x/y-P)^2$은 다섯 번째 열의 편차들을 제곱하여 여섯 번째 열에 이르게 한다. 여섯 번째 열은 함께 곱해져서 합산되어야 하는 두 항 중 하나이다.

다른 항은 결국 가중요소이다. 여섯 번째 열은 일련의 편차 제곱이다. 군집표집에서 더 많은 증거(즉, 이 예제에서는 더 많은 토기편)를 생성한 단위일수록 더 한 가중치를 주게 된다. 일반적으로 큰 표본이 작은 표본보다 더 정확한 추정치를 산출한다는 것을 기억한다면, 이에 대해서는 직관적으로 납득할 수 있을 것이다. 결국, 각 발굴단위는 유적에서 출토되는 토기편들로 구성된 하나의 표본인 셈이다. 이 단일 표본들은 각기 어느 정도 다른 결과를 생성할—즉, 전체 표본비율에서 벗어날—것으로 예상할 수 있다. 만약 이들 모두가 전체 표본비율로부터 거의 벗어나지 않는다면, 이 군집표집의 추정치에 부가되는 오차범위는 상대적으로 작을 것이다. (발굴단위 간에 보이는 일관성은 이 유적이 매우 획일적이며 추정치는 매우 정확하다고 믿게 할 것이다.) 만약 적은 수의 토기편이 출토된 단위들이 전체 표본비율에서 벗어나는 것보다 많은 수의 토기편이 출토된 단위가 더 많이 벗어난다면, 산출된 결과의 부정확성에 대하여 좀 더 신경을 쓰게 될 것이다. 따라서 제곱된 편차들을 합산하면, 많은 토기편이 출토된 단위에서의 편차를 적은 토기편이 출토된 단위에서의 편차보다 (작은 표본일수록 편차는 단순히 표집오류의 결과일 가능성이 높은바,) 더 큰 비중을 두어 고려할 수 있다.

일곱 번째 열에서는 연구대상이 된 원소의 측면에서 표본 단위가 얼마나 "큰지"에 의거하여 부여하는 가중치를 계산하기 시작한다. 이 예제에서 연구대상이 된 요소는 토기편이므로, 큰(더 큰 가중치가 부여되는) 표본 단위는 더 많은 수의 토기편이 출토되는 것들이다. 일곱 번째 열(yn/Y)은 단순히 한 단위에서 출토된 토기편의 개수에 표본 내 단위의 개수(10)를 곱한 뒤, 표본을 구성하는 모든 토기편의 개수(500)로 나눈 것이다. (계산을 검토함에 있어, 일곱 번째 열의 합계는 항상 표본 내 단위의 개수인 n이 된다는 사실을 숙지하는 것은 유용하다.) 여덟 번째 열은 단순히 일곱 번째 열을 제곱한 것이다.

표 18.2의 마지막 열은 여섯 번째 열과 여덟 번째 열을 곱한 것$(x/y-P)^2$ $(yn/Y)^2$으로 10개 표본 단위에 대해 이 수량을 합산한다. 10개 표본단위의 수량을 모두 합산한 값은 0.053132로 마지막 열의 맨 아래에 제시되어 있다.

표 18.2. 총표본비율로부터 합산된 편차 가중치 계산하기

단위	x	y	$\frac{x}{y}$	$\frac{x}{y}-P$	$\left(\frac{x}{y}-P\right)^2$	$\frac{yn}{Y}$	$\left(\frac{yn}{Y}\right)^2$	$\left(\frac{x}{y}-P\right)^2\left(\frac{yn}{Y}\right)^2$
07	10	32	0.313	−0.037	0.001369	0.640	0.409600	0.000561
18	13	27	0.481	0.131	0.017161	0.540	0.291600	0.005004
29	16	38	0.421	0.071	0.005041	0.760	0.577600	0.002912
31	19	73	0.260	−0.090	0.008100	1.460	2.131600	0.017265
37	17	55	0.309	−0.041	0.001681	1.100	1.210000	0.002034
56	21	41	0.512	0.162	0.026244	0.820	0.672400	0.017646
72	18	63	0.286	−0.064	0.004096	1.260	1.587600	0.006503
83	30	81	0.370	0.020	0.000400	1.620	2.624400	0.001050
87	19	56	0.339	−0.011	0.000121	1.120	1.254400	0.000152
91	12	34	0.353	0.003	0.000009	0.680	0.462400	0.000004

$\sum y = 500$ $\sum\left(\frac{x}{y}-P\right)^2\left(\frac{yn}{Y}\right)^2 = 0.053132$

위에 제시된, 비율의 표준오차의 공식에 숫자를 대입하는 작업은 상대적으로 간단하다.

$$SE = \sqrt{\left(\frac{1}{10}\right)\left(\frac{0.053132}{10-1}\right)\left(1-\frac{10}{100}\right)}$$

$$= \sqrt{(0.100)(0.005904)(0.900)}$$

$$= \sqrt{0.00531} = 0.023$$

그리하면 비율의 표준오차는 0.023이 되며, 그 유적의 토기조합상 내 승문타날된 토기편의 비율에 대한 추정치는 35.0%±2.3%로 표현된다. 이러한 오차범위는 원하는 특정 신뢰수준에서의 진술을 위하여 적절한 t값을 곱할 때 커지게 된다(9장 참조). 예를 들어, 만약 95% 신뢰수준에서의 오차범위로 추정치를 표현하고자 한다면, 95% 신뢰도와 자유도($n-1$) 9에 상응하는 t값을 표 9.1에서 찾으면 된다. 그 값은 2.262이다. 따라서 여기서 구하는 오차범위는 (2.262)(0.023)=0.052이다. 그러므로 승문타날된 토기편은 그 유적의 토기편 35.0%±5.2%를 반영한다는 것을 95% 신뢰한다고 진술하게 될 것이다.

> **통계꾸러미**
>
> 군집표집에 대한 표준오차를 계산해주는 통계꾸러미는 거의 없다. 두 번째 분수에서 분자를 형성하는 합산이 장황하더라도 표준오차는 직접 계산할 수밖에 없다. 그 계산을 다소 용이하게 하는 방법은 바로 그 수식을 계산하는 것보다는 상대적으로 간단한 반복적 계산을 통해 얻어지는 각 열값이 포함된 표에서처럼 계산하는 것으로, 이는 전산적 해결책을 제시해주고 있다. 표계산 spreadsheet 프로그램은 정확히 그러한 계산을 수행하도록 고안된 것으로서, 귀찮고 지루한 대부분의 작업을 컴퓨터가 대신하게 하는 아마도 가장 빠르고 가장 용이하며 가장 보편적으로 이용 가능한 방법일 것이다. 통계꾸러미가 변수들의 변환을 위해 제공하는 기능 역시 그러한 작업에 활용될 수 있는데, 표 18.2와 표 18.4의 각 열은 단순히 그 값이 앞 열에 대한 반복적인 산술적 조작을 통해 계산될 수 있는 새로운 변수이기 때문이다. 일부 데이터베이스 관리프로그램 역시 그러한 계산을 수행할 수 있는 산술적 도구를 제공하고 있다.

모평균 추정하기

비율에서도 그러했던 것처럼, 모평균에 대한 최선의 추정치는 표본의 전체 평균이다. 표 18.3은 이제까지 살펴보았던 발굴단위로 구성된 표본과 동일한 표

표 18.3. 10개 발굴단위에 포함된 투사체의 길이

단위	x 투사체 길이(mm)
07	15, 19, 23
18	17
29	18, 23
31	18, 18, 27
37	18, 19
56	24
72	20, 21, 26, 28, 29
83	16
87	28
91	25, 26

본에서 나온 예제 데이터를 제시하고 있다. 여기서 데이터는 비율의 예제에서와 동일한 발굴단위에서 출토된 투사체의 길이(mm)이다. 모두 21개의 투사체가 수습되었는데, 전체 평균길이는 21.8mm이다. 따라서 이 유적에 있는 모든 투사체의 평균길이는 21.8mm라고 추정하게 된다.

이러한 평균추정치에 오차범위를 부가하기 위해서 필요한 표준오차는 비율에 대한 표준오차와 매우 유사한 방식으로 계산할 수 있다.

$$SE = \sqrt{\left(\frac{1}{n}\right)\left(\frac{\sum(\bar{x}-\bar{X})^2\left(\frac{yn}{Y}\right)}{n-1}\right)\left(1-\frac{n}{N}\right)}$$

여기서, $SE=$ 평균의 표준오차, $n=$ 표본의 크기(즉, 표본 내 군집의 개수), $N=$ 모집단의 크기(즉, 모집단 내 군집의 개수), $\bar{x}=$ 어떤 군집 내서의 x의 평균, $\bar{X}=x$의 모평균 추정치, $y=$ 어떤 군집 내에서 x에 대해 측정된 사물의 개수, $Y=\sum y$ (즉, n개 군집에 나타난 y의 총계)이다.

중앙부 분수의 분자를 형성하는 합산은 또 한 번의 복잡한 계산과정인데, 이 합산과정은 비율의 표준오차를 계산하는 것과 매우 흡사하다. 표 18.4는 이 계산이 수행되는 과정을 보여주고 있다.

이 예제에서, y는 각 단위에서 발견된 투사체의 개수이다. 각 발굴단위별로, 발견된 투사체들에 따라 평균길이를 계산할 수 있다. 그 평균은 표 18.4의 세 번째 열에 나타나 있다. 여기서 주목하는 편차는 각 단위에 있어서 투사체의 평균길이와 표본 전체의 평균길이(네 번째 열) 사이의 차이이다. 보통 이 편차는 제곱된다(다섯 번째 열). 비율을 추정할 때와 마찬가지로 가중치가 작용한다(여섯 번째와 일곱 번째 열). 마지막으로 이들을 곱한 값은 마지막 열에 요약된다.

앞서 제시된 공식에 대입한 결과는 다음과 같다.

표 18.4. 총표본평균으로부터 합산된 편차 계산하기

단위	y	$\bar{x}$	$\bar{x}-\bar{X}$	$(\bar{x}-\bar{X})^2$	$\dfrac{yn}{Y}$	$\left(\dfrac{yn}{Y}\right)^2$	$(\bar{x}-\bar{X})^2\left(\dfrac{yn}{Y}\right)^2$
07	3	19.0	−2.8	7.840	1.429	2.042	16.009
18	1	17.0	−4.8	23.040	0.476	0.227	5.230
29	2	20.5	−1.3	1.690	0.952	0.906	1.531
31	3	21.0	−0.8	0.640	1.429	2.042	1.307
37	2	18.5	−3.3	10.890	0.952	0.906	9.866
56	1	24.0	2.2	4.840	0.476	0.227	1.099
72	5	24.8	3.0	9.000	2.380	5.664	50.976
83	1	16.0	−5.8	33.640	0.476	0.227	7.636
87	1	28.0	6.2	38.440	0.476	0.227	8.726
91	2	25.5	3.7	13.690	0.952	0.906	12.403

$\bar{X}=21.8$ $\sum(\bar{x}-\bar{X})^2\left(\dfrac{yn}{Y}\right)^2=114.783$

$$SE=\sqrt{\left(\dfrac{1}{10}\right)\left(\dfrac{114.783}{10-1}\right)\left(1-\dfrac{10}{100}\right)}$$

$$=\sqrt{(0.100)(12.7537)(0.900)}$$

$$=\sqrt{1.1478}=1.07mm$$

이 표준오차를 95% 신뢰수준에서의 오차범위에 활용하기 위해서는, 앞선 예에서 비율에 대한 표준오차를 다루면서 행했던 대로, 자유도 9와 95% 신뢰도에 상응하는 t값인 2.262를 곱해 주게 된다. 따라서 오차범위는 (1.07)(2.262) =2.42mm이고, 이 유적에서 투사체의 평균길이가 21.8mm±2.4mm임을 95% 신뢰하게 된다.

밀도

공간성에 기반한 표집은 단순임의표집이 아닌 군집표집의 영역에 속한다는 사실 때문에, 군집표집의 기본원리가 무엇인지에 대해 혼동을 불러일으켜서는 안 된다. 간혹 공간성에 기반한 표집은 실제로 단순임의표집이다. 이러한 차이는 연구대상이 된 원소가 무엇이냐에 달려 있다. 앞서 논의된 두 예제에서 연구대상인 요소는 토기편과 투사체였다. 두 요소 중 어느 것도 표집단위와 일치하지는 않았는데, 표본을 정하기 위해 무작위로 선택된 것은 전체 격자체제 중 일부 방형구였기 때문이다. 따라서 승문타날된 토기편의 비율을 추정하거나 투사체의 평균길이를 추정하는 작업은 군집표집에 대한 질문으로 간주할 필요가 있다.

그런데 간혹 표본을 구성하기 위해 무작위로 추출된 공간단위를 분석하는 작업이 관심의 초점이 되기도 한다. 이 같은 것은 본 장의 모두에서 밝힌 것처럼, 점표집의 경우에 해당한다. 또한 특정 유물이나 유구의 밀도(단위면적당 개수)를 추정할 때 발생할 수 있다. 그러한 밀도는 주로 단위격자당 토기편과 같은 사물의 개수로 간단히 표현된다. 그러한 개수는 실제로는 토기편의 속성이 아니라, 격자단위의 속성이다. 분석되어야 할 요소가 표본을 구성하기 위해 무작위로 추출된 요소와 동일한바, 이 경우는 단순무작위표집에 대한 질문이 된다. 앞서의 예제에서, 각각 32, 27, 38, 73, 55, 41, 63, 81, 56, 34개의 토기편이 산출되는 10개의 격자단위 표본을 다루었다. 10개 단위 각각에 있어서의 계측치로 이루어진 크기 10의 표본이라는 점에서 9장에서 논의되었던 바와 동일한 방식으로 모든 격자단위들로 이루어진 온전한 모집단(즉, 유적의 전체 면적)을 대상으로 단위격자당 토기편의 평균개수를 추정할 수 있다.

단위격자당 토기편의 평균개수는 50.0이다. 그러므로 유적 전체에 있어서 단위격자당 평균 토기편수는 50.0으로 추정할 것이다. 표준오차는 5.8개 토기편이지만 유한모집단보정을 통해 5.5개로 줄어드는바, 95% 신뢰수준에서 오차범위는 (2.262)(5.5)=12.4개 토기편이 될 것이다. 따라서 유적 전체에서 격자단위당 평균 토기편수는 50.0±12.4개 토기편임을 95% 신뢰하게 된다.

그러한 밀도 추정치는 유적에서 출토되는 다양한 종류의 유물·유구의 수량을 추정하는 도약판이 된다. 예를 들어보자. 이미 (95% 신뢰수준에서) 유적 전체에서 평균적으로 격자단위당 50.0±12.4개 토기편이 출토된다고 추정하였다. 유적 전체가 100개의 격자단위로 구성되어 있다는 것은 알고 있다. 밀도 추정치는, 유적 전체에서 토기편의 총수가 (단위격자당 50.0개 토기편)(100개의 단위격자)=5,000개 토기편이라는 추정치로 치환될 수 있다. 오차범위 역시 같은 방식으로 치환된다. 즉, (격자단위당 12.4개 토기편)(100개 단위격자)=1,240개 토기편이다. 따라서 유적 전체의 토기편 총수는 5,000±1,240개임을 95% 신뢰한다.

19
아무것도 발견하지 못한 표집
Sampling without Finding Anything

표본통계는 일반적으로 표본에서 뭔가를 찾는 작업을 출발점으로 삼는다. 표본이 투사체와 같은 유물로 구성되어 있다고 하자. 표본을 추출한 유물조합에서 투사체의 비율을 추정하거나 그 투사체들의 표본이 추출된 모집단에 대해 그 평균무게를 추정하거나 모집단 내 투사체를 만든 상이한 재료 간의 비율을 추정하는 등등의 분석을 할 수 있다. 9·11장 및 18장에서 논의된 절차를 따라, 그러한 추정치들에 특정 신뢰수준에 상응하는 오차범위를 부가할 수도 있다.

그런데 간혹 표본에서는 드러나지 않는, 특정한 범주의 관찰사항에 대해서 관심을 기울여야 하는 상황을 접하기도 한다. 예를 들어, 투사체를 만드는 데 사용될 수 있는 잠재적 원석으로 처트, 플린트, 흑요석 등이 있다는 것을 알고 있지만 주어진 표본에는 처트와 플린트제만 포함되어 있다고 하자. 흑요석이 투사체를 만드는 데 사용되지 않았다고 얼마나 신뢰하면서 진술할 수 있을까? 이제는 어떤 표본에서 흑요석제 투사체를 하나도 발견하지 못하였다는 것이 그 표본이 추출된 모집단에 전혀 흑요석제 투사체가 없다는 것을 의미하지 않는다는 사실에 대해 알 수 있을 만큼은 표본과 관련된 문제를 확실히 알고 있다. 표본이 얼마나 크냐와 상관없이 그것은 사실이다. 흑요석제 투사체를 하나도 얻지 못할 것이라는 점을 확신할 수 있는 단 한 가지 방법은 모집단 전체를 다루는 것이다. 단 하나의 투사체라도 검토되지 않은 채 남겨져 있다면, 최소한 그것이 흑요석제일 확률은 조금이라도 있게 된다.

우리가 표본으로 작업하는 한, 표본에 의거하여 모집단에 대해 내렸던 결론에서처럼 100%에는 미치지 못하는 신뢰수준을 감수하여야만 한다. 신뢰수준은 언제나 표본의 크기에 좌우될 것이다. 다섯 개 투사체로 이루어진 표본에서 흑요석제 투사체를 발견하지 못하는 경우보다 100개로 이루어진 표본에서 발견하지 못하는 경우에 흑요석제 투사체는 없다고 말하는 데 좀 더 확신하게 된다. 모집단에서 투사체의 비율도 그러한 점과 연관이 있다. 만약 모집단이 많은 수의 투사체를 포함하고 있다면, 모집단에 적은 수의 투사체가 있는 경우보다는 적어도 하나의 투사체라도 특정 크기의 표본에 들어갈 듯하다는 것은 직관적으로도 분명해진다.

본 장의 목표는 그러한 직관적인 (그러나 분명하게 유효한) 어림짐작에 좀 더 세밀한 수준을 부여하는 것이다. 이러한 작업에 기초통계학의 원리를 적용하기 위해서는 결론에 요구되는 신뢰수준이 어느 정도인지, 몇 개나 되는 흑요석제 투사체를 간과하는 위험을 감수할지에 대해 결정하기만 하면 된다. 진술할 결론의 신뢰수준을 결정하는 일은 이 상황에서는 전혀 새롭지 않다. 앞의 장들에서 염두에 두었던 것을 적용하면 된다. 그러나 몇 개나 되는 흑요석제 투사체를 간과할 수도 있는지에 대해 결정하는 작업은 새로운 문제를 제기할 뿐만 아니라, 통계기법들을 적절하게 사용할 수 있게 해 준다. 결국, 어느 정도로 낮은 비율의 흑요석제 투사체는 기능적으로 없는 것과 동일한지를 결정해야만 한다. 만약 10억 개 중 한 개의 투사체가 흑요석제라면, (적어도 여러 가지 목적에서) 아마도 투사체를 제작하는 데 사실상 흑요석은 사용되지 않았다고 말하고자 할 것이다. 동일한 맥락에서, 100만 개 중 하나의 투사체가 흑요석제라는 것도 흑요석이 투사체를 제작하는 데 사용되지 않았다는 것을 의미한다고 말할 수 있을 것이다. 적어도 어떠한 의도로 모집단에서 1% 미만, 더 나아가서는 5% 미만의 투사체가 흑요석으로 제작되었다는 것을 매우 높은 신뢰도로 진술할 수 있다는 것은 흥미롭고 유용하다.

16개 투사체로 이루어진 표본이 있는데, 어느 것도 흑요석제가 아니라고 가정하자. 그러한 표본이 추출된 모집단에서 1% 미만의 투사체만이 흑요석으로 제작되었다고 말할 수 있는 신뢰수준은 어느 정도인지 알고자 한다. 이러한 의문을 다른 (그리고 좀 더 친숙한) 방식으로는 "1% 미만의 흑요석제 투사체를 포함하는 모집단에서 흑요석제 투사체가 하나도 들어 있지 않은, 16개 원소의 임의표본을 추출하는 것이 얼마나 그럴듯할까?"로 표현할 수 있을 것이다. 이러한 질문에 답하기 위해서는 단순히 일련의 연속적 사건의 확률들을 곱하면 된다.

표집하려는 모집단에서 실제로 1%의 투사체가 흑요석제라고 가정하자. 표본을 만들기 위해 선택한 첫 번째 투사체가 흑요석제가 아닐 확률은 0.99이다. (99%가 흑요석으로 제작되지 않은바, 무작위로 선택될 하나의 투사체는 100번 중 99번은 흑요석제가 아닐 것이다.) 표본을 만들기 위해 선택한 첫 번째 투사체가 흑요석제가 아닐 확률 또한 99%이다. 따라서 99%의 경우에 있어서 비흑요석제 투사체를 첫 번째로 선택하게 될 것이다. 만약 그렇게 된다면, 99%의 경우에 있어서 비흑요석제 투사체를 두 번째로 선택하게 될 것이다. 따라서 두 개의 원소로 이루어진 표본들 99%의 99%는 흑요석제 투사체를 포함하지 않게 될 것이다. 그렇다면 1%의 흑요석제 투사체를 포함하는 모집단으로부터 두 개의 원소로 이루어진 표본을 추출할 때, 흑요석제 투사체를 포함하지 않을 확률은 $(0.99)(0.99)=0.98$, 혹은 98%이다.

모집단으로부터 크기가 2인 표본을 반복적으로 추출한다면, 이 표본들 중 98.0%는 흑요석제 투사체를 포함하지 않을 것이다. 크기가 2인 표본에서 흑요석제 투사체를 발견하지 못했다면, 임의의 세 번째의 투사체를 추출함으로써 표본의 크기를 늘리고자 할 수도 있다. 무작위로 선택된 다른 투사체와 마찬가지로, 이 세 번째 임의의 투사체도 99%의 경우에 있어서 흑요석제가 아닐 것이다. 따라서 모집단으로부터 반복적으로 표본을 추출하는 작업에 있어서 98%의 경우에 첫 두 개에서는 흑요석제를 발견할 수 없을 것이고, 만약 서 번째 투사체를 선택하는 작업을 계속한다면 그 98%의 경우 중 99%에서는 흑요석으로 제작된 투사체를 발견하지 못할 것이다. 그러므로 이 모집단으로부터 추출된 세 개의 투사체로 이루어진 표본이 흑요석제를 포함하지 않을 확률은 $(0.99)(0.98)=0.970$이다. 이러한 방식으로 더 많은 투사체를 추출해 볼 수 있다. 각 단계에서 이전 단계의 확률에 재차 0.99가 곱해지게 된다.

어떤 표본의 크기가 n이라면 그 모집단으로부터 흑요석제가 포함되지 않은 표본을 추출할 확률은 0.99^n이다. 따라서 1%의 흑요석제 투사체를 가진 모집단에 있어서, 크기가 16인 표본이 흑요석제 투사체를 포함하지 않을 확률은 $0.99^{16}=0.851$이다. 50개의 투사체로 이루어진 표본의 경우, 1%의 흑요석제 투사체를 가진 모집단에서 흑요석제 투사체가 하나도 포함되지 않게 표집하는 경우가 여전히 60.5%나 된다($0.99^{50}=0.605$). 60.5%라는 확률은 유의성에 대한 평가가 된다. 즉, 모집단에는 1%의 흑요석제 투사체가 포함되어 있음에도 불구하고, 크기가 50인 임의표본에 흑요석제 투사체 포함되지 않을 확률이다. 대응확률($1-0.605=0.395$)은 이 표본이 추출된 모집단이 1% 이하의 흑요석제 투사체를 포함하고 있다고 진술할 때 담보되는 신뢰수준이 된다. 따라서 흑요석제 투사체를 포함하지 않는 크기 50의 표본이 1% 이하의 흑요석제 투사체를 가진 모집단에서 추출되었다고 하는 것은 단지 39.5%의 신뢰도를 담보한다.

표 19.1은 특정 표본크기(n)와 특정 모비율에 상응하는 신뢰수준을 제시하고 있다. 앞서 논의한 예제의 수치들은 $n=50$의 행과 모비율 1%의 열에서 찾아진다. 표에 제시된 숫자는 50개의 원소로 이루어진 표본이 추출된 모집단이 어떤 것이 되었건 표본에 나타나지 않을 것을 1% 이하로 포함하는 상황에 대한 신뢰수준, 39.5%에 대응하는 0.395이다. 39.5%라는 것은 물론 진술할 때 유용한 신뢰수준은 아니다. 95% 신뢰수준에서 그러한 결론을 도출하려면 흑요석제 투사체를 포함하지 않는 표본의 크기가 얼마나 되어야 하는지를 결정하기 위해서, 0.95에 이를 때까지 모비율 1%의 열을 읽어 내려와야 한다. 표본 크기 300의 행에서야 마침내 신뢰수준이 0.951에 이르게 된다. 따라서 95% 신뢰수준에서 모집단이 1% 이하의 흑요석제 투사체를 포함한다고 결론 짓기에 충분한 크기의 표본을 원했다면, 300개 정도의 원소로 이루어진 표본이 필요할 것이다. (만약 이렇게 커진 표본에서 한 개 이상의 흑요석제 투사체를 발견했

표 19.1. 표본에서의 부재가 낮은 모비율을 의미한다는 추론에 관련된 신뢰수준

모비율 n	0.1%	0.5%	1.0%	2.0%	5.0%
20	0.020	0.095	0.182	0.332	0.642
25	0.025	0.118	0.222	0.397	0.723
30	0.030	0.140	0.260	0.455	0.785
35	0.034	0.161	0.297	0.507	0.834
40	0.039	0.182	0.331	0.554	0.871
45	0.044	0.202	0.364	0.597	0.901
50	0.049	0.222	0.395	0.636	0.923
55	0.054	0.241	0.425	0.671	0.940
60	0.058	0.260	0.453	0.702	0.954
70	0.068	0.296	0.505	0.757	0.972
80	0.077	0.330	0.552	0.801	0.983
90	0.086	0.363	0.595	0.838	0.990
100	0.095	0.394	0.634	0.867	0.994
110	0.104	0.424	0.669	0.892	0.996
120	0.113	0.452	0.701	0.911	0.998
130	0.122	0.479	0.729	0.928	0.999
150	0.139	0.529	0.779	0.952	>0.999
175	0.161	0.584	0.828	0.971	—
200	0.181	0.633	0.866	0.982	—
250	0.221	0.714	0.919	0.994	—
300	0.259	0.778	0.951	0.998	—
350	0.295	0.827	0.970	0.999	—
400	0.330	0.865	0.982	>0.999	—
450	0.363	0.895	0.989	—	—
500	0.394	0.918	0.993	—	—
600	0.451	0.951	0.998	—	—
700	0.504	0.970	0.999	—	—
800	0.551	0.982	>0.999	—	—
900	0.594	0.989	—	—	—
1000	0.632	0.993	—	—	—
1200	0.699	0.998	—	—	—
1400	0.754	0.999	—	—	—
1600	0.798	>0.999	—	—	—
1800	0.835	—	—	—	—
2000	0.865	—	—	—	—
2500	0.918	—	—	—	—
3000	0.950	—	—	—	—
4000	0.982	—	—	—	—
5000	0.993	—	—	—	—
6000	0.998	—	—	—	—
7000	0.999	—	—	—	—

다면, 당연히 11장에서 논의되었던 바 있는, 모비율을 추정하고 95% 신뢰수준에서 그 추정치에 상응하는 오차범위를 덧붙이는 과정으로 돌아가면 된다.)

그런 후에 표 19.1은 특정 크기의 표본에는 없는 어떤 것이 모집단에서는 5%, 2%, 1%, 0.5% 혹은 0.1% 미만의 비율로 나타날 것이라고 결론지을 수 있는, 신뢰수준을 결정하는 작업에 이용될 수 있다. 또한 이 표는 모집단이 관심의 대상인 어떤 것을 특정 비율보다 낮은 수준으로 포함하고 있다고 결론짓기 위해서 어느 정도 큰 표본이 필요한지를 결정하는 데에도 이용될 수 있다. 이미 살펴본 바와 같이, 만약 표본에서는 나타나지 않는 어떤 것에 대한 모비율이 매우 낮다는 것을 높은 신뢰수준에서 결론짓기 원한다면, 매우 큰 표본이 필요하게 된다.

20
표집과 실제
Sampling and Reality

7장의 서두에서 표집이야말로 이 책이 채택한 통계원리의 심장부에 있다그 역설했다. 7장에서 본 장에 이르기까지 장을 거듭할수록 그러한 주장이 더욱 명확해졌기를 바란다. 모평균이나 모비율을 추정하는 것, 몇 숫자군의 평균을 비교하는 것, 몇 숫자군의 비율을 비교하는 것, 두 계측치의 관계를 고찰하는 것 등의 과제에 상관없이 통계기법을 사용하는 사람이 취하는 접근논리에는, 다루고 있는 숫자군을 큰 모집단으로부터 추출된 표본으로 간주하는 생각이 포함된다. 결국 주목하는 것은 모집단이다.

이런 점은 때로는 정확하고 분명한 사실이다. 예를 들어, 만약 어떤 암음 유적 전체를 발굴하여 452,516개의 석재 부스러기들을 수습한다면, 폐기된 452,516개 박편으로 이루어진 모집단 전체의 성격을 규명할 목적 아래, 그 브스러기들의 일부로 구성된 일종의 임의표본을 추출하여 세밀한 분석을 수행할 것이다. 이 경우, 그 유적에서 수습된 모든 폐기 박편의 모집단에 대한 진술에 활용할 폐기 박편의 표본을 얻게 된다. 거기에 활용된 표집계획은 어쩌면 복잡할 수도 있다. 예를 들어, 유적의 특정 층과 다른 층의 비교를 위해 층별로 분리하여 표집할 수도 있다. 9~11장에서 논의된 기법을 활용하여 그러한 목적을 달성하기 위해서는 각 층위별로 대략 얼마나 큰 표본이 필요한지 결정할 수 있고, 각 층의 폐기 박편들로 구성된 몇 모집단을 대상으로, 계측치들의 평균이나 몇몇 범주들의 비율을 추정할 수도 있다. 그러한 추정치에 오차범위를 부가함으로써, 어느 정도의 신뢰수준에서 어느 정도의 정확도를 가지고 그 평균이나 비율에 대해 논의할 수 있는지를 알 수 있다(9~11장 참조). 이들 추정치와 오차범위를 활용하거나, t검정이나 분산분석을 활용하여 계측치의 층별 평균을 비교할 수도 있다(제12·13장 참조). 추정치와 오차범위를 활용하거나 χ^2을 이용하여 각 범주들의 층별 비율을 비교할 수도 있다(14장 참조). 회귀분석을 이용하여 계측치 간 관계의 강도와 유의성도 평가할 수 있다(15장 참조). 만약 실제 계측치가 아니라 등급이 주어졌다면, 순위상관분석을 활용할 수도 있다(16장 참조). 유적 전체에서 수습된 석재 부스러기에 관한 사항들을 언급하기 위하여 각기 다른 층에서 추출된 표본을 조합할 수도 있다(17장 참조). 만약 표본에 나타나지 않은 종류의 석재가 있었다면, 모집단에서는 그것들이 얼마나 희소한지에 대해 언급할 때 담보되는 신뢰도도 평가할 수 있다(19장 참조). 이러한 분석들은 표본 내에서 관심 있게 관찰한 사항이 모집단에서 나타나는 사항을 반영한 것임을 얼마나 신뢰할 수 있을지에 대해서 언급할 수 있게 해 준다. 이는 9장부터 18장에 이르기까지 논의되었던 원칙들을 직접적으로 적용한 것이다.

만약 전·중·후 고기 투사체로 이루어진 대규모 표본이 주어졌다면, 위에서 언급한 모든 것―오차범위를 부가한 평균과 비율, 시기 간 차이에 대한 유의성검정 등―을 해 볼 것이다. 하지만 표본에 의거하여 진술하고자 하는 모집단이 어떤 모집단인가에 대해서 잠시 생각해 보아야만 한다. 아마도 그 모집단은 전·중·후 고기에 제작된 모든 투사체의 조합이라고, 크고 모호하게 정의될 것이다. 시기에 따른 어떤 변화를 매우 일반론적인 측면에서 인지하는 것이 관심거리가 될 수 있다. 여전히 분명한 단일 표본을 가지고 있고 설사 진술하고자 하는 모집단이 매우 모호하더라도, 그것에 대해 상상해 볼 수 있다. 그런데 그 표본은 진정한 의미의 임의표집과정을 통해 추출된 것이 아니므로, 석재 부스러기의 예제와는 달리, 이 예제에서는 표집편향이 심각하게 문제가 될 수 있다(7장 참조).

만약 어떤 형성기 마을을 전면 발굴해서 전·중·후 형성기에 속하는 주거지 27기에 관한 정보를 획득했다면, 위에서 제시된 통계기법들이 활용될 수 있을 것이다. 그 유적의 모든 주거지를 발굴했다면, 그 주거지들이 왜 표본으로 취급되어야 하는지 분명하게 납득하기는 어려울 것이다. 그 표본이 추출된 모집단은 무엇인가? 온전한 모집단이 아닌가? 그렇다면 그것은 예를 들어, 전·중 형성기 간에 관찰될 수도 있는 편차의 유의성에 대해 조사할 수 없다는 것을 의미하는가? 이 경우, 몇 종류의 모집단들에 주목할 수 있다. 형성기의 특정 시점에 그 유적에 존재하였던 모든 주거의 모집단이 그중 하나가 된다. 어떤 주거들은 분명히 후행하는 주거 축조나 여타 과정에 의해 파괴되었을 것이다. 우리의 표본은 이런 온전한 모집단은 아니지만, 이 모집단이 어떤 맥락에서는 우리가 주목하는 바로 그 모집단이기도 하다. 다른 맥락에서 전기 형성기 주거를 보편화하여 언급하기 위해, 이 유적에서 발견된 전기 형성기 주거지의 표본을 활용할 수 있다. 그런 맥락에서 우리의 표본과 관심 대상인 모집단의 관계는 고기 투사체에 관련된 첫 번째 예와 유사하다.

　만약 어떤 지역을 전면적으로 지표조사했다면, 표본이 대표하는 모집단이 무엇인지를 규정하기는 더 어려워질 것이다. 아마도 두 시기 유적들의 일부는 파괴되었거나 지표조사하기 불가능할 수도 있으며, 설사 상황이 여의하여 거의 모든 유적에 관한 자료를 수집하였다고 하더라도 조사된 유적들은 더 큰 모집단에서 나온 표본일 뿐이라고 말해야만 한다. 신석기시대와 청동기시대 간 유적의 평균면적에서 보이는 차이의 유의성에 관해 언급하고자 하는가? 분명히 95% 신뢰수준에서 신석기시대의 평균 유적면적은 $1.4\,ha \pm 0.2\,ha$이고, 청동기시대는 $3.6\,ha \pm 0.3\,ha$라고 하는 데 필요한 계산을 수행할 수 있다. (대신에 t검정을 수행하고, 평균유적면적에서 보이는 신석기시대와 청동기시대 간 차이의 유의성은 매우 높다는 점을 발견할 수 있다.) 따라서 청동기시대 유적들이 평균적으로 신석기시대 유적들보다 상당히 크다는 것을 크게 신뢰할 수 있게 된다. 그러나 표본과 모집단이란 측면에서 이것이 정확하게 무엇을 의미하는지 말하기란 쉽지 않다. 말 그대로, 청동기시대 표본은 신석기시대 표본보다 평균면적이 넓은 유적의 모집단으로부터 추출되었다는 것은 지극히 그럴듯하다고 결론지었다. 그러나 그 두 모집단은 실제로는 가상의 것이다. 만약 지표조사가 매우 효과적이어서 조사되지 않은 유적이 없었다고 한다면, 이 지역의 모집단은 실질적으로 현재의 표본과 다르지 않다. 이 지역 밖에 존재했을 수도 있는 모집단에 대해서 고려하는 것은 별다른 의미가 없을 것인데, 인근의 다른 지역이 어떠한 양상을 보이는가 하는 것은 전적으로 다른 문제이기 때문이다―그 지역에는 신석기시대 유적이 전혀 없었을 수도 있다.

이 경우, 표본이 추출된 그 모집단은 사실 가상의 것이다. 여기에서 가상의 모집단으로부터 추출된 표본으로서 취급하여 분석하고 있는 대상에 대해 고려하는 것은 실상에 접근하는 좋은 방법으로 여겨지지 않을 수도 있지만 현재의 연구대상이 궁극적으로 주목하는 모집단 전체를 구성하고 있는 경우에라도 유의성과 신뢰도에 대해 논의하는 것은 의미가 있는 작업이다. 실제 마지막 예제와 같은 유의성 평가는 관찰결과의 양과 성격이 신석기-청동기시대 전이과정에서 나타나는 평균유적면적의 변화에 대해 논의함이 적당하다고 말할 수 있는 기초를 제공한다. 인지된 변화는 관찰결과의 수가 적거나 그 성격이 불안정한 것에 기인하지는 않을 것 같다. 간략히 말하자면, 높은 신뢰도를 가지고 변화된 사항에 대해 언급하고 더 나아가 그러한 변화의 성격과 동인에 대해 고찰해 보기에 충분한 정보를 가지고 있다는 것이다. 이러한 지적은 고고학자들의 계속적인 고민 중의 하나, 즉 무언가를 언급하기에 충분한 정보를 가지고 있는가라는 고민에 종지부를 찍을 수 있게 해 준다. 결론에 대해 가질지도 모르는 여타 의문이 어떤 것이든 간에, 적어도 신석기-청동기시대 전이과정에서 유적면적의 변화가 나타났는지 여부에 대해 언급하기에 충분한 수의 유적에 대한 정보를 획득하지 못했다고 우려할 필요는 없다.

전·중·후 고기 투사체에 대한 고찰로 돌아가서, 전기 고기에는 95% 신뢰수준에서 결입식扶入式(혹은 비행기형) 투사체의 비율이 46%±23%이고, 중기 고기에는 (역시 95% 신뢰수준에서) 34%±19%라는 것을 발견하였다고 가정하자. 결입식 투사체의 비율 변화가 어떤 요인에 의해 촉발되었는지에 대해서는 주목하지 않더라도, 관찰의 양과 특성상 과연 그런 변화 자체가 있었는지에 대해서조차 그다지 신뢰하지 못하기 때문이다. 이런 상황에서 시도해 보고 싶은 작업은 더 많은 수의 박물관을 방문해 더 많은 투사체를 관찰하는 것일 수 있다. 표본이 좀 더 커진다면, 95% 신뢰수준에서 좀 더 작은 오차범위를 얻을 수 있을 것이다. 따라서 화제를 의미 있게 만들기 충분한 정도의 신뢰도를 가지고 언급할 수 있는 변화가 있었든지 그렇지 않으면 어떤 변화가 있었건 관심을 가지기에는 너무 작았는지를 알 수가 있어야 한다.

이 둘 중 어떤 경우에도 신뢰도(혹은 그 경상인 유의성)에 대한 통계학 개념의 적용을 통해 관찰의 양과 성격이 어떤 결론을 도출하기에 충분하였는지를 확인할 수 있다. 통계적 논증을 통해 이러한 문제를 다룰 강력한 도구를 얻게 된다. 두 부류의 관찰사항 간 차이가 높은 통계적 유의성을 가진다는 사실을 발견한다면, 적어도 결론 도출의 근거가 되는 관찰이 충분했는지에 대한 우려는 하지 않아도 된다는 것을 알고 있다. 그러한 차이가 높은 통계적 유의성을 가지지만 그에 대해 신뢰하기 위해서는 더 큰 표본이 필요하다고 (어떤 경우에는 꼭 해야만 하는 것처럼) 언급하는 것은 유의성검정의 의미에 대한 이해의 부족을 노출시키는 것밖에 되지 못한다. 적어도 유의성이 높다는 것은 더 큰 표본이 필요하지 않다는 것을 의미한다.

아직 건드리지 않은 것은 7장에서 논의된 바 있는 표집편향의 문제이다. 관찰된 사항들을 임의표본처럼 다루기로 결정했다면, 분석을 계속 진행하면서 통계기법들을 사용할 수 있다. 어떤 모집단으로부터 나온 표본이든 간에, 관찰이 목표했던 것—즉, 관찰된 양상이 어떤 것이든 간에 매우 낮은 유의성을 갖는 것—을 찾기에는 부족하다는 것을 발견할 수 있다. 이와는 반대로 표본으로서의 그러한 관찰대상이 유래한 모집단이 어떤 것이든 간에 통계적으로 매우 유의한 사항들을 진술하기에 충분하다는 것을 발견할 수도 있다. 이 후자의 상황에 직면하면, 다시 한 번 우리의 표본이 어디에서 왔는지를 고려해야 하는 입장에 놓이게 된다. 관찰대상이 주목하고 있는 관찰결과의 성격에도 영향을 미칠 정도의 편향된 방식으로 수집되었다면, 최선을 다해 해결책을 찾아야 한다. 이러한 작업에서 통계학으로부터 얻을 수 있는 도움이란 표집편향의 문제를 분명하게 서술하고 어느 정도까지는 그것을 표본크기의 문제에서 분석적으로 분리함으로써 그러한 문제를 차단하는 것에 한정되어 있는데, 이 책의 통계기법들은 직접 그러한 작업을 수행할 수 있도록 고안되었다.

보통은 그에 관해 이 같은 방식으로 이야기하지는 않지만 방사성탄소연대측정은 고고학자들이 그런 식으로 추론을 하는 데 익숙한 정황을 제공한다. 실험실에 제출된 목탄의 표본이 800±100년 전이라는 연대를 결과로 얻었다면, (관례적으로 방사성탄소연대를 표현하는 데 쓰는 오차범위는 1 표준오차이기 때문에) 대략 66%의 경우에 이 표본은 900년 전에서 700년 전 사이에 놓이게 된다. 그러한 결과를 특정 층의 연대에 관해 어떤 결론을 내리는 데 이용하기에 앞서 고려해야만 하는 몇 가지 다른 문제들이 있다. (목탄)표본이 오염되지 않았다는 것을 얼마나 신뢰할 수 있는가? 두더지 굴을 통해 후대 층의 목탄이 떨어진 것이 아니라는 것은? 단순히 탄 채로 남은 후대의 나무뿌리가 아니라는 것은? 해당 층이 퇴적되기 오래전에 죽은 적목질赤木質이 아니라는 것은? 결국 이러한 부가적인 질문은 실험실에서 그 표본이 측정되고 있는 탄소원자 모집단의 실제 특성에 대한 질문이다.

오차범위는 그 관찰이 당초 알고자 했던 것을 언급하기에 충분한지 여부를 알려준다. 당초 알고자 했던 사항은 문제의 층이 400년 전보다 전에 혹은 후에 형성된 것인가라고 가정하자. 800±100년이라는 방사성탄소연대는 측정된 표본이 400년 전보다 오래되었다는 것을 매우 신뢰하게 해 준다. 오차범위를 줄여보고자 더 큰 목탄덩어리를 실험실에 제출하는 것이 그다지 도움이 될 것 같아 보이지는 않는다. 표본의 크기를 늘리는 것은 자칫 시간과 비용의 낭비가 될 수 있다. 이 탄소원자들이 400년 전 이전에 형성된 탄소원자들의 모집단으로부터 추출된 표본이라는 것을 매우 신뢰한다. 그러나 여전히 표집방식(즉, 표집편향)에 대한 우려는 남는다. 그러한 어려움 속에서도 통계 외의 다른 고려사항에 대해 이 자료를 가지고 할 수 있는 최선책을 강구해야 한다.

표집편향의 문제와 관련하여 이 책에서 취한 접근법은 방사성탄소연대를 다루는 데 있어서의 관행과 유사하다. 임의표집을 통계기법의 활용에 앞서 충족되어야 하는 (곧이곧대로 받아들인다면, 고고학에서 통계학의 적용가능성 모두를 즉각 포기해야 할지도 모르는) 기준으로 간주하는 것보다는, 관찰된 사항이 실제로 어디서 연원한 표본인가라는 문제가 (만약 그러한 관찰이 기대하는 결론을 도출하기에 충분한 통계적 유의성을 담보한다면) 관찰로부터 어떤 결론을 도출할 수 있는가와 관련된 고려사항이 된다. 만약 관찰을 의미 있게 할 통계적 유의성이 담보되지 못한다면, 표집과정에서 편향의 문제를 부각하는 시간낭비는 하지 않아도 된다. 대신 가능한 한 편향되지 않은 방식으로 추출된 (더 큰) 다른 표본을 원하게 된다.

통계 도구들이 결론이나 해석을 내리는 작업에 도움이 되기는 하지만 7장에서 논의한 대로, 그러한 작업은 통계의 영역을 넘어서는 것이다. 통계 도구를 활용하여 부여한 유의성이나 신뢰수준은 관찰대상이 표본으로 추출된 (실재의 혹은 가상의) 모집단의 개연적 특성과 관련된다. 관찰에 담보될 수 있는 신뢰도가 얼마나 되는지(혹은 상응하는 유의성이 얼마나 되는지) 앎으로써, 그것이 관심사항에 대한 결론 도출을 어느 정도 뒷받침할지를 평가할 수 있게 된다. 그러나 신뢰도와 관련된 확률을 결론에 직접 적용할 수는 없다.

한 시기에서 다음 시기로 넘어가면서 가족규모가 확대되었으며 그러한 변화는 저장용기가 더 커지는 결과를 낳았다라고 생각한다면, 저장용기가 커진 관찰결과에 어느 정도의 신뢰도를 부여해야 하는지를 결정하는 데 통계 도구를 이용할 수 있다. 그런데 저장용기가 커졌다는 것을 99% 신뢰할 수 있다그해서, 그것이 가족규모의 확대를 99% 신뢰해도 된다는 의미는 아니다. 저장용기의 용량이 증대되는 데에는 다른 원인이 있을 수 있다. 신뢰도와 관련된 확률은 관찰에 관련될 뿐 관찰의 결과가 의미하는 것과 관련되지는 않는다. 저장용기의 용량 증가에 대한 관찰에 담보되는 높은 신뢰도는 당연히 그 결론을 지지하는 증거를 제공한다. (만약 계산결과가 저장용기의 용량이 증대되었다는 점에 상대적으로 낮은 신뢰도를 부여한다면, 관찰결과는 가족규모가 확대되었다는 결론을 상대적으로 덜 지지하게 된다.) 가족규모의 확대에 부합하는 여타 증거들에 대한 관찰이 높은 신뢰수준을 담보한다면 그러한 결론은 더 많은 지지를 얻게 되는 반면, 가족규모의 확대에 부합하지 않는 여타 증거들에 대한 관찰이 높은 신뢰수준을 담보한다면 그러한 결론은 의심받게 된다. 다양한 종류의 증거들에 대한 상반된 관찰을 저울질하는 것은 결론의 평가에 필수적이지만 대부분 통계적 작업은 아니다.

개별 종류의 증거들을 평가하거나 각 방면의 관찰들이 얼마나 많이 (혹은 얼마나 적게) 최종 결론을 입증하는 데 기여하는지를 평가하는 데 있어서 통계 도구는 낮은 차원에서 더욱 유용하다. 유의성검정에 대한 귀무가설검정식의 접근보다는 다단계적인 접근이 고고학에서 더 적합하다는 사실이 바로 고고학자가 단일 표본에서 한 종류의 변수에 대한 관찰에 의거하여 가부 결정을 하는 맥락에서보다는 위와 같은 맥락에서 통계 도구를 주로 이용하기 때문이다. 표본을 이용하여 그것이 추출된 모집단에 대해 오차범위가 부가된 추정치를 산출하고 이 추정치를 탄환도표로 비교하는 작업은 많은 경우, 분명하고 더 직접적이다.

특히 이 책에서 논의되는 통계기법들은 어떠한 결론을 내리기에 충분한 만큼의 관찰결과를 확보했는지에 대한 고고학자의 영원한 우려를 불식시켜줄 강력한 접근법을 제공하고 있다. 어떤 유적으로부터 수집된 토기편 253개는 형식별 비율에 대해 매우 신뢰하여 언급할 수 있게 해 주는가? 발굴된 5기에 의거하여 형성기 주거지 면적에 대해 논의하는 것을 얼마나 신뢰할 수 있나? 단지 16개소 유적에 대한 관찰을 근거로, 묘당축대廟堂築臺의 개수는 유적의 면적에 따른다고 하는 것을 높이 신뢰할 수 있을까? 어떤 유적에서 수습된 단면박편석기들을 모두 분석할 필요가 있을까 아니면, 표본을 집중적으로 다룸으로써 좀 더 많은 것을 알아낼 수 있을까? 만약 한 표본이 있다면, 우리가 알아야 할 것을 알려주기 위해 그 표본이 얼마나 커야 할까? 이것들은 모두 수십 년 간 고고학자들의 잠 못 이루는 밤에 불쑥불쑥 떠오른 질문들의 예이다. 고고학조사에서 이러한 질문들은 순전히 작위적이고 주관적인 방식으로 답해져 왔다. 주관적 인상이나 "직감"에 근거하여 그러한 질문들에 답하는 것은 그다지 도움이 되지 못한다. 이 책에서 살펴본 통계 도구들은 그러한 질문들에 대한 해결책을 제시해 준다.

고고학을 위한 통계학

V 다변량분석
Multivariate Analysis

다변량 접근법과 변수 | 개체 간 유사성
다차원척도법 | 주성분분석 | 군집분석

21
다변량 접근법과 변수
Multivariate Approaches and Variables

제Ⅲ부(두 변수 간의 관계)에서 시도했던 작업은 종종 이변량분석bivariate analysis으로 지칭된다. 이 책의 마지막 부분을 구성할 장들은 두 개 변수의 관계에 대한 분석을 다변량multivariate의 영역으로 확장한다. 다변량분석에는 다양한 접근법이 있다. 다음에서는 그중, (가설화의 과정에서 특정 패턴의 강도나 유의성을 평가하는 작업과는 대조적으로) 다변량데이터세트로부터 패턴을 탐색하기에 적합한 기법 몇 가지만 선별하여 다루기로 한다. 이 책의 마지막 부분에 관련된 관점은 제Ⅰ부에서 행했던 숫자군 탐색작업을 회상시키기도 한다. 그러나 여기서의 탐색은 단일 숫자군이나 단일 변수에 관한 것은 아니다. 두 변수의 관계마저 넘어서 각 개체에 관련된 훨씬 많은 변수를 다루는, 매우 복잡한 상황이 전개된다. 물론, 한 번에 변수 두 개씩을 택한 뒤, 제Ⅲ부에서 논의되었던 방법을 이용하여 양자 간 관계의 강도와 유의성을 평가하는 방식으로, 조를 이룬 두 변수 사이의 관계를 살펴봄으로써 많은 변수들에 접근할 수도 있다. 그런데 조별 상관성 평가의 결과들을 적절하게 취합하는 방책 없이는 이러한 접근방식은 곧 감당할 수 없게 되어버린다.

15장에서 특정 회귀분석으로부터 얻어진 잔차를 다른 회귀분석의 종속변수로 활용함으로써, 이를 달성할 수 있는 한 가지 방안을 논의한 바 있다. 실제로 그것은 다변량분석의 한 형태로 가는 길이 된다. 다중회귀는 그러한 작업을 단일 분석을 통해 통합된 방식으로 수행하는데, 대부분의 통계꾸러미에서는 다중회귀분석이 실행된다. 그 기본적인 원리는 복수의 이변량 회귀분석들을 단일 세트의 결과로 통합하는 것과 관련하여 15장에서 살펴본 바와 같기 때문에, 여기서 다중회귀에 대해서 더 이상 깊이 논의하지는 않기로 한다. 그런데 다중회귀는 고고학 연구, 특히 여러 변수들을 이용하여 중요한 하나의 종속변수의 값을 예측하고자 하는 상황에서 활용되어왔다. 예를 들어, 유적 위치의 예측모형은 다중회귀를 많이 사용해왔다. 다중회귀는 다른 방식으로도 논의할 바와 같이 다변량기법과는 다르다. 이변량 회귀와 마찬가지로, 다중회귀도 변수들 간의 특정 관계―일련의 독립변수 값에 의거하여 종속변수의 값을 예측함에 있어 단일 수식으로 표현되는 관계―에 대한 강도와 유의성을 평가한다. 따라서 이는 패턴을 탐색하기보다는 그러한 관계를 표현하는 특정의 가설적 방안이 얼마나 잘 작동하는지에 대한 평가에 더 치중하는 것이다.

여기서는 좀 더 탐색적인 맥락에 초점을 맞출 것이지만 그 값을 예측하고자 하는 단일 변수만 있는 것은 아니며, 변수들 간 관계에 대한 특정의 가설적 모형을 평가하고자 하는 것도 아니다. 대신, 계측치나 범주에 해당하는 특성들을 가진 개체에 주목할 것이다. 이 마지막 장들에서 논의될 기법을 통해 달성하고자 하는 목표는 그러한 데이터세트에서 나타날 수 있는 관계―너덧 가지 상이한 방식으로 표현될 수도 있는 관계―들의 패턴을 발견하는 것이다.

구체적인 예를 보면, 이상의 모호한 논의가 다소 명확해질 수도 있겠다. 고고학자들이 다변량분석에 대해 관심을 갖는 주된 이유 중 첫 번째로 꼽을 수 있는 것은 유물분류를 좀 더 엄정하고 재연가능하게 하고자 하는 시도와 관련이 있다. 토기 형식분류체계의 수립이 종종 다변량분석의 과제로 여겨지는 것은 바로 그런 예가 되겠다. 토기 형식분류체계를 수립하는 전통적인 방법은 많은 수의 토기편을 큰 탁자 위에 올려놓고 서로 유사한 것들을 한 무더기로 모으고 서로 다른 것은 분리하는 것이다. 이렇게 무더기별로 모아놓는 작업이 끝나면 각 더미들에 속한 토기편의 특징을 기술하는데, 이것이 이른바 형식서술이다. 이는 종종 불안정하고 작위적인 관행으로 비춰져왔는데, 고고학 작업실에서의 유물분류가 더미를 어떻게 만들고 특정 토기편이 어떤 더미에 속해 있는지 등을 놓고 의견의 불일치를 발생시켜온 것은 그 대표적인 사례이다.

다변량분석이 이러한 난제들의 해결에 도움을 줄 것으로 여겨진 때가 있었다. 수많은 토기편은 데이터세트의 개체가 될 수 있고 그들의 흥미롭고 우용할 만한 특성들은 변수가 될 수 있다. 어떤 변수는 ('거친', '정선된', '마연된' 등으로 분류될 수도 있는 표면처리방식과 같이) 범주가 되기도 하며, 어떤 변수는 (mm단위로 표시될 구순부의 두께와 같이) 계측치가 될 수도 있다. 옳거니, 다변량데이터세트구나! 그렇다면 적절한 통계분석은 이 다변량데이터세트에서 패턴을 찾아내고 유물형식에 관한 얼버무림을 영원히 일소할 수 있겠다. 몇 가지 이유로, 그러한 작업은 당초 의도했던 방식으로 성과를 내지는 못했으며, 요즈음 고고학연구에서 다변량분석의 기대되는 용처는 유물분류를 엄정하고 재연가능하게 하려는 노력과는 다소 차이가 있다. 그러나 다변량분석법을 이용하여 유물분류를 개선하고자 했던 기본적인 생각이 다변량데이터세트가 어떠한 것이며, 거기에서 패턴을 탐색한다는 것이 무엇을 의미할 것인지를 명확히 하는 데 일조한 것만은 분명하다.

예제 데이터세트

후속하는 장들에서는 동일한 다변량데이터세트를 계속해서 예제로 사용하도록 한다. 이 책에서 사용되는 다른 데이터세트들처럼 이 또한 분명하게 핵심적인 원리에 초점을 맞출 목적으로 가공된 것이다. 이 데이터세트에 내재한 패턴은 단순하며 직설적이지만 완전무결하지는 않다. 이 데이터세트는 다양한 다변량분석 기법들이 실제 데이터세트의 패턴을 어떻게 보여주는지를 알 수 있도록 어느 정도 현실적인 기회를 제공할 무작위적인 일탈사례와 일반적인 혼재양상을 충분히 포함하고 있기도 하다.

여기서 사용할 데이터세트에 포함된 개체들은 가상의 중미 형성기 유적인 이쉬카퀴쉬트라Ixcaquixtla에서 발견된 20개의 가구단위household unit이다. 이쉬카퀴쉬트라유적 발굴을 통해 이 20개 가구家口에 상응하는 주거구조

표 21.1. 이쉬카퀴쉬트라 가구에 관련된 다변량데이터세트

가구단위	완·발형편 %	장식토기편 %	분묘조성소요동력	곤봉유무	동물유존체/토기편 비	축대유무	패각/토기편 비	불량토기편 %	격지 %	흑요석제석기 %
1	0.25	0.03	2	0	0.32	0	0.000	0.000	0.79	0.00
2	0.37	0.07	3	0	0.55	0	0.000	0.000	0.35	0.00
3	0.15	0.01	1	1	0.10	1	0.008	0.000	0.32	0.00
4	0.19	0.01	2	0	0.20	0	0.000	0.000	0.26	0.00
5	0.35	0.04	3	0	0.57	0	0.000	0.000	0.69	0.00
6	0.21	0.01	1	0	0.13	1	0.000	0.000	0.31	0.12
7	0.24	0.01	1	0	0.19	0	0.000	0.000	0.86	0.00
8	0.20	0.05	2	0	0.28	0	0.000	0.016	0.19	0.00
9	0.49	0.09	3	0	0.48	0	0.000	0.000	0.28	0.00
10	0.23	0.02	2	0	0.24	0	0.000	0.000	0.29	0.00
11	0.26	0.02	2	1	0.21	1	0.000	0.021	0.31	0.13
12	0.19	0.00	1	0	0.15	0	0.000	0.000	0.46	0.00
13	0.31	0.04	2	0	0.37	1	0.000	0.025	0.26	0.10
14	0.45	0.05	3	1	0.60	1	0.009	0.000	0.65	0.00
15	0.48	0.03	3	0	0.43	0	0.000	0.000	0.43	0.00
16	0.09	0.00	1	1	0.15	0	0.005	0.000	0.29	0.00
17	0.11	0.02	1	0	0.09	0	0.000	0.014	0.28	0.00
18	0.29	0.02	2	1	0.25	1	0.007	0.000	0.87	0.00
19	0.28	0.03	2	1	0.40	0	0.000	0.000	0.31	0.00
20	0.19	0.03	1	0	0.05	0	0.000	0.000	0.95	0.00

물이 드러났으며, 각 구조물에 관련된 쓰레기더미에서 다양한 유물 표본이 수습되었다. 또한 각 주거구조물의 주변에서 상당한 수의 매장 흔적이 드러나기도 하였다. 이 유적은 짧은 기간 동안만 점유되었던바, 이 가구단위들은 동시기의 산물이며 당시 이 조그마한 마을에 실존했던 가구 대부분에 해당하는 것으로 간주할 수 있다.

데이터는 표 21.1에 제시되어 있다. 구별과 추적을 용이하게 하기 위하여 가구단위들에는 번호가 부여되었으며, 10개의 변수들은 주거구조물, 무덤, 쓰레기더미에서 수습된 인공·자연유물조합에서 관찰된 특징들을 내포하고 있다. 첫 번째 변수, 완·발형편 %는 쓰레기더미에서 수습된 토기편 중 배식용 완/발로 동정(同定)할 수 있는 토기편의 비율이다. 나머지 토기편은 대부분 저장용기나 조리(취사)용기인바, 완/발형편의 비율이 높다는 것은 토기조합상에서 정선된 배식용기의 수가 많음을 시사하는 것이다. 이러한 토기의 비율이 높은

현상을 상위유력층의 가구나 연회에서 나타날 수 있는 보다 우아하고 정성스런 접대와 연결시키는 것은 그다지 특이한 일이 아니다. 두 번째 변수, 장식토기편 %는 쓰레기더미에서 수습된 토기편 중 정교하게 장식된 것의 비율이다. 장식된 토기는 무문의 토기보다는 훨씬 더 많은 노력이 소요되는바, 그 소유는 부나 위세와 관련될 것이다.

분묘는 피장자들이 생전에 거주하였던 주거구조물 주변에 위치한다. 어떤 경우, 매장은 단순한 토광에 이루어지기도 하지만 어떤 경우는 정교한 석관묘에 이루어지기도 하는데, 부장품의 양과 질이 현격한 차이를 보이기도 한다. 부장에 소요된 동력(이란 변수)은 각 가구단위와 관련된 매장에 평균적으로 소요된 노동력을 대략적으로 범주화해놓은 것이다. 이 변수는 정확히 계산될 수는 없지만 세 범주(1=낮음, 2=중간, 3=높음)로 평가될 수는 있었다. 사망한 가구구성원의 매장에 평균적으로 많은 양의 노동력이 투여되었다는 것은 그 가구에 (그것이 경제적 부가 되었건, 사회적 위세가 되었건, 정치적 권세가 되었건, 신성한 권위가 되었건, 의례적 지위가 되었건, 아니면 다른 무엇이 되었건) 무언가 특별한 것이 있음을 시사한다. 곤봉대가리는 실용기라기보다는 의례적인 성격이 강한, 정교하게 조각된 석기이다. 이는 무덤에 부장되기는 하지만 매우 희귀한 것으로 (여기서는) 단지 그 부장 여(1)부(0)만을 기록한다.

동물유존체/토기편 비는 각 가구단위에 관련된 쓰레기더미로부터 수습된 동물뼈의 수를 같은 곳에서 수습된 토기편의 수로 나눈 것이다. 어떤 맥락에서 육류는 선호하는 식료이며 동물유존체의 집중에서 보이듯이 어떤 가구는 상대적으로 많은 양의 육류를 소비할 수 있었을 것인데, 이 또한 특별한 것으로 간주될 수 있다. 일부 주거구조물은 약 $1m$ 높이의 다짐처리된 축대 위에 축조되었다. 이 변수에 관한 한 1의 값은 주거구조물이 축대 위에 축조되었음을, 0의 값은 그렇지 않음을 의미한다. 이례적으로 축대 위에 주거구조물이 축조되었다는 것 또한 그 가구와 관련된 무언가 특별한 것—사회적, 경제적, 정치적 위계에서의 높은 위치이거나 그렇지 않고 덜 위계적인 원리 속에서라도 구별—이 있음을 의미하는 것으로 여길 수 있겠다.

패각/토기편 비는 각 가구단위에 관련된 쓰레기더미로부터 수습된 해양성 조개껍질의 총수를 같은 곳에서 수습된 토기편의 수로 나눈 것이다. 해양성 조개는 멀리 떨어진 해안지역으로부터 수입되었어야만 했기 때문에 매우 희귀할 뿐만 아니라, 확연히 장신구의 제작에 활용되었다. 쓰레기더미에서 발견된 패각편의 대부분은 최종완성품이 아니라, 그러한 장신구의 제작과정에서 생성된 부스러기이다. 그것들이 수공품생산행위와 관련될 수 있다는 것이 고고학적 해석의 일례가 되겠다. 토기 생산은 불량소성품—제작과정에서 심하게 훼손되어 사용할 수 없게 되고, 그 즉시 폐기된 소성 토제품의 파편—의 존재를 통해 알 수 있다. 불량토기편 %는 각 가구단위에 관련된 쓰레기더미로부터 수습된 불량소성 토기편의 수를 같은 곳에서 수습된 모든 토기편의 수로 나눈 것이다. 쓰레기더미에 대한 세밀한 채질을 통해 박편 석기의 제작과정에서 폐기된 부스러기 박편이 다량 수습되었다. 각 가구단위에 관련된 쓰레기더미로부터 수습된 폐기 박편, 즉 격지의 수를 같은 곳에서 수습된 모든 박편(석기)의 수로 나눈 값이 격지 %이다. 마지막으로, 흑요석은 특히 박편석기(의 제작)를 위한 고품질의 원석이다. 이는 이쉬카쿼쉬트라유적으로부터 멀리 떨어진 곳에 위치하는, 몇 안 되는 흑요석 산지로부터 수입된 것이다. 흑요석제 석기 %는 각 가구단위에 관련된 쓰레기더미로부터 수습된 흑요석기편의 수를 같은 곳에서 수습된 박편 석기의 수로 나눈 것이다.

    이 다변량데이터세트는 이쉬카쿼쉬트라유적의 가구단위들에 대한 다양한 종류의 정보를 포괄하고 있다. 여기서 변수란 지위, 부富, 지도권, 연회, 의례 및 수공품생산 등의 주제어들과 연관된 증거의 종류이다. 검증하고자 하는 특정 가설을 염두에 두는지 여부에 관계없이, 이러한 데이터에서 패턴을 찾는 작업에 관심을 기울일 것이다. 이는 바로 나머지 몇 개장에서 다변량분석의 몇 가지 접근법으로 수행해 볼 탐색작업이다.

변수의 종류, 결측자료, 통계꾸러미

표 21.1에는 몇 가지 종류의 변수가 포함되어있는데, 일단 그들이 다변량적 접

근에서 상이한 처치를 받아야 한다면, 변수의 종류에 대해 지금까지 구분했던 것보다는 자세한 사항에 대하여 관심을 기울여야 할 필요가 있다. 표 21.1의 변수 대부분은 계측형변수(비율과 비)이다. 두 변수(곤봉대가리, 축대)는 범주형변수이다. 어떤 경우라도 그러해야 하듯, 범주는 상호 배타적이며 감쇄적이다. 즉, 각 개체는 변수별로 오직 하나의 범주에만 들어맞아야 한다는 것이다. 이러한 점은 앞 장들에서 다루었던 모든 범주형변수에서도 그러했다. 각각의 상황에서 언급할 필요조차 없을 정도로 자명해 보인다. 다변량분석에서는 이러한 특성을 가지지 않는 변수들을 정의하고자 하는 충동이 일수도 있지만 자제해야 한다.

가구에 따라, 무덤에는 분명히 곤봉대가리가 있기도 하고 없기도 하다. 드 경우 모두일 수는 없고, 반드시 어느 한쪽이어야 한다. 축대라는 변수에 대해서도 마찬가지이다. 이 둘처럼 존재/부재의 변수는 다변량분석에서 종종 다른 종류의 범주형변수와는 구별되는 특별한 처치를 받는다. 이와 같은 데이터세트에는, 일례로 외벽外壁, 판목, 진흙벽돌 등의 세 범주로 구성된 벽체壁體 축조라는 변수가 포함될 수도 있다. 만약 하나의 주거구조물에 판목과 진흙벽돌 모두를 이용하여 축조된 벽체가 발견된다면, 네 번째 범주(판목+진흙벽돌)가 추가되어야 각 가구단위가 단 하나의 범주에만 속할 수 있게 된다. 그런데 이 범주형변수는 존재/부재의 변수는 아니며, 일부 접근법에서는 존/부存/否변수와 동일하게 처리되지 않기도 한다.

마지막으로 표 21.1에는 순위를 반영하는 변수(분묘 조성에 소요된 동력)가 있다. 16장에서 순위를 일종의 열등한 계측형변수―변수 내에서 높은 수치가 "더 ~한"을 의미하지만 한 값이 다른 값의 두 배가 되는 것이, 실제 계측치의 개체들에 그러한 것처럼 "두 배 더 ~한"을 의미하는 것―로 간주하지는 못한다. 여기서 분묘 조성에 소요된 동력은 세 범주로 이루어진 변수의 형태를 취하는데 이 측면에서는 여타의 범주형변수와 유사하다. 그러나 세 순위가 명백히 소정의 서열을 따른다는 점에서는 여타 범주형변수와 다르다. 낮음, 높음, 중간이라고 언급하는 것이 정확한 순서를 벗어난다는 점을 인지하게 된다. 그러한 범주들에 숫자를 부여할 때, 1을 낮음에, 2를 중간에, 3을 높음에 부여함으로써 이 숫자들을 수학적으로 조작操作하는 작업을 통해, 매우 의미심장하게 중간이 낮음과 높음의 가운데 놓인다는 점을 인지할 수 있게 된다.

표 21.1의 데이터는 통계꾸러미에 맞도록 정리된 것이다. 물론, 계측치는 언제나 그렇듯이 수치로 반영되었다. 범주 또한 부여된 수치로 반영되어 있는데, 앞에서는 범주에 대해서 수행할 필요가 없었던 작업이다. 그런데 다변량 데이터세트에서는 변수의 값들이 수학적으로 처치되어야하기 때문에 이러한 작업이 필요하다. 예를 들어, 축대가 있는 경우에 "P(present)"를, 없는 경우에 "A(absent)"를 부여할 수는 없는데, "P"와 "A"의 값으로는 가감승제를 할 수 없기 때문이다. 원리상으로는 존재하는 것에 0의 값을, 부재하는 것에 1의 값을 부여할 수는 있지만 반대로 하는 것이 관행처럼 되어 있다. 0이 부재의 값이고 1이 존재의 값이면, 대부분의 프로그램이 존/부변수와 다른 종류의 변수 간 차이를 더 쉽게 구별한다.

앞서 순위와 관련하여 다루었던 것처럼, 분묘 조성에 소요된 동력에는 1, 2, 3의 값이 부여되었다. 원리대로라면, 낮음에 3을, 중간에 2를, 높음에 1을 부여할 수 있지만 낮은 양에 낮은 숫자를, 높은 양에 높은 숫자를 부여하는 것이 덜 혼란스럽다. 만약 데이터세트가 벽체 축조(외벽, 판목, 진흙벽돌 및 진흙벽돌을 곁들인 판목)와 같은 변수를 포함하였다면, 그 각 범주에도 숫자를 부여할 수 있다. 일반적으로 그 변수에 대해서는 0을 사용하지는 않는데, 어떤 범주도 부재하는 경우가 없기 때문이다. 대신 외벽에 1을, 판목에 2를, 진흙벽돌에 3을, 진흙벽돌을 곁들인 판목에 4를 사용할 것이다. 그런데 이 변수와 관련해서는 숫자를 쉽게 섞어놓을 수도 있다. 네 범주 중 어떤 것에도 1의 값을 부여할 수 있는데, 그 숫자가 각 범주의 순위 매김에 대한 어떤 의미도 가지지 않기 때문이다. 분묘 조성에 소요된 동력이라는 변수의 각 범주에 부여된 숫자들은 순위에 관한 정보를 전달하지만 벽체 축조라는 변수의 범주들에 부여된 것들은 그렇지 않다는 점을 반드시 기억해야 한다. 다변량분석에서는 이러한 구분이 매우 중요하다.

결측자료missing data에 관한 개념은 다변량분석에서 매우 중요한 역할을 한다. 앞에서는 이에 대해 주목할 필요가 없었는데, 현 두 변수를 다룰 때는 자체 처리가 가능하기 때문이었다. 만약 한 긁개가 부러져 길이를 계측할 수 없다면 각종 수치지표를 탐색하고 계산하고자 하는 숫자군상에 자동적으로 그 긁개에 대한 특정 길이 계측치가 나타나지 않게 된다. 즉, 길이 계측치를 관찰할 때, 그 긁개는 표본에 나타나지 않게 된다. 석재별 범주로 이루어진 숫자군을 관찰할 때, 이 긁개는 다시 나타날 수 있다. 부러졌다는 사실이 그 긁개의 석재를 구별하는 작업에 장애가 되지는 않는다. 만은 긁개의 길이와 석재의 관계를 조사한다면, 그 긁개는 또 사라질 것이다. 그 길이에 대한 계측치가 없는바, 분석을 위한 표본에 그 개체를 포함시킬 수가 없어서 그 긁개는 사라질 것이다. 앞에서 그러한 개체는 결측자료란 이유로 분석에서 제외되었다고 말할 수 있었을 것이다.

다변량데이터세트에서는 전부는 아니지만 대부분의 변수들에 대해 모든 해당 개체들을 측정하거나 분류할 수 있는 것이 보통이다. 예를 들어, 만약 표 21.1의 데이터세트에 제시된 가구단위 중 관련된 분묘가 전혀 없는 가구단위가 있다면, 그에 대해 분묘 조성에 소요된 동력을 범주화하거나 곤봉대가리의 존/부를 언급하지는 못할 것이다. 이 가구단위는 두 변수에 관한 한 특별한 값—특별한 상황을 반영한 값—을 부여받아야만 한다. 사용되지 않은, 특정 값이 결측자료부호로 설정될 법하다. 마침표(".") 자체가 될 수도 있는데 데이터를 기록 시 사용되지 않는 어떤 기호라도 좋다. 다변량분석에서는 그러한 결측자료부호들을 효과적으로 사용하는 것과 함께, "결측자료"와 "부재"를 명확히 구분하는 일이 매우 중요하다. 간혹 이용하는 통계꾸러미에서 결측자료를 포함한 개체를 취급하는 몇 가지 방식 중 한 가지를 선택해야 할 필요가 있기도 하다.

결측자료의 개념은 계측형변수와 범주형변수 모두에 적용된다. 예를 들어, 만약 이쉬카쿼쉬트라유적의 특정 가구에 관련된 쓰레기더미에서 수습된 토기편이 모두 격심하게 마모되어 장식되었는지를 언급하기가 불가능하다면, 장식토기편 %는 0.00이 아니라 단지 "결측자료"일뿐이다. 만약 일부 토기편이 심하게 마모되어 설사 장식되었더라도 그 여부를 분간하지 못하게 되면, 해당 토기편들은 장식토기편 %에 대한 셈에서 제외될 것이다. 심하게 마모된 그 토기편들은 비율을 계산하는 분수의 분모와 분자 모두에서 제외함으로써, 비율은 장식을 가진 토기편의 개수를 장식이 있었다면 그것이 인지될 수 있을 만큼 잘 보존된 토기편의 개수로 나누는 작업에 의해서 계산될 것이다.

22
개체 간 유사성
Similarities between Cases

다변량분석의 몇 가지 접근은 변수별로 각 개체에 대해 기록된 값의 유사함에 기초하여 데이터세트 내 각 개체 간의 유사성을 평가하는 작업으로 시작한다. 그런 유사도 측정치는 유사성계수similarity coefficients라고 불린다. 여기에서 개체 간 유사성의 개념은 상식이 의미하는 바와 정확히 일치한다. 측정 대상이 된 각 변수에 있어 두 개체가 유사한 값들을 갖는다면 둘은 매우 유사하겠지만 각 변수에 있어 다소 상이한 값들을 갖는다면 둘은 덜 유사하다. 표 22.1에 제시된 투사체 계측치의 예와 같이, 물리적 측정치를 갖는 실물을 통해 명확한 설명을 얻을 수 있다. 먼저 네 개 투사체의 길이에 대한 계측치를 보자면, 투사체 1·2·3은 길이란 측면에서는 매우 비슷한 반면, 투사체 4는 다소 다르다는 것을 쉽게 알 수 있다. 그런데 두께를 보자면 투사체 2가 군집과 다른바, 떨어져있다고 쉽게 말할 것이다. 무게와 관련해서 여전히 또 다른 양상이 나타나는데, 투사체 1과 4가 매우 비슷한(실제로는 똑같은) 반면, 그들과는 다르지만 투사체 2와 3도 똑같다.

간략히 말하자면, 투사체 간 차이나 유사함은 하나의 변수에 관한 한 쉽게 관찰된다. 그러나 모든 변수를 고려한다면, 상황은 급속히 훨씬 더 복잡하게 된다. 만약 모든 변수를 고려할 때 어느 두 투사체가 가장 닮았는지를 물어왔다면, 즉각 명백한 답을 하지는 못했을 것이다. 이것이 유사성계수로 다루고

표 22.1. 4개 투사체에 대한 계측치

투사체 번호	길이 (cm)	너비 (cm)	두께 (cm)	무게 (g)
1	4.3	1.2	0.35	75
2	4.5	1.4	0.55	80
3	4.4	1.1	0.37	80
4	2.3	0.9	0.30	75

자하는 상황이다. 유사성계수는 개체의 계측과 관련된 모든 변수를 동시에 고려할 때, 두 개체가 얼마나 유사한지에 관한 지표이다. 유사성계수가 클수록 개체는 더욱 유사하다.

유사성계수는, 간혹 두 개체가 덜 유사할수록(즉, 더욱 상이할수록) 커지는 수치, 혹은 비유사성계수dissimilarity coefficients의 형태로 표현되기도 한다. 특정 유사성의 척도에 비춰 두 개체가 서로 얼마나 멀리 떨어져 있는지를 은유적으로 표현하기 때문에 일부 비유사성계수를 거리distances로 부르기도 한다. 유사성계수와 비유사성계수를 구분하는 것이 원리상으로는 매우 사소한 일일지 모르겠으나 실전에서는 매우 중대한 영향을 미친다. 가질 수 있는 최대치에서 각각을 빼는 작업을 통해 유사성계수를 비유사성계수로, 혹은 그 반대로 전환하는 것은 매우 간단한 일이다. 통계꾸러미를 사용하면서 선택사항을 틀리게 지정하여 뜻하지 않게 비유사성계수를 유사성계수처럼 사용하게 되는 것도 흔히 있을 수 있는 일이다. 그 결과는 데이터세트에 내재한 모든 관계를 거꾸로 만들 뿐만 아니라, 다변량분석을 터무니없이 만들어 버리기도 한다.

각종 변수에 적합한 다양한 유사성계수가 있다. 어떤 것은 계측치를, 어떤 것은 범주를, 어떤 것은 특별히 존부의 변수를 염두에 두고 고안되었다.

유클리드거리

초등학교 기하학수업을 통해 익숙할 피타고라스정리에 기초한 유클리드거리 Euclidean distance는 두 개체의 유사도를 측정할 때 가장 자주 사용되면서, 쓰임새도 다양한 계수 중의 하나이다. 잠시 표 22.1에 제시된 길이와 너비라는

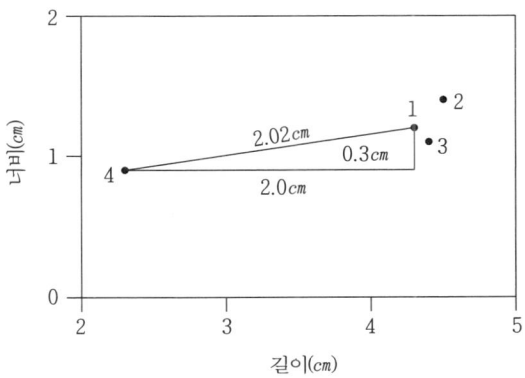

그림 22.1. 두 측면에서 투사체 간 유클리드거리 측정

두 변수만을 고려한다면, 그림 22.1에서와 같이 길이를 x축에, 너비를 y축에 나타내는 산점도를 작성하는 작업은 어렵지 않게 할 수 있다. 이 도표에서 점 사이의 거리는 네 개 투사체 간 비유사성을 매우 상식적으로 표현하고 있다. 투사체 1·2·3은 상대적으로 근접한 반면, 투사체 4는 그들에서 확연히 멀리 떨어져 있다. 길이와 너비만 본다면, 이는 매우 합당하다는 것을 알 수 있다. 즉, 투사체 1·2·3은 상대적으로 유사한 길이와 너비를 가진 반면, 투사체 4는, 특히 길이라는 측면에서 이 군집과 사뭇 다르다. 그림 22.1에서 보이는 길이는 간단하게 측정하거나 계산할 수 있기도 하거니와 이를 길이와 너비라는 두 변수와 관련하여 네 개 투사체가 얼마나 다른지에 대한 측정으로 활용할 수도 있다.

그림 22.1에서 투사체 1과 4의 거리는 피타고라스정리를 이용하여 계산될 수 있다. 이 직각삼각형의 수평변의 길이는 두 투사체의 길이의 차이(혹은 $4.3cm - 2.3cm = 2.0cm$)이다. 수직변의 길이는 두 투사체의 너비의 차이(혹은 $1.2cm - 0.9cm = 0.3cm$)이다. 투사체 1과 투사체 4 사이 직선의 거리는 빗변의 길이인데, 수평 및 수직 각 변 길이 제곱합의 제곱근 혹은,

$$\sqrt{2.0^2 + 0.3^2} = \sqrt{4.0 + 0.09} = 2.02$$

이다. 투사체 각 쌍의 거리는 이와 같은 방식으로 계산할 수 있는데, 투사체 1과 3이나 투사체 2와 3이 그렇듯, 투사체 1과 2가 상대적으로 가깝다는 것을 발견하게 된다. 투사체 1과 4, 투사체 2와 4 및 투사체 3과 4는 실질적으로 제법 떨어져 있다. 이는 길이와 너비라는 두 변수로 한정된 이차원의 평면에서 단순 유클리드기하학에서 보여주는 각 쌍의 점 간 유클리드거리이다.

몇 개의 변수에라도 정확히 동일한 논리나 거리 계산방식이 적용될 수 있다. 세 번째 변수와 그에 상응하는 z축을 부가하여 가시화하기는 그리 어렵지 않다. 그것은 같은 면에 수직의 z축을 가진 3차원의 도표가 되는 것이다. 대수代數의 측면에서 한 쌍의 점 간 거리는 단순히 각 변수에 있어 각 점이 가지는 수치 간 차이의 제곱합에 대한 제곱근일 뿐이다. 이 대수는 아무리 많은 차원에라도 확장될 수 있으며 그 유클리드거리에 대한 공식은

$$D_{1,2} = \sqrt{\sum (X_{j,1} - X_{j,2})^2}$$

이 된다. 여기서, $D_{1,2}$는 개체 1과 2 사이의 유클리드거리, $X_{j,1}$는 개체 1이 j번째 변수에 대해 가지는 값, $X_{j,2}$는 개체 2가 j번째 변수에 대해 가지는 값이다.

모든 j번째 변수에 대해 제곱된 차이를 합산하면 모든 변수들을 동시에 고려했을 때 개별 쌍의 거리가 얻어지게 된다. 개별 거리들에 대한 결과는 표 22.2에 나타난다. 이러한 행렬은 종종 정방대칭행렬square symmetrical matrix로 불리기도 한다. 이 행렬은 각 개체에 대한 행과 열이 있어 행과 열의 수가 항상 같기 때문에 언제나 정방형이다. (적어도 유클리드거리에 관한 한)개체 1과 개체 2 사이의 거리 혹은 비유사도가 언제나 개체 2와 개체 1사이의 거리 혹은 비유사도와 동일하기 때문에 이 행렬은 대칭적이다. 사실 고속도로지도의 여백에 제시된 도시 간 거리표 역시 이러한 종류의 표이다. 좌측상단으로부터 우측하단으로 진행되는, 표의 대각선을 따라 가면 각 칸의 값은 0인데, 그것은 각 개체 자체 간 유클리드거리는 항상 0이기 때문이다. 대각선상의 칸들을 중심으로 모든 우측상방 칸의 값들은 단순히 좌측하방 칸 값들의 경상鏡

像에 지나지 않는데, 이는 표의 두 절반이 반대방향에서 측정한 동일 값을 반영하기 때문이다. 이런 이유 때문에 유사도 혹은 비유사도의 표는 삼각형으로 출력되거나 저장되어서 지면을 절약하기도 한다. 표 22.2에는 이러한 관행이 반영되어 있다. 네 변수 모두에 기초한 거리 혹은 비유사도의 표에 비춰보건대, 가장 작은 거리 혹은 비유사도(0.3639)를 가지는바, 투사체 2와 3이 가장 닮았고, 가장 큰 거리 혹은 비유사도(5.4911)를 가지는바, 투사체 2와 4가 가장 덜 닮았다.

표준화된 변수에 의거한 유클리드거리

곰곰이 생각해보면, 표 22.2의 비유사도가 만족스럽지 못할 이유가 있다. 지금까지 가장 짧은 유클리드거리를 가지는 투사체 2와 3은 무게와 길이에 관한 한 분명히 유사하지만 너비와 두께에서의 차이는 적절하게 고려되지 않았던 듯하다. 투사체 1과 2 사이의 유클리드거리는 5.0120으로 투사체 2와 3 사이 거리보다 훨씬 크지만 네 변수 모두를 아우르자면, 투사체 2와 3에 비해 투사체 1과 2가 서로 훨씬 다르다고 여기는 것은 합당해보이지 않는다.

표 22.1에서 투사체 4와 나머지 투사체 간 길이의 차이가 전체적으로 가장 현저하다. 그 차이는 길이에서 약 $2cm$ 정도이지만 짧은 것에 비해 긴 것들이 대략 두 배에 달하므로 그 차이에 대해서 관심을 기울이게 되며 또한 그래야만 한다. 무게에 있어서 투사체 3과 4의 차이를 길이에 있어서 투사체 4와 나머지 투사체의 차이와 비교하면, 그다지 대단하지 않은 것으로 간주할 수도 있다. 이러한 관찰은 은연중에 4장에서부터 다루어왔던 특이성이라는 개념에 기초하고 있다. 이 네 개 투사체의 길이를 고려할 때, 투사체 4는 매우 특이

표 22.2. 표 22.1에 제시된 4개 투사체 간 유클리드거리

	1	2	3	4
1	0.0000			
2	5.0120	0.0000		
3	5.0020	0.3639	0.0000	
4	2.0230	5.4911	5.4272	0.0000

하다. 그 길이 2.3cm는 평균길이 3.88cm보다 1.5 표준편차보다도 아래에 있다. 투사체 4는 길이에 관한 한, 나머지 세 투사체로부터 1.9에서 2.1까지 중 특정 표준편차만큼 다르다. 그런데 투사체 3에 해당하는 80g이라는 무게는, 비록 투사체 4와는 다르지만 투사체 4의 길이만큼 특이하지는 않다. 이 80g이라는 무게는 0.87 표준편차만큼 평균인 77.5g을 상회한다. 80g에 달하는 투사체는 75g에 달하는 투사체들에 비해 1.7표준편차만큼 다르다. 이점에서 5g의 무게 차이는 덜 특이하며(1.7표준편차), 따라서 길이에서 보이는 단 2cm의 차이(1.9~2.1표준편차)에 비해 덜 문제가 된다. 5의 차이가 2의 차이에 비해 덜 문제가 된다는 것은 그다지 놀랄 일이 아니다. 결국 센티미터 단위로 계측된 길이와 그램 단위로 계측된 무게는 그런 방식으로는 의미 있게 비교될 수 없는, 태생적으로 다른 척도이다. 그런데 유클리드거리의 계산은 5g이라는 차이를 2cm라는 차이보다 더 큰 것으로 다루었는데, 이는 5가 2보다 크기 때문이다. 유클리드거리의 계산에 있어서 두 척도는 은연중에 충분히 비교될 수 있는 것처럼 다루어졌다.

그런데 하나는 길이의 계측치고 다른 하나는 무게의 계측치라는 사실은 단지 일부에 불과하다. 이러한 부조화의 좀 더 근본적인 측면은 동일한 단위의 동종 척도에 따르는 계측치들에서조차 나타난다. 투사체 1과 2는 길이에서 0.2cm만큼, 너비에서도 정확히 동일한 만큼 서로 다르다. 그런데 너비에서의 차이는 훨씬 더 문제가 되는데, 그것은 너비에 있어서 1.0표준편차만큼의 차이이기 때문이다. (동일하게 2cm인) 길이에서의 차이는 단지 길이에 있어서 0.2 표준편차의 차이에 불과하다.

척도의 불일치와 관련된 이러한 두 가지 측면은 모두 유클리드거리에 영향을 줄 수 있다. 일반적으로 유클리드거리의 계산은 원래 계측치보다 그것이 속한 각 숫자군 내에서의 특이성으로 표현된 계측치에 기초하게 하는 것이 좋다. 수준과 산포를 제거함으로써 계측치의 숫자군을 특이성의 척도로 재표현하는 일반적인 방법을 이용할 수 있다. 유클리드거리의 계산에서 이러한 작업은 평균과 표준편차를 이용한 표준화를 통해 수행된다. 즉, 변수별로 그 변수에 해당하는 숫자군의 각 숫자에서 평균을 빼고 나서 표준편차로 나누면 된다. 표 22.1로부터 표준화된 변수들은 표 22.3에 제시되어 있다. 예를 들어, 투사체 1의 길이는 투사체들의 평균길이보다 0.404표준편차만큼 길고, 투사체 4는 투사체들의 평균길이보다 1.495표준편차만큼 짧다.

그런 다음, 유클리드거리는 앞서 원래 계측치를 대상으로 계산했던 것과 정확히 동일한 방식으로 이 숫자들을 대상으로 계산된다. 표준화는 앞서 그 안에서 거리를 계산하였던 가상의 다차원 공간의 좌표체계를 바꾸었다. 투사체의 길이와 일치하도록 cm단위로 설정되었던 축 대신 길이 평균의 위나 아래에 해당하는 길이 표준편차의 단위에 따르는 축을 갖게 된다. 개별 축(변수)에도 같은 현상이 나타난다. 표준화된 계측치에 따라 얻어진 한 쌍의 투사체 간 유클리드거리는 표 22.4에 제시되어 있다.

표준화되기 이전에는 짧은 거리로 분리되었던 투사체 2와 3이 이제는 훨씬 더 먼 거리로 분리된다. 너비와 두께의 측면에서 매우 미미하게 여겨졌던 투사체 2와 3간의 거리가 이제는 훨씬 무게감 있게 느껴진다. 그 거리가 그렇게 미미하게 여겨졌던 것은 너비와 두께의 원래 값이 전체적으로 길이와 무게

표 22.3. 4개 투사체에 대한 표준화된 계측치

번호	길이	너비	두께	무게
1	0.404	0.240	−0.390	−0.866
2	0.593	1.201	1.444	0.866
3	0.498	−0.240	−0.206	0.866
4	−1.495	−1.201	−0.848	−0.866

표 22.4. 표 22.3의 표준화된 변수데 의거하여 측정된 표 22.1의 4개 투사체 간 유클리드거리

	1	2	3	4
1	0.0000			
2	2.7061	0.0000		
3	1.8093	2.1933	0.0000	
4	2.4276	5.2882	2.8829	0.0000

의 원래 값에 비해 작기 때문이다. 앞서 투사체 1과 4 및 투사체 2와 3 사이에서 보이는 5g의 무게 차이는 1/2·1/3·2/4·3/4의 쌍들 간 유클리드거리를 매우 커지게 만들었다. 표준화는 무게에서 보이는 이 큰 원래 차이를, 너비와 두께에서 보이는 훨씬 작은 원래 차이와 비교하기에 적절한 척도 위에 자리매김하였다. 절대다수의 다변량분석에서 유클리드거리를 계산하기에 앞서 계측치를 표준화함으로써 득이 되는 것은 많은 반면, 실이 되는 것은 거의 없다.

유클리드거리의 사용

유클리드거리는 대다수 종류의 변수에 사용할 수 있는 비유사도 측정방식이다. 변수가 실제 계측치일 때 흔히 이용되는데, 그러한 (특히, 변수가 표준화된) 경우에 유클리드거리가 가장 합리적이다. 설사 4등급을 2등급의 두 배처럼 다룰지라도 변수가 등급에 관한 것이라면, 제법 적합하다. 존/부변수(혹은 두 개 범주로 나뉘는 어떤 변수)조차도 유클리드거리 계산에서는 의미 있게 다루어질 수 있다.

유클리드거리 계산에 심각한 문제를 초래하는 종류의 변수는 둘 이상의 범주를 포함하되 순위를 정할 수 없는 것이다. 21장에서 이쉬카퀴쉬트라 가구 데이터세트를 위해 설정된 벽체 축조란 가상의 변수가 바로 그러한 예이다. 벽체 축조의 상이한 종류와 관련된 네 개의 범주는 단지 서로 각각 다를 뿐이지 그 중 둘이 다른 둘에 비해 더 다른 것은 아니다. 그런데 이 네 개의 범주에 1에서 4의 값이 부과된다면, 유클리드거리 계산에서는 필연적으로 범주 1과 4가, 범주 1과 2의 경우보다 더 상이한 것처럼 다루어지게 된다. 이는 유클리드거리를 그러한 변수에는 사용하지 않기에 충분할 정도로, 바람직스럽지 않아 보인다. 한번 고려해볼 만한 작업은 데이터세트를 재편성하여, 네 범주 각각이 분리된 존/부변수가 되게 하는 것이다. 그러면 세 개의 새로운 존/부변수가 생기게 되고, 외벽, 판목, 진흙벽돌 각각은 독립적으로 각 가구에 대해 있음 혹은 없음으로 기호화된다. 이들은 한 변수에서의 상호 배타적이거나 소모적인 범주라기보다는 분리된 변수들이 되었기 때문에 목판+벽돌벽과 같은 조합이 있을 필요는 없다. 그러한 경우는 간단히 두 종류의 벽이 있는 것으로 기호화하게 된다.

설사 존/부변수에 대한 평균과 표준편차를 계산하는 것이나 이를 표준화에 사용하는 것 자체가 합당해보이지는 않을지라도, 앞서 지적한 바와 같이 표준화는 유클리드거리 계산에 있어서 많은 경우 나은 조치이다. 표준화는 상이한 변수들의 영향을 평준화하는 경향이 있는데, 대부분의 경우 이는 바람직해 보인다.

존/부변수: 단순대응계수와 Jaccard의 계수

몇 가지의 특수한 유사성계수들은 모든 변수가, 있음/없음 같이 단지 두 범주로 이루어진 경우에 사용하도록 제안되어왔다. 그러한 경우, 단일 변수에 대해 두 개체를 비교한 모든 가능한 결과가 표 22.5의 교차표에 요약되어있다. 표에서 a의 칸은 해당변수가 개체 1에 대해서 있음을, 개체 2에 대해서도 있음(간혹 존-존 대응present-present matches으로 불림)을 반영하고 있다. b의 칸은 개체 1에 대해서는 없음을, 개체 2에 대해서는 있음(두 개체 간의 불일치 mismatch)을 반영하고 있다. c의 칸은 개체 1에 대해서는 있음을, 개체 2에 대해서는 없음(또 하나의 불일치mismatch)을 반영하고 있다. 그리고 d의 칸은 개체 1과 2 모두에 대해서 없음(부-부 대응absent-absent matches)을 반영하고 있다. 표 22.5와 같은 표 만들기는 변수별로 각 쌍의 개체에 대해 수행할 수 있는바, a의 칸은 고려대상이 된 모든 변수들에 있어서 두 개체가 존-존 대응을 보이는 경우의 총수가 되는 등이다.

그러한 표에서 가장 단순한 계수는, 어쩌면 당연히, 단순대응계수simple

표 22.5. 존/부변수로 두 개체 비교 시 4가지 가능한 결과

		개체 1	
		존	부
개체 2	존	a	b
	부	c	d

matching coefficient로 불린다. 이는 대응하는 변수의 수를 변수의 총수로 나누거나 혹은,

$$\frac{a+d}{a+b+c+d}$$

이다. 예를 들어, 표 22.6에 제시된 토기편 데이터에 있어서 토기편 1과 2의 단순대응계수는 세 개의 대응을 여섯 개 편수의 총수로 나눈 값인 0.5000이다. 토기편 1과 3에 관련하여서도 세 개의 대응이 여섯 개 변수로 나누어진 값인 0.5000이 있다. 가장 유사한 토기편은 6과 7인데, 여섯 개의 대응이 여섯 변수로 나누어진 값인 1.0000이 있다. 이 두 토기편은 동일한바, 단순대응계수의 가장 큰 값은 언제든 1임을 알 수 있다. 가장 낮을 수 있는 값은 0개의 대응이 몇 개의 변수로 나누어진 결과인 0이다. 따라서 단순대응계수는 최대한 상이한 두 개체에 해당하는 0에서부터 동일한 두 개체에 해당하는 1까지의 범위를 갖는다. 0에서 1까지의 범위를 갖는다는 것은 특정계수가 가질 수 있는 매우 유용한 특성이며, 이는 단순대응계수가 거리나 비유사성이 전혀 없는 경우에 해당하는 0에서부터 한 쌍의 개체가 매우 다른 경우 즉각 나타나는 큰 값까지의 범위를 갖는 유클리드거리를 능가하는 장점이기도 하다.

존/부변수가 (예를 들어, 표 22.6의 침선문, 공렬문, 석영비짐이나 운모비짐 등 속성과 같이) 거의 잘 확인되지 않는 범주를 반영하는 경우 종종 존-존 대응이 부-부 대응보다 좀 더 의미 있을 것으로 여겨진다. 즉, 토기편 6과 7 모두가 석영비짐을 포함한다는 사실은 양자가 모두 공렬문을 포함하지 않는다는 사실에 비해 좀 더 의미 있다. 결국, 대부분의 토기편들은 석영비짐이나 공렬문을 포함하지 않는다. 많은 경우, 우리는 보편적인 특성의 동시발생보다는 희귀한 특성의 동시발생에 대해 언급하는 경향이 있다. 두 사람이 만나서 둘 다 오른손잡이라는 점을 발견하는 것보다는 둘 다 같은 생일을 가졌다는 사실을 발견한다면 더 인상적일 것이다. Jaccard의 계수는 이러한 점을 염두에 두어 고안되었다. 이는 존-존 대응의 개수를 존-존 대응과 불일치의 경우를 더한 수로

표 22.6. 7개 토기편으로 이루어진 자료의 기호화된 존/부변수의 일례

토기편 번호	도포	주칠	침선문	공렬문	석영비짐	운모비짐
1	존	부	부	부	부	부
2	부	존	존	부	부	부
3	부	존	부	부	부	존
4	존	부	존	부	부	존
5	존	존	부	존	부	부
6	존	부	존	부	존	부
7	존	부	존	부	존	부

나눈 값이거나 혹은,

$$\frac{a}{a+b+c}$$

이다. 따라서 Jaccard의 계수는 부-부 대응을 누군가 생일이 다른 사람을 단 났을 때 그러하듯, 무관심하게 완전히 무시한다. Jaccard의 계수는 드물게 발 생하는 범주를 다루는 존/부변수에 있어서 현명한 선택이다.

단순대응계수처럼 Jaccard의 계수는 0부터 1까지의 값을 갖는다. 양자는 모두 (유클리드거리와 같은 비유사도에는 반대되는) 유사도인데, 큰 값은 좀 더 유사한 개체들을 작은 값일수록 덜 유사한 개체들을 의미한다. 양자 모두 유클리드거리와 같이 전형적으로 정방형의 대칭행렬로 표현되는데, 행렬의 삼각형 절반에 해당하는 중복되지 않는 숫자들만을 포함하는 좌하측 절반이 출력된다. 종종 좌하측 대신 우상측 절반이 출력되기도 하지만 덜 보편적이다. 어떤 때는 대각선이 나타나기도 하며, (이 두 유사성계수의 경우와 같이 대각선상의 숫자는 1들이다) 어떤 때에는 그렇지 않다. 표 22.6의 토기편들에 대한 단순대응계수와 Jaccard의 계수 행렬은 표 22.7과 표 22.8에 제시되어 있다. 두 표를 비고하면 두 계수가 제공하는 개체들 간의 관계에 대한 평가가 다르다는 것을 알 수 있다. 어떤 표에서 높은 유사도 점수를 받는 많은 쌍의 개체들이 다른 한 표에서도 높은 유사도 점수를 받지만 계수의 변화에서 보이듯 상사相似관계가

표 22.7. 표 22.6에 제시된 토기편 간 유사도의 단순대응계수

	1	2	3	4	5	6	7
1	1.0000						
2	0.5000	1.0000					
3	0.5000	0.6667	1.0000				
4	0.6667	0.5000	0.5000	1.0000			
5	0.6667	0.5000	0.5000	0.3333	1.0000		
6	0.6667	0.5000	0.1667	0.6667	0.3333	1.0000	
7	0.6667	0.5000	0.1667	0.6667	0.3333	1.0000	1.0000

표 22.8. 표 22.6에 제시된 토기편 간 유사도의 Jaccard계수

	1	2	3	4	5	6	7
1	1.0000						
2	0.0000	1.0000					
3	0.0000	0.3333	1.0000				
4	0.3333	0.2500	0.2500	1.0000			
5	0.3333	0.2500	0.2500	0.2000	1.0000		
6	0.3333	0.2500	0.0000	0.5000	0.2000	1.0000	
7	0.3333	0.2500	0.0000	0.5000	0.2000	1.0000	1.0000

변한다. 예를 들어, 표 22.7에서 토기편 1·2는 토기편 3·4와 같은 정도로 서로 유사성을 가지는 것으로 평가된다. 표 22.8에서는 토기편 1과 2는 서로 완전히 상이한 것으로 평가되지만 토기편 3과 4는 그렇지 않다.

변수들이 혼합된 세트: Gower의 계수와 Anderberg의 계수

유클리드거리는 계측치나 등급이 관련되었을 때 이상적이고, (존-존 대응과 부-부 대응의 구별이 필요치 않는 한) 존/부변수에도 사용될 수 있다. 단순대응계수와 Jaccard의 계수는 데이터세트가 존/부변수로만 구성되었을 때, 개체 간 유사도를 측정하는 좀 더 정연하고 간단한 방식을 제공한다. 이 계수들은 셋 이상의 서열화되지 않은 범주를 가진 변수에 있어서 원만하게 작동하지 않지만, 단지 그러한 변수들이 앞에서 지적한 것처럼 각 범주들을 존/부변수로 분리함으로써 재편성될 수는 있다. 이러한 변수들에 의해 제기된 문제는 물론, 상이한 여러 가지 변수들로 이루어진 데이터세트에 의해 제기되는 문제를 해결할

수 있는 또 다른 방법도 있다. Gower의 계수와 Anderberg의 계수는 바로 그러한 상황을 위해 고안되었다.

두 개체 사이에 관련된 Gower의 계수는 각 변수에 상응하는 점수를 계산함으로써 얻어진다. 최종적인 유사성계수는 그 모든 점수들의 평균이다. 변수의 종류별로 개별 변수의 점수가 상이하게 얻어진다.

- 존/부변수에 있어서, Gower 점수는 존-존 대응의 경우 1, 불일치의 경우 0이다. 만약 부-부 대응이 있다면, (0의 점수를 평균에 포함하는 것과는 다르게) 그 변수는 완전히 생략된다. 따라서 존/부변수를 처리함에 있어 Gower의 계수는 Jaccard의 계수와 유사하다고 하겠다.
- 개별 범주들이 서열화되어 있지 않은 범주형변수에 있어서, Gower 점수는 두 개체가 동일한 범주에 속하면 1, 상이한 범주에 속하면 0이다. 그리하여, 범주들에 부과된 수치 간 차이가 클수록 무시된다.
- 계측치나 등급에 있어서, 두 개체에 해당하는 수치의 차이를 반영하는 절대값은 그 숫자군에 속한 계측치의 범위로, 등급의 경우에는 해당 변수에 속하는 서열화된 범주들의 개수로 나누어진다. 양자 중 어떤 경우라도 그 몫은 1에서 빼어져, 유사도의 형태를 띠는 Gower 점수를 생성하게 된다. 이러한 처리방식은 계측치나 등급에 있어서 유클리드거리가 제공하는 것과 유사하다.

Gower 점수를 계산하기 위한 이런 규칙들을 적용한 간략한 실험은 각 점수는 최소치 0과 최대치 1을 갖는다는 것을 보여준다. 따라서 (모든 변수들에 상응하는 점수의 평균인) 최종적인 계수는 최소치 0과 최대치 1을 갖게 된다. 큰 수치일수록 더한 유사성을 의미하는바, 그러한 방식으로 표현되는 Gower의 계수는 비유사성계수가 아니라 유사성계수이다.

Anderberg의 계수는 Gower의 계수와 매우 유사하며, 각 쌍의 개체별로 매 변수에 해당하는 점수가 모든 변수에 걸쳐 평균되는 결정방식을 포함한다.

- 존/부변수에 있어서, Anderberg 점수는 불일치의 경우 1, 존-존대응이나 부-부대응의 어떤 경우라도 0이다. 따라서 존/부변수에 관한 한 일종의 단순 불일치 계수가 된다. 즉, 이는 비유사성계수로 전환된 단순대응계수처럼 작동하게 되어 큰 수일수록 더한 불일치를 의미한다.
- 서열화되어 있지 않은 복수의 범주를 포함하는 변수에 있어서, Anderberg 점수는 두 개체가 동일한 범주에 속하면 0, 상이한 범주에 속하면 1이다. 그리하여, 범주들에 부과된 수치 간 차이가 클수록 무시된다.
- 등급에 있어서, Anderberg 점수는 범주 코드 간 차이를 범주의 개수보다 1 작은 값으로 나눈 절대치이다. 예를 들어, 어떤 변수가 다섯 개의 범주(1, 2, 3, 4, 5)를 갖는데, 각각 2와 4에 코딩된 두 개체는 2/4인 0.5000의 값을 받는다.
- 계측치에 있어서, Anderberg 점수는 두 개체에 해당하는 수치의 차이가 그 계측치를 포함한 숫자군의 범위로 나뉜 절대치이다. Anderberg는, 이상점의 효과를 감소시키기 위하여 원래 점수 대신 그의 제곱근 값을 사용할 것을 추천한다.

일단 변수별로 점수가 결정되면, 모든 점수들이 평균되어 대상이 된 한 쌍의 개체에 대한 최종적인 Anderberg의 계수가 생성된다. Gower 점수처럼 Anderberg 점수도 최소치 0과 최대치 1을 갖게 되어, 최종적인 계수 또한 0에서 1까지에 분포한다. Gower의 계수와는 달리, 위에서 언급한 방식으로 표현되는 Anderberg의 계수는 일종의 비유사성계수이다. 0의 값은 완전히 일치하는 개체들임을, 1의 값은 완전히 상이한 개체들임을 의미한다.

이쉬카퀴쉬트라 가구단위 간의 유사성

표 22.9는 표 21.1의 데이터로부터 이쉬카퀴쉬트라의 가구단위 간 유사성에 대한 Gower의 계수를 보여주고 있다. 21장에서 논의한 것처럼 이 데이터세트는 부-부 대응보다 존-존 대응을 의미 있게 간주하는 두 개의 존/부변수를

비롯하여 계측치와 등급을 모두 포함하고 있다. Gower의 계수가 선택된 것은 상이한 처치가 필요해 보이는 변수들이 섞여있기 때문이다. 실전적인 측면에서도 언제나 이와 같은 유사도 점수의 행렬을 검토해보는 것이 좋다. (소프트웨어와 관련된 것이든, 선택된 계수의 원리에 대해 고려함에 있어서든) 실수가 발생할 소지는 다분한데, 여러 변수들에 걸쳐 그 값이 유사해 보이는 한 쌍의 개체들이 높은 유사도 점수로 나타나고 여러 변수들에 걸쳐 그 값이 매우 상이해 보이는 한 쌍의 개체들이 낮은 유사도 점수로 나타나는 사실을 인지하게 되면 안심할 수 있다. 예를 들어, 표 22.9에서 가구단위 2와 5는 매우 높은 유사도 점수(0.8916)를 보인다. 표 21.1을 보면 이 두 가구단위는 대다수의 변수들에서 매우 유사한 값을 가지는 것으로 나타난다. 반대로, 가구단위 14와 20은 표 22.9에서 매우 낮은 유사도 점수(0.3733)를 보인다. 다시 표 21.1을 보니 가구

통계꾸러미와 결과보고

개체 간 유사도를 측정하는 작업은, 개체 보다는 변수에 주목하도록 고안된 일반적인 통계꾸러미의 성질과는 잘 맞지 않는다. 그럼에도 불구하고 일부 통계꾸러미는 개체 간 유사성에 관한 지수를 계산하는 선택사항을 제공하기도 한다. 그러한 작업이 수행되는 방식은 꾸러미에 따라 매우 상이하다. 어떤 것에는 개체 간 유사도를 측정하는 선택사항의 특정조합이 있다. 어떤 것에는 행(개체)이 열(변수)이 되고 열이 행이 되도록 데이터세트 전체를 이항해야기도 한다. 그러면 변수 간 관계를 측정하는 일반적인 구조가 대신 변수 간 관계를 문제 삼게 된다. 또 다른 통계꾸러미에서는 개체 간 유사도의 측정이 분리된 작업이 아니라, 개체 간 유사도 측정에서 출발하여 다변량분석을 수행하는 전형적 프로그램에 내재해 있다.

프로그램 선택이야 어떠하든, 개체 간 유사도 측정에서 출발하는 다변량분석의 결과 보고에는 어떻게 유사도가 측정되었는지를 밝히는 것이 필수이다. 유사성계수의 선택은 다변량분석 결과에 큰 의미를 가지며, 독자는 항상 그 선택과 이유를 분명히 알아야 한다.

단위 14와 20은 대부분의 변수들에서 매우 상이한 값을 가지는바, 그 결과와 일맥상통한다고 하겠다. 그러면 여기서의 Gower의 계수 계산이 원래 데이터와 조화를 이루는바, 계수의 선택이 합리적이었을 뿐만 아니라, 정확히 계산되었음에 안심하게 된다.

표 22.9. 표 21.1의 데이터에 의거한 이산카규리트라 20개 가구단위에 대한 Gower의 유사성계수

	1	2	3	4	5	6	7	8	9	10	11	12	13	14	15	16	17	18	19	20
1	1.0000																			
2	0.7198	1.0000																		
3	0.5120	0.4037	1.0000																	
4	0.8390	0.7036	0.6250	1.0000																
5	0.8191	0.8916	0.3936	0.6910	1.0000															
6	0.5864	0.4660	0.6970	0.7038	0.4548	1.0000														
7	0.8655	0.5853	0.6012	0.8209	0.6846	0.6855	1.0000													
8	0.7688	0.6889	0.4903	0.8316	0.6486	0.5597	0.6588	1.0000												
9	0.6589	0.9073	0.3629	0.6657	0.7989	0.4236	0.5245	0.6511	1.0000											
10	0.8794	0.7440	0.6006	0.9596	0.7314	0.6877	0.8154	0.8434	0.7028	1.0000										
11	0.5192	0.4159	0.6172	0.5790	0.4058	0.7202	0.4739	0.6031	0.3777	0.6004	1.0000									
12	0.7842	0.6125	0.6625	0.8794	0.6362	0.7425	0.8956	0.7110	0.5516	0.8488	0.4956	1.0000								
13	0.5757	0.5335	0.4539	0.5876	0.5224	0.6956	0.4562	0.6921	0.4999	0.6147	0.7905	0.4804	1.0000							
14	0.5084	0.6092	0.6351	0.4165	0.6532	0.3731	0.4009	0.4048	0.5751	0.4488	0.4695	0.3726	0.4338	1.0000						
15	0.7814	0.8696	0.4319	0.7389	0.8709	0.4974	0.6470	0.6687	0.8775	0.7793	0.4441	0.6741	0.5402	0.6104	1.0000					
16	0.5827	0.4623	0.8275	0.7170	0.4511	0.6048	0.6817	0.5673	0.4257	0.6898	0.5322	0.7745	0.3741	0.4808	0.4936	1.0000				
17	0.6737	0.5382	0.6269	0.8003	0.5257	0.6715	0.7574	0.7997	0.5004	0.7943	0.5587	0.8340	0.5592	0.2843	0.5735	0.7211	1.0000			
18	0.6779	0.4737	0.7931	0.5968	0.5531	0.5533	0.6364	0.5075	0.4250	0.6291	0.6498	0.5529	0.5160	0.7619	0.5230	0.6611	0.4645	1.0000		
19	0.7942	0.7228	0.6505	0.7915	0.7116	0.5689	0.6747	0.7291	0.6804	0.8274	0.6653	0.6989	0.5924	0.6042	0.7542	0.7395	0.6445	0.7077	1.0000	
20	0.8311	0.5509	0.5869	0.7621	0.6502	0.6463	0.9100	0.6493	0.4900	0.7504	0.4241	0.8550	0.4255	0.3733	0.6125	0.6457	0.7718	0.5092	0.6441	1.0000

23
다차원척도법
Multidimensional Scaling

다변량분석에 관련된 다양한 접근법 중 개념상으로는 다차원척도법이 가장 단순하면서도 직관적인데, 이는 곧바로 중요한 이점으로 간주될 수 있다. 그 원리는 쉽게 이해할 수 있다. 다차원척도법은 표 22.9에 제시된 것과 같이 각 개체 간 유사도(혹은 비유사도)의 점수 행렬을 그 출발점으로 삼는다. 분석은 데이터세트에서 각 개체를 반영하는 개별 점들의 배치configuration를 생성하기 위한 반복적이고 시행착오적인 과정이다. 그러한 방식으로 각 개체를 반영하는 점들이 공간에 배치됨으로써, 한 쌍의 점들 간 거리의 서열은 그 공간 내에서 유사성계수의 서열과 일치하게 된다. 즉, 배치의 목적은 가장 유사한 두 개체를 반영하는 점 두 개를 다른 어떤 쌍의 점들보다 가까이에 위치시키는 것이다. 두 번째로 높은 유사도점수를 반영하는 두 개체는 두 번째 가까운 쌍의 점이어야 하는 등등이다. 마지막으로, 가장 낮은 유사도점수를 가진 두 개체는 배치상태에서 가장 멀리 떨어진 두 점이어야 한다. 이렇게 무척 간단한 방식으로 다차원척도법은 유사성계수의 행렬에 요약된 개체들 간 관계를 도해적으로 표현하고자 한다. 쌍을 이루는 점들의 유사도점수나 거리의 서열적 상관관계만을 추구하는바, 다차원척도법은 종종 비계량형nonmetric 다차원척도법이라고도 불린다.

다차원척도법의 개념적 단순함 이면에는 점들의 배치를 생성하기 위한 프로그램 작성과 관련된 극도로 복잡한 요구가 숨겨져 있다. 다차원척도법 프로그램의 일차적 배치는 각 개체를 반영하는 점들을 공간에 자리매김함으로써 시작한 뒤, 한 쌍의 점들 간 거리나 한 쌍의 개체들 간 유사성계수에서 보이는 서열적 상관성이 개선되는지 보면서 일부 점들을 새로운 위치로 옮겨 당초 배치를 조정해간다. 이러한 작업은 더 이상 개선의 여지가 없을 때까지 계속 수행된다. 다차원척도법은 발달해오면서 상이한 프로그램을 사용하여 상이한 결과를 얻는 것이 흔하게 되었지만 그러한 반복의 과정에 관련된 알고리즘은 현재 사용되는 모든 프로그램에서 거의 동등하리만큼 충분히 다듬어져있다. 전부는 아니더라도 대형 통계꾸러미에서는 다차원척도법이 실행된다.

다차원척도법은 2차원, 더 나아가 3차원에서도 쉽게 가시화되지만 간혹은 물리적 공간보다 좀 더 많은 차원에서 해답이 나타나기도 한다. 한 쌍의 점들 간 유사도점수나 거리에서 보이는 완벽한 서열적 상관관계는 항상 변수의 개수보다 하나 낮은 차원에서 얻어질 수 있다. 예를 들어, 10개의 변수를 포괄하는 이쉬카쿼쉬트라 가구단위의 데이터세트에 있어서는 한 쌍의 점들 간 거리나 유사도점수에서 보이는 완벽한 서열적 상관관계를 반영하는 점들의 배치는 9차원에서 얻어질 수 있다. 다차원척도법의 결과가 배치를 보면서 이루어지는바, 이는 그다지 만족스런 해결책이 되지는 못한다. 9차원에서의 점 배치를 보면 심하게 복잡하다―패턴을 간취하기 위해 원래 데이터를 관찰하는 것보다도 어렵다. 따라서 당면의 목표는 쌍을 이룬 점들 간 유사도점수나 거리에서 보이는 서열적 상관관계를 최대한 낮은 차원에서 최대한 그럴듯해 보이는 배치를 생성하는 것이다. 차원의 수가 낮을수록 다차원척도법의 배치를 관찰하거나 해석하기가 용이한바, 유사도점수의 패턴을 완벽하게는 아니지만 매우 정확하게 반영하는 배치를 낮은 차원에서 찾는 것이 매우 유리하다. 어떤 데이터세트에 있어서도 차원의 수가 높을수록 쌍을 이룬 점들 간의 거리나 개체 간 유사성계수에서 보이는 서열적 상관관계는 강해진다.

다양한 차원에서의 배치

다차원척도법의 수행은 (22장에 기술된 바와 같이) 개체 간 유사도점수를 추출하고, 1차원에서 가장 개연적인 배치를 생성하도록 통계꾸러미를 구동하는 것에서부터 시작된다. 물론 1차원에서의 배치는 각 개체를 대변하는 점들을 하나의 선을 따라 자리매김하는 작업이다. 다차원척도법은 여러 개의 상이한 서열적 상관관계 중 어떤 하나에 기초할 수 있는데, 보통 이 맥락에서는 부하 stress값으로 불린다. 상이한 부하계수가 아주 다른 결과를 생성하지는 않는다. 부하값이 작을수록, 쌍을 이룬 점들의 유사도점수나 거리에서 보이는 서열적 상관관계는 나아진다. 표 22.9에 제시된 이쉬카퀴쉬트라 가구단위 간 유사도점수에 있어서, 1차원의 배치는 0.3706이라는 최종적인 부하값을 가지면서 생성될 수 있다. 이러한 과정은 반복적일 뿐만 아니라, 부하값이 그 과정의 매 단계에서 계산되는바, "최종" 부하값으로 불린다. 이 척도법의 반복이력은 0.4452의 부하값을 가지는 배치로부터 시작되었다. 배치상태를 개선했던 최초의 성공적인 반복 후, 부하값은 0.4139였다. 반복이 거듭되면서 그 값은 0.3988로, 0.3874로, 0.3795로, 0.3709로, 0.3707로 계속해서 떨어졌다. 이 단

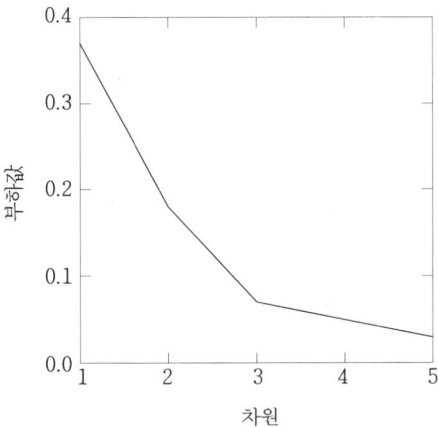

그림 23.1. 이쉬카퀴쉬트라 가구자료의 분석에 있어 차원증가에 따라 감소하는 부하값 도표

계를 넘어서는 알고리즘이 더 이상의 개선을 이루지 못하게 되고 분석은 종결되었다. 0.3706이라는 부하값은 상당히 높을 뿐만 아니라, 1차원의 선형배치에서는 명료한 패턴이 관찰되지도 않았다.

이러한 과정은 다음으로 2차원에 대해서도 반복되는데, 점들은 평면에 배치되어 산점도로 용이하게 표현된다. 이쉬카쿼쉬트라의 데이터세트에 있어서 2차원의 배치에 관련된 최종 부하값은 0.1813인데, 1차원의 배치에 관련된 0.3706과 비교하면 실질적인 개선이라 할 수 있다. 3차원의 배치는 쌍을 이루는 점들 간 유사도점수나 거리에서 보이는 서열적 상관성을 그보다 낮게 할 것임을 알게 된다. 이쉬카쿼쉬트라의 데이터세트에 있어서 3차원의 배치는 한층 더 개선된 최종 부하값인 0.0726을 얻게 된다. 4차원에서는 부하가 0.0465로, 5차원에서는 0.0332로 떨어지면서 더욱 개선된다.

실전에서는 어떤 배치(1차원의 것, 2차원의 것, 3차원의 것 등등)를 해석할지 결

표 23.1. 이쉬카쿼쉬트라 가구단위에 대한 다차원척도 3차원에서의 좌표

가구단위	1차원	2차원	3차원
1	−0.285	0.301	0.142
2	−1.069	−0.003	−0.083
3	0.996	−0.568	0.523
4	0.062	0.421	−0.088
5	−0.963	0.011	0.224
6	0.970	0.056	−0.517
7	0.178	0.619	0.427
8	−0.146	0.425	−0.624
9	−1.228	−0.008	−0.159
10	−0.059	0.348	−0.105
11	0.739	−0.761	−0.830
12	0.314	0.626	0.216
13	0.102	−0.466	−1.261
14	−0.541	−1.384	0.527
15	−0.881	0.064	0.024
16	0.817	0.017	0.716
17	0.504	0.780	−0.242
18	0.382	−0.935	0.504
19	−0.121	−0.305	0.082
20	0.229	0.762	0.524

정해야 한다. 해석은 점 배치로 이루어진 도표에 대한 검토에 집중되는바, 4차원 이상의 척도법을 해석하려는 시도는 흔하지 않다. 실제 물리적 공간보다 높은 차원에서 제공되는 점 배치를 가시화하고 조사하는 것은 매우 성가신 작업이다. 2차원의 배치는 3차원의 배치보다 조사하기 쉽고, 1차원의 배치는 더욱 쉽다. 그러나 유사도점수의 행렬에 요약된 개체들 간 관계의 양상을 온당하게 정확한 그림으로 제공하지 않는다면, 1차원의 배치는 해석하기가 전혀 녹녹치 않다. 부하값은 그러한 그림이 얼마나 정확한지를 제시하는 것이다.

간혹 그림 23.1에 제시된 것과 같이 감소하는 부하값의 도표를 관찰하는 것은 유용할 수 있다. 여기서는 앞서 언급한 바와 같이 1차원에서의 매우 높은 부하값이나 2차원에서는 훨씬 낮아진 부하값과 함께 3차원의 배치에서 나타난 부하값의 실질적인 추가 감소 등을 보여준다. 3차원을 넘어 4·5차원에서도 언제나 그렇듯 부하는 계속 감소하지만 그 정도는 훨씬 둔화된다. 감소하는 부하값의 도표에서 보이는 "비절점臂節點elbow"은 3차원의 배치가 데이터세트의 패턴에 대한 좋은 대변이 된다는 점은 물론, 4·5차원에서는 확연한 개선이 없기 때문에 그 배치를 살펴보기가 별 소득 없을 것이라는 점을 알려주고 있다. 0.1500이나 그 이하의 부하값이 해석을 시도할 만한 배치와 관련된다는 유용한 경험법칙도 있다. 이쉬카퀴쉬트라의 가구들에 대한 척도화에서 부하값이 0.1500을 돌파하는 것은 3차원의 배치이다. 그러한 이유에서 뿐만 아니라, 3차원에서 형성되는 도표상의 비절점 때문에 3차원의 배치는 데이터세트의 패턴을 효과적으로 반영할 것이라고 할 수 있다.

배치 해석하기

다차원척도법에서는 언제나 그렇듯, 이번 분석에서도 결과의 필수요소는 3차원에서 각 개체의 좌표에 대한 목록이다(표 23.1). 다차원척도의 배치를 탐색하는 것은 보통 그 관계를 검토하고자 점들을 도표상에 배열하는 작업을 의미한다. 일부 데이터세트에 있어서는 그림 23.2에 보이는 바와 같이 점을 배열하고 그를 표시하는 작업으로도 그 패턴이 분명해진다. 2차원으로 척도화된, 도

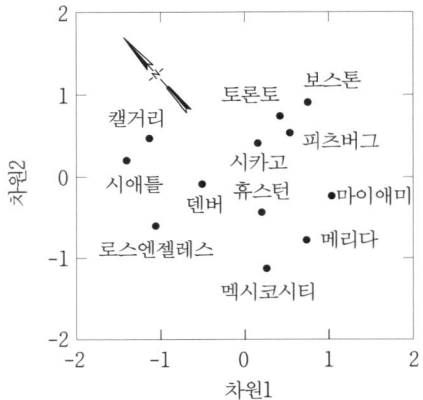

그림 23.2. 도시 간 거리에 의거하여 3차원으로 척도화한 배치

표의 배치는 실제 공간에서의 유클리드거리 행렬—한 쌍의 도시들 간 거리값의 행렬—로부터 생성된 것이다. 단지 이 정보로도 다차원척도분석은 매우 정확하게 그 실제 물리적 위치를 반영하여 2차원의 배치에 도시들을 위치하게 한다. 도표에서처럼, 배치된 점들을 표시하는 작업만을 통해서도 패턴의 본질이 명확하게 된다.

이쉬카퀴쉬트라의 가구단위들에 대한 다차원척도법을 해석하는 작업은 그보다는 훨씬 더 복잡하다. 우선, 해석해야 하는 배치가 2차원이 아닌 3차원에 관련된다는 점이다. 보통 3차원의 배치는 세 차원 중 둘씩을 택한 각 쌍에 의거하여 세 경우의 관점으로 보는 것이 가장 용이하다. 만약 3차원의 배치가 실제 공간에서 표현된다면, 점들이 산포하는 정육면체의 형태를 띠게 된다. 그 정육면체는 모서리로부터 원근법에 맞추어 관찰될 수 있고 많은 통계꾸러미는 그러한 도표를 생성할 것이지만 각 점들이 실제 서로 어떤 관계에 있는지를 알기가 어려울 수도 있다. 종종 정육면체를 우선 정면으로부터 직접, 다음으로 옆면으로부터 직접, 마지막으로 상면으로부터 등, 연속적으로 서로 다른 세 면으로부터 보는 것이 더 명확하다. 이것이 본 장에서 이쉬카퀴쉬트라의 가구자료로부터 생성된 3차원의 배치를 탐색하는 방법이다.

이 분석에서 두 번째 복잡성은 가구단위들을 숫자로 표시하는 작업이 자동적으로 특정 패턴을 분명하게 나타나게 하지는 않는다는 점이다. 그림 23.2에서 각 도시를 표지하는 간단한 행위를 통해 패턴이 분명해진 것은 우리가 그들이 어디에 있는지 알고 있으며, 그 실재 공간상 위치에 자리매김 되었음을 즉각 인지할 수 있기 때문이다. 그런데 예를 들어, 가구단위 6에 대해서는 그런 식으로 패턴 인지를 가능하게 할 사전지식이 없다. 이런 경우, 가장 유용한 전략은 3차원의 배치에 의해 규정지어진 공간에서 각 변수의 상태를 한 번에 하나씩 관찰하는 것일 듯하다.

그림 23.3은 그러한 과정을 시작한다. 3차원적 배치의 정육면체는 세 도표의 형태로 관찰된다. 첫 번째는 세 번째 차원 쪽에서 정면으로 관찰함으로써 차원 1과 2에 나타난 점들의 배치에 대해 명확한 수직적 시야를 제공하는 것이다. 두 번째는 두 번째 차원을 따라 정면에서 관찰함으로써 차원 1과 3의 배치를 보여주는 것이다. 그리고는 첫 번째 차원을 따라 정면에서 관찰함으로써 차원 2와 3에 대한 명확한 시야를 제공한다. 정육면체의 형태로서 3차원의 배치를 온전하게 묘사하고자 한다면 그림 23.3의 좌측 도표를 잘라내어 정육면체의 윗면에 붙이는 작업을 상상해보자. 그리고서는 중앙의 도표를 잘라 정육면체의 좌측면에 붙여보자. 우측 도표는 정육면체의 정면에 가게 된다. 세 도표를 합치면 정육면체를 모든 차원에서 보는 작업이 가능해진다. 그림 23.3의 도표들에서, 각 원점들은 하나의 가구를 반영하며, 큰 것일수록 데이터세트의

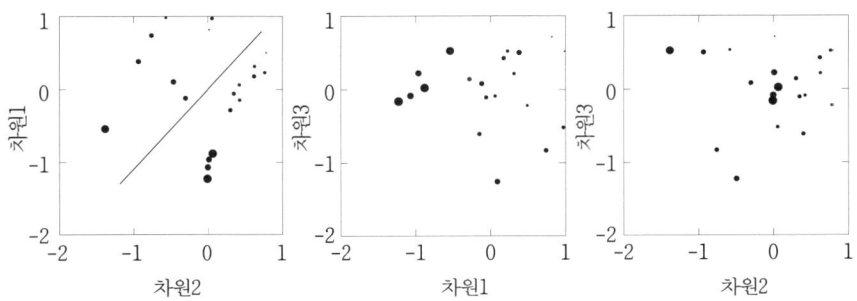

그림 23.3. 이쉬카퀴쉬트라 가구자료에 관한 3차원적 척도화의 도표

(큰 원점일수록 완/발의 높은 비율을 의미함)

첫 번째 변수인 완·발형(토기)편의 %에서 더 높은 값과 일치한다. 차원 1과 2의 도표에서는 분명한 경향성이 보인다. 완·발형편 % 값이 도표의 우측상방에서는 매우 낮으며, 좌측하방으로 가면서 점진적으로 증가한다. 따라서 완/발의 비율이 높은 가구단위는 차원 1과 2의 도표 좌측하방에 나타나게 된다.

그림 23.4는 분묘 조성에 소요된 동력에 관련하여 동일한 방식의 설명을 제공하는데, 역시 동일한 패턴을 발견하게 된다. 평균적으로 분묘 조성에 소요된 동력의 수준이 높은 가구단위는 차원 1과 2의 도표 좌측하방에 나타나게 된다. 그림 23.5로 이어가면, 장식토기편 %의 양상은 그림 23.3과 그림 23.4에서 본 두 변수의 패턴과 정확히 일치하지는 않지만 매우 유사하다는 것을 알 수 있다. 장식된 토기의 비율이 높은 가구는 차원 1과 2의 도표 하방에서 약간 좌측으로 치우쳐 나타난다. 동물유존체/토기편 비도 또 다시 동일한 패턴을 보인다. 높은 값일수록 그림 23.6에 제시된 차원 1과 2의 도표 하방에서 약간 좌측으로 치우쳐 나타난다.

따라서 이 네 가지 변수들은 3차원의 배치로 규정된 공간 내에서 동일한 방식으로 유형화되는 것이다. 이 변수들 중 하나에서 값이 큰 가구들은 다른 변수들에서도 큰 가구들일 경향이 매우 강하다. 이 네 변수들은 대체로 차원 1과 2의 도표 우측상방에서 좌측하방으로 진행하는 경사를 형성한다. 완/발의 비율, 분묘조성에 소요된 동력, 장식된 토기의 비율 및 동물유존체 대 토기편의 비 등에 관련된 수치는 이 경사면을 따라 어느 정도 점진적인 방식으로 증가한다. 후술할 바와 같이, 여타 변수 중 어떤 것도 이런 식으로 유형화되지는 않는다. 여기까지 기술한 내용의 요점은 데이터세트에서도 관찰되며 다차원으로 척도화된 공간에서 이 변수들에 대한 도표를 통해서도 명확하게 보인다. 다음 단계는 다변량분석을 통한 패턴 발견의 영역으로부터 해석의 영역으로 옮겨가게 한다. 이러한 패턴이 이쉬카퀴쉬트라에서 보이는 경제적 분화의 측면을 반영하는 것으로 해석할 수도 있겠다. 네 변수 모두 경제적 번영이나 삶의 기준과 개연적으로 연결될 수 있다. 네 가지가 낮음에서 높음으로의 경사면을 제시하는 동일 방식으로 유형화된다.

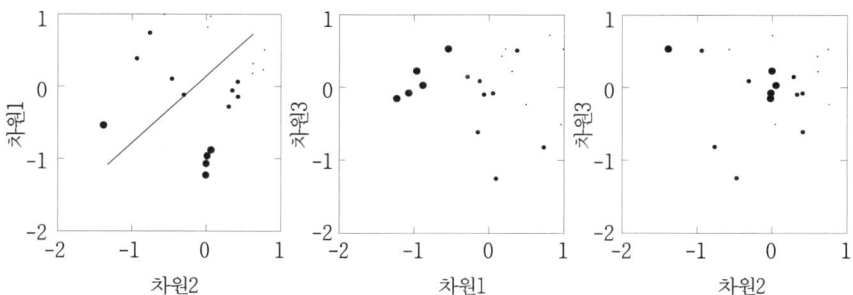

그림 23.4. 이쉬카퀴쉬트라 가구자료에 관한 3차원적 척도화의 도표

(큰 원점일수록 분묘축조에 소요된 더 많은 동력을 의미함)

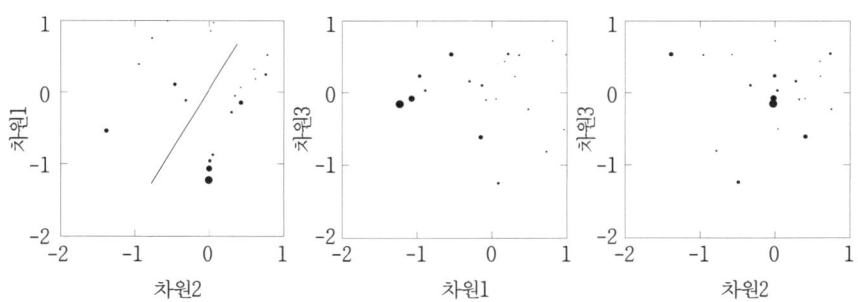

그림 23.5. 이쉬카퀴쉬트라 가구자료에 관한 3차원적 척도화의 도표

(큰 원점일수록 장식토기의 높은 비율을 의미함)

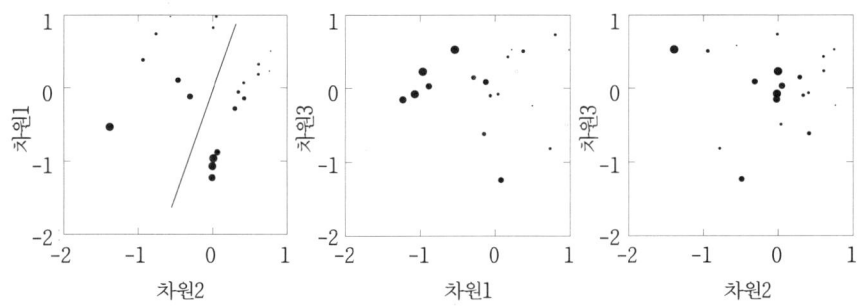

그림 23.6. 이쉬카퀴쉬트라 가구자료에 관한 3차원적 척도화의 도표

(큰 원점일수록 동물유존체의 높은 비율을 의미함)

여타 변수로 옮겨가보면, 그림 23.7에 제시된 차원 1과 2의 도표에서 축대유무 역시 분명한 패턴을 보이지만 앞서 살핀 것과는 확연하게 다른 패턴이다. 축대유무에 관한 높은 값은 좌측상방에서 군집을 이룬다. 축대유무는 존/부 변수인바, 높은 값(큰 원점)은 존재(1)에 대한 코드를 의미하며, 낮은 값(작은 원점)은 부재(0)의 코드를 의미한다. 또 다른 존/부변수인 곤봉유무도 그림 23.8에서와 같이 매우 유사한 패턴을 보인다. 다시 한 번 존/부변수의 필연적인 결과로서 패턴은 경사면이라기보다는 군집처럼 보인다. 그림 23.7과 그림 23.8을 세심하게 비교하면, 언뜻 보기보다는 실질적으로 약간 경사면과 유사한 것처럼 보이기도 한다. 가옥구조물이 축대위에 축조되어 있고 곤봉이 분묘에 부장된 네 가구단위들은 가장 좌측상방에 있다. 그보다 덜 좌측상방으로 치우친

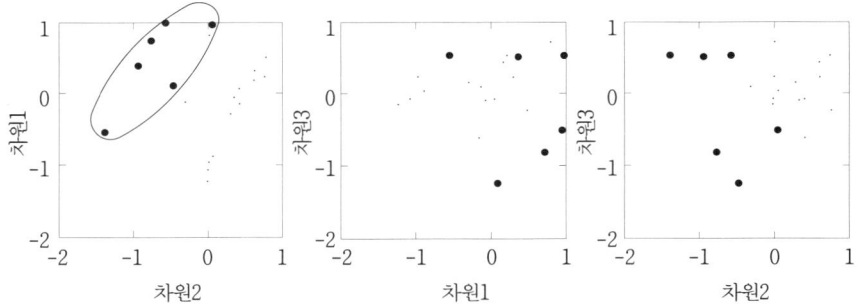

그림 23.7. 이쉬카퀴쉬트라 가구자료에 관한 3차원적 척도화의 도표

(큰 원점은 축대 위에 축조된 가옥구조물을 의미함)

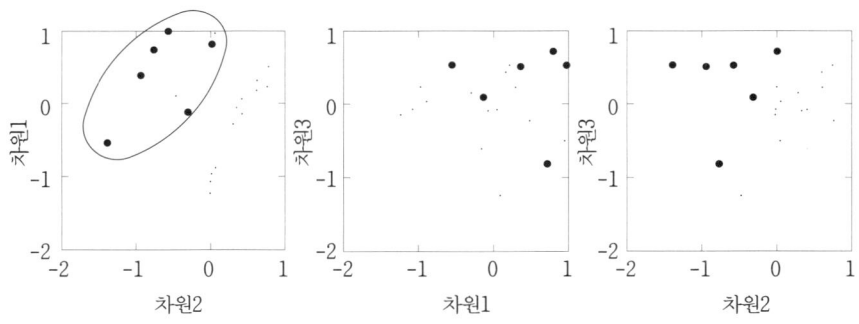

그림 23.8. 이쉬카퀴쉬트라 가구자료에 관한 3차원적 척도화의 도표

(큰 원점은 분묘에 부장된 곤봉의 존재를 의미함)

두 가구들에는 축대는 있되, 곤봉이 없고, 다른 두 가구는 곤봉은 있되 축대는 없다. 그 반대쪽 끝에는 축대와 곤봉이 둘 다 없는 다수의 가구들이 있다. 이 가구들은 차원 1과 2의 도표 우측하방에 분포한다.

따라서 그림 23.3부터 그림 23.6까지에서 확연한 경사면과 직각으로 진행하는 또 다른 경사면이 있는 셈이다. 양자가 직각을 이루는바, 서로는 무관하다. 축대와 곤봉이 있는 일부 가구들은 첫 번째 경사면의 부유한 끝 쪽에 있지만 나머지는 그렇지 않다. 그림 23.7과 그림 23.8은 다차원 공간에서 유형화되는 두 번째 별개의 독립적인 요소를 그러한 방식으로 설정하고 있다. 비록 다른 해석의 가능성이 항상 열려 있기는 하지만 그 패턴은 매우 분명하다. 이 두 번째 경사면은 적어도 이쉬카퀴쉬트라에서는 부유함과는 궤를 달리하는 위세 혹은 정치적 권위에 관련된 것으로 해석해 볼 수도 있겠다. 이 두 경사면은 다차원적 공간에서 해석한 것인데, 그 존재나 그들 간 독립성은 척도화의 결과에서 분명한 패턴이다.

여기까지 논의한 패턴은 차원 1과 2에서 가장 현저하다. 아직 정육면체의 다른 각도에서는 관찰하지 않았다. 그런데 해양성패류의 출토비율이 높은 소수의 가구들은 차원 2와 3의 도표에서 분명하게 군집을 이룬다는 것을 알 수 있다. 차원 1과 2의 도표에서도 어느 정도 인지할 수 있는 군집이 형성되기도 하지만 그 안에 패류의 출토비율이 높지 않은 가구가 포함되어 있는바, 상대적으로 군집은 덜 분명하다. 이 패턴은 그림 23.7과 그림 23.8에서 인지된 경사면과 일정 정도의 관련성은 물론, 일정 정도의 독립성을 동시에 제시한다. 흑요석의 출토비율이 높은 소수 가구의 군집 역시 그림 23.10에 제시된 차원 1과 3의 도표에서 관찰되기도 한다. 흑요석의 출토비율이 높은 가구들 또한 차원 1과 2의 도표 좌측상방에 집중되고 있으나 거기에는 흑요석의 출토비율이 낮은 가구들이 섞여있다. 만약 높은 비율의 해양성패류와 흑요석이 각각 원거리 원산지와의 접촉이 상대적으로 강했음을 반영하는 것으로 해석된다면, 흑요석 산지에 연관된 가구와 해안에 연관된 가구 사이에 확연한 일치가 있을 것 같지는 않다. 다만 두 군집 어느 쪽도 어떤 방식이든 부유함으로 해석된 경

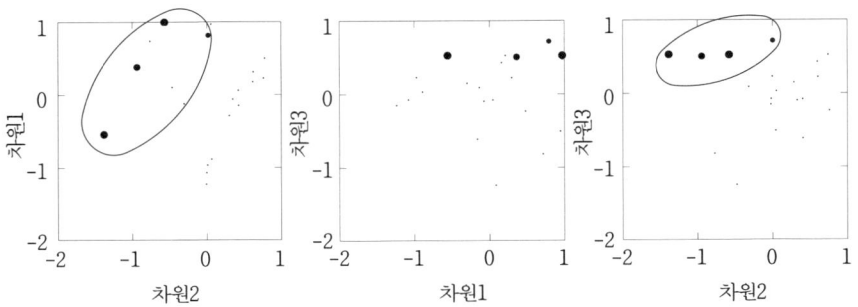

그림 23.9. 이쉬카퀴쉬트라 가구자료에 관한 3차원적 척도화의 도표

(큰 원점일수록 해양성패류의 높은 비율을 의미함)

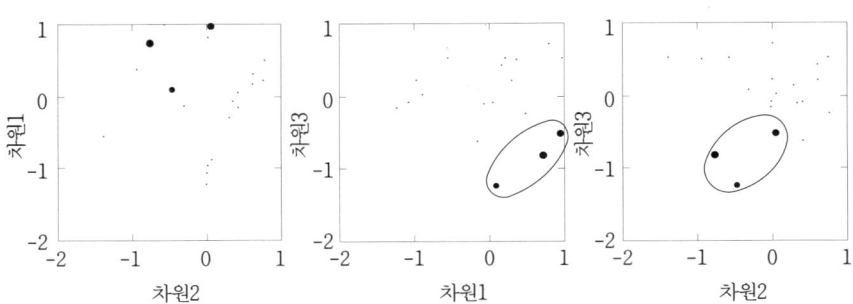

그림 23.10. 이쉬카퀴쉬트라 가구자료에 관한 3차원적 척도화의 도표

(큰 원점일수록 흑요석의 높은 비율을 의미함)

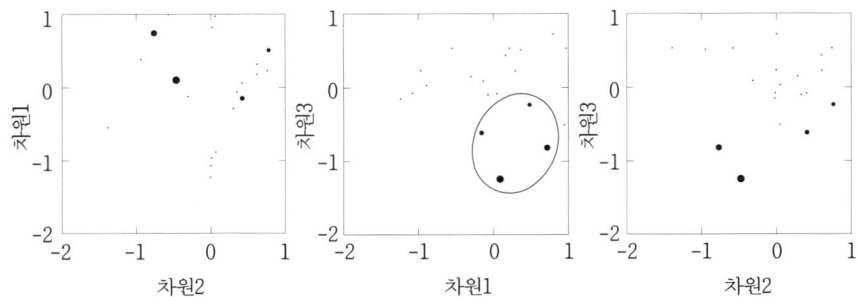

그림 23.11. 이쉬카퀴쉬트라 가구자료에 관한 3차원적 척도화의 도표

(큰 원점일수록 불량토기편의 높은 비율을 의미함)

사면과 부합하지도 않지만 해양성패류와 흑요석의 군집 모두는 대체로 위세로 해석된 바 있는 경사면의 한쪽 끝에 형성된다. 이러한 해석들을 종합하자면 이쉬카퀴쉬트라의 주민들에 있어서, 원거리 접촉은 다른 가구들에 의해 유지되되 부유함과는 그다지 큰 관련이 없었다는 점을 제시할 수 있겠다. 그러나 그들은 위세로 해석된 것과는 일정 정도의 관계를 보이기도 한다.

그림 23.11은 불량토기편의 출토비율이 높은 가구 단위의 군집을 보여주는데, 그러한 군집은 차원 1과 3의 도표에서 특히 분명하다. 그 배치에서는 격지의 비율이 높은 가구의 군집도 드러난다. 그 두 군집은 다차원척도의 공간에서는 상이한 지점에 위치함으로써, 그러한 유물 종류를 가진 서로 다른 두 부류의 가구임을 보여준다. 높은 비율의 격지나 높은 비율의 불량토기편 어느 것도 차원 1과 2의 그림에서 관찰된 경사면과 궤를 같이하지는 않는다. 차원 1과 3의 도표에서 불량토기편의 군집은 흑요석의 군집을 명시하는 것과 중첩됨으로써 이 둘 사이의 상관성의 가능성이 제기될 수 있다.

그림 23.13은 개연적인 해석결과를 표지하면서 3차원으로 척도화된 배치에서 보이는 패턴을 요약하고 있다. 재차 강조하자면, 다차원척도법 분석은 그러한 해석들이 맞다 혹은 틀리다는 것을 보여주지는 않았다. 그러나 이쉬카퀴쉬트라의 가구단위에 관련된 데이터세트에서 궤를 같이 하는 일련의 특징들(분묘축조에 소요된 많은 양의 동력이나 높은 비율의 완/발, 장식토기 및 동물유존체)에

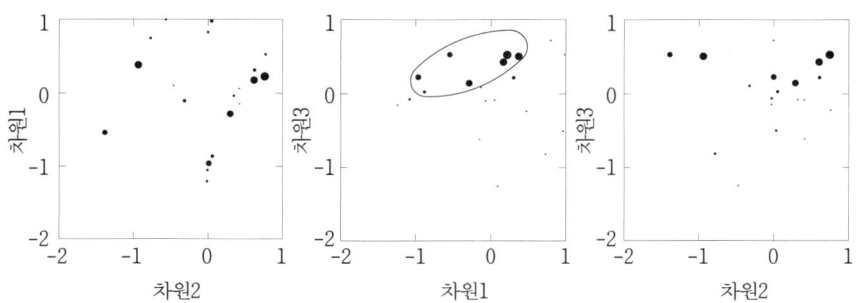

그림 23.12. 이쉬카퀴쉬트라 가구자료에 관한 3차원적 척도화의 도표
(큰 원점일수록 격지의 높은 비율을 의미함)

통계꾸러미와 결과보고

다차원척도법은 한때 자체의 실행만을 전담하는 주요 프로그램이 있는 특화된 영역이었다. 현재에 와서는 많은 대형 다목적 통계꾸러미들이 다차원척도법을 수행하고는 있으나 그 중 전부가 기본목록에 흡수하고 있지는 않다. 일부는 개체 간 유사도를 측정하는 과정을 다차원척도법의 기본항목에 포함하고 있기도 하지만 일부는 별도의 작업으로 다루기도 한다. 어떤 방식으로 달성되든지, 개체 간 유사도 측정은 개념적으로는 척도화와는 별개의 작업이다. 22장에서 지적한 바와 같이, 다차원척도법 분석의 결과를 보고함에 있어 개체 간 유사도를 측정하기 위해 어떤 계수가 사용되었는지를 명시하는 것은 매우 중요하다. 분석을 수행함에 있어 유사도 측정방식의 선택은 결과에 가장 큰 영향을 미칠 수도 있다. 정확히 어떤 선택이 있었는지(정확히 변수가 무엇이었는지)를 독자가 알게 함으로써 스스로 그 선택이 얼마나 적절하였는지를 판단할 수 있도록 해야 한다.

일단 유사도가 측정되면 척도화의 수행은 우선 일차원에서, 다음으로 이차원에서 등등으로 대여섯 차례의 분석이 진행되는 과정을 포함한다. 이는 얼마나 높은 차원에서 작업할지를 결정할 수 있도록, 상이한 차원에서의 배치가 갖는 최종 부하값들을 획득하는 유일한 방법이다. 0.1500 이하의 부하값을 찾거나 차원별 최종 부하값에 대한 도표에서 "비절점"을 찾는 작업은 얼마나 높은 차원이 요구되는지에 대한 유용한 지표가 된다. 그런데 최종분석에서 특정 개수의 차원을 선택하는 가장 강력한 이유는 배치가 분명하고 납득할 만한 패턴을 보여주는가 하는 것이다.

다차원척도법 분석에 대한 통계꾸러미의 산출물에서 중심요소는 개체에 상응하는 개별 점들의 좌표목록이다. 아무리 많은 차원이 선택되더라도 한 점에 대한 좌표는 하나이다. 통계꾸러미는 보통 다차원 공간에서의 좌표목록을 원래 변수와 결합될 수 있는 데이터파일로 저장하는 기능을 제공함으로써, 산점도를 작성하는 프로그램 자체의 도구를 이용하여 배치도표를 생성할 수 있게 한다. 이러한 도표에서는 현시적 인지가 의미 있게 여겨지는 경우, 점들이 어떤 개체에 해당하는지를 보여주기 위해 표지하기도 한다. 그러한 표지작업이 이쉬카퀴쉬트라 가구들에 대한 척도화 결과를 해석함에 있어서는 그다지 유용하지 못할 수 있어서 대신, 기호의 상이한 크기가 각 변수의 개별 값들을 순서대로 지정하는 도표에 의존하였다. 대부분의 통계꾸러미는 데이터세트에서 특정 변수의 개체 값에 따라, 기호의 크기를 달리할 수 있는 선택기능을 가지고 있다. 결과의 전달에서 필수적인 한 요소는 하나 혹은 복수의 배치도표인데, 그를 통해 독자는 보고자가 해석하는 점들의 패턴을 알 수 있다.

다차원척도법 분석에서 변수의 개수를 개체수의 절반 이하로 한정하는 것은 좋은 생각이다. 만약 변수의 개수가 이보다 훨씬 더 많으면, 데이터 내에 존재하는 막잡음random noise의 산물인 의사擬似패턴을 발견할 상당한 위험이 있다.

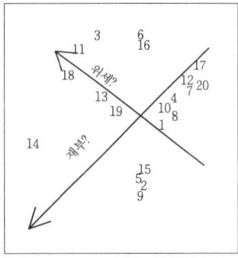 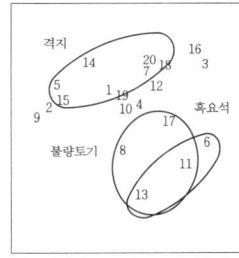 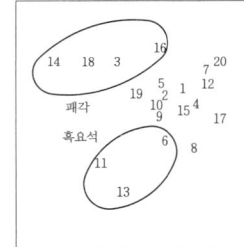

그림 23.13. 논의된 패턴이나 해석이 부기된 이쉬카퀴쉬트라 가구자료에 관한 3차원적 척도화의 도표(가구단위는 번호로 지칭됨)

대해서 보여주었다. 특정 시각에서 관찰했을 때, 그들은 충분히 강도 높게 병행함으로써 배치를 가로지르는 경사면을 인지할 수 있게 한다(그림 23.13의 좌측 도표). 이러한 패턴의 특성은 그 네 변수에서 높은 값을 갖는 가구의 확연한 군집으로서보다는 그 공간을 가로지는 경사면으로서 더 낫게 설명된다. 그러한 특성들을 갖는 가구단위 간의 첨예한 단절적 양상이 아니라, 좀 더 연속적인 변이를 반영한다. 만약 이러한 패턴을 부의 분포와 연결시켜 해석한다면, 이쉬카퀴쉬트라 내 부의 분포상 특성에 관련된 어느 정도를 알게 된 셈이다.

또한 다차원적 척도화는 축대 위에 축조된 가옥과 분묘에 부장된 곤봉을 연결시키는 경사면을 보여주었다. 이 두 특징은 궤를 같이 하는 경향이 있을 뿐만 아니라, 첨예하게 구분되는 군집이라기보다는 좀 더 경사면의 형태를 띠는 것으로 나타난다. 이 경사면은 앞의 단락에서 논의한 것과는 전혀 무관하다. 다차원척도법은 그것이 위세와 관련됨을 증명하지는 않지만 그러한 경사면이 존재한다는 점은 보여주고 있다. 만약 그것을 위세로 해석한다면, 이쉬카퀴쉬트라 내 위세의 특성이나 부 분포와의 무관함에 대해 어느 정도를 알게 된 셈이다.

다차원적 척도화는 원방遠方에서 온 물질의 출토비율이 높은 가구(흑요석과 해양성패류, 그림 23.13의 중앙 및 우측도표)들의 상이한 두 군집도 보여준다. 양자는 여타 가구단위들로부터 첨예하게 이격하는바, 연속적인 변이의 경사면으로서보다는 군집으로서 더 잘 특징지어진다. 게다가 양자는 가장 확연하게 나타나는 도표들에서는 중첩되지 않는다. 양 군집은 차원 1과 2의 도표에서 위세가 가장 높게 해석되는 구역에서는 일정 정도 더 모호하게 나타난다. 유사한 방식으로, 다차원적 척도화는 수공생산과 관련됨직한 유물들의 출토비율이 높은 가구(불량토기편과 격지, 그림 23.13의 중앙 도표)들의 상이한 두 군집을 보여준다. 이들은 경사면으로서보다는 군집으로서 더 정확히 특징지어질 수 있는데, 서로 중첩되지도, 차원 1과 2의 도표에서 보이는 경사면과 부합하지도 않는다. 그럼에도 불구하고 차원 1과 3의 도표에서 나타나는 것처럼 불량토기편의 군집은 대체로 흑요석의 군집과 공동경계를 갖기도 한다. 이 두 유물은 일부 가구들에서 일치한다.

이러한 해석 모두는 다르게 나타날 수도 있었다. 예를 들어, 다차원척도법은 격지의 비율이 높은 가구의 군집이 흑요석의 비율이 높은 가구군집과 잘 부합한다는 점을 보여줄 수도 있었다. 이는 그 가구들에서 석재의 획득이나 생산이 결합된 다양한 측면에 일정 정도의 특별한 집중이 있었음을 고려하게 할 수도 있다. 반대로 실제로 알게 된 패턴은 양자를 동일한 가구에서 결합하지는 않지만 특별한 활동의 집중지로 고려하도록 유도한다.

다차원척도법은 이쉬카퀴쉬트라의 가구단위에 관련된 다변량데이터세트에 존재하는 변이의 패턴에 관해 매우 성공적으로 서술할 수 있게 해주었다. 그러한 서술은 일련의 관찰과 함께 그 패턴들에 대한 다소 복잡한 특징지음으로 이어졌다. 군집과 경사면은 다차원적으로 척도화된 배치에서 인지되는 두 종류의 보편적 패턴이지만 다수의 여타 분포패턴도 상상해 볼 수 있다. 다차원적으로 척도화된 배치에서 무엇을 인지할 수 있는지는 분석자의 상상에 달렸다. 이는 다차원척도법의 중요한 장점이자 단점이다. 척도화의 결과로부터 패턴을 인지하는 것은 자동적이지도 않고 단순할 필요도 없다. 다양한 종류의 배치 도표를 생성하고 인지하는 작업에는 매우 많은 시간이 소요될 수 있다. 그럼에도 불구하고, 결국 매우 다양한 패턴 배열에 대한 관찰의 가능성이 있는 셈이다. 또한 척도화된 배치에서 패턴이 형성되는 방식에 대해 거의 아무 것도 관찰하지 못할 가능성도 있다. 이는 언뜻 불리함으로 보일 수도 있지만 실제로는 매우 실질적인 유리함이다. 만약 척도화된 배치에서 의미 있는 패턴이 거의 혹은 전혀 나타나지 않는다면, 그것은 데이터세트에 의미 있는 패턴이 전반적으로 결여되어있음을 반영하는 것일 수도 있다. 이는 유쾌한 결과는 아니지만 실상에서는 가능한 일이기도 하다. 다변량데이터세트에 실제로 의미 있는 패턴이 거의 없다면, 그에 대해 알려줄 분석적 접근이 필요하게 된다.

24
주성분분석
Principal Components Analysis

다차원척도법에서 주성분분석으로 옮겨감에 따라, 개념적으로 가장 단순하고 상식적인 분야에서 가장 난해하고 수학적인 분야로 전이하게 된다. 주성분분석의 수학적 기초를 이해하는 것은 번거로운 작업—좀 더 신뢰할 만하고 성공적인 분석의 수행을 용이하게 하는 데에는 그다지 큰 실효가 없는 작업—이다. 본서의 전체적인 접근기조를 유지하면서, 주성분분석의 난해한 수학적 기초로는 잠시만 옮겨가고 기법의 효과적 활용에 좀 더 확실할 안내가 되도록 그 원리나 개념의 이해에 관심을 집중하도록 하겠다. 이러한 접근은 이 주제에 관해 일반적으로 택해지는 것과는 사뭇 다르다. 그럼에도 불구하고, 난해한 수학적 설명보다는 상식수준의 접근을 통해서 더 많은 고고학도들이 주성분분석의 원리를 더 빠르게, 더 깊게 이해하고 더 잘 활용할 수 있을 것으로 보인다. 다차원척도법의 효과적 활용을 이해함에 있어서 배치를 생성하는 반복적 시행착오과정이 어떻게 프로그램 되는지에 대한 많은 지식이 필요하지는 않았다. 그와 유사하게 주성분을 생성하는 특정의 수학적 처치에 관한 많은 지식이 없이도 주성분이 무엇이며, 다변량데이터세트에 내재한 패턴을 어떻게 알려주는지는 효과적으로 이해할 수 있다.

    주성분분석을 종종 인자분석factor analysis과 혼동하기도 한다. 과연 그러한 혼동이 얼마나 문제될 것인가에 대해서는 의견이 분분하다. 두 분석기법의 근저를 이루는 논리 사이에는 분명 구분이 있다. 반면, 그 결과는 정확히 동일한 방식으로 표현되고 해석된다. 실행의 수준에서 동일한 데이터에 대해 두 분석을 모두 수행하여 매우 다른 결과를 얻는다는 것은 매우 특이한 경우이다. 예상대로 통계꾸러미는 실행적인 면에 초점을 맞추는 경향이 다분한 바, 주성분분석과 인자분석은 종종 한 조의 명령항목에 포함되어 있어서 양자에 대한 선택은 단순히 작동을 위한 선택 중 하나일 뿐이다. 양자의 차이는 본 장의 상식적 접근에서는 거의 문제될 것이 없다. 다음에서 사용될 용어는 주성분분석과 관련된 것이지만 사실 본 장은 인자분석에 관한 장이 될 수도 있다. 실질적으로 유일한 차이는 "주성분" 혹은 "성분"을 "인자"로 교체하는 작업뿐일 것이다.

정확히 그런 식으로 논의하지는 않았지만 다차원척도법은 이쉬카쿼쉬트라 가구단위의 경우, 10개의 변수를 셋(패턴이 발견할 수 있었던 척도화된 배치의 세 개 차원)으로 줄이는 방법으로 특징지어질 수 있었다. 어떤 측면에서는 표 21.1에서 발견된 패턴의 주요 특징은 더 단순하고 간결하게 표 23.1로 요약되었다. 이는 주성분분석의 이면에 있는 훨씬 핵심적이고 직접적인 착상이 되는데, 여러 변수를 여전히 원래 데이터세트에 내재한 주요 패턴을 (완벽하게는 아니지만) 정확히 반영하는 훨씬 적은 수의 변수로 줄여나가는 방도로 간주할 수도 있다.

되도록이면 낮은 차원에서, 될 수 있는 한 좋은 배치를 생성하고자하는 다차원척도화의 노력은 원래 데이터세트에 내재한 패턴의 중요한 측면을 놓치지 않은 채, 될 수 있는 한 변수를 줄이고자하는 주성분분석의 노력과 매우 흡사하다. 이러한 과제에 대해 주성분분석이 택하는 접근은 개체의 모든 쌍들 간 유사도를 측정하는 작업으로 시작하지는 않는다. 대신 변수 간의 관계를 살펴보는 작업으로 시작된다. 보통 15장에서 사용되었던 기법을 통해 수행된다. 원래 데이터세트에서 변수의 모든 쌍들 간 상관관계의 행렬이 주성분분석의 출발점이 된다. 그러한 행렬은 변수 간의 관계에 대해, 다차원척도법에서 사용된 유사도점수의 행렬이 개체 간 관계에 대해 알려준 것과 같은 종류의 사항을 알려준다. 만약 두 변수가 강한 상관관계를 보인다면, 그것은 양자는 매우 유사하게 작동한다(동일한 개체들에 대해 [유사하게] 높거나 낮은 값을 갖는다)는 것을 의미한다.

상관관계와 변수들

주성분분석 이면에 있는 명백한 생각은 서로 강한 상관관계를 보이는 일련의 변수들은 모두 동일한 내재적 요인에 반응한다는 것이며, 어떤 의미에서 그 변수들은 원래 데이터세트를 특징짓는 개체 및 변수 간 관계에 관련된 전반적 패턴을 거의 손상하지 않은 채 하나의 변수로 대체될 수 있다는 것이다. 그러므로 그 데이터세트는 어떤 의미에서 훨씬 적은 수의 변수로 재표현될 수 있을 것이다. 주성분분석의 사용과 관련해서도 다차원척도법과 같이 그러한 작업을 수행하는 일종의 반복적 시행착오의 과정이 있을 수 있다. 그러나 사실 그것은 주성분분석에서 그 목적을 달성하는 방식은 아니다. 주성분은 변수 간 상관관계에 대한 행렬을 다룸으로써 수학적으로 추출된다. 그 목표는 원래 변수들과 강한 상관관계를 보이는, 가능한 한 적은 수의 성분으로 구성된 세트를 생성하는 것이다.

주성분분석이 상관계수로 시작한다는 사실은 중요하다. 22장에서 보았듯이, 몇몇 상이한 유사성계수들은 상이한 종류의 변수에 관계된 개체들 간 유사성을 다루기 위해 고안되었다. 15장에서 보았듯이 회귀분석은 산점도의 논리에 기초하며 계측치를 다루는데 가장 적합하다. 만약 다변량데이터세트의 모든 변수들이 계측형이라면, 상관계수를 이용하여 그들 간의 관계를 살펴보는 것이 타당하다. 실전에서, 주성분분석은 자주 변수의 조성이 순수하게 계측형으로 이루어지지 않아도 합리적이고 유효한 결과를 도출한다. 계측형이 아니라 서열형 변수가 특별히 주성분분석에 위협이 되지 않는다는 점은 그리 의외의 일은 아니다. 16장에서 보았듯이, 순위상관계수는 회귀분석보다는 등급에 더 적합한 도구지만 상관계수(r)는 등급에 관련된 변수들 간 상관관계의 정도에 대해 유용한 대략의 평가를 알려준다.

비서열적 범주형변수는 다른 문제이다. 회귀분석의 산점도식 논리는 1과 3

이란 값은 1과 2의 값보다는 더 차이가 날 뿐만 아니라, 두 배(1과 3의 차이는 2이고 1과 2의 차이는 1)가 차이나는 것으로 다루어짐을 의미한다. 22장에서 유클리드거리를 고려할 때 그와 매우 유사한 문제를 직면했었다. 앞서 했던 것처럼, 이쉬카퀴쉬트라 가구 데이터세트에는 벽체 축조의 형식이라는 변수가 포함되어 있으며, 그 범주는 외벽, 판목, 진흙벽돌 등으로, 각각에 1·2·3의 값이 부과되었다. 1과 3을 1과 2보다 더 차이나는 것으로 다루는 것은 전혀 합당해 보이지 않지만 (유클리드거리처럼) 상관계수는 필연적으로 그렇게 하고 말 것이다. 이러한 종류의 서열화되지 않은 범주형변수는 상관계수로 다른 변수와의 관계를 측정하기에는 전혀 적절하지 않은바, 주성분분석에는 매우 부적합하다. 유클리드거리에 대해서도 그러한 결론에 도달했었으며, 그때 논의되었던 것과 동일한 해결책이 주성분분석에도 적용 가능해 보인다. 벽체 축조의 종류에 관한 세 범주는 세 개의 분리된 존/부변수로 재구성될 수 있다.

당연히 (존/부변수를 포함하여) 범주가 두 개인 범주형변수가 회귀분석이나 상관분석에 가장 적합한 소재는 아니다. 만약 단순히 이원적 범주형변수와 다른 변수 간 관계의 강도나 유의도를 측정하는 것이 문제라면 회귀분석이나 상관분석을 선택하지 않을 것이다. 그런데 주성분분석은 반드시 상관분석으로 시작해야 하며, 이원적 범주형변수를 포함하여 관계의 강도를 측정함에 있어 그다지 예리한 도구는 아닐지라도 상관분석은 수용할 만한 정도의 대략적인 근사치를 제공할 수 있다.

두 개의 존/부변수 간 관계를 탐색하기 위하여 산점도를 작성했다고 가정하자. 이 두 변수 각각의 값은 0과 1로 한정될 것인바, 산점도에서 점들이 자리 잡을 지점은 $x=0$, $y=0$(좌측하단에 해당하는 도표의 원점)인 곳, $x=1$, $y=1$(우측상단)인 곳, $x=1$, $y=0$(우측하단)인 곳, $x=0$, $y=1$(좌측상단)인 곳 등, 단 넷뿐이다. 만약 두 변수가 강한 양의 관련성을 보이면, 그것은 x가 1일 때 y 역시 1이 될 것이고, x가 0일 때 y 역시 0이 될 것이고, 대부분의 점들은 좌측하단과 우측상단에 자리 잡을 것임을 의미하게 한다. 산점도의 최적직선은 좌측하단으로부터 우측상단을 향해 달리고 상관관계는 양의 방향이며, 설사 극

소수의 점들이 나머지 두 지점에 자리하더라도 상관성은 1에 매우 근접할 것이다. 만약 두 변수가 강한 음의 관련성을 보이면, 동일한 종류의 상황이 벌어질 것이지만 －1에 가까운 상관관계로 인해 최적직선은 좌측상단으로부터 우측하단을 향해 달릴 것이다. 만약 두 변수가 그다지 강한 관련성을 보이지 않는다면, 점들은 네 지점 모두에 걸쳐 넓게 분포할 것이고 최적직선은 그다지 잘 맞지 않을 것이고 상관계수는 0에 근접할 것이다.

종합하자면, 상관계수로 존/부변수 간 관계의 강도를 측정한 결과는 투박하기는 하지만 —주성분분석에서 존/부(혹은 다른 형태의 이원적) 변수의 사용이 가능할 만큼 충분히— 실용적이다. 상관계수는 등급에 더 적합하며, 당연히 실제 계측치에 가장 적합하다. 되풀이하자면, 주성분분석을 수행하기 전에 단순히 데이터세트로부터 퇴출되어야 할 한 종류의 변수는 셋 이상의 비서열적 범주를 가진 변수이다.

주성분 추출하기

주성분을 추출하는 과정은 다차원에 상응하는 최적직선을 발견하는 작업이다. 만약 두 변수 간에 완벽한 상관관계가 있다면, 산점도 상의 모든 점들이 최적직선상에 놓인다는 점은 주지하는 바이다. 그런 상황에서 산점도의 좌표체계에서 축을 형성하는 두 변수는 제거되고 최적직선을 따라 달리는 단일 축으로 대체될 수 있을 것이다. 이 단일 축을 따르는 좌표로서 모든 점들을 완벽하게 산점도에 자리 잡게 할 수 있고 두 차원의 변이는 한 차원으로 재표현 혹은 감소될 것이다. 만약 두 개의 원래 변수 간 상관관계가 강하기는 하되 완벽하지 않다면, 산점도의 두 축을 최적직선을 따르는 하나의 축으로 줄이고, 완벽하지는 않더라도 매우 양호하게 산점도의 패턴을 재생성할 수 있을 것이다. 간약 두 개의 원래 변수 간 상관관계가 매우 미약하다면, 산점도를 단일 축 상의 좌표로 줄이는 것은 산점도상 점들에서 보이는 패턴을 간취하기에는 마땅하지 않을 것이다.

주성분분석은 원래 데이터세트의 변수 개수만큼의 차원으로 된 산점도를 작성하는 것으로 가시화될 수 있다. 이 다차원의 산점도에 대해 단일 최적직선과 유사한, 어떤 것이 결정되는데 그것이 제1성분이다. 이 성분은 원래의 여러 변수 중 하나 혹은 그 이상에 상대적으로 근사近似하게 배열될 것인데, 그것은 하나 혹은 그 이상의 원래 변수와 강한 상관관계를 보일 것이라 말하는 것과 마찬가지이다. 여러 개의 원래 변수가 서로 강하게 상관되어 있는 정도에 따라, 이 제1성분은 그 변수들 모두와 강한 상관관계를 보일 수 있다. 이 제1성분은 최적직선과 유사한바, 가능한 많은 변이를 설명하면서 잔차를 남기는 것으로 간주될 수 있다. 제1성분에 의해 남겨진 잔차에 내재한 변이를 가능한 한 많이 설명하면서 가능한 한 잔차를 적게 남기는 제2성분을 추출하기 위해서 이러한 과정은 반복된다. 분석은 제3, 제4 등등의 성분을 추출하면서 계속된다.

성분들은 원래 변수 각각과의 상관이라는 측면에서 기술될 수 있다. 이러한 상관은 보통 성분적재값component loadings으로 불린다. 이는 어떤 점에서 잔차를 최소화하기 위해 고안되었는바, 제1성분은 매우 많은 원래 변수에 대해 매우 큰 부하를 갖게 된다. 부하의 양은 성분과 원래 변수 각각에 번갈아 설정되는 상관계수(r)인바, 그 제곱(r^2)은 원래 변수 각각에서의 변이 중 성분으로 설명되는 비율을 표현한다. 한 성분에 부과되는 모든 원래 변수들의 적재값 제곱은 종종 합산되며, 이러한 제곱된 변수들의 합(원래 변수에 대한 성분의 r^2값 합계)은 고유값eigenvalue으로 불린다. 고유값은 원래 변수 각각에 대해서 설명되는 변이의 비율을 합산한 것인바, 변수의 개수로 나눈 고유값은 원래 데이터세트 내의 변이 중 한 성분으로 설명되는 전체적인 비율이 된다.

각 성분에 해당하는 고유값이 있다. 제1성분의 고유값이 가장 크고, 제2성분의 것이 두 번째로 큰 등등이다. 추출된 성분의 수가 변수의 원래 개수와 같다면, 언제나 원래 데이터세트에 내재한 모든 변이가 설명된다. 설명되는 전체적인 변이가 어떤 정도의 비율인지를 표현하기 위해 모든 고유값을 변수의 개수로 나눌 때, 각각이 변수의 개수로 나눈 고유값들은 합산하면 1이 되는데, 이는 원래 데이터세트에 내재한 변이의 100%를 설명할 수 있도록 모든 성분이 추출된다는 사실을 반영한다. 많은 수의 변이들이 상호 강한 상관성을 보인다면, 처음 몇몇 성분들이 원래 데이터세트 내 변이의 상당히 많은 부분을 설명할 수 있을 것이다. 그들의 고유값은 상대적으로 클 것이며, 마지막 몇몇 성분들의 고유값은 매우 작아질 것이다. 데이터세트에 내재한 변이의 높은 비율을 아우르는바, 큰 고유값을 가지는 성분들은 매우 큰 의미를 가지는 것들이다.

분석하기

이러한 생각의 전체가 함의하는 바는 실전을 통해 더욱 분명해질 것이다. 디쉬카퀴쉬트라 가구단위에 관련된 변수 중 일곱은 계측형이며, 하나는 서열형이고, 둘은 존부의 변수이다(표 21.1). 그러므로 이들은 상관분석에 완벽하게 적합하지는 않지만 주성분분석을 수행할 수 있을 정도로 완벽하게 만드는 현실적인 조정이 가능한 종류들이다. 10개 고유값의 추출을 통해 표 24.1에 제시된 것과 같은 고유값의 세트가 생성된다. 변수의 개수로 나눈 고유값의 합은 반드시 그래야 하듯, 1이 됨으로써 10개의 성분이 합쳐서 가구데이터에 내재한 변이의 100%를 설명한다는 점을 나타낸다.

표 24.1에 제시된 고유값들이 분명히 하는 것처럼, 첫 세 개의 고유값이 후속하는 것들보다 훨씬 더 많은 양의 변이를 설명한다. 이 셋이 합쳐서 데이터세트에 내재한 변이의 79%를 설명할 뿐만 아니라, 이들은 결과에서 발견된 많은 혹은 모든 의미를 전달할 듯하다. 이러한 개연적인 경계를 약간 넘어 관찰하는 것도 유용한바, 표 24.2에는 다섯 개 성분의 적재값이 제시되어 있다.

제1성분에 대해서는, 분묘조성에 소요된 동력, 동물유체에 대한 토기편의 비, 토기 중 완·발의 비율, 장식토기편의 비율 등 네 개의 변수가 높은 적재값을 가진다. 이 네 가지 변수들은 차원 1과 2의 도표에서 경사면을 형성하면서 다차원척도법과 병행하여 모인 것들이다. 이 두 가지 분석은 데이터세트에서 패턴을 형성하는 동일한 요소를 보여주는데, 23장에서 그것이 부富로 해석될 수 있음이 제안되었다. 네 변수 모두에 대한 성분적재량의 기호가 음(-)인

표 24.1. 이쉬카퀴쉬트라 가구데이터로부터 추출된 주성분들의 고유값

성분	고유값	고유값/변수 개수
1	3.511	0.3511
2	2.291	0.2291
3	2.100	0.2100
4	0.887	0.0887
5	0.473	0.0473
6	0.326	0.0326
7	0.213	0.0213
8	0.110	0.0110
9	0.063	0.0063
10	0.027	0.0027

것은 전혀 중요하지 않다. 중요하게 관찰해야 할 것은 적재가 강하고 넷 모두의 기호가 같다는 것이다. 만약 분묘조성에 투여된 동력이 강한 음의 적재값을, 동물유체/토기편 비가 강한 양(+)의 적재값을 가진다면, 이 성분에 (그리고 서로에) 대해 분묘조성에 동력 투여가 높음과 동물유체/토기편의 비가 낮음이 상응함을 의미한다. 모든 수의 기호가 동일하므로 분묘조성에의 높은 동력 투여, 높은 동물유체/토기편 비, 높은 비율의 완/발, 높은 비율의 장식용기가 이 성분에서는 모두 서로 상관된다는 것을 알게 된다. 여타 변수 중 어떤 것도 이 성분에 대해서는 전혀 강한 적재량을 보이지 않음으로써 그들 중 어떤 것도 부와는(혹은 이 요소가 데이터세트에서의 패턴에 반영되는 것이 무엇이든 간에) 그다지 강하게 연결되어 있지 못함을 제시한다.

제2성분에 대해서는 축대의 유무, 분묘에 부장된 곤봉대가리의 유무, 패각/토기편의 비 등 세 변수가 강한 적재값을 갖는다. 다차원척도법에서도 축대와 곤봉대가리 사이에는 유사한 관련이 있음을 보았고, 이 두 가지와 패각의 비 사이에는 다소 모호한 관계가 있음을 지적하기도 하였다. 여기서 패각/토기편 비가 제2성분에 강하게 적재되지만 제3성분에도 그와 유사한 정도로 강하게 적재되는 말하자면, 양자 충성적인 상황으로 나타난다. 제1성분에는 그렇게 강하게 적재되었던 네 가지 변수는 제2성분에 대해서는 낮은 적재값을 갖고, 제2성분에 대해서는 높은 적재값을 갖는 세 가지 변수들은 제1성분

표 24.2. 이쉬카퀴쉬트라 가구데이터세트 분석에 관련된 (비회전) 성분적재값

	성분				
	1	2	3	4	5
분묘조성에 소요된 동력	−0.944	0.173	0.052	0.063	0.054
동물유존체/토기편 비	−0.933	0.197	0.017	0.046	0.041
완·발형편 %	−0.909	0.223	0.007	0.193	0.145
장식토기편 %	−0.858	0.041	0.193	0.070	0.261
축대유무	0.205	**0.905**	0.111	0.251	0.067
곤봉유무	0.207	**0.750**	0.399	0.285	0.031
패각/토기편 비	0.108	**0.683**	0.640	0.171	0.118
불량토기편 %	0.157	0.291	**0.788**	0.032	0.481
흑요석제 석기%	0.253	0.479	**0.710**	0.327	0.257
격지 %	−0.051	0.086	0.593	**0.747**	0.249

에 대해서는 매우 낮은 적재값을 갖는다. 이러한 관찰을 통해 전달되는 메시지는 처음 두 성분은 상호 매우 독립적이라는 것이다. 이 두 요소는 다차원척도법에서도 상호 직교하는 두 경사면으로 나타남으로써 동일한 결론이 도출된 바 있다.

제3성분에 대해 강한 적재를 보이는 두 변수는 불량토기편과 흑요석의 티율이다. 이 둘의 높은 비율은 다차원 척도화된 배치의 한 도표에서는 중첩되는 군집을 형성하였지만 다른 도표에서는 그 정도이지는 않았다. 패각/토기편 비 또한 제3성분에서 매우 높은 적재값을 가진다. 다차원척도법에서 흑요석의 높은 비율과 위세로 해석되었던 경사면이 가지는 중간 정도의 관계에 견주어 흑요석 역시 제2성분에 대해서 중간 정도의 적재값을 가진다는 점에 주목하는 것은 흥미로운 일이 될 것이다. 마지막으로 네 가지 변수 모두가 처음 두 성분에 대해서 지극히 높은 적재값을 갖지는 않는다하더라도, 제3성분에 대해서는 중간 정도의 혹은 강한 적재를 보인다. 부분적으로 이러한 현상은, 그 네 가지 변수들에 대해 높은 값을 가지는 가구단위들이 처음 두 성분에 있어 매우 높은 적재값을 갖는 여섯 개 변수들에 대해서는 상대적으로 낮은 값을 갖는 경향이 있다는 사실에 기인한다.

제4성분에 대해서 유일하게 강한 적재는 격지의 비율이다. 주성분분석에서 이 변수가 특히 다른 변수들과 연결이 결여된다는 점은 이러한 방식으로

나타난다. 다차원척도법에서는 흑요석과 불량토기편 양자는 부분적으로는 다르고 부분적으로는 일치하며, 흑요석과 패각은 위세로 해석된 경사면의 상단부에서 위치한다는 점에서 연결된다. 그런데 격지는 다변량척도법에서 다른 어떤 것들과 거의 중첩되지도 않고 관계를 형성하지도 않으면서 군집을 형성하였는데, 주성분분석에서도 역시 다르게 나타난다.

주성분분석의 적재값 회전rotation에 대해서는 상당한 견해차가 있다. 일단 추출된 성분은 다차원 공간에서의 좌표축으로 간주될 수 있다. 추출된 좌표축의 전체 세트는 원래변수들 간 관계에 대한 다양하고 상이한 기준을 극대화할 수 있도록 특정 공간에서 회전될 수 있다. 축들은 한 벌로서 각각의 수직방향을 유지하는 직교회전orthogonal rotation이 될 수도 있다(즉, 축들은 서로 상관되지 않는다). 사각회전oblique rotation에서는 축들은 개별적으로 회전함으로써, 상호 상관되지 않는 속성을 잃는다. 이 두 계통의 회전방식 각각에는 몇 가지의 변형이 있기도 하다.

이쉬카퀴쉬트라 가구 분석에 있어 직교회전된 성분적재값은 표 24.3에 제시되어 있다. 직교회전에서 보통 그렇듯, 각 성분에 대한 높고 낮은 적재값 간의 대비는 극대화된다. 제1성분에 대해 같은 부호로 강한 적재를 보였던 네 가지 변수들은 회전된 성분에 대해서도 동일하게 작동한다. 회전 전후가 마찬가지로 동일한 세 변수들이 제2성분에 대해 강한 적재를 보인다. 회전된 성분에

표 24.3. 이쉬카퀴쉬트라 가구데이터세트 분석에 관련된 (직교회전한) 성분적재값

	성분				
	1	2	3	4	5
분묘조성에 소요된 동력	−0.960	−0.008	−0.044	0.068	0.047
동물유존체/토기편 비	−0.950	0.045	−0.061	0.020	0.068
완·발형편 %	−0.937	−0.027	0.129	−0.127	0.151
장식토기편 %	−0.854	−0.128	−0.164	0.022	−0.272
패각/토기편 비	0.002	0.946	−0.058	−0.151	0.103
곤봉유무	0.068	0.908	0.099	0.087	0.023
축대유무	−0.008	0.597	0.743	−0.087	−0.156
흑요석제 석기%	0.089	−0.088	0.934	0.166	−0.238
격지 %	0.004	0.051	−0.097	−0.970	0.169
불량토기편 %	0.041	−0.086	0.374	0.224	−0.874

서 흑요석은 제3성분에 대한 강한 적재에 힘입어 축대와 좀 더 강하게 연결되는 것으로 나타난다. 회전되지 않은 성분이나 다차원척도법에서 관찰되었던 흑요석과 불량토기편 간의 관계는 사라져버렸고 격지와 불량토기편은 여타 변수들과는 확연히 다른 양상을 띤다. 두 세트의 성분적재값은 패턴을 형성하는 두 가지 주요요소와 관련하여 매우 잘 상호 부합하며, 간혹 이 두 주요요소는 회전된 성분에서 더욱 부각되기도 한다. 패턴형성과 관련된 미약요소를 지칭함에 있어 나타나는 불일치는 성분 회전에 대한 일부 분석가들이 우려하는 바의 좋은 예가 된다.

성분 회전에 관련된 지혜에 대한 질문에는 해답을 쉽게 제시할 수 없으며, 분명하게 합의된 답도 없다. 규모가 큰 통계꾸러미는 주성분분석과 인자분석 모두를 수행하며 회전을 선택사항으로 제공한다. 회전된 성분과 그렇지 않은

통계꾸러미와 결과보고

본서에서 다루는 다변량분석에 대한 접근방식 중에서 주성분분석은 통계꾸러미에 관한 한 나머지 둘에 비해 거의 확실히 더 직설적이다. 한두 가지 다른 선택이 가능하기도 하지만 주성분분석은 거의 항상 변수 간 상관계수에 기반을 둔다. 특별히 다른 언급이 없다면, 독자들은 그렇게 짐작할 것이다. 본 장에서는 주성분분석과 인자분석을 거의 차이가 없는 것처럼 다루고 있다고 하더라도, 일부 독자들은 그 차이에 각별히 주목할 수도 있기 때문에 사용하는 통계꾸러미의 선택사항에 대해 주의를 기울이는 것은 중요할 뿐만 아니라, 어떤 것을 선택했는지를 보고해야 한다. 성분적재량의 실질적인 목록을 제공하는 것은 결과보고의 필수적인 부분이다. 거기서 관찰된 양상을 기술하는 것만으로는 부족하다.

다차원척도법에서와 마찬가지로, 주성분분석에서도 변수의 개수를 개체 수의 절반 이하로 한정하는 것이 바람직하다. 만약 변수의 개수가 그보다 훨씬 많다면, 데이터에 내재한 무작위적 잡음의 산물 이상이 되지 못하는 의사패턴을 발견할 위험이 상당해진다.

성분 모두를 관찰하는 것은 전혀 해로울 것이 없다. 패턴을 형성하는데 있어 중요한 요소가 두 세트의 적재값에서 상호 잘 부합한다면, 어떤 것을 택하든 전혀 문제될 것이 없다. 만약 양자 간에 세부적인 차이가 일부 있더라도 그것을 액면 그대로 받아들일 필요는 없다.

    회귀분석과 마찬가지로 주성분분석은 지극히 강력하다. 이러한 강력함의 많은 부분은, 회귀분석에서도 마찬가지이듯, 변수 간 관계에 대한 모형의 구체성과 엄격성에서 온다. 비회전 성분과 회전 성분 사이의 불가해한 불일치의 가능성을 제외한다면, 주성분분석의 결과는 명확하여 전혀 모호하지 않다. 주성분분석은, 데이터세트에 매우 강력한 패턴이 있건, 없건 간에 항상 일종의 성분을 생성한다. 이런 점에서는 주성분분석은 실패할 수 없는 반면, 다차원척도법은 명쾌한 패턴을 제시하지 못할 수도 있다. 데이터세트에 그다지 유용한 패턴이 없을 수도 있다는 징후가 주성분분석에서는 간과되기 쉽다. 개별 개체를 표지하는 작업이 직관적인 지식을 제공한다면, 다차원척도법을 통해 패턴을 발견하는 것이 매우 직설적일 듯하다. 한편, 이쉬카퀴쉬트라 가구 분석에서처럼 변수의 특성에 대한 관찰이 가장 직관적인 지식을 제공한다면, 명쾌한 방식으로 다차원척도법의 결과를 제시하기 위해서는 어느 정도의 추가 작업이 요구된다. 주성분분석에 있어서는 이는 정반대이다. 만약 변수의 특성이 의미 있는 패턴을 인지하는 가장 직접적인 경로라면, 결과를 제시하는 자연스러운 방법이 변수를 대상으로 구성되기 때문에 주성분분석이 다차원척도법보다 훨씬 덜 번거롭다.

25
군집분석
Cluster Analysis

비록 다차원척도법이나 주성분분석 등에 필적할 것으로 간주되지는 않을지언정, 아마도 군집분석은 탐색적 다변량분석의 접근법 중 가장 친숙한 분야일 것이다. 일련의 변수에 의해 특징지어지는 개체들 사이의 관계로부터 구조를 찾는다는 점에서는 그런 접근법들과 흡사하다. 일련의 변수에 해당하는 값이라는 측면에서 흡사한 개체들은 동일한 부류나 군집에 포함되는 반면, 상이한 개체들은 서로 다른 부류나 군집에 포함된다. 군집분석은 복잡한 변이를 다루는 인간 관념상의 근본적인 방식―범주화 혹은 부류화하기―을 모사하고 있다. 고고학에서 유물 형식분류는 그러한 범주화의 매우 친숙한 예이다. 어떤 개별 유물도 똑같을 순 없지만 일부 유물끼리는 다른 유물들에 비해 좀 더 유사할 수 있다는 점을 인식하면서 좀 더 유사한 것들을 특정 형식으로 정한 부류에 임의로 한데 모으게 된다. 형식체계는 위계적이어서 토기, 박편, 직물 등 포괄적인 부류로 우선 분류한 다음, 대략 너 댓 단계의 좀 더 세분된 형식으로 분류한다. 예를 들어, 박편은 우선 도구와 부스러기로, 도구는 단면가공석기와 양면가공석기, 단면가공석기는 긁개, 석인, 돌칼 등, 긁개는 밀개와 단면 긁개, 등등으로 구분될 것이다.

이러한 종류의 위계적 군집화는 ('순전히 주관적인'에 반대되는 의미로) 통계적 수단에 의해서도 수행될 수 있다. 위계적 군집분석에서 첫 단계는 일반적으로 다차원척도법의 첫 단계와 동일하다: 데이터세트에서 각 쌍의 개체 간 유사도 측정하기. 22장에서 논의된 (비)유사성계수는 군집화에 적합하다. 일단 유사도(혹은 비유사도나 거리)가 측정되면, 군집화작업이 시작될 수 있다.

위계적 군집분석은 보통 개별 개체들을 상호 결합하여 더 큰 군집, 더욱더 큰 군집을 이루어가도록 진행되는바, 응집적이다. 이러한 진행과정은 분리된 실체로 여겨지는 각 개체로 시작된다. 이 다단계적 과정의 첫 번째 단계에서 가장 유사한 두 개체가 한 군집으로 결합된다. 다음 단계에서는 또 다른 두 개체가 결합되어 두 번째 개체가 시작되거나 혹은 세 번째 개체가 이미 설정된 군집에 부가된다. 모든 개체가 마침내 하나의 큰 군집으로 결합될 때까지 한 단계, 한 단계 무리 이루기의 위계에서 좀 더 높은(혹은 좀 더 포괄적인) 차원으로 군집화과정이 진행된다.

위계적 군집화작업의 기본적인 주제에는 상이한 특정의 군집화 기준과 연관된 세 가지 변이가 있다. 각 개체가 점진적으로 좀 더 포괄적인 군집으로 결합되어 감에 따라 두 개체를 결합하여 새로운 군집으로 개시할 것이냐 그렇지 않으면 기존의 군집에 연결시킬 것이냐를 선택해야 하는바, 그러한 변이가 나타나게 된다. 개체들의 각 쌍 간 유사도가 이미 측정되었다 하더라도, 그러한 유사도를 한 개체와 기존 군집 간 혹은 기존의 두 군집 간 유사성을 파악하는데 어떻게 활용할 것인지에 대한 질문이 나올 수밖에 없다. 예를 들자면, 한 군집의 한 개체와 다른 군집의 한 개체 사이에 매우 강한 유사성이 있지만 두 군집에 소속된 나머지 개체 간에는 유사성이 매우 미약할 수도 있다.

단일연결(법) 군집화

가장 단순한 방식의 접근은 단일연결(법) 군집화인데, 각 단계에서 개체 간 가장 강한 하나의 유사도 점수가 군집 만들기를 주도하게 된다. 예를 들어, 표 25.1의 유사성계수 행렬을 이용하자면, 단일연결(법)에 의한 군집화는 다음과 같이 진행된다.

표 25.1. 일곱 개체에 대한 유사성계수 행렬

	1	2	3	4	5	6	7
1	1.00						
2	0.34	1.00					
3	0.95	0.22	1.00				
4	0.69	0.04	0.11	1.00			
5	0.87	0.90	0.75	0.63	1.00		
6	0.12	0.15	0.37	0.96	0.27	1.00	
7	0.86	0.76	0.32	0.59	0.43	0.49	1.00

1. 행렬에서 가장 강한 유사성은 개체 4와 6 사이의 0.96인바, 이 두 개체는 한 군집으로 결합될 것이다.

2. 행렬에서 그다음 강한 유사성은 개체 1과 3 사이의 0.95인 바, 이 두 개체는 두 번째 군집으로 결합될 것이다.

3. 행렬에서 그다음 강한 유사성은 개체 2와 5 사이의 0.90인 바, 이 두 개체는 세 번째 군집으로 결합될 것이다.

4. 행렬에서 그다음 강한 유사성은 개체 1과 5 사이의 0.87이다. 개체 1은 이미 (개체 3과 함께) 한 군집에 속해 있고, 개체 5도 이미 (개체 2와 함께) 한 군집에 속해 있는바, 이 두 군집은 결합하여 네 개체의 군집의 형성하게 된다.

5. 행렬에서 그다음 강한 유사성은 개체 1과 7 사이의 0.86이다. 개체 1은 이미 (개체 2, 3, 5와 함께) 한 군집에 속해 있는바, 개체 7이 이 군집에 부가되면서 그 크기를 다섯 개체로 늘게 된다.

6. 행렬에서 그다음 강한 유사성은 개체 2와 7 사이의 0.76이다. 이들은 이미 동일 군집에 속해 있는바, 이 시점에서는 추가적인 결합작업은 없다.

7. 행렬에서 그다음 강한 유사성은 개체 3와 5 사이의 0.75이다. 이들도 역시 이미 동일한 군집에 속해 있다.

8. 행렬에서 그다음 강한 유사성은 개체 1과 4 사이의 0.69이다. 개체 1은 이미 (개체 2, 3, 5, 7과 함께) 한 군집에 속해 있고 개체 4는 이미 (개체 6과 함께) 한 군집에 속해 있는바, 이 두 군집은 합쳐져서 일곱 개체의 군집

을 이루게 된다.

이 시점에서 모든 개체는 합쳐져 하나의 군집을 이루게 되었고 과정은 종결된다. 그림 25.1의 수지도樹枝圖dendrogram는 그 전 과정에 대한 온전한 설명을 제공한다. 결합의 과정은 왼쪽에서 오른쪽으로 가면서 판독될 수 있다. 즉 두 개체를 결합시키는 맨 왼쪽의 수직선은 결합의 첫 번째 단계를 반영하며, 각 단계는 조금씩 오른쪽으로 옮아가면서 결합의 수직선을 선택함으로써 판독될 수 있다. 결합과정의 특정 단계에 담보된 유사성의 강도는 수지도의 위에 있는 수평선 척도에 의거하여 판독된다.

단일연결(법) 군집화는 비록 두 군집에 속하는 여러 개체들의 유사성이 미약하더라도, 종종 군집끼리 결합시키기도 한다. 즉, 관련된 여타 개체가 서로 상이하더라도 특정 쌍의 개체 간에 보이는 강한 유사성은 두 군집의 결합을 유발하기도 한다. 앞의 예제에서 예를 들자면, 새로운 군집이 그다지 유사하지 않다고 판정된 개체들을 병합하면서 형성될지언정, 개체 1과 3으로 이루어진 군집은 개체 1과 5의 강한 유사도(0.85) 탓에 네 번째 단계에서 개체 2와 5로 이루어진 군집과 결합된다. 개체 1과 2의 유사도는 단지 0.34에, 개체 2와 3은 단지 0.22에 불과하다. 그럼에도 불구하고 이 쌍들은 새로이 형성된 군집

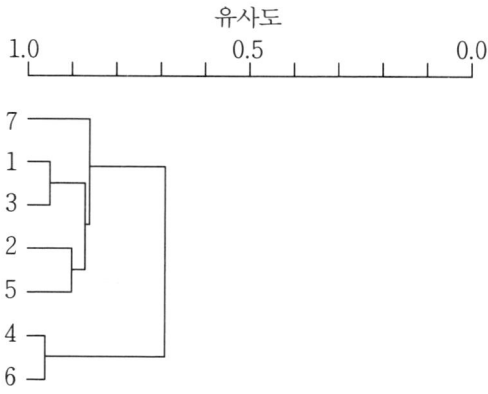

그림 25.1. 표 25.1에 제시된 유사도점수에 대한 단일연결 군집화

에 포함되었다. 이러한 현상은 매우 불합리해 보이는바, 종종 단일연결(법) 외의 군집화 기준이 이용된다.

완전연결(법) 군집화

완전연결법은 유사성이 떨어지는 원소로 이루어진 군집의 결합을 방지한다. 완전연결로는, 각 군집에 소속된 두 개체 간의 가장 낮은 유사도라 할지라도 행렬에서 아직 "사용되지 않은" 유사도 점수가 높지 않다면, 어떤 두 군집도 결합되지 않는다. 표 25.1의 유사도 점수에 대한 완전연결 군집화의 과정은 아래와 같다.

    1~3. 첫 세 단계는 단일연결(법)을 이용할 때와 같다.

       4. 행렬에서 그다음 강한 유사도는 개체 1과 5 사이의 0.87이다. 개체 1은 이미 (개체 3과 함께) 한 군집에 속해 있고 개체 5은 이미 (개체 2와 함께) 한 군집에 속해 있는바, 이 두 군집을 결합하는데 관련된 나머지 유사도를 검토해야 한다. 개체 3과 5는 0.75의, 개체 1과 2는 0.34의, 개체 2와 3은 0.22의 유사도를 갖는다. 이 단계에서 가능한 여타의 모든 결합이 그 보다 덜 유사한 개체조차 결합할 것을 요구하지 않는다면 두 군집은 결합되지 않게 된다. 모든 가능한 결합(과 각 결합이 가지게 될 가장 미약한 유사도)은 다음과 같다.

        1/3과 7(개체 3과 7 사이 0.32의 유사도)
        1/3과 4/6(개체 3과 4 사이 0.11의 유사도)
        1/3과 2/5(개체 2과 3 사이 0.22의 유사도)
        2/5과 7(개체 5과 7 사이 0.43의 유사도)
        2/5과 4/6(개체 2과 4 사이 0.04의 유사도)
        4/6과 7(개체 6과 7 사이 0.49의 유사도)

개체 7을 개체 4와 6의 군집과 결합하는 것이야말로 다른 가능한 결합에 비해 덜 비유사한 개체들을 묶게 되는바, 네 번째 단계는 4/6/7을 생성한다.

5. 이제 개체 1/3, 2/5, 그리고 4/6/7로 이루어진 세 개의 군집이 얻어졌다. 개체 2와 3 사이 0.22의 미약한 유사도 탓에 군집 1/3와 군집 2/5의 결합은 성립되지 않는다. 그런데 둘 남은 가능한 결합 단계도 더 미약한 유사도 탓에 성립되지 못한다. 개체 3과 4 사이 0.11의 유사도는 군집 1/3과 4/6/7을, 개체 2와 4 사이 0.04의 유사도는 군집 2/5와 4/6/7을 분리된 채로 놓아두게 한다. 그리하여, 그다음으로 강한 결합인 0.22의 유사도로 낮추어 과정이 진행되는바, 다섯 번째 단계에서는 군집 1/3과 2/5가 합쳐지게 된다.

6. 마지막 결합은 군집 1/2/3/5와 군집 4/6/7을 (개체 2와 4 사이의) 0.04라는 가장 낮은 수준의 유사도에서 합쳐지게 된다.

이러한 군집 만들기 이력과 그 결과는 그림 25.2의 수지도에 제시되어 있다. 완전연결(법) 군집화는 단일연결(법) 군집화의 첨예한 대척점에 있는 것으로 비춰질 수 있다. (단일연결처럼) 군집 간 가장 강한 단일 연결에만 의거하는

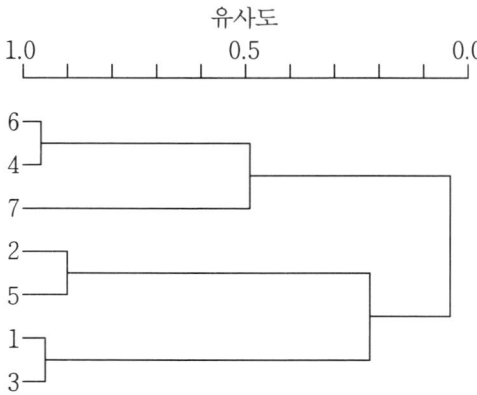

그림 25.2. 표 25.1에 제시된 유사도점수에 대한 완전연결 군집화

대신, 완전연결(법)은 어떤 것을 연결할지 결정하기 위해 가장 미약한 연결도 고려한다. 각 군집을 그 구성원들이 어떤 입회신청자를 받아드릴지 결정하는 동아리라고 상상하면 이 두 기준의 효과는 쉽게 평가할 수 있다. 완전연결(법) 군집화의 효과는 반대투표시스템과 동일하다. 어떤 개별 회원도 비호감인 입회신청자에 대해 거부권을 행사할 수 있는 동아리에서처럼, 어떤 개체도 유사도가 낮은 여타 개체와의 결합을 거부할 수 있다. 그러나 단일연결(법) 군집화는 완전히 반대다: 신규 회원은 특정 기존 회원으로부터의 강한 유사도 점수에 의거할 뿐, 그에 대한 나머지 구성원의 점수가 얼마나 낮은지에 상관없이 입회가 허가된다.

평균연결(법) 군집화

동아리들이 두 극단 사이의 특정 지점에 위치할 신규 회원 가입절차를 택하는 것처럼, 평균연결 군집화는 단일과 완전연결법 사이의 만족스런 중간형으로 제안되었다. 평균연결 군집화에서는 매 결합 단계 직후, 각 기존 군집을 단일 개체로 취급하면서 유사도의 새로운 행렬이 계산된다. 특정 기존 군집과 여타 개체 사이의 유사도는 그 개체와 군집 내 개별 원소들 사이의 평균 유사도가 된다. 표 25.1에 제시된 유사성계수에 대해 평균연결 군집화는 다음과 같이 진행된다.

1. 개체 4와 6은 0.96의 유사도로 결합된다. 유사도 행렬은 표 25.2에 나타난 결과대로 재계산될 것이다. 예를 들어, 군집 4/6과 개체 1 사이의 유사도점수는 개체 1과 4 사이의 점수와 개체 1과 6 사이의 점수의 평균 유사도, 즉 (0.69+0.12)/2=0.41이다.
2. 개체 1와 3은 0.95의 유사도로 결합되고, 유사도 행렬은 표 25.3에 나타난 결과대로 다시 한 번 재계산될 것이다. 군집 1/3과 4/6 사이의 유사도는 (개체 1과 4, 1과 6, 3과 4, 3과 6등) 관련된 네 쌍의 개체 간 유사도의 평균이 된다.
3. 개체 2와 5는 0.90의 유사도로 결합되고, 유사도 행렬은 표 25.4에 나타

표 25.2. 평균연결법을 통한 군집 만들기의 첫 번째 단계를 거친 유사성계수 행렬

	1	2	3	4/6	5	7
1	1.00					
2	0.34	1.00				
3	0.95	0.22	1.00			
4/6	0.41	0.10	0.24	1.00		
5	0.87	0.90	0.75	0.45	1.00	
7	0.86	0.76	0.32	0.54	0.43	1.00

표 25.3. 평균연결법을 통한 군집 만들기의 두 번째 단계를 거친 유사성계수 행렬

	1/3	2	4/6	5	7
1/3	1.00				
2	0.28	1.00			
4/6	0.32	0.10	1.00		
5	0.81	0.90	0.45	1.00	
7	0.59	0.76	0.54	0.43	1.00

표 25.4. 평균연결법을 통한 군집 만들기의 세 번째 단계를 거친 유사성계수 행렬

	1/3	2/5	4/6	7
1/3	1.00			
2/5	0.56	1.00		
4/6	0.32	0.27	1.00	
7	0.59	0.60	0.54	1.00

표 25.5. 평균연결법을 통한 군집 만들기의 네 번째 단계를 거친 유사성계수 행렬

	1/3	2/5/7	4/6
1/3	1.00		
2/5/7	0.56	1.00	
4/6	0.32	0.36	1.00

표 25.6. 평균연결법을 통한 군집 만들기의 다섯 번째 단계를 거친 유사성계수 행렬

	1/3/2/5/7	4/6
1/3/2/5/7	1.00	
4/6	0.35	1.00

난 결과대로 다시 한 번 재계산될 것이다. 그러면 첫 세 단계는 단일과 완전연결을 통한 것과 평균연결을 통한 것이 동일하게 된다.

4. 개체 7은 0.60의 유사도로 의거하여 군집 2/5와 결합되고, 유사도 행렬은 표 25.5에 나타난 결과대로 다시 한 번 재계산될 것이다.

5. 새로운 행렬에서 가장 높은 유사도점수인 0.56은 군집 1/3이 군집 2/5/7과 결합되게 하며, 유사도 행렬은 마지막으로 표 25.6에 나타난 결과대로 재계산될 것이다.

6. 마지막에 남은 두 군집은 0.35 수준의 유사도에서 결합된다.

이러한 군집화과정과 그 결과는 그림 25.3의 수지도에 표현되어 있다. 평균연결 군집화의 미세한 변이는 새로운 유사도 행렬을 재계산하는 방식—예를 들어 유사성계수의 평균대신 중앙값을 활용하는 것에, 또는 관련된 점수들의 (간혹 무게중심centroid이라고 불리기도 하는) 특정 중심을 계산하는 것에—에 따라 생성될 수도 있다.

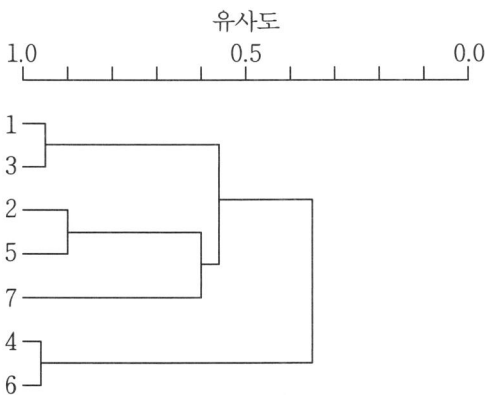

그림 25.3. 표 25.1에 제시된 유사도점수에 대한 평균연결 군집화

연결(법) 선택하기

그림 25.1부터 그림 25.3에 제시된 세 가지 수지도를 비교하면, 서로 다른 세 가지 연결기준의 결과를 알 수 있다. 간혹 그 차이는 매우 극적이다. 이런 상황은 자연스레 어떤 연결기준이 채택되어야 하는가라는 질문을 유발한다. 이 질문에 대한 대답에 상례적으로 적용될 간단한 원칙은 없다.

때때로 특정 연결기준이 가장 적합하다는 것은 데이터세트의 특성에 따라 제안된다. 예를 들어보자. 위계적 군집화는 재료의 원산지추정에 자주 활용된다. 여기서 개체는 일반적으로 특정 화학적 분석의 대상이 되는 유물이고, 변수는 다양한 화학원소들이나 여타 구성물질의 양에 대한 측정치가 된다. 위계적 군집분석은 같은 지점에서 채취된 재료로 제작되었을 것으로 추정되는 유물의 부류를 획정하는 데에 이용될 것이다. 대상이 된 재료가 매우 많은 부분에서 특정 산지와 동일한 조성을 갖는다면, 완전연결 군집화가 합당하다. 완전연결 군집화는 군집에 이미 포함된 유물 개개와 두루 유사하지 않으면, 새로운 유물이 군집에 포함되는 것을 방지하기 때문이다. 원산지를 공유하는 유물들의 군집을 바란다면, 완전연결 군집화가 하는 대로 그 부류의 개별 원소가 서로 유사할 것을 고수해야 한다. 실제로 완전연결 군집화는 재료 원산지 추정 연구에서 매우 확신할 만한 결과를 도출한다.

실제로 가장 중요한 관심거리는 특정 연결기준이 해석 가능한 결과를 도출하느냐이다. 그 목적은 어떤 동기가 그 해석에 부여되었는지에 따라 합당한 군집을 생성하는 것이다. 특정 연결기준이 합당한 군집을 생성한다면, 비록 여타 연결기준이 그 데이터세트에 적합할 것으로 생각할 만한 많은 선험적 이유가 있다하더라도 그 연결기준이 최선의 해답이 된다. 다행스럽게도 일단 유사도점수만 만족스럽게 계산되면, 통계꾸러미를 이용하여 상이한 기준에 의거한 위계적 군집을 생성하거나 그 결과들을 상호 비교하기는 전혀 힘든 일이 아니다.

군집 개수 정하기

위계적 군집화는 별도 군집에 속한 개별 개체로 시작하여 종국에는 큰 단일군집에 모든 개체가 속하는 것으로 끝나는바, 결과로부터 몇 개의 군집을 판독할 것이냐를 결정해야 한다. 결국, 해석의 목적에 따라 어느 시점에 군집화절차를 중지해야 하는지를 결정하는 과정이라 할 수 있다. 앞의 예에서 평균연결 군집화가 다섯 번째 단계(단계 5)에서 유용한 과정에 수행되었다고 생각한다면, 두 개의 군집(1/2/3/5/7의 군집과 4/6의 군집)을 생성하게 된다. 한편, 1/3, 2/5/7, 4/6 등 세 개의 군집에서 의미를 찾았다면, 네 번째 단계(단계 4)가 끝난 후 진행과정을 종료할 수 있다. 이는 분석을 진행하는 과정에서 반드시 결정되어야 할 선택사항은 아니지만 대신, 결과를 판독함에 있어 제기되어야 하는 문제이기는 하다. 그럼에도 불구하고, 다차원척도법에서 차원의 수나 주성분분석에서 성분의 수를 결정하는 것처럼 그러한 결정은 우선적으로 무엇에 의미를 부여할 것이냐에 달려 있다. 이에 대해서는 실제로 별다른 법칙이 없다. 분석자의 선행지식, 직관, 창의성에 달려있을 뿐이다.

변수로 군집화하기

보통 위계적 군집화는 개체에 의거하여 진행되는데, 앞서 살핀 모든 것은 그에 관련되어 있다. 그런데 간혹은 변수의 위계적 군집화가 유용하거나 계몽적이기도 하다. 변수의 위계적 군집화는 변수 간 유사도를 측정하는 데서 출발한다. 변수 간 유사성에 대해 생각하기 위해서는 개체 간 유사성에 대해 생각하고 나서 지적인 기어변속을 하여야 한다. 변수 간 유사성을 평가하기 위해서는 각 변수가 개체들을 아울러 얼마나 유사하게 작동하느냐에 대해 고려하여야 한다. 데이터세트 내 개체들을 아울러 같이 변동하는 두 변수는 매우 유사한 것이다. 그 변수들이 모두 계측형이라면, 상관계수(r)는 두 변수의 유사성에 대한 좋은 척도가 된다. 결국, 이는 주성분분석의 출발점인데, 그 역시 변수에 주목하는 분석이다. 많은 경우, 상관성과 관련하여 음양의 부호를 가진 값보다는 절대값을 이용하는 것이 합당하다. 강한 음의 상관관계는 강한 양의

> ### 통계꾸러미와 결과보고
>
> 다차원척도법과 마찬가지로, 군집분석도 모두는 아니지만 대다수의 대용량 통계꾸러미에서 수행될 있다. 변수 간이건, 개체 간이건 유사도의 측정은 간혹 군집분석 수행과정의 한 부분으로서 선택사항으로 나타나기도 한다. 그런데 개념적으로 별도의 과정이며, 유사도의 측정에 관련된 좀 더 다양한 선택은 지금 보유하고 있는 통계꾸러미의 다른 부분이나 독립실행형 프로그램에서 찾을 수 있다. 어떤 경우이건, 결과를 보고하는데 있어 변수의 정확한 특성, 사용된 유사성계수, 선택된 군집화기준 등을 분명히 밝히는 것이 중요하다. 최종적인 수지도는 어떠한 것들을 발견했는지에 대한 논의를 뒷받침하기 위해 제시되어야 할 핵심적인 결과물이다.
>
> 다차원척도법이나 주성분분석에서처럼, 군집분석에서도 변수의 수를 개체 수의 절반 미만으로 제한하는 것은 좋은 조치가 된다. 만약 변수가 이보다 많으면, 데이터 내 막잡음의 산물 이상 아무것도 아닌 가상의 패턴을 발견할 상당한 위험이 있다.

상관관계만큼이나 두 변수의 유사성을 의미 있기 때문이다. 유사하지 않은 변수들은 서로 거의 연관성이 없음을 보여주게 된다. 그냥 상관관계를 이용할지 혹은 상관관계의 절대값을 이용할지에 대한 결정은 특정 데이터세트 내의 특정 맥락이나 변수들의 내용에 의거한다.

일부 변수가 계측형은 아니지만 서열형이나 존/부의 변수라면, 그러한 변수들이 주성분분석에 진정한 장애가 되지는 않게 되는 것과 동일한 이유에서 상관계수는 여전히 완벽하게 합리적인 선택이 될 수 있다. 만약 서열화되어 있지 않은 셋 이상의 범주로 이루어진 변수들이 포함되어 있다면, 상관계수를 활용하는 것은 적절하지 않다. 만약 모든 변수가 범주형이라면, χ^2검정에서의 강도 측정값인 V, ϕ, 혹은 ϕ^2을 활용할 수 있다(14장 참조).

양자 중 어떤 경우라도 군집분석의 출발점은 특정 변수의 여타 각 변수에 대한 (r 혹은 V)점수의 정방대칭행렬이다. 그런데 r과 V는 전혀 비교가 불가한바, 행렬 전체에 동일한 측정기준이 적용되어야 한다. 군집화과정에서 이 행렬은 개별 개체의 여타 각 개체에 대한 유사도를 측정할 때와 꼭 같이 다루어져야 한다. 연결기준이 선택되어야만 군집화가 진행될 수 있다.

이쉬카퀴쉬트라 가구자료에 대한 군집화

이쉬카퀴쉬트라 가구단위의 개체들에 대한 군집화의 출발선은 표 22.9에 제시된 유사성계수의 행렬이다. 그림 25.4에 제시된 수지도는 단일연결(법)로 수행된 군집화를 보여주고 있다. 이는 너 댓가지로 해석될 수 있다. 때로는 소규모 군집화가 작업하기에 합당한 것으로 판단될 수 있다. 예를 들어, 앞서 이 데이터세트에 있어서는 부와 연관되는 것으로 해석되었던 분묘에 투여된 많은 동력, 발형토기, 장식 토기, 동물유존체의 높은 비율 등을 공유하면서 가구단위 15·9·2·5는 군집을 형성한다. 또 다른 분명한 군집에서 가구단위 20·7·1은 격지의 비율을 높게 나타내지만 가구단위 12·4·10 역시 이 군집에 속하면서

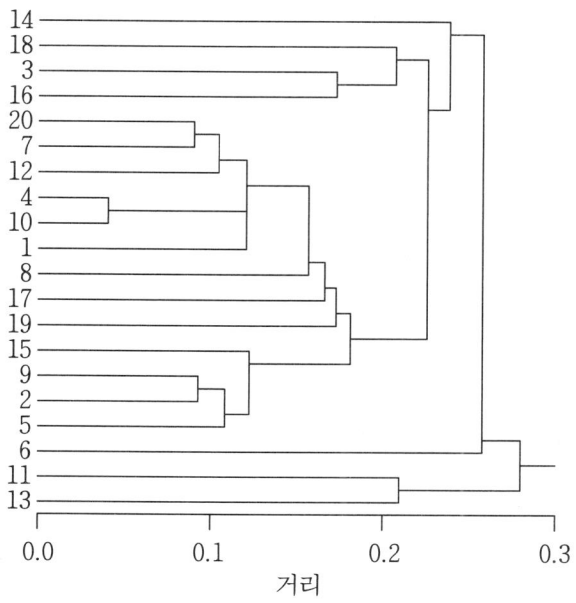

그림 25.4. 이쉬카퀴쉬트라 가구단위의 군집화

도 그러한 특성을 공유하지는 않는다. 그런데 여섯 가구단위 모두 매우 유사하게 보통 정도로 부유하게 보인다. 가구단위 6·11·13은 흑요석의 비율이 높다. 가구단위 8과 17은 둘 다 불량토기편의 높은 비율을 나타내고 있다. 가구단위 11과 13은 불량토기편과 흑요석 모두 높은 비율을 나타내고 있다. 가구단위 14와 18의 분묘에는 곤봉대가리가 부장되어 있고 가옥은 축대 위에 조성되어 있다. 그 두 요소를 역시 둘 다 갖춘 가구 3과 11은 상대적으로 멀리 떨어져 있다. 이 데이터세트에서 이미 관찰되었던 몇 가지 패턴은 비록 통합적이지는 못하고 단편적이나마 여기서도 나타난다.

    이는 현재까지 이 데이터세트에 대해 시도해왔던 분석에 대해 느낄 수 있는 만족의 최소치이다. 이유는 분명하다. 이쉬카퀴쉬트라 가구 데이터에서 관찰된 패턴의 본질은 가구단위들을 네다섯 개의 상호 배타적인 군집으로 묶음으로써 잘 표현되지는 않지만 이것은 위계적 군집분석이 획정할 수 있는 유일한 종류의 패턴이다. 아마도 이와 유사한 데이터세트는, 가구의 군집을 전제하자면, 다중으로 중복되고 관입된 군집양상을 포함하는 좀 더 복잡한 패턴을 가질 것으로 예상할 것이다. 그런 종류의 패턴을 인지해야한다고 예측했다면, 위계적 군집분석을 분석적 접근법으로 채택하지 않았을 것이다. 인지해야할 패턴을 상호 배타적인 부류화로 특징지을 수 있다면, 위계적 군집분석은 효과적인 해결책을 제공할 것이다. 이것이 재료원산지탐구에 유용함이 증명되는 이유이다. 재료원산지에 대한 탐구에서 각 유물은 한 별개의 원산지를 반영하는 단지 하나의 군집에 잘 맞을 것으로 예상하는데, 이야말로 정확히 위계적 군집분석이 필연적으로 생성하는 종류의 패턴이다.

    이쉬카퀴쉬트라 가구자료의 변수별 군집화(그림 25.5)가 개체별 군집화에 비해 미세하게 좀 더 만족스럽다. 이 분석에서 변수 간 유사도는 상관계수(r)에 의거하여 측정되는바, 출발선은 주성분분석에서와 동일하다. 다차원척도법의 차원 1과 2에서 경사면을 형성했고, 주성분분석에서는 제1성분에 강하게 적재되었던 네 변수의 분명한 군집이 있다. 격지의 비율은 군집화의 거의 끝까지도 다른 변수들과 결합하지 않는데 이는 앞의 몇 가지 분석과도 맥이 통하

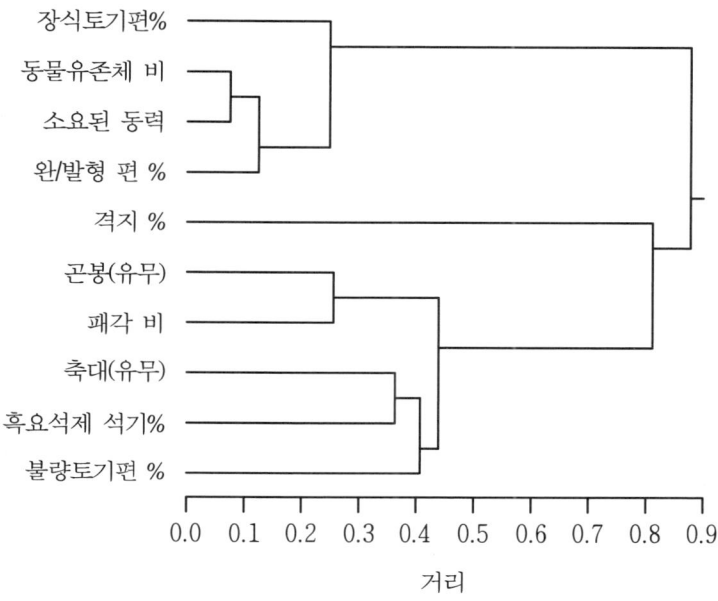

그림 25.5. 이쉬카퀴쉬트라 가구데이터세트의 변수 군집화

고 있다. 나머지 다섯 변수들의 군집화도 그다지 만족스럽지 못하다. 곤봉대가리의 존재와 높은 비율의 해양성 패각의 관계는 이미 관찰되었던바, 그 들이 묶이는 것은 합당하다. 그런데 축대는 이 군집에는 나타나지 않고 오히려 흑요석의 비율과 군집을 이룬다. 그것은 이미 앞장에서 관찰한 바 있지만 흑요석과 불량토기편의 연결은 해양성패각이나 곤봉대가리보다는 불량토기편과 같은 군집을 이루게 한다. 다시 한 번 상호관입이 일어나는 복합한 관계가 위계적 군집화에 의해 생성되는 수지도 구조를 혼란스럽게 한다. 개체에 의거할 때와 마찬가지로 변수들이 여러 군집에 속해야 한다면, 군집화는 지나치게 관계를 단순화하기에 만족스런 결과를 가져다주기는 다소 어려울 것으로 예상된다.

예제로 다루어왔던 것은 위계적 군집분석이 파악할 수 있는 한 종류의 구조와는 합치하지 않는 구조를 가진 데이터세트이다. 이런 점에서 위계적 군집분석은 고려할 수 있는 가장 편협한 접근법이다. 다차원척도법과 주성분분석은 다변량데이터세트에서 나타나는 패턴에 대한 넓은 시각을 제공하는바, 광범위한 맥락에 적용될 수 있다. 상호배타적인 군집으로 묶을 수 있는 명확하고 단순한 구조가 제시되면, 위계적 군집분석은 아마도 매우 적절한 선택이 될 것이다. 군집분석은 다차원척도법이나 주성분분석에 비해 훨씬 더 분명하고 효과적으로 그러한 군집을 획정할 것이다.

끝으로, 이 책의 종결부 몇 장에서 다루었던 다변량분석의 몇 가지 접근법들은 의심스럽거나 의심스럽지 않은 패턴을 모두 관찰하면서 다변량데이터세트를 탐구하는 도구이다. 각 접근법 내에서도 (다차원척도법이나 군집분석에서 상이한 유사성계수의 적용을 포함하여) 다른 접근이나 다른 선택사항들을 시도해보는 것은 의미 있을 수 있다. 그러나 어떤 접근이 특정 데이터세트에 더 적합할 것인지를 예측하기는 어려울 것인바, 다양한 접근을 시험해보면 개개 방법에서는 얻어지지 않는 통찰력을 창출할 수 있을 것이다.

추천문헌
Suggested Reading

본서는 시각적인 효과를 높이기 위해서 참고문헌식의 인용문헌 목록은 제시하지 않았다. 본서에서 논의된 관점과 기법들의 학문적 계보를 주의 깊게 되짚어보는 것은 나름대로 학문적 노력의 일환이 될 것이지만, 그것들을 고고학에 적용하여 입문서에 접목시키기는 불편한 점이 있기 때문이기도 하다. 아래에 열거된 저작들은 고고학 연구과정에서 통계학에 대한 심층적인 정보를 얻기 위해 섭렵해 봄 직한 것들이다. 고고학에서 통계에 관한 문헌은 점점 많아지고 있는데, 아래의 목록은 매우 소략할 뿐만 아니라, 고고학에서의 통계보다는 통계학 일반에 좀 더 치중한 것이다. 결국 정확히 관련된 문헌들조차 많은 수가 포함되지 않았다―포괄적이라기보다는 필자의 개인적인 취향을 반영한 선택이다. 포함된 것들 중 일부는 상대적으로 최근의 것인 반면, 일부는 그렇지 않다. 본서와 전체적인 견해를 같이 하기에 포함된 것도 있고(실제로 어떤 경우에는 본서가 그에 고무된 바 있고), 본서를 보완해 주기(본서와는 다른 견해를 채택하고 있기) 때문에 포함된 것도 있다.

통계학 일반에 관한 책

튜키John W. Tukey가 쓴 *Exploratory Data Analysis* (Reading, MA: Addison-Wesley, 1977)는 본서의 많은 부분의 연원이 되는 통계적 접근법을 소개한 고

전 중의 하나인데, 저자 튜키는 그러한 접근법의 대부이다. 본서에서 소개된 것보다 훨씬 많은 탐색적 자료분석법(EDA)이 있다는 것이 의외는 아닐 것인바, 직접 원전을 섭렵하면서 그에 대해 알고자 하는 독자들이 있다면, EDA에 관한 전반적 개설서인 튜키의 저서를 읽어야 할 것이다. EDA가 발표된 지 20년이 지났고 튜키가 EDA를 위해 고안했던 여러 가지 규칙들의 일부분이 고고학에도 많이 적용되었다(그럼에도 불구하고, 그런 부분들조차 아직 고고학의 저술들에서는 "표준적인" 접근방식으로 인정받지 못하고 있다). 튜키가 자신의 책에서 논의했던 많은 기법들은 수기로, 기껏해야 계산기 정도만 가지고도 쉽게 수행할 수 있게 하였지만, 보편적인 컴퓨터용 통계꾸러미에서도 이용할 수 있게 됨에 따라 확실히 EDA 기법이 고고학을 비롯한 여러 영역에서 더 적극적으로 활용될 것이다.

하트윅Frederick Hartwig과 디어링Brian E. Dearing의 *Exploratory Data Analysis* (Beverly Hills, CA: Sage Publications, 1979)는 EDA의 기초적 기법들에 대해 매우 축약적으로 소개하고 있다. 그럼에도 불구하고 본서에서도 다루지 않은 많은 EDA 기법들을 포함하고 있다.

벨리먼Paul F. Velleman과 호글린David C. Hoaglin의 *Applications, Basics, and Computing of Exploratory Data Analysis* (Boston: Duxbury Press, 1981)는 EDA 기법에 대한 또 하나의 개설서인데, 튜키의 책보다는 덜 어렵고, 하트윅과 디어링의 책보다는 좀 더 포괄적이다.

에릭슨Bonnie H. Erikson과 노샌척T. A. Nosanchuk의 *Understanding Data* (Toronto: McGraw-Hill Ryerson, 1977)는 EDA와 전통적인 통계기법을 조합한 통계학 개설서이다. 이 책은, 양자를 단순히 분리하고, 양자의 목표가 상이함을 강조하면서, 두 가지(탐색적 및 확증적) 수치 작업의 상이성과 양립성에 대해 피력하고 있다. 전개가 쉽고, 특수용어나 이론 수학적 설명은 피하고 있다.

쿠프만스Lambert H. Koopmans의 *Introduction to Contemporary Statistical Methods* (Boston: Duxbury Press, 1987) 역시 EDA와 전통 통계적 접근을 결합하고 있다. 각종 방법들을 매우 광범위하게 포괄하는데, 그러한 방법들의

저변에 깔린 논리를 여기에 소개된 어떤 책들보다도 이론 수학의 용어로 풀어내고 있다. 책 전체를 통해 탐색적 자료분석과 확증적 자료분석의 차이에 초점을 맞추는 대신, 쿠프만스는 시작 부분에서 통계적 탐색에 대해 고찰한 후, 일반적인 기법에 의존할 경우 문제를 야기하는 자료들에도 적용할 수 있는 여러 로버스트방법들로 일반적인 유의성검정의 기법들에 대한 논의를 보완하고 있다.

시걸Sidney Siegel의 *Nonparametric Statistics for the Behavioral Sciences* (New York: McGraw-Hill, 1956)는 유의성 평가에 사용되는 로버스트방법, 즉 평균이나 표준편차를 무력하게 하는 심각한 비대칭적 형상의 숫자군에 의해 타격을 입지 않을 방법들을 총체적으로 소개한 고전이다. 그런 기법들의 상당수는 결과를 해석하는 데 특수한 표가 필요한바, 시겔은 이를 제공하고 있다.

코크런William G. Cochran은 *Sampling Techniques* (New York: John Wiley & Sons, 1977)를 "표집 이론에 대한 포괄적인 설명"이라고 (매우 정확하게) 표현하고 있다. 이 책은 아마도 그런 주제에 관해서 가장 기본적인 전거가 될 것이다. 평균과 비율의 추정, 표집, 층화표집, 군집표집, (비)복원추출, 적절한 표본크기의 결정 등을 비롯한 다양한 기법들을 자세하게 소개하고 있다. 제시된 기법들의 저변에 깔린 논리를 수학적으로 설명한다.

쉐퍼Richard L. Scheaffer · 멘덴홀William Mendenhall · 오트Lyman Ott의 *Elementary Survey Sampling* (Boston: Duxbury Press, 1986)은 코크런의 책과 거의 동일한 분야를 다루고 있다. 설명은 대체로 이론수학적으로 이루어지고 있지만, 코크런의 책보다는 훨씬 덜 지엽적이며 난해하지 않다.

고고학자를 위한 (혹은 주로 고고학자가 저술한) 통계학 입문서

오턴Clive Orton의 *Sampling in Archaeology* (Cambridge: Cambridge University Press, 2000)는 고고학에서의 표집에 관해 상세히 탐색하고 있다. 고고학적 자료수집의 다종다양한 상황에서 표집이론의 적합한 활용에 대해 강조한다. 공간을 염두에 둔 표집을 의미하는 현장 표집에 대해 광범하게 다루고 있다. 예제는 실제 고고학 데이터세트에서 추출된 것이다.

셰넌Stephen Shennan의 *Quantifying Archaeology* (Edinburgh: Edinburgh University Press 및 San Diego, CA: Academic Press, 1988)는 특별히 고고학자를 위해 쓰인 개설적(인 것보다는 좀 더 전문적인) 통계교과서이다. 전통적인 통계기법을 거의 섭렵하고 있으며, 일부 EDA 기법도 포함되어 있다. 셰넌은 기초적인 통계 원리를 넘어, (다중회귀, 군집분석, 주성분분석, 인자분석 등을 강조하면서) 다변량분석을 다루고 있다. (일반적인 통계개설서와는 달리) 모평균이나 모비율을 추정하는 방법을 소개하고 있고, 고고학에서의 표집과 관련된 특별 쟁점들에 대해서도 논의하고 있다.

플레쳐Mike Fletcher와 록Gary R. Lock의 *Digging Numbers: Elementary Statistics for Archaeologists* (Oxford: Oxford University Committee for Archaeology, 1991)는 (EDA는 물론 전통적인 통계학의) 기초 통계 기법들을 고고학에 적용하고 있다. 설명방식은 그다지 딱딱하지 않으며, 특수용어는 되도록 피하고 있고, 특히 수학울렁증이 있는 독자도 쉽게 접할 수 있도록 기획되었다.

토머스David Hurst Thomas의 *Refiguring Anthropology: First Principles of Probability and Statistics* (Prospect Heights, IL: Waveland Press, 1986)는 인류학자(고고학자 포함)를 위한 통계학 개설서이다. 접근법은 전적으로 전통적이며(즉, EDA 관점이나 기법을 편입하지 않은), 본서가 비판했던 몇몇 법칙들이 포함되어 있지만, 많은 로버스트방법을 다루고 있기도 하다. 다루고 있는 모든 기법들을 고고학, (문화)인류학, 형질인류학의 실제 자료에 적용한 사례가 풍부하다는 장점도 있다.

고고학에서 통계학의 적용에 관한 문제

코우길George L. Cowgill의 "The Trouble with Significance Tests and What We Can Do about It" (*American Antiquity* 42: 350-368, 1977)은 유의성검정에 관해 옹호적인 입장을 견지하는데, 본서의 관련된 분야도 이러한 관점에 고무된 바 크다. 그러한 입장은 흔히 입문서에 채택된 것과는 확연히 다

르다—사실, 이러한 입장은 통계입문서에서 흔히 찾아볼 수 있는 법칙들에 비해서 다소 이단적인 것으로 치부된다. 이 논문은 고고학자들이 모집단에 대한 추정을 위해 표본을 직접 이용하는 것이 유용함을 알게 될 것이라는 주장이나, 고고학자들이 유의성검정을 가부 결정의 틀에 고정하려는 시도가 실수라는 주장을 좀 더 전면적으로 보여주고자 하는 독자에게 필수적이다. 고고학에서 그런 문제에 접근하는 가장 유용한 방법에 대한 코우길의 제안은, 컴퓨터용 통계꾸러미에서 제공되는 정보에 의해 한정되어 버리는 수준에서 멈추어버린 본서의 설명을 훨씬 넘어선다.

코우길의 "A Selection of Samplers: Comments on Archaeostatistics" (*Sampling in Archaeology*, James W. Mueller 편저[Tucson, AZ: University of Arizona Press, 1975]에 수록)는, 필자가 보기에 같은 책에 속한 다른 논문들의 잘못된 개념들을 비판하면서 (앞서 살핀) 후속 논문에서 좀 더 충분히 펼쳐질 주장의 일부를 미리 보여주고 있는데, 표집에 특별히 초점을 맞추고 있다.

알덴더퍼Mark S. Aldenderfer의 "On the Structure of Archaeological Data" (*Quantitative Research in Archaeology: Progress and Prospects*, Mark S. Aldenderfer 편저[Newbury Park, CA: Sage, 1987]에 수록)는 고고학자료가 가지는 근본적인 특성, 그런 자료에서 숫자들의 위치, 자료를 어떻게 생각하고 분석해야 하는지의 함의에 대해 논의하고 있다. 동일한 책에 수록된 4편의 다른 논문들도 매우 흥미롭다. 킨틱Keith W. Kintigh의 "Quantitative Methods Designed for Archaeological Problems"는 표준적인 통계기법들이나 다른 분야로부터 차용한 기법들이 고고학의 특수한 요구에 어느 정도 부합하는가의 문제에 대해 논의하고 있다. 웨일런Robert Whallon의 "Simple Statistics"는 복잡한 분석에 앞서 숫자군에 속한 숫자들의 양상을 탐색하는 것이 중요함을 강조하고 있다. 리드Dwight W. Read의 "Archaeological Theory and Statistical Methods: Discordance, Resolution, and New Directions"와 카아Christopher Carr의 "Removing Discordance from Quantitative Analysis"는 좀 더 큰 맥락에서 고고학자료 분석을 확고히 자리매김하려 한다. 두 논문

의 저자들은 자료 분석이라는 것이 궁극적으로 답하고자 하는 이론적 질문으로부터 너무 자주 유리되어 인식되거나 수행된다는 것에 주목하고 있다. 이는 결과적으로 자료, 분석, 이론 간의 "불협화음"을 야기함으로써 고고학적 시도를 심각하게 저해한다.

역시 알덴더퍼에 의해 작성된 "Statistics for Archaeology" (*Handbook of Archaeological Methods*, Herbert G.D. Machsner와 Christopher Chippindale 편저 [Lanham, CA: Altamira Press, 2005])는 고고학에서 통계적 분석의 역사에 대해 되짚어 보면서, 공간분석, EDA기법, 베이지안Bayesian분석 등 고고학에서 다루어졌던 일련의 주요문제에 고찰하고 있다.

다변량분석

본서에서 시도한 다변량분석에 대한 설명은 매우 소략한바, 실제 기법에 대한 심층적인 탐독이 특히 중요할 수도 있다. 고고학에서의 통계적 처치와 관련하여 앞서 거명한 대여섯 개의 저작들은 본서의 마지막 부분 몇 개장에 대한 개설적인 것은 물론 일부 좀 더 자세한 설명까지 포함하고 있다. 아래의 몇 저작들은 그에 더해 도움이 될 것들이다.

크루스컬Joseph B. Kruskal과 위시Myron Wish는 *Multidimensional Scaling* (Quantitative Applications in the Social Sciences, Paper 11, Beverly Hills, CA: Sage, 1972)에서 다변량 접근에 관해 매우 분명한 개설적 설명을 제공하고 있다. 더 나아가 크루스컬은 특별히 고고학자에게 초점이 맞춰진 논문(*Mathematics in the Archaeological and Historical Sciences*, F.R. Hodson, D.G. and P. Tautu 편저 [Edinburgh: Edinburgh University Press, 1971]에 수록된 "Multi-Dimensional Scaling in Archaeology: Time Is Not the Only Dimension")을 집필하기도 하였다. 쉐퍼드Roger M. Shepard, 롬니A. Kimball Romney, 너러브Sara Beth Nerlove 편저의 *Multidimensional Scaling: Theory and Applications in the Behavioral Sciences* (Ⅰ·Ⅱ권, New York: Seminar Press, 1972)는 모든 사회과학 영역에서 다차원척도법을 다루는 연구들을 집대성하고 있다. 보르그Ingwer Borg와 그

뢰넌J.F. Groenen은 *Modern Multidimensional Scaling: Theory and Applications* (New York: Springer 1997)를 통해 그러한 주제에 관해 좀 더 최근의 논의를 다루고 있다.

던트만George H. Dunteman의 *Principal Component Analysis* (Quantitative Applications in the Social Science, Paper 69. Newbury Park, CA: Sage, 1989)는 이해하기 쉽지만 다소 폭넓은 이론적 고찰과 함께 매우 많은 예제를 포괄하그 있다. 같은 총서시리즈에 속하는 김재온Jae-On Kim과 뮬러Charles W. Mueller 의 두 저술은 순수하게 직관적 측면에서 주성분분석과는 대비되는 인자분석 에 대해 논의하고 있다. *Introduction to Factor Analysis: What It Is and How to Do It* (Quantitative Applications in the Social Sciences, Paper 13. Bever.y Hills, CA: Sage, 1978)과 *Factor Analysis: Statistical Methods and Practical Issues* (Quantitative Applications in the Social Sciences, Paper 14. Beverly Hills, CA: Sage, 1978)가 바로 그것이다.

알덴더퍼와 블래쉬필드Roger K. Blashfield의 *Cluster Analysis* (Quantitative Applications in the Social Sciences, Paper 44. Newbury Park, CA: Sage, 1984)에서 유사도 측정과 군집분석의 기본 원리에 대한 알기 쉬운 논의가 이루어지고 있 다. 스니드Peter H.A. Sneath와 소컬Robert R. Sokal의 *Numerical Taxonomy* (San Francisco, CA: Freeman, 1973)는 위계적 군집분석에 관한 고전적 원전 중 의 하나이다. 앤더버그Michael R. Anderberg의 *Cluster Analysis for Applications* (New York: Academic, 1973)는 또 다른 하나가 될 것이다. 이 두 책은 우 사도 측정에 관해 매우 상세하게 다루고 있다.

찾아보기
Index

ㄱ

가구단위 386-389
Gower의 계수 384-388
가중요소 337, 340
각목된 상자-점도표, 전·후기 고전기 유적면적 235-236
강도의 측정 266-269
격자 329
격지 368
격지의 비율 433
결측자료
　～의 개념 371
　～부호 371
계측치 284
　～의 논리 295
　곱적상관계수 295
　관계 281
　백분율 282
　범주형 변수들 간의 관계 281
　산점도 282-283
　실제～ 369
고고학
　다변량분석 365
　방사성탄소연대 측정 356
　방형구
　　2차원 공간 공간단위 331
　　임의표본 331, 334

　　추출법 333
　유물 형식분류 421
　통계학 437-442
　횡단대, 임의표본 329-334
고기 세분기 (투사체) 무게, 비교 241
고유값 414
곤봉대가리 367, 369
곱적상관계수 295
공간표집 330-334
교차(알람)표 273
군집분석 421
귀무가설
　가정(하다) 229
　기각/채택 229-232
　유의성 검정과～ 229-232
긁개
　～의 길이, 너비, 두께, 무게 25
　～의 무게에 대한 매우 성근 줄기-잎도표 29
　～의 무게에 대한 적절한 척도의 줄기-잎도표 30
　～의 무게에 대한 조밀한 줄기-잎도표 30
　～의 무게에 대한 지나치게 조밀한 줄기-잎도표 31
기대값 262

ㄴ

난수표 125-128

찾아보기　445

ㄷ

다변량분석 363-372, 442-443
    결측자료 371
    결측자료부호 371
    ~데이터세트 373
    유물 형식분류 364
다중회귀분석 363-364
다차원척도법 391, 418-419
    단순함 391
    알고리즘 392
    유사도/비유사도 점수의 행렬 391
    1차원의 배치 393
    해석 396
닥치는 대로 식 지표수집품 136-138
닥치는 대로 표집하기 131
단순임의표집 129
단일연결(법) 군집화 422-425
    수지도 424
    유사성계수, 행렬 433
단일표본 t 검정 227-229
대표성 129
동물유존체/토기편 비 367-398, 416
두 개의 봉우리를 가진 숫자군 38
등 맞댄 줄기-잎도표 33
    블랙 및 스미스유적 주공지름의~ 33-34, 73-74
    상자-점도표와 ~ 198
    전·후기 고전기 유적의 면적에 대한 ~ 198-200
    주머니형 저장공에서 수습된 박편의 무게의 ~ 43-44
    형성기와 고전기 주거지 면적 216

ㄹ

로그변환 95
리우세코강 유역
    괭이 개수 283
    오아시스기 유적 297
    오아시스기 유적의 괭이 300

ㅁ

막대도표
    3차원 효과의 ~ 114
    누적 ~ 114-115
    의사擬似 3차원 ~ 114
    조합상을 구성하는 토기형식의 비율에 대한 ~ 114
    침선문계 및 비침선문계 토기편의 비율에 대한 ~ 112-113
면적과 출토유물에서 보이는 신분 지수 319
모비율 추정
    군집표집, 표준오차 335
    신뢰수준과 ~ 349-350
    임의표집 334
    작은 표본 209
    큰 표본 210-211
    흑요석제 투사체
        비율의 표준편차 206
        오차범위 206-209
        표준오차 계산 206-207
모의방형구 333
모집단
    ~평균
        ~과 특별숫자군의 평균 160-161
        ~을 추정하는 과정 185-186
        ~을 추정하는 데 잠재된 가장 큰 오류 151-152
    ~ 표준편차 166
    ~과 표본평균 167
    ~으로부터 추출된 표본의 평균으로 특별숫자군 만들기 168
    ~의 절사평균 191-193
    무한모집단 166, 184
    비율(→모비율 추정)
    신뢰도 대 정확도 173-177
    유한모집단 184-185
    주공 지름의 수준과 산포 제거하기(→주공) 149-151
    추정 329
        표본, 평균 261
    표본평균으로부터 1 표준오차 안쪽에 173
목표모집단
    ~과 모집단 사이의 어긋남 145
    ~에 관한 추론 142-143
    임의표집 절차 143
무게 비교를 위한 표본 245
물리적 측정치 373
밀도와 비율 110-112

ㅂ

발굴 365
발형토기편의 평균비율 262
방사성탄소연대 356
범위
    저장공에서 수습된 박편 무게의 ~ 55
    정의 55
    통계적 속성 65
범주(→숫자군)
    ~로 표현된 자료 102
    ~와 하위숫자군 116
    정의 102
    토기 장식 106
    토기편 102
    토기편, 침선계와 비침선계 104-107
범주형 변수 296
변수 282, 368
변환
    비대칭성 보정을 위한 ~
        보통자 96
        상향왜곡 93
    선택 93
    세제곱~ 92
    숫자군의 형상에 미치는 효과 89-92
    음의 역~ 90
    제곱~ 92
부트스트랩
    오차범위의 어림 202
    중앙값에 대한 오차범위와 ~ 203
    히스토그램 201
분묘 367-371, 398
분산
    ~분석 243-250
        계산 249
        고고학 251
        관계 대 모집단 271-272
        그룹화/독립 249
        모집단 대 관계 252-255
        ~의 컴퓨터 출력 250
        아표본 244
        종속/독립 252
        집단 간 246, 248
        집단 내 246

컴퓨터 프로그램 256
    표본 243
    회귀분석 296
    ~을 구하는 공식 59
    ~의 기본개념 58
불량토기편과 흑요석 간 관계 419
블랙-스미스유적
    ~에서 발견된 유구의 면적 50
    주공 지름의 수준과 산포 제거하기 81
비유사성계수 374
비율과 밀도 110-112
비임의표집 절차 134

ㅅ

상식적 표현 375
상자-점도표
    도해적인 접근 72
    블랙·스미스유적의 주공 지름 73-74
    수준 및 산포 지거 후의 ~ 77-80
    스미스유적의 주공 지름에 대한 ~ 70-73
    전·후기 고전기 유적의 면적에 대한 ~ 200
    줄기·잎도표와 ~ 69
    형성기와 고전기 주거지 면적 216
서열적 관계, 중요도 312
선형관계
    기하학적 표현 285
    대수적으로 283
    대수학적 표현 285
    산점도 287
    ~에 대한 비교 285
    수학적 관계 287
    직선관계 284-287
선형회귀 296
    ~의 논리 307, 311
    통계기법 288
세제곱변환 90
셋 이상 표본의 경우 261
순위상관계수 312
숫자군
    두 개의 중심을 가진~ 50-51
    비교 75
    ~(의) 예 25
    ~의 다봉성 37-39

~의 분포에서 정규성 97-99
~의 산포 제거하기
　수학적 방법 75
　주공 지름 76
　특이성 80
~의 산포에 관한 지표
　범위 55-57
　분산과 표준편차 58-62
　선택 65
　절사표준편차 63-64
　중앙산포 57-58
~의 수준 제거하기 75
~줄기-잎도표
~의 중심에 관한 지표
　왜곡된 분포 87
　절사평균 47-48
　중앙값 44-45
　평균 41-44
~의 형상 85
　대칭성 85-88
　평균과 표준편차에 의거한 표준화 82-83
　형성기와 고전기 주거지 면적 215-216
Student의 t 분포 177-178
Spearman의 순위상관계수 312-313
　서열을 결정하는 것 313
　서열적 상관성 315
　~계산하기 312-313
　~에 대한 확률값 317
　정규분포 318
　토양생산성 313
승문타날 토기편의 비율추정 335
신뢰도
　신뢰구간(보기: 오차범위)
　~ 대 정확도 173-177
　통계학 개념 355
　통계학에서~ 221-222
신석기시대 유적 353-354

ㅇ

Anderberg의 계수 384-385
연결기준
　수지도(를) 비교 430
　위계적 군집화 431

열비율 106
오차범위 177
　각목된 상자-점도표에 235
　계산하는 작업 184
　고정된 신뢰수준에서 183
　95% 신뢰수준에서 180, 192-193, 203
　모평균 177
　~와 관련된 신뢰수준 177-178, 188, 202
　~의 도해적인 표현 218
　~의 어림 202
　1 표준오차범위 181-182, 207
　추정된 비율 276
　특정 신뢰수준에서의 181
　t 검정과 ~ 226
완전연결(법) 군집화
　~의 과정 425
　유사도 점수 425
왜곡된 분포 85
원도표 114
위계적 군집분석 421
　군집화 기준 422
　변수로 군집화하기 431-433
　응집적 422
원저화된 분산 63
원저화된 숫자군 63
유사성 및 비유사성계수 374
유의성, 통계적 개념 221
유의성검정 223
유의한 상관관계 317
유의확률 221
유클리드거리 374-377, 384
　계측치 표준화 379
　변수 379
　~의 계산 380
　2차원으로 척도화된 배치 395
　투사체
　　교차표 381
　　~의 계측치 375
　　표준화된 변수 379
　표준편차 378
　표준화된 변수 379-380
　피타고라스정리 374
유한모집단보정계수 184-185, 207
음의 역변환 88

의도적으로 표집하기 132-134
의도적인 흑요석기 표본 139-140
의사擬似 3차원 막대도표 114
이상점
    위 혹은 아래 72
    ~ 제거 46-47
    정의 27
이쉬카퀴쉬트라 가구 데이터세트 392-393
    가구단위에 대한 다차원척도법 394
    경사면 인지 400
    군집과 경사면 406
    군집화
        단일연결(법) 군집화 433
        변수 435
    다차원척도법 403
        영역 404
    부하값 감소, 도표 393
    3차원의 배치 394
    3차원적 척도화의 도표 397-405
    성분적재값 분석 418
    유사도점수의 행렬 395
    의사擬似패턴, 상당한 위험 405
    ~에 대한 군집화 433
    ~의 분석에 관련된 성분적재값 417
    인지할 수 있는 군집 401
    존/부 변수 413
    직교회전된 성분적재값 418
    추출된 주성분들의 고유값 416
이쉬카퀴쉬트라 가구단위, 유사성 386-388
이쉬카퀴쉬트라, 다변량데이터세트 365
이표본 t검정
    가정 234
    ~에서 얻어진 합동표준오차 225
    형성기와 고전기 주거지 면적 표본에 대한 223
인접값 72
임의표본
    가정 191
    단일 모집단으로부터 (추출할 수 있는) ~ 149
    목표모집단과 ~ 143
    추출방법 125
    토기편, 10개 발굴단위 336
    투사체로 이루어진 ~ 164-166

ㅈ

자료분석 274
자료입력상의 오류 305
잔차
    괭이 개수 303
    괭이와 토양생산성 302
        ~의 산점도 303
    양/음의 ~ 302
    예측 301
    토양생산성 302
    회귀분석 300
잡히는 대로 표집하기 131
재표집기법
    부트스트랩(☞부트스트랩)
    잭나이프 203
잭나이프 203
Jaccard의 계수 381
    단순대응계수 381-383
    존/부 변수 381-383
    토기편 간 유사도 384
전통적인 통계이론 197
절사평균 47-48, 255
    모집단의 ~ 192-193
    ~과 평균, 중앙값 49
절사표준편차 63
    1호 저장공 출토 박편 무게의~ 64
    ~를 구하는 공식 63
    ~의 계산 64
점들의 분포양상, 선형회귀 304-305
정규분포 95
제곱변환 90
(제곱한) 정상적인 표준편차/절사표준편차 256
제곱합 59
존/부변수 369
    기호화된 383
    상관계수 431
    정방대칭행렬 432
    ~간 관계, 산점도 412
종속변수로서 무게 249
주관적으로 표집하기 132-133
주성분 추출
    데이터세트, 산점도 413
    성분적재값 414

~하는 과정 413
주성분분석
　다변량분석 419
　다차원척도법 409-411, 419
　범주형 변수 411
　상관계수 411
　일련의 변수들 411
　회귀분석 420
줄기-잎도표
　등 맞댄 (☞등 맞댄 줄기-잎도표)
　매우 성근 ~ 29
　블랙유적 출토 긁개의 무게에 대한 ~ 28
　블랙유적에서 발견된 주공지름의 ~ 26
　조밀한 ~ 28
　~를 통해 숫자군의 대칭성 86
　~에서 숫자 군집 37
　지나치게 조밀한~ 31
　척도
　　적절한~ 30-31
　　확장하거나 축약하는 접근법 32
중미 형성기 유적 365
중앙값
　주머니형 저장공에서 출토된 박편 무게의 ~ 42, 56
　~과 평균, 절사평균 49
　추정 255
중앙극한정리 162, 191
중앙산포
　계산하는 방법 57-58
　저장공에서 수습된 박편 무게의 ~ 56
직감 358

ㅊ

청동기시대 353
체적의 측정값 309
최소제곱회귀 290
최적직선 287-292
　분산 296
　산점도 293
　압도적 영향 305
　유적면적 304
　잔차, 제곱의 합 293

점들에 대한 ~ 292
(점들의) 타원형 군집이 미치는 효과 306
하향왜곡의 곡선형 양상 308
최적직선 공식
　선형적인 수식 289
　~의 원리 289
추정비율 259
층화임의표집 130
층화표집
　오차범위 324
　~의 장점 327-328

ㅋ

χ^2
　검정
　　유적수의 기대값 277
　　2×2표 274
　　자료 274
　　주된 관심 272
　　지표조사된 면적 275
　　Cramer의 V 281
　　~을 이용한 비교 261
　　~검정 261, 266-269
　　~분포 264
　통계
　　오차범위 265
　　자유도 266
　　평균 261
컴퓨터 통계프로그램 273, 339
컴퓨터 프로그램 256
컴퓨터를 이용한 방법 291
코튼우드강유역
　고기 투사체 251
　무게와 분기에 관한 자료 240
　~에서의 고기 동물 사냥 251
　~의 전·중·후기 고기 투사체 241-243
콘산코로평원 313, 315
Cramer의 V 268
키스키미네타스강 유역
　~에 분포하는 유적면적의 히스토그램 37
　~에 분포하는 유적의 면적 35

ㅌ

토기 형식분류체계 364
토기조합(상)
  승문타날 토기편의 비율 336
  표준오차 338
토기편 259
  ~ 표본 265
  ~의 기댓값 262
  ~의 행비율 262
토양생산성 평가 313
통계기법 356, 358
통계꾸러미 36
통계적 논증 355
통계적 유사성 296
투사체 무게
  전·중·후기 고기 아표본 253
  ~에 대한 줄기-잎도표 246
    형상에서의 차이 245
  ~의 시기별 비교 242
투사체의 길이 평균, 표준편차 379
특별숫자군 156-157
  모집단으로부터 추출된 표본들의 평균 170
  ~의 산포 168
  ~의 특징 162
  ~의 표준편차
t검정 244-255
  가정 229
  단일표본 ~ 227-228
  이표본 ~ 223-224, 281

ㅍ

판목+진흙벽돌 369
패각/토기편 비 367
편향, 표집 130-133
평균 252-254
  이상점과 ~ 45-46
  저장공에서 출토된 박편 무게의 ~ 48
  ~과 중앙값, 절사평균 56
  ~에 의거한 표준화 82
  ~의 계산 41-42
평균무게 251
  추정 255

편차의 강도 251
확률 256
평균연결(법) 군집화
  유사도 점수 383
  유사도 행렬 427
  유사성 계수 427-429
표본(☞표집)
  더 큰 크기의 모든 ~ 151
  데이터세트 365-370
  모평균 추정 339-340
  비교
    단일표본 t검정에 의한 ~ 227-228
    수준과 산포의 측면에서 ~ 216
    양방향 220
    오차막대들에 의거하여 ~ 218
    이표본 t검정에 의한 ~ 223-227
    형성기와 고전기 주거지 (평)면적 219-220
  추출
    편향된 ~ 140
    ~에서 알려진 혹은 잠재된 편향의 영향 135
    ~의 비임의적인 방법 131
  투사체의 길이 340
  특정 크기의 모든 ~ 160-161
  ~의 추출
    큰 ~ 187-191
  ~크기의 영향 269
표본선택
표본크기와 표집비율 190
표본평균, 계산하기 340
표준오차 335
표준오차
  오차범위 60
    각목된 상자-점도표에서 235
    계산하는 작업 184
    고정된 신뢰수준에서 183
    95% 신뢰수준에서 186-193, 207
    모평균 177
    1 표준오차범위 181-182, 207
    t검정과 ~ 226-227
    ~와 관련된 신뢰수준 177, 179, 188, 202
    ~의 도해적인 표현 220
    ~의 어림 202
  평균에 대한 오차범위 202
  표본의 150, 281

~를 구하는 공식 161
~를 구하는 공식에 포함된 유한모집단보정계수 184
~의 정의 160
합동~ 223-224
표준편차
  비율의 ~ 205
  1호 저장공 출토 박편 무게의 ~ 62
  2호 저장공 출토 박편 무게의 ~ 61
  절사~ (→절사표준편차) 63
  특별숫자군의 ~ 159
  ~를 구하는 공식 60
  ~에 의거한 표준화 82
표준화된 척도 81
표집(☞표본)
  강변저지대의 유적 324
  계산 검토 337
  군집표집 439
  기술적 문제, 영향 334
  모집단 추정 329
  목적 125
  밀도 341
  복원추출 127
  세부집단, 모집단 323-324
  원소 329
  유적면적(ha) 323
  유적의 평균면적 323
  임의표집 125-126, 130, 133, 140, 330, 352
  전산적 해결책 339
  정의 132
  줄기-잎도표
    유적면적 323
    좌우대칭의 형상 323
  층화임의~ 130
  큰 가중치 337
  탄소원자 356
  통계 345
  편차 가중치 계산 338
  편향 132-133
  평균의 표집분포 162
  ~과 실제 351
  ~비율 190
  ~의 문제 357
  표집층 합치기 326

합동추정치 324
프로그램 선택 387
Fisher의 방법 272
Fisher의 정확성 검정 273
Pearson의 r 295, 312, 315

ㅎ

합동추정치 324
해양성 조개 368
행비율 109
호형토기편
  ~와 발형토기편 비교 260
  ~와 발형토기편의 비율 260
혼성적인 숫자군 207
확률 254
회귀관계 298
회귀분석 293, 296
  계측치 284
  예측 291
  ~의 수학적 복잡성 290
흑요석기의 표본 139-140
흑요석제 석기 % 366
흑요석제 투사체 345
히스토그램 33, 35, 201

역자후기(초판 번역본)

남의 책 번역하면서, 이런저런 얘기를 쓴다는 것이 자칫 웃음거리가 될까 두렵기는 하지만 변명 몇 마디는 늘어놓아야 하겠기에 펜을 들었다. 역자는 통계학에 조예가 깊지 못하다. 조예도 깊지 못한 사람이 감히 책을 번역하느냐는 비난을 무릅쓸 수 있는 용기를 내게 된 것은 가르치는 자로 밥벌이를 하게 된 탓이다. 잘 알지도 못하는 자가 남을 가르친다고 할 수도 있겠으나, 현실은 내가 아는 것조차 가르치지 않으면 배우는 학생들은 그조차 모른 채 반쪽짜리 공부를 하게 된다는 것이다. 이 책의 번역은 내가 공부한 것을 알리기 위해서도 아니고, 내 공부를 정리하기 위해서도 아니다. 단지 앞서 말한 소박하고 현실적인 이유에서 시작되었다.

역자가 학생이던 시절이 생각난다. 주위로부터 들은 얘기도 있고 해서 언제나 통계학에 대해 관심이 있었기에 이 강좌 저 강좌를 청강도 해 보고, 방학 중 개설되는 특강에 등록해 통계프로그램도 배워 보았지만 도통 뭐가 뭔지를 잘 몰랐다. 지금 생각해 보면, 이유는 분명하다. 첫째, 뚜렷한 문제의식도 없고 당면한 과제도 없는 상태에서 청강을 하다 보니, 아무런 외적 구속이 없게 되고 몇 강좌를 듣더라도 지속성이나 체계성이 없게 되었다. 둘째, 예로 드는 자료가 고고학과는 전혀 상관이 없으니 생소함을 느끼게 되었고 더 나아가서는 그 실효성에 의심이 들기도 했다. 셋째, 수학적 증명이나 이론 통계의 개념이 자주 등장하다 보니, 문과생으로 따라가기 어렵게 되고 금방 실의에 차게 되었다. 막연한 생각으로 통계학을 배우려고 한 경험이 있다면, 아마 같은 심정이었으리라.

통계학을 그나마 체계적으로 배우기 시작한 것은 유학시절이었다. 점수가 결부되니 구속감도 생기고, 매주 과제를 해 냈어야 했고 그 과제를 상세하게 평가해 주니 좀 더 확실히 이해되었다. 그렇게 처음 제대로 배웠을 때, 그것도 고고학 자료에 의거한 강의를 들었을 때, 개안開眼한 것 같은 환희를 느끼게 되었다. 통계기법을 이용하여 한국의 많은 자료를 분석하고 설명할 수 있을 것 같은 뿌듯함마저도 느끼게 되었다.

물론 고고학자료라는 것이 기초통계학 좀 배운다고 해서 쉽게 제압되는 것이 아니다. 관념적으로 생각하는 것과는 달리 실제 자료를 다루다 보면, 생각한 만큼 확연한 결과를 내놓는 경우는 거의 없다는 것이 정답이 아닐까 싶다. 그럼에도 불구하고 역자가 느꼈던 그러한 기쁨과 뿌듯함의 일부라도 학생들에게 경험하게 하고 싶었다. 의욕과는 달리 많은 한계도 경험하였다. 역자가 좀 더 통계학에 조예가 깊었으면, 고고학자료를 좀 더 많이 다루어보았으면 할 때가 한두 번이 아니다. 당장 이론적 무장도, 예제로 쓸 기초자료도 확보하지 못한 상태에서 역자가 선택할 수 있는 것은 고고학적 상황에 초점을 맞추어 평이하게 쓰인 책을 번역하는 것뿐이었다. 이 책은 그러한 의도에 아주 잘 부합한다. 서문에서도 밝히고 있는 바와 같이, 이 책은 수학적 이론에 어려움을 느낄 수도 있는 고고학도들이 실전에서 용이하게 통계기법을 직접 활용할 수 있도록 기획되었다. 따라서 수식도 거의 없고, 복잡한 이론의 설명도 거의 없다. 한편으로 단점이 될 수도 있으나 수학교육의 배경이 탄탄하지 않은, 혹은 수학과 접한 지 오래된 독자들에게는 매력적인 요소로 작용할 수 있다.

이 책은 저자 로버트 드레넌이 수년간 학부와 대학원 초년생, 즉 역자와 같은 곤란을 겪는 학생들에게 쉽게 기초통계를 가르쳐온, 혹은 가르치려는 경험과 노력에 기초하고 있다. 그는 피츠버그대학University of Pittsburgh 인류학과의 현직 석좌교수distinguished professor이고, 미국 학술원National Academy of Science의 회원이기도 하다. 개인적으로는 역자의 은사이자, 역자가 존경하는 고고학자이다. 흔히 수장사회首長社會chiefdom로 불리는 초기복합사회 연구의 거장이고, 중남미뿐만 아니라, 내몽골 등의 지역에서도 취락분포유형조사를 하는 전형적인 현장고고학자이기도 하다. 땀 흘려 자료를 모으고, 이를 다양한 계량적 기법으로 분석하여 그로부터 이론적 이야기를 이끌어낸다. 단순히 몇몇 대표적인 자료에 대한 인상을 바탕으로, 추상적 거대담론으로 일관하는 학자는 아니다. 회갑을 넘겼음에도 불구하고, 조그마한 프로그램은 직접 제작하고, 새로이 출시되는 프로그램들을 숙지하여 즉각 활용할 수 있는 정도의 전산전문가이기도 하다.

서문에도 밝히고 있는 바와 같이 이 책의 일관된 흐름은 실용성과 아울러, 탐색적 자료분석과 기술통계학descriptive statistics에 대한 강조이다. 컴퓨터용 프로그램의 발달로 다양한 통계적 기법들을 손쉽게 이용할 수 있게 되었다. 그런데 간혹은 기본적인 통계의 원리나 자료에 내재한 특성을 간과한 채, 여과 없이 결과를 바로 이용하고 있는 것을 발견할 수 있다. 물론, 그러한 결과에 기초한 결론 대부분은 사실과 다르다. 이 책의 지향은 그러한 잘못된 경향을 바로 잡는 데 좋은 지침이 될 수 있을 것으로 본다. 특히 그러한 지향이 고고학적 상황—비록 실제 자료가 아니라 원리를 쉽게 설명할 목적으로 가공한 것이기는 하지만—에서 실현되고 있어 그러한 효과는 더 하리라고 본다. 고고학적 상황에서의 실전적 활용에 집중하다 보니, 기존의 통계 입문서와는 다소 상이한 접근을 보이는 부분도 있다. 대표적인 예는 제13장의 x^2분석에서 보인다. 사실, x^2분석은 비모수통계의 방법이므로 모비율 추정을 전제로 하는 '표본비율±오차범위'의 계산 및 그에 기반한 '탄환도표' 작성을 통해 자료(표본)의 비율을 비교하는 작업과는 동일한 맥락에서 다루지 않는 것이 일반적이다. 이 책에서는 단지 비율의 비교라는 차원에서 동일한 장에 포함되어 있다. 이 점은 독자들이 적절히 판단하여 활용하기를 바란다.

이 책을 번역하면서 많은 분께 신세를 졌다. 우선, 책의 번역을 지원해 주신 영남문화재연구원의 이희준 원장님께 감사를 드린다. 도면 정리에 많은 도움을 준 (재)한국고고환경연구소의 안형기, 어설픈 초고를 읽어가며 교정에 힘써준 서울대학교의 조가영, 충북대학교의 조은하, 박주영 제군께도 고마움을 전한다. 처음 하는데다, 수식과 도표가 적잖은 통계책을 번역한 탓에 사회평론사의 많은 분들을 괴롭혔다. 죄송함과 고마움의 뜻을 함께 전한다. 여러 분들의 도움에도 불구하고 책에는 흠결이 있을 수 있다. 이는 모두 역자의 책임이다. 많은 지적과 충고를 기다린다. 책을 번역한다는 것이 매 순간 선택을 강요받는 작업임을, 지루한 뒤처리가 따르는 작업임을 이제야 알게 되었다. 역자의 모자람 또한 절실히 느끼는 계기도 되었다. 좋은 책들을 번역해 온 분들께 존경의 뜻을 전하고 싶은 심정이다.

청주에서
김범철

역자후기

벌써 9년이 지났다. 『고고학을 위한 기초통계학』이라는 제목으로 *Statistics for Archaeologists: A Commonsense Approach*의 초판(1996)을 번역하여 출간한 것이 2009년 늦가을이었다. 이번 작업의 대상이 된 개정신판이 (공식적으로는) 초판 번역본과 같은 달에 출간되었던 것을 감안한다면, 비례적—13년 對 9.5년—으로는 신판의 번역본이 지금 나온 것은 늦다고 할 수 없을 것이다. 그러나 출간된 지 10년 가까운 책을 번역하는 것이니만큼, 그런 비례에 안도하기는 어렵다. 사실, 초판 번역본이 3년가량에 소진되어 역자의 수업에서조차 수강생들이 교재를 구하지 못해 곤란을 겪는 것을 목도하면서도, 간혹 "재판再版은 언제 나오나?"라는 질문을 받으면서도 천성이 게으른 탓에 지금에야 마무리 짓게 되었다. 당초의 가늠에 비해 늦어지게 된 것은 게으른 천성 탓만도 아니다. 언뜻 보기에 나머지 장은 동일하고, 초판에 비해 몇 개장이 늘었으되, 대부분은 강의하는 과정에서 거의 번역이 되었다고 안일한 판단을 한 탓도 적지 않다. 그러나 실제 번역의 과정에서 초판과 대조해보니, 기존 장의 내용도 600여 군데가 바뀌거나 추가된 것을 알게 되었다. 물론 전체적인 기조가 바뀐 정도는 아니지만 시간을 쪼개어 일일이 변화된 내용을 추적하고 찾아 다시 번역하자니, 짜증스럽기도 하여 완성을 차일피일 미루게 되었다. 뭐, 이 또한 역자가 끈덕지지 못한 탓이리라. 변명을 하다 보니, 스스로 제 못난 습성만 들추는 꼴이 되고 말아 이즈음에서 그만하기로 한다.

어떻든 이번 번역의 대상이 된 개정증보판에는 여섯 개의 장(10장, 21~25장)이 추가되었다. 추가된 내용은 중앙값을 이용한 모집단 추정에 관한 것(10장)과 다변량분석에 관련된 것들(21~25장, V부)이다. 역자로서는 다변량분석 몇 가지에 관련된 장이 추가된 점이 더 반갑기는 하지만, 그런 탓에 이 책에 더 이상 '기초통계학'이라는 이름을 붙이기는 어렵게 되었다. 여기서 소개하는 세 가지 방법—다차원척도법, 주성분분석, 군집분석—은 이미 국내 몇몇 논문에서도 활용된 바 있지만 기대만큼 잘 확산되지는 않았던 것들이다. 계량의 도구로서 그 설명력을 고려하면 아쉽기 짝이 없는 일이다. 이 책이 그 확산에 조금이라도 기여할 수 있으면 좋겠다.

이 책의 번역과 관련하여 또 여러 군데 신세를 졌다. 미안하고 감사한 마음을 전하지 않을 수 없다. 그 인사의 처음은 원저의 저자인 드레넌 교수께 돌아가야 할 것 같다. 사적으로는 역자의 스승인 그로부터 이 책에 나온 내용을 배웠다. 학은學恩도 그렇지만 번역의 과정에서 좀 더 직접적인 도움을 주었다. 몇 가지 질문에 상세하고 친절한 대답을 해주었음은 물론, 책에 실린 도표의 원도를 제공해준 덕에 필자의 작업이 훨씬 용이했다. 또한 원저의 오류 몇 가지도 바로잡아 주어, 번역본이 오히려 더 정확할 수 있게 해주었다.

당초 이 번역 작업에 후원을 결정해주었던 전라문화유산연구원의 전 이사장 김승옥 교수, 마무리를 할 수 있게 해준 조대연 전 이사장과 이정덕 이사장, 천선행 원장 등 연구원 관계자들께 감사드린다. 그들이 폭염暴炎과 삭풍朔風을 견디며 축적한 재원이 지원된바, 감사하면서도 누가 되지 않을까 염려스런 마음을 금할 길 없다.

출판사 진인진에는 적지 않은 피해를 끼쳤다. 역자의 호언장담에 판권을 사놓고 여러 해를 묵혔다. 김태진 사장, 배원일 팀장을 비롯한 진인진 관계자들께 사과와 감사를 전한다. 지금은 시골로 들어가 또 다른 인생을 개척하고 있는 김지인 선생께는 더욱 그러하다. (사적으로는 대학)후배이면서도 그는 사반세기를 알고 지내는 동안 늘 역자에게는 든든한 후원자 같았다. 하도 염

치없어 앞으로도 그래 달라는 말은 하지 못하겠지만 감사하다는 말은 꼭 하고 싶다.

교열과 교정에 힘써준 박주영, 박성현, 이민영, 임건웅 등 제군에게도 감사드린다. 칭찬에 인색한 까칠한 선생을 만나 고생하면서도 한 번도 찡그리지 않는 그들을 볼 때마다, 역자의 학생시절이 생각나서 부끄러울 때가 많다.

가족은 역자가 사회생활을 지탱하는 힘의 원천이다. 아버지, 어머니, (초판 번역이 나왔을 땐 아장아장 걸었지만 지금은 사춘기가 와서 코밑이 거뭇거뭇해지기 시작한) 아들, 그리고 (외양과는 달리 무던한) 아내에게 감사드린다.

N16-1동 152호에서
김범철

고고학을 위한 통계학

초판 1쇄 발행 | 2019년 2월 28일
초판 2쇄 발행 | 2022년 7월 21일

지은이 | 로버트 드레넌(Robert D. Drennan)
옮긴이 | 김범철
편　집 | 배원일
발행인 | 김태진
발행처 | 진인진
등　록 | 제25100-2005-000003호
주　소 | 경기도 과천시 별양상가 1로 18 614호(별양동 과천오피스텔)
전　화 | 02-507-3077-8
팩　스 | 02-507-3079
홈페이지 | http://www.zininzin.co.kr
이메일 | pub@zininzin.co.kr

ⓒ 진인진 2019
ISBN 978-89-6347-406-9 93900

* 책값은 표지 뒤에 있습니다.